weiter denken

Band B

Ethik/
Praktische Philosophie

Schroedel

weiterdenken

Ethik / Praktische Philosophie
Band B

ab Jahrgangsstufe 8

Herausgegeben von
Rolf Sistermann

Erarbeitet von
Barbara Born
Mariano Corralo Amor
Robert Dilla
Peter Flohr
Andreas Kraus
Stefan Maeger
Christa Runtenberg
Carlo Schultheiss
Rolf Sistermann
Markus Tiedemann

Druck A^2 / Jahr 2009
Alle Drucke der Serie A sind im Unterricht parallel verwendbar.

Redaktion: Joachim Siebert, Hannover
Umschlaggestaltung, Lay-out und Satz: Jesse Konzept & Text GmbH, Hannover
Druck und Bindung: westermann druck GmbH, Braunschweig

ISBN 978-3-507-**70202**-8

Inhaltsverzeichnis

9. Kl.

10. Kl.

DVD ✓

Film ab 16 J.

Die mit • bezeichneten Unterkapitel weisen auf nicht-obligatorische Inhalte des Kernlehrplans „Praktische Philosophie“ in Nordrhein-Westfalen hin.

Liebe Schülerinnen und Schüler,

dieses Schulbuch für den Unterricht in Ethik, Praktischer Philosophie oder Werte und Normen heißt „Weiterdenken“.

Ihr findet in ihm Anregungen, Problemstellungen, Aufgaben, Materialien, Ergebnisse und Anstöße zum Weiterdenken über die wohl wichtigsten Fragen des Lebens:
- Wer bin ich eigentlich?
- Wie gehe ich mit anderen um?
- Was ist richtig, was ist falsch? Was ist gut? Was ist böse?
- Wozu brauchen wir Gesetze und einen Staat? Reicht es nicht, wenn jeder für sich selbst sorgt?
- Was ist natürlich? Was ist künstlich?
- Welche Bedeutung haben die Medien für mein Leben?
- Was ist der Sinn meines Lebens? Gibt es ein Leben nach dem Tod?

Über all diese Fragen habt ihr euch sicher schon einmal Gedanken gemacht. Wahrscheinlich habt ihr aber auch schon gemerkt, dass es schwer ist, mit anderen darüber zu reden: Erwachsene meinen oft, sie hätten angeblich Wichtigeres zu tun; mit Gleichaltrigen gibt es oft Missverständnisse, oder es findet sich einer, der das Gespräch mit „blöden Sprüchen“ abwürgt.

So bleibt manchmal nur der beste Freund oder die beste Freundin, mit der ihr über solche grundlegenden Fragen des Lebens sprechen könnt. Mit diesem Buch wollen wir euch Anregungen geben, wie ihr mit möglichst jedem in der Klasse über diese Fragen sprechen und nach Antworten suchen könnt.

Vor dem Weiterdenken sollten aber erst einmal das Vordenken und das Nachdenken stehen. Wir finden es wichtig, dass ihr eure Gedanken auch mit den anderen Schülern und Schülerinnen in eurer Klasse umfassend austauscht, sie im Zusammenhang darstellen lernt und in der Diskussion merkt, wieweit die anderen sie teilen oder sie in Frage stellen. Ihr werdet sehen, dass ihr euch selbst besser verstehen könnt, wenn ihr versucht, anderen euren Standpunkt verständlich darzustellen. Die Auseinandersetzung mit anderen Meinungen wird euch helfen, die eigene Meinung zu überdenken, genauer zu fassen, zu begründen und allgemeinverständlicher vortragen zu können.

Eine Besonderheit an diesem Buch ist, dass wir dabei in jedem Kapitel von einer Geschichte aus einem Jugendbuch oder aus einem Film ausgehen, die zu den verschiedenen philosophischen Fragen führt. Ihr könnt dadurch an den konkreten Problemen anknüpfen, die darin schon einmal vorgedacht und anschaulich gemacht worden sind. Wenn ihr auf diese Weise das Problem nachvollziehen könnt, habt ihr hoffentlich Lust bekommen, an eigenen Lösungen zu arbeiten und mit euren Klassenkameraden darüber zu sprechen.

Es soll jedoch nicht beim Vordenken eurer eigenen Meinungen bleiben. Ihr wollt und sollt ja auch etwas Neues kennen lernen und euren Horizont erweitern. Wir haben deshalb Textausschnitte von Philosophen und anderen Autoren zusammengestellt, die genau zu der gleichen Fragestellung etwas geschrieben haben. Die Texte sind manchmal schwierig und meist nur dann gut zu verstehen, wenn man sich selbst schon einmal mit dem Problem beschäftigt hat. Es lohnt aber dennoch die Mühe, solche Gedanken nachzuvollziehen und zu überprüfen. Wir wollen euch Lust machen, in diese Diskussion einzusteigen und Begriffe zu verstehen, die diese Gedanken zusammenfassen. Das ist das, was wir unter Nachdenken verstehen.

Am Ende des Buches findet ihr Erläuterungen zu schwierigeren Wörtern, die in den Texten mit einem * versehen sind, daneben auch eine Zusammenstellung der Methoden, die ihr euch aneignen und mit denen ihr arbeiten könnt.

Wir wünschen euch gutes Gelingen.
Verlag und Autoren

Liebe Kolleginnen und Kollegen, liebe Eltern,

man kann den Zusammenhang von Vordenken und Nachdenken, den wir den Schülern vorgestellt haben, auch noch genauer fassen. Unser Buch orientiert sich an einem Modell für die Gestaltung des Lernprozesses, das sich in Form eines Bonbons darstellen lässt. Damit ist angedeutet, wie weit oder wie eng das Unterrichtsgespräch geführt werden sollte, d. h. wann man unterschiedliche Erfahrungen und Vorstellungen einbringen können und wann man sich auf eine Fragestellung oder wenige Begriffe konzentrieren sollte. Der Lernprozess muss nicht unbedingt genau eine Schulstunde umfassen, sondern kann sich auch über mehrere erstrecken. Wir meinen aber, dass die Reihenfolge der einzelnen Phasen eingehalten werden sollte, wenn man einen Lernprozess initiieren will, in dem selbstgesteuerte und angeleitete Lernphasen sinnvoll miteinander verbunden werden und sich gegenseitig ergänzen. Wir haben deshalb die Materialien und Arbeitsanregungen in diesem Buch auf den einzelnen Doppelseiten dementsprechend angeordnet. In den Lernprozessphasen werden alle für den Ethik- und Philosophieunterricht wichtigen methodischen Kompetenzen eingeübt.

Im Einzelnen werden in diesen Phasen besonders folgende Kompetenzen entwickelt:

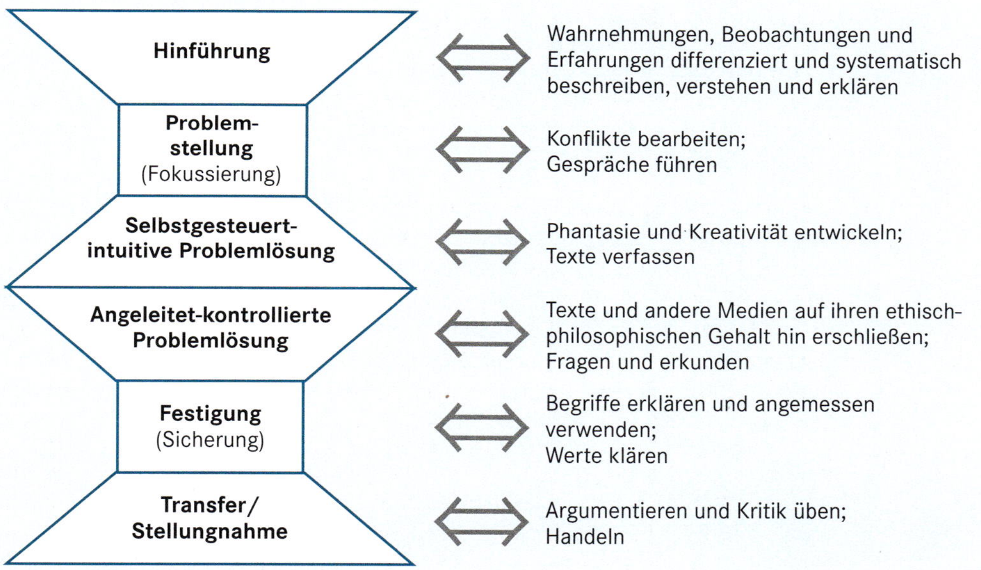

Methodenkompetenzen nach Diskussionspapier der Fachverbände Ethik und Philosophie zu Bildungsstandards für die Sekundarstufe 1

Wir haben aber auch darauf geachtet, dass in der Arbeit mit diesem Buch nicht nur die methodischen, sondern auch die personalen, sozialen und Sachkompetenzen weiterentwickelt werden. So können die Schülerinnen und Schüler mithilfe des Buches

- Gefühle reflektieren und in ihrer Bedeutung einschätzen,
- sich an Prinzipien der Vernunft orientieren,
- Urteilsfähigkeit entwickeln,
- den Anderen anerkennen und achten,
- Empathiefähigkeit entwickeln und stärken,
- die Perspektive des Anderen einnehmen,
- andere Werthaltungen und Lebensorientierungen respektieren und tolerieren,
- den Einfluss von Medien auf Urteile und Handlungen reflektieren,
- Grundfragen des Menschseins und des Umgangs mit der Natur reflektieren,
- Grundprobleme moralischen Handelns kennen und erörtern.

Selbstsein – zur Frage nach dem Ich

Der heuchlerische Narr und der Vogel der Selbsterkenntnis

1 Schreibe alle Begriffe aus dem „ABC des Selbst“ heraus, die dir nicht bekannt sind, und versuche, sie in der Lerngruppe zu klären.

2 Ergänze sie um weitere Begriffe, die man mit „Selbst“ in Verbindung bringen kann.

3 Suche dir einen Begriff heraus und schreibe einen kurzen Essay dazu (s. S. 257).

4 Suche eine Erklärung dafür, dass es so viele Wortverbindungen mit „Selbst“ gibt.

5 Beschreibe und deute in Partnerarbeit eines der beiden Bilder und tauscht euch über mögliche Bildbedeutungen aus.

Die Mitte der Welt – was ist los mit Phil?

M 1

Manche Veränderungen kommen über Nacht. Du gehst abends zu Bett, schläfst ruhig und tief, und am folgenden Morgen erwachst du und stellst fest, dass alles anders ist als zuvor. Du kannst dir nicht erklären, was geschehen ist, denn die Sonne ist aufgegangen wie an jedem Morgen, und da hängt immer noch dieses Bild an der Wand, das du längst abhängen wolltest. Die Farben der Welt sind dieselben geblieben. Nur bei genauerem Hinsehen glaubst du zu entdecken, dass sie eine Spur heller oder dunkler als bisher erscheinen, doch das ist eine Täuschung: Es ist deine Wahrnehmung, die sich verändert hat, weil du selbst von heute auf morgen ein anderer geworden bist. Und deshalb hängst du jetzt auch dieses verdammte Bild ab.
Andere Veränderungen kündigen sich an. Du spürst sie auf dich zukommen, langsam und unabwendbar wie den Wechsel der Jahreszeiten. Kleine und große Ereignisse gehen solchen Veränderungen voraus, die in keinerlei Zusammenhang zu stehen scheinen. Doch irgendetwas im hintersten Winkel deiner Psyche setzt diese Ereignisse und ihre Folgen geduldig zusammen wie ein Puzzlespiel, und im selben Maße, wie das Puzzlebild Gestalt annimmt, vollzieht sich in deinem Inneren ein Wandel, Stück für Stück, Schritt für Schritt: eine Art unbemerkter, zweiter Geburt.

[147/161]

1 Kannst du die Gedanken und Gefühle von Phil, dem Ich-Erzähler im Jugendroman „Die Mitte der Welt", nachvollziehen? Durch welche Ereignisse können sie ausgelöst werden?

2 Können solche Veränderungsprozesse Auswirkungen auf die Identität einer Person haben? Greife bei deiner Antwort auf den philosophischen Begriff der Identität zurück (s. S. 13).

Die Zwillinge Phil und Dianne werden in der Kleinstadt, in der sie zur Schule gehen, argwöhnisch beäugt und als verrückt abgetan. Das Leben, das sie mit ihrer aus Amerika eingewanderten Mutter Glass in dem geheimnisvollen und weithin sichtbar auf einer Anhöhe gelegenen und deshalb auf den Namen „Visible" getauften Anwesen führen, entspricht ganz und gar nicht den Lebensgewohnheiten der alteingesessenen Familien, deren Misstrauen und hässliche Anfeindungen sie zu spüren bekommen. Allen voran wird Glass zum Stadtgespräch, weil ihre Lebens- und Denkgewohnheiten in keine der üblichen Schablonen hineinpassen: Sie hält nichts von einem geregelten Hausfrauendasein, empfängt in unregelmäßigen Abständen Frauen zu Besuch, die ihren Ärger über ihre Männer herauslassen können, und wechselt gelegentlich ihre Liebhaber, die sie in einer säuberlich geführten Liste mit Namensangaben durchnummeriert. Die Datierungen lassen bei Phil und Dianne die Vermutung aufkommen, dass die Nummer Drei ihr Vater sein könnte, den sie aber noch nicht kennengelernt haben. Die Beziehungen der Geschwister zu ihrer Mutter, die ihnen zwar viele Freiheiten gewährt, aber oftmals die Interessen ihrer Kinder vernachlässigt, bleiben zwiespältig und konfliktreich.
Die „Mitte der Welt" in dem gleichnamigen Jugendroman von Andreas Steinhöfel ist die helle und große Bibliothek von Visible, in die Phil vor der eigentlichen

Realität für Tage, manchmal für Wochen in eine Welt voller aufregender Geschichten und Abenteuer entflieht.

Auch im wirklichen Leben stehen Phil Abenteuer bevor, wie z. B. die gewalttätige Auseinandersetzung zwischen ihm und seiner Schwester einerseits und einer Gruppe von gleichaltrigen Kindern andererseits. Während der von seiner Mutter veranlassten Verschönerung seiner abstehenden („Dumbo-„) Ohren in einer Spezialklinik lernt er ein quirliges Mädchen mit Namen Kat kennen, die später seine Freundin wird. Sie ist liebenswürdig und witzig und mit genügend Eigensinn versehen, um sich nicht von ihren Eltern und den Vorurteilen ihrer Mitbürger davon abhalten zu lassen, die Freundschaft mit Phil zu pflegen. Kat wird zu einer regelmäßigen Besucherin von Visible. Phils steigender Wunsch nach Freundschaften erfüllt sich auch in Kontakten zu anderen Jungen. Er muss jedoch einige Rückschläge und Enttäuschungen hinnehmen. In der aufkeimenden Liebe zu Nicolas, einem gut aussehenden und sportlich erfolgreichen Mitschüler, wird ihm seine Homosexualität bewusst.

In Phils Leben spielen noch andere Personen eine wichtige Rolle: Da ist der psychisch gestörte Wolf, ein Junge in Phils Alter, der als Kind die Selbsttötung seiner Mutter miterleben musste. Da sind noch Tereza und Pascal, gute Freundinnen von Glass, die Phil bisweilen mit Rat und Tat unterstützen. Der rastlose, abenteuerlustige und welterfahrene Seefahrer Gable, ein entfernter Verwandter, der hin und wieder mit exotischen Mitbringseln im Gepäck zu Besuch kommt, wird für Phil zu einem verständnisvollen Ersatzvater. Gable ermöglicht Phil im Alter von vierzehn Jahren eine lang ersehnte gemeinsame Seefahrt, die ihm die Zeit lässt, sich selbst zu finden. Schließlich ist da noch Händel, der philosophisch angehauchte und bei den Schülern überaus beliebte Mathematiklehrer, der durch seine ironischen Bemerkungen mit Tiefgang die Jugendlichen provozieren kann und zum Nachdenken über Gott und die Welt anregt.

Phils Lebenskurve

M 2

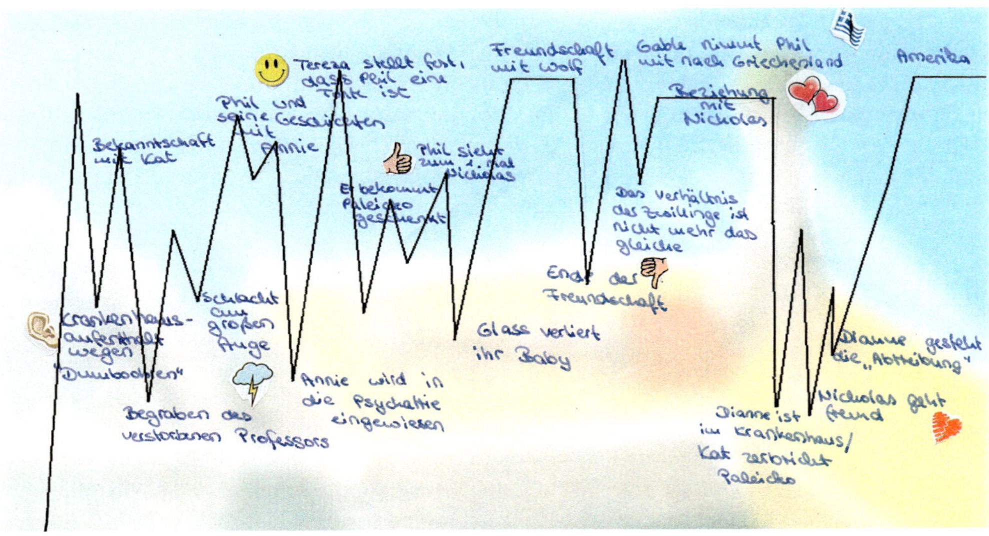

Zeichnung von Schülerinnen der Stufe 9 des Nicolaus-Cusanus-Gymnasiums in Bergisch Gladbach

3 Welche Rückschlüsse lassen sich aus der Darstellung von Phils Lebenskurve zur Qualität und zum Verlauf seines Lebens ziehen?

4 Welche Lebensereignisse waren besonders prägend für seine Persönlichkeit?

5 Erinnere dich an deine eigene Lebensgeschichte und male deine eigene Lebenskurve. Benutze eigene Zeichenelemente und verschiedene Farben zu Darstellung einiger Aspekte deines Lebens wie z. B.: Ich mit mir selbst – meine sozialen Beziehungen – meine schulische Entwicklung – mein Glaube.

6 Kannst du aus deiner Lebenskurve erschließen, was dich als Person ausmacht?

Der Anspruch der Selbsterkenntnis

1 Ist Selbsterkenntnis eigentlich wünschenswert? Was könnte einen Menschen dazu motivieren, Selbsterkenntnis anzustreben, was könnte ihn eher davon abhalten? Notiere deine Überlegungen.

2 Ist es zutreffend, dass man sich selber besser (er)kennt, als das ein anderer kann? Was spricht dafür, was dagegen? Nimm in diesem Zusammenhang Stellung zu dem Gedanken des römischen Philosophen Cicero: „Am wenigsten kennt man sich selber, und am schwersten fällt es jedem, über sich zu urteilen.“

3 Welche Bedingungen ermöglichen es Menschen, sich selbst zu erkennen? Vergleiche dazu auch den Text „Der Blick von oben“ M 44, S. 36.

M 3 Mit sich selbst befreundet sein

Historisch trat der Begriff der Selbsterkenntnis spektakulär und nachhaltig in der Forderung hervor, die über dem Eingang zum Tempel von Delphi den Besucher empfing: „Erkenne dich selbst.“ Das einzelne Selbst konnte sich angesprochen fühlen, eine reflexionslose Haltung aufzugeben und sich gleichsam wie von außen zu sehen, um sich zu erkennen. Keine persönliche Erkenntnis des Selbst war damit gemeint, sondern eine *anthropologische Selbsterkenntnis**: Erkenne, dass du ein Mensch bist. Das heißt: kein Gott. Sterblich, nicht unsterblich. Gebrechlich, nicht unverletzlich. Fehlerhaft, nicht vollkommen. Ohnmächtig, nicht allmächtig. Unwissend, nicht allwissend. Anders formuliert: Erkenne die Bedingungen, die Möglichkeiten und die Grenzen, mit denen du zu leben hast. Nicht nur du, sondern auch jeder andere. Diese Selbsterkenntnis zielte nicht auf eine positive Bestimmung dessen, was Selbst ist, eher auf die negative Bestimmung dessen, was es *nicht* ist: nicht göttlich. Der Anspruch auf Selbsterkenntnis selbst wurde begrenzt, und so führte der delphische Spruch zu einem demütigen statt auftrumpfenden Selbstverhältnis, zur Einsicht in die Schwäche, Kleinheit und manchmal auch Erbärmlichkeit des Selbst.
Von Sokrates und Platon wird die delphische Selbsterkenntnis im 5. und 4. Jahrhundert v. Chr. aufgegriffen, um dazu anzuleiten, ein kritisches Verhältnis zu sich zu gewinnen, sich zu prüfen und gegebenenfalls zu korrigieren.

Wilhelm Schmid, 2004

M 4

4 Welche Gründe für Selbsterkenntnis thematisiert der Philosoph Wilhelm Schmid in seinem Text?

5 Wende das von Sokrates (469–399 v. Chr.) und Platon (427–347 v. Chr.) aufgegriffene Selbsterkenntnismotiv auf das Bild vom „heuchlerischen Narren und dem Vogel der Selbsterkenntnis“ an (S. 9). Wie ist das Bild zu verstehen? Was könnte der Vogel der Selbsterkenntnis bezwecken?

6 Kannst du dich an eine Selbsterkenntnis erinnern, die dich „gezwickt“ hat? Wie hat sich diese Selbsterkenntnis langfristig für dich ausgewirkt?

7 Deute die Installation des Künstlers Joseph Beuys (1921–1986) im Sinne der Frage, was der Mensch ist M 4. (Hilfen dazu findest du auf S. 251).
Diskutiert über die verschiedenen Deutungsmöglichkeiten.

M 5

Identität – ein offenes Problem?

Das Auto Wanda

Der Fall

Ich weiß nicht, warum ich das Auto Wanda getauft habe, vielleicht weil ich eine alte, sehr sympathische Dame mit diesem Namen kannte; aber sicher ist, dass ich meine Kiste gern habe, diesen Fiat 124, mit dem ich schon so viele Jahre zusammenlebe. „Rostlaube" nennt ihn meine Frau und damit hat sie gar nicht einmal unrecht: In letzter Zeit musste ich die Reifen, die Bremsen, den Kühler, den Keilriemen und ich weiß nicht was erneuern.[...] Und doch bringe ich es nicht über mich: Sie hat mich so viele Jahre begleitet, wir haben so viel miteinander erlebt; leichten Herzens kann ich mich nicht von ihr trennen.

Die Analyse

Würde ich mich wirklich von Wanda trennen, wenn ich mir jetzt ein neues Auto zulegte? Ich will sagen: Würde ich mich wirklich von ihr trennen, der Wanda, mit der ich als Student durch Europa fuhr, in der ich schlief, wenn es nicht anders ging, aß und liebte? Was ist heute von diesem verrosteten, alten Auto übriggeblieben? Es gibt kein einziges mechanisches Teil der Wanda aus jener Zeit, das nicht früher oder später ausgetauscht werden musste; und was die Karosserie angeht, so habe ich hinten und vorne Beulen bekommen und ausgeteilt, von den Seiten ganz zu schweigen. Nicht ein einziges Molekül, wollte ich sagen, ist noch vorhanden: Was noch vorhanden ist, ist eine Ansammlung von Eisenteilen unterschiedlichster Herkunft [...]. Gewiss, nach jedem Jahr, nach jedem Umbau, nach jeder Beule, habe ich hartnäckig daran festgehalten, das Ding, das da vor mir stand – und das mir bisweilen auch erlaubte, damit zu fahren –, mit demselben Namen zu belegen (und das Kraftfahrzeugamt hat ihm immer dieselbe Fahrzeugnummer zugeteilt); aber genügt es, denselben Namen (oder dieselbe Nummer) zu verwenden, um sicher zu sein, dass es sich um denselben Gegenstand handelt?

Ermanno Bencivenga, 1992

8 a) Erläutere in eigenen Worten das Problem, das der Verfasser mit seinem Auto namens Wanda hat. Erkundige dich im Internet oder in philosophischen Nachschlagewerken nach dem klassischen Beispiel „Schiff des Theseus" und vergleiche damit die Geschichte von „Wanda".
b) Versucht euch in einer Kleingruppe darüber zu einigen, was Wanda in erster Linie Identität verleiht. Wendet dabei die Begriffserklärungen aus dem Infokasten an.

9 Lässt sich das Beispiel auch auf ein menschliches Individuum übertragen? Was könnte bei ihm ausgetauscht oder weggelassen werden, ohne dass seine Identität aufgehoben wird, was nicht?

INFO

Der Begriff der Identität

Identität bedeutet, vereinfacht ausgedrückt, die Gleichheit eines Dinges mit sich selbst. Dinge sind in bestimmten Hinsichten dann identisch, wenn sie darin ununterscheidbar gleich bleiben. Wären sie unterscheidbar, wären sie nicht mehr identisch. Überträgt man den Satz auf ein menschliches Individuum, so ist die Frage zu stellen, was bei allen erfahrbaren Veränderungen der Erscheinungsformen einer Person ununterscheidbar gleichbleibt und ob es überhaupt bei einem Menschen etwas gibt, was dauerhaft und lebenslang gleichbleibt. Die Vorstellung von einer Ich-Identität geht von der Existenz eines einheitlichen Bewusstseins aus, das die Möglichkeit des Selbstbezugs einschließt und von einem Gedächtnis getragen wird, das auf die eigene Biografie bezogen ist. Ein Ichbewusstsein zu haben, bedeutet im Allgemeinen, im Selbstempfinden immer ein- und dieselbe Person zu sein. Aus der Sicht neuerer wissenschaftlicher Untersuchungen ist allerdings fraglich geworden, ob man im Strom der Ereignisse in der Dauer der Zeit eine einzige Person ist oder jeweils eine andere.

Selbsterkundungen

1 Stelle dir vor: Du kommst in deine Klasse und siehst dich quasi wie von außen selbst dort sitzen. Versuche mit dieser „Methode des fremden Blicks“ die Merkmale und Eigenschaften deiner Person zu erfassen. Verständige dich erst mit Mitschülern darüber, welche Aspekte zur Beschreibung der eigenen Person vorkommen sollten (wie z. B. Geschlecht, Größe, Name, Alter, Interessen, Hobbys, Aussehen, Vorbilder und viele andere Aspekte mehr).

2 Vergleicht eure Ergebnisse untereinander. Welche Schlussfolgerungen lassen sich aus dem Vergleich zu der Frage ziehen: Ist der Mensch einzigartig?

3 Geben diese Beschreibungen hinreichend Antwort auf die Frage, wer oder was du bist? Was fehlt?

4 Kennt man sich eigentlich selbst besser als andere einen kennen können?

5 Rekonstruiere deine Lebensgeschichte, indem du die Satzanfänge in M 6 fortführst. Wenn dir noch eigene Fragen einfallen, so füge sie mit einer Antwort hinzu.

M 6 Lebensgeschichte

Von meiner Mutter/meinem Vater habe ich geerbt, dass ...
An manchen Punkten bin ich auch ganz anders als sie, nämlich ...
Am meisten geprägt hat mich außer meinen Eltern ...
Meine Mutter/mein Vater hat mich besonders gelobt, wenn ich ...
Meine Mutter/mein Vater hat sich von anderen Menschen dadurch unterschieden, dass ...
Meine Mutter/mein Vater hat nichts von Menschen gehalten, die ...
Am glücklichsten war ich als Kind, wenn ich ...
Am traurigsten war ich als Kind, wenn ich ...
Als Kind wollte ich am liebsten anders heißen, nämlich ...
Mit meinem Namen verband ich damals die Vorstellung, ...
Ich hatte eigentlich großes Glück, dass ich ...
Am meisten für mich gelernt habe ich, als ...
Die schwerste Aufgabe in meinem Leben war bisher ...
Meine größte Gabe ist ...
In einem Jahr möchte ich ...
In fünf Jahren möchte ich ...
Ich bin heilfroh, dass ich damals ...
Ich bin stolz darauf, dass ich ...
Ich hätte nie gedacht, dass ich einmal ...
Ich möchte mich noch einmal so fühlen, wie...
Als Kind war mein Lieblingsbuch/mein Lieblingsfilm/meine Lieblingssendung ...
An dem Buch/Film/der Sendung fand ich besonders toll, ...
Ich glaube, ich erreiche ein Alter von ungefähr ...
Davon gehe ich aus, weil ...
Ich würde mein Leben als gescheitert ansehen, wenn ich nicht ...
Ich möchte nicht sterben, ohne ...
Wenn ich morgen sterben würde, würde ich mein Leben in dem Satz zusammenfassen ...

M 7 Selbstporträt

Um gute Porträtaufnahmen zu machen, ist es wahrscheinlich nützlich, wenn man vorher ein paar Selbstporträts gemacht und auch gelernt hat, Bilder, die andere von einem machen, zu akzeptieren. Wie ist sonst die Verlegenheit, die Sorge, ja, sogar die Panik zu verstehen, die Menschen so oft ergreifen, wenn sie

wissen, daß sie photographiert werden? Was mich betrifft: Ich bin nicht zu dick, meine Nase ist groß, aber nicht unverhältnismäßig lang. Dennoch konnte ich jahrelang meine eigene physische Erscheinung nicht akzeptieren. Ich träumte davon, auszusehen wie Samuel Beckett. (Ein Profil zu haben wie er würde vielleicht auch ein anderes Leben voraussetzen). Ich habe eine Reihe Selbstporträts gemacht, und jedesmal „maskierte“ ich mein Gesicht, weil ich es total ablehnte. Ich zog Fratzen, ich arbeitete mit Lichttricks, ich bewegte die Kamera absichtlich. Geheilt wurde ich von diesem Theaterspielen, als ich genötigt war, mich selbst während der ganzen Länge eines Fernsehfilms zu betrachten. Der Film hieß: „Ein Photograph unter Menschen“ [...]. Diese Dosis reichte aus, um mich zu kurieren. Dieser Mann, den ich da vor mir sah, existierte mit all seinen Schwächen. Er war wirklich; und in gewissem Sinne hatte ich keinerlei Einfluss auf ihn. Ich war nicht länger verantwortlich für seine Erscheinung.

John Berger/Jean Mohr, 2000

6 Setzt die Erfahrungen des Fotografen mit Porträts um, indem ihr euch gegenseitig mit Digitalkameras fotografiert. Was denkst und was fühlst du, wenn du die Porträts von dir betrachtest?

7 Gestalte das Bild von dir so – z. B. durch Übermalen –, wie es dir selbst aus deiner eigenen Sicht am besten entspricht. Du kannst es übermalen, verzerren usw.

8 Was kann man mit der Methode der Porträtierung über sich lernen?

Selbstbelauerung

M 8

Seit mehreren Jahren richte ich alle meine Gedanken nur auf ein Ziel: auf mich selbst; ich registriere und studiere nur, was in mir vorgeht. [...]

Ich belauere mich aus der Nähe, und meine Augen sind ununterbrochen auf mich selbst gerichtet, da ich sonst nichts Wesentliches zu tun habe; das Ergebnis ist, dass ich kaum wagen kann zu gestehen, welches Maß von Nichtigkeit und Schwäche ich in meinem Inneren entdecke: mein Gang ist schwankend und unsicher, wie leicht kann ich rutschen und stürzen, und auch mein Blick zeigt mir die Welt nicht eindeutig: bin ich nüchtern, so fühle ich anders als nach dem Essen; genieße ich meine Gesundheit oder einen hellen schönen Morgen, dann bin ich freundlich und aufgeschlossen; habe ich aber ein Hühnerauge, das mich an der Zehe drückt, so bin ich plötzlich verdrießlich, unfreundlich, ablehnend; der Trab des gleichen Pferdes scheint mir einmal weich und einmal hart; der gleiche Weg scheint mir jetzt kürzer, ein andermal länger; die gleiche Form gefällt mir einmal mehr und dann wieder weniger: Jetzt habe ich zu allem Lust, dann zu gar nichts; was mir jetzt Spaß macht, ist mir manchmal zuwider. Viele Stimmungen überfallen mich aufdringlich und unerwartet; einmal bin ich melancholisch, einmal cholerisch; eigensinnig beherrscht jetzt der Kummer meine Stimmung, und dann wieder die Lustigkeit. Wenn ich ein Buch in die Hand nehme, so entdecke ich vielleicht an einer bestimmten Stelle großartige Gedanken, die mir ans Herz greifen; ein anderes Mal ziehe ich dasselbe Buch heraus, dann kann ich noch so viel darin blättern, es durchsehen und durchdenken, es sagt mir nichts und bleibt für mich eine ungestaltete Masse. Es geht in mir dauernd hin und her; mein Denken geht nicht nur vorwärts; mein Ich schwebt und schwimmt. [...] Was ich tue, ist ein Notieren des Ablaufs verschiedener und sich ändernder zufälliger Erscheinungsformen meines Ich, von unscharfen und sich gelegentlich widersprechenden Vorstellungen von mir selbst. Ich selbst bin das eine Mal ein anderer als das andere Mal. Nun ist es also nicht nur der Wind der Ereignisse, der mich schüttelt, wie er will, sondern die Bewegung und die Unsicherheit geht auch von mir selbst aus infolge der Unbeständigkeit meiner Haltung; und wer sich unbefangen beobachtet, findet, dass er fast nie zweimal der gleiche ist. Wenn Stabilität des menschlichen Ich erreichbar wäre, würde ich nicht bloß tastende Versuche der Selbsterkenntnis mit mir anstellen, sondern ich könnte die Aufgabe, die ich mir hier stelle, ein für allemal lösen: so aber bleibe ich in der Selbsterkenntnis immer beim Lernen und Probieren.

Michel de Montaigne, um 1585

9 Hast du dich selbst als eine gleichbleibende, einheitliche Person erlebt?

10 Vergleiche deine Selbstwahrnehmung mit der des französischen Philosophen Michel de Montaigne (1532–1592).

11 Welche Auswirkungen hat die Auffassung von Montaigne auf die Identitätsfrage (vgl. S. 12/13)?

Selbstsein in Kindheit und Jugend

M 9 Lied vom Kindsein

Als das Kind Kind war,
wusste es nicht, dass es Kind war,
alles war ihm beseelt,
und alle Seelen waren eins.
Als das Kind Kind war,
hatte es von nichts eine Meinung,
hatte keine Gewohnheit,
saß oft im Schneidersitz,
lief aus dem Stand,
hatte einen Wirbel im Haar
und machte kein Gesicht beim Fotografieren.
Als das Kind Kind war,
war das die Zeit der folgenden Fragen:
Warum bin ich Ich und warum nicht Du?
Warum bin ich hier und warum nicht dort?
Wann begann die Zeit
Und wo endet der Raum?
Ist das Leben unter der Sonne
nicht bloß ein Traum?
Ist, was ich höre und rieche,
nicht bloß ein Schein
einer Welt vor der Welt?
Gibt es tatsächlich das Böse
und Leute, die wirklich die Bösen sind?
Wie kann es sein, dass ich, der ich bin,
bevor ich wurde, nicht war
und dass einmal ich
der Ich bin, nicht mehr der,
der Ich bin, sein werde?

Peter Handke, 1987

1 Deute das Gedicht und überlege, ob Kinder so denken und fühlen, wie Handke es schreibt.

2 Wie erlebst du selbst den Unterschied zwischen deiner früheren Kindheit und deinem gegenwärtigen Jugendalter?

M 10 Kindheit

„Kinder sind Wachs in den Händen der Welt“, sagte Tereza [...]. „Offene Bücher mit leeren Seiten, die von uns Erwachsenen beschrieben werden. Was in den ersten Kapiteln steht, kriegst du den Rest deines Lebens nicht mehr aus der Wäsche.“

Ich wusste, dass sie Recht hatte, denn ich sah, wie die Bücher beschrieben wurden. Es gab Mitschüler, die jeden Morgen von ihren Müttern zur Schule gebracht und zur Mittagszeit wieder von ihnen abgeholt wurden. Es waren diese Mütter, die Dianne und mich musterten, um dann ihren Kindern phantastische Dinge über uns in die Ohren zu flüstern, und anschließend warfen uns die Kinder mitleidige oder befremdete Blicke zu, wenn wir mit unseren schäbigen Schultaschen, mal ohne Schirm und Gummistiefel, durchnässt von Regen, dann wieder ohne wärmenden Mantel oder Handschuhe, durchgefroren von eisiger Winterkälte, morgens in der Schule ankamen. In den Augen der Mütter wie in denen der Kinder musste Glass eine Rabenmutter sein, unter deren Gleichgültigkeit Dianne und ich schrecklich zu leiden hatten. Niemand schien auf die Idee zu kommen, dass Glass uns Freiräume ließ, nach denen wir beide lautstark, manchmal unter Protest und Tränen, verlangten. [52/55]

M 11 Pubertät

Es war das Jahr, in dem mein Körper sich verwandelte. Meine Stimme wurde tiefer und brach. Eines Morgens erwachte ich, den Kopf noch voller verschwommener Bilder, und fand eine klebrig warme Pfütze auf meinem Bauch. Die Flüssigkeit schmeckte salzig, wie die Haut der mir vor Jahren von Gable geschenkten vertrockneten Seepferdchen, gleichzeitig war sie von einer entfernten, merkwürdig schweren, nahezu erstickenden Süße.

Es war das Jahr, in dem ich die Liste entdeckte, auf der anstelle eines Männernamens die Nummer Drei stand.

[...]
In diesem Jahr hatte ich beunruhigende Träume, an die ich mich nach dem Erwachen mit kristallklarer Deutlichkeit erinnerte, wohl deshalb, weil so viele Grenzen sich zu verschieben begannen, weil ich die Wirklichkeit so oft als Traum erlebte und meine Träume als Wirklichkeit. Vertraute Gerüche nahmen eine neue Intensität an. Farben waren plötzlich von größerer, bis dahin ungeahnter Leuchtkraft. Selbst Klänge und Geräusche erhielten eine andere Dimension, es kam mir so vor, als hätte ich sie bisher nur durch einen Filter wahrgenommen. Wie schlafwandelnd unternahm ich lange Spaziergänge, immer ohne Dianne. Ich entdeckte die Welt und meine Stellung darin neu. [152f./167]

3 Was meint das Sprachbild „Kinder sind Wachs in den Händen der Welt" (M 10, Z. 1f.)? Wie könnte sich die Kindheit von Phil und Dianne in ihrer Zukunft auswirken? Nenne Beispiele dafür.

4 Vergleiche M 10 und M 11 hinsichtlich der Situation eines Menschen in Kindheit und Jugend.

5 Überlege mit einem Gesprächspartner/einer -partnerin, wieso sich in der Pubertät die Vorstellung von der Welt und der eigenen Stellung in ihr verändert.

Chaos im Gehirn

M 12

Mal sind es Wutanfälle, dann wieder Weinkrämpfe. Finsteres Schweigen wechselt ab mit phantasievollen Lügengespinsten, aus Einserschülern werden Schulschwänzer, aus Milchbubis Alkohol-Angeber. Viele Teenager spielen während der Pubertät verrückt – es ist, als ob bei ihnen eine fremde Macht die Kontrolle übernommen habe. „Sind wohl die Hormone", erklären Eltern und Lehrer teils wütend, teils verständnisvoll – und stehen diesem Phänomen dennoch ratlos gegenüber. Tatsache ist, dass keine Entwicklungsphase des Menschen so wenig erforscht ist wie die Pubertät. Dabei scheint alles klar: Aus Kindern werden fortpflanzungsfähige Individuen, die selbst Kinder bekommen können, die Arterhaltung ist somit gesichert. Doch was spielt sich im Hirn der Kids ab? Warum ist ihre Psyche so anfällig? [...]

In der Pubertät wird das Gehirn in kritischen Bereichen noch einmal zu einer chaotischen Baustelle, auf der scheinbar unkoordiniert auf- und wieder abgebaut wird.

Jugendliche seien deswegen manchmal so durcheinander, weil das Wachstum der Hirnzellen und das Ausreifen nicht in allen Hirnregionen gleichzeitig stattfinden. „Zuletzt reifen die Gehirnlappen, die für Selbstkontrolle, Organisation und Strategie zuständig sind", berichtet Jay Giedd. „Wenn die Kinder in die Pubertät kommen, ist ausgerechnet der Teil des Gehirns, der Problembereiche ausbalanciert, längst nicht fertig." Das Pferd, so zieht der Wissenschaftler lakonisch Bilanz, galoppiere sehr lange ohne Zügel, und das kann dauern: eventuell bis zum Alter von 20 oder gar 25 Jahren.

Ernst Pöppel, 2004

6 Was sagen der Text des Hirnforschers Pöppel und die Abbildung „Vorsicht!" zur Pubertät aus? Überlege, ob dies auch deinen Erfahrungen entspricht.

7 Stelle dir vor, du seist ein Jugendberater. Was würdest du einem jungen Menschen in der Pubertät empfehlen? Vergleicht in Kleingruppen eure Empfehlungen und diskutiert darüber.

Jugend zwischen Anpassung und Widerstand

M 13

Selbstverlust und Gruppenzugehörigkeit

Mit der Aufnahme guter Beziehungen zur Welt des Schaffens und zu denjenigen, die diese neuen Fertigkeiten lehren und teilen, endet die eigentliche Kindheit. Jetzt beginnt die Jugendzeit. Aber in der Pubertät werden alle Identifizierungen und alle Sicherungen, auf die man sich früher verlassen konnte, erneut in Frage gestellt, und zwar wegen des raschen Körperwachstums, das sich nur mit dem in der frühen Kindheit vergleichen lässt und dem sich jetzt die gänzlich neue Eigenschaft der physischen Geschlechtsreife zugesellt. Der wachsende und sich entwickelnde Jugendliche ist nun, angesichts der physischen Revolution in ihm, in erster Linie damit beschäftigt, seine soziale Rolle zu festigen. Er ist in manchmal krankhafter, oft absonderlicher Weise darauf konzentriert herauszufinden, wie er, im Vergleich zu seinem eigenen Selbstgefühl, in den Augen anderer erscheint und wie er seine früher aufgebauten Rollen und Fertigkeiten mit den gerade modernen Idealen und Leitbildern verknüpfen kann. [...]

Die Gefahr dieses Stadiums ist die Identitätsdiffusion [Auseinanderfließen]. [...] In Fällen, in denen dieser Zwiespalt auf starken früheren Zweifeln an der eigenen [...] Identität beruht, kommt es nicht selten zu kriminellen oder psychotischen Episoden. Viele Jugendliche kommen mit der übernommenen, ihnen durch die unerbittliche Standardisierung der [...] Jugend aufgezwungenen Rolle nicht zurecht und flüchten: lassen Schule oder Arbeitsplatz im Stich, bleiben nächtelang fort oder verkriechen sich in ausgefallene oder unzugängliche Stimmungen. [...]

Im Allgemeinen ist es hauptsächlich die Unfähigkeit, sich für eine Berufsidentität zu entscheiden, was die jungen Leute beunruhigt. Um sich selbst zusammenzuhalten, überidentifizieren sie sich zeitweilig – bis zu einem Grad scheinbar völliger Aufgabe des Ich – mit den Helden von Cliquen und Massen. Andererseits werden sie bemerkenswert exklusiv, intolerant und grausam gegen andere, die „verschieden" sind in Hautfarbe oder Herkunft, Geschmack und Gaben, oft auch nur in ganz winzigen Momenten der Kleidung und Gestik, die willkürlich als die Kennzeichen der Gruppenzugehörigkeit gewählt werden. Es ist wichtig, dass man diese Intoleranz als notwendige Abwehr gegen ein Gefühl der Identitätsdiffusion versteht [...]. So helfen sich die Jugendlichen für eine Weile durch diese unvertraute Lage hindurch, indem sie Cliquen bilden und sich selbst, ihre Ideale und ihre Feinde zu Stereotypen vereinfachen. [...]

Erik H. Erikson, 1976

M 14

*A. R. Penck (*1939): Der Übergang, 1963*

1 Deute das Bild M 14 und findet in Partnerarbeit einen passenden Titel dazu. Trifft das Bild die Situation eines Jugendlichen? Male ein eigenes Bild, das die Situation eines Jugendlichen darstellt.
2 Erarbeite aus dem Text M 13 die zentralen Aussagen über die Probleme in der Jugendphase. Was davon kannst du bestätigen, was nicht?
3 Konkretisiere die Textaussagen, indem du dir klar wirst, wie viele Rollen du mittlerweile einnimmst und welche Erwartungen von unterschiedlichen Personen an diese Rollen gestellt werden (vgl. M 15).
4 Welche Schwierigkeiten werden dabei deutlich?

M 15

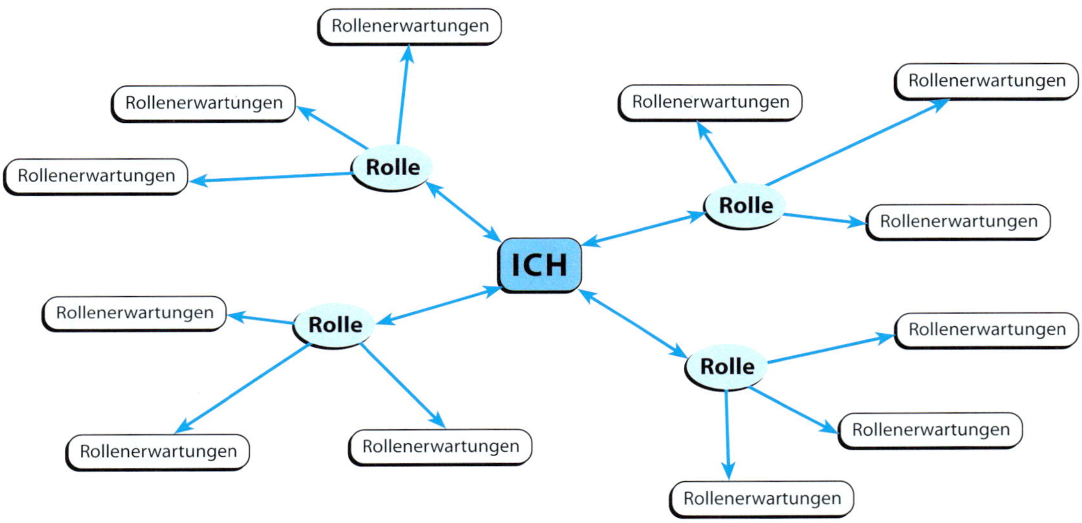

M 16

Identität als Balance

Die vom Individuum für die Beteiligung an Kommunikation und gemeinsamem Handeln zu erbringende Leistung soll hier mit der Kategorie der Identität bezeichnet werden. Damit das Individuum mit anderen in Beziehung treten kann, muss es sich in seiner Identität präsentieren; durch sie zeigt es, wer es ist. [...]
Diese Identität stellt die Besonderheit des Individuums dar; denn sie zeigt, auf welche Weise das Individuum in verschiedenartigen Situationen eine Balance zwischen widersprüchlichen Erwartungen, zwischen den Anforderungen der anderen und eigenen Bedürfnissen sowie zwischen dem Verlangen nach Darstellung dessen, worin es sich von anderen unterscheidet, und der Notwendigkeit, die Anerkennung der anderen für seine Identität zu finden, gehalten hat. [...]
Identität zu gewinnen und zu präsentieren ist ein in jeder Situation angesichts neuer Erwartungen und im Hinblick auf die jeweils unterschiedliche Identität von Handlungs- und Gesprächspartnern zu leistender kreativer Akt. Er schafft etwas noch nicht Dagewesenes, nämlich die Aufarbeitung der Lebensgeschichte des Individuums für die aktuelle Situation.

Lothar Krappmann, 1972

5 Erläutere in Verbindung mit der Analyse von Krappmann, was es heißt, seine Identität zu finden.
6 Welche Rückschlüsse ziehst du aus den wissenschaftlichen Beschreibungen der Entwicklungsprozesse in der Pubertät zur Identitätsproblematik (vgl. S. 13 und S. 15)?

Der Mensch – ein Ich-Sager

M 17

Ich shoppe, also bin ich.
Ich blogge, also bin ich.
Ich lese, also bin ich.
Ich raube, also bin ich.
Ich reise, also bin ich.
Ich spiele, also bin ich.

Ich tanze, also bin ich.
Ich downloade, also bin ich.
Ich klettere, also bin.
Ich arbeite, also bin.
Ich chatte, also bin.
Ich singe, also bin ich.

… , also bin ich.

1 Unter „Google-Bilder , … , also bin ich'" findest du noch einige Varianten mehr als die hier gezeigten. Wie erklärst du dir die Attraktivität solcher „Sprüche"?

2 Was würdest du dir auf ein T-Shirt drucken lassen, um deiner Identität Ausdruck zu verleihen?

M 18

Was den Menschen ausmacht

Seit langem hatte ich bemerkt, dass in betreff der Sitten man bisweilen Ansichten, die man als sehr unsicher kennt, folgen müsse […], als ob sie ganz zweifellos wären. Aber weil ich damals bloß der Erforschung der Wahrheit leben wollte, so meinte ich gerade das Gegenteil tun zu müssen und alles, worin sich auch nur das kleinste Bedenken auffinden ließe, als vollkommen falsch verwerfen, um zu sehen, ob danach nichts ganz Unzweifelhaftes in meinem Fürwahrhalten übrigbleiben würde. So wollte ich, weil unsere Sinne uns bisweilen täuschen, annehmen, dass kein Ding so wäre, wie die Sinne es uns vorstellen lassen; und weil sich manche Leute in ihren Urteilen selbst bei den einfachsten Materien der Geometrie täuschen und Fehlschlüsse machen, so verwarf ich, weil ich meinte, dem Irrtum so gut wie jeder andere unterworfen zu sein, alle Gründe als falsch, die ich vorher zu meinen Beweisen genommen hatte; endlich, wie ich bedachte, dass alle Gedanken, die wir im Wachen haben, uns auch im Schlaf kommen können, ohne dass dann einer davon wahr sei, so machte ich mir absichtlich die erdichtete Vorstellung, dass alle Dinge, die jemals in meinen Geist gekommen, nicht wahrer seien als die Trugbilder meiner Träume. Alsbald aber machte ich die Beobachtung, dass, während ich so denken wollte, alles sei falsch, doch notwendig ich, der das dachte, irgend etwas sein müsse, und da ich bemerkte, dass diese Wahrheit „ich denke, also bin ich" […] so fest und sicher wäre, dass auch die überspanntesten Annahmen der Skeptiker* sie nicht zu erschüttern vermöchten, so konnte ich sie meinem Dafürhalten nach als das erste Prinzip der Philosophie, die ich suchte, annehmen. Dann prüfte ich aufmerksam, was ich wäre, und sah, dass ich mir vorstellen könnte, ich hätte keinen Körper, es gäbe keine Welt und keinen Ort, wo ich mich befände, aber dass ich mir deshalb nicht vorstellen könnte, dass ich nicht wäre; im Gegenteil selbst daraus, dass ich an der Wahrheit der anderen Dinge zu zweifeln dachte, folgte ja ganz einleuchtend und sicher, dass ich war; sobald ich dagegen aufgehört zu denken, mochte wohl alles andere, das ich mir jemals vorgestellt, wahr gewesen sein, ich aber hatte keinen Grund mehr, an mein Dasein zu glauben. Ich erkannte daraus, dass ich eine Substanz sei, deren ganze Wesenheit oder Natur bloß im Denken bestehe und die zu ihrem Dasein weder eines Ortes bedürfe noch von einem materiellen Dinge abhänge, so dass dieses Ich, das heißt die Seele, wodurch ich bin, was ich bin, vom Körper völlig verschieden und selbst leichter zu erkennen ist als dieser und auch ohne Körper nicht aufhören werde, alles zu sein, was sie ist.

René Descartes, 1647

3 Was macht nach Meinung des französischen Denkers René Descartes (1596–1650) den Menschen aus? Erarbeite die wichtigsten Schritte seiner Argumentation. Was genau sagt er zu Körper und Seele und deren Bedeutung für das Ich aus?

4 Kannst du seiner Vorstellung vom Ich zustimmen? Begründe deine Auffassung.

5 Deute die Karikatur. Ist sie eher als Bestätigung oder als Kritik an dem Gedanken von Descartes zu verstehen?

6 Definiere möglichst genau, was „Denken" heißt (siehe auch S. 23, Arbeitsanregung 5).

7 Bevor du den folgenden Text liest: Versuche zu definieren, was wir „Ich" nennen.

Es denkt, also ...?

M 19

Unter unserer Schädeldecke findet sich kein Zentrum, keine Kommandozentrale, in der alle Informationen zusammenlaufen würden. Die Einheit des Bewusstseins, so überzeugend wir sie subjektiv auch erleben mögen, ist eine der vielen Aufführungen im Gehirn auf der Bühne des Ich. Die Realität ist, dass viele räumlich und zeitlich getrennt arbeitende Gehirnteile gleichberechtigt zum Bewusstsein beitragen. Unser Gehirn ist ein Reich ohne König. [...]

„Keiner war oder hatte jemals ein Selbst", sagt der Philosoph Metzinger. [...] Metzinger, Jahrgang 1958, kippt unser verbliebenes ptolemäisches Selbstbild*. Damit ist die hartnäckige Illusion gemeint, dass es in uns einen Kern gibt, um den sich die Welt dreht. Etwas, das über die Zeit hinweg identisch bleibt [...]. „Eine der Grundaussagen der Theorie ist, dass es so etwas wie Selbste in der Welt nicht gibt: Selbste gehören nicht zu den irreduzierbaren [nicht zurückführbaren] Grundbestandteilen der Wirklichkeit. Was es gibt, ist das erlebte Ichgefühl und die verschiedenen, ständig wechselnden Inhalte des Selbstbewusstseins [...]. Das bedeutet nicht weniger, als dass sich das Konzept des Selbst in Luft auflöst. Dass dies dem Publikum missfallen könnte, ahnt der Revolutionär bereits und bedauert, dass „die Ergebnisse der Philosophie nicht immer erbaulich sind".

Das Gehirn – bei Metzinger häufig „System" genannt, kurz für Information verarbeitendes System – stützt sich also auf ein Modell der Wirklichkeit. Dieses lässt sich bei differenzierterer Betrachtung in verschiedene Untereinheiten gliedern: eine räumliche Ebene, mit dem Bild des Körpers und seiner Bewegungen; eine emotionale Ebene, die unsere Gefühle ins Bewusstsein bringt und sie zu Grundlagen unserer Handlungen werden lässt; sowie eine soziale Ebene, welche von der Kultur und den Menschen, mit denen wir leben, geprägt wird. Die Modelle dienen uns dazu, uns in der äußeren Welt orientieren zu können, zu kommunizieren, die Aufmerksamkeit und das Denken auf uns selbst als Ganzes zu lenken.

Der Ich-Sager kann sich so ganz praktisch als Ich bezeichnen, sich als einzelne Person unter anderen identifizieren. Den Modellen entspricht jedoch keine materielle Substanz, kein Atom, kein Ding, kein einzelnes Neuron. Man kann nicht mit dem Finger auf die Modelle zeigen. Sie sind lediglich eine besonders intelligente Art, den Informationsfluss zu organisieren – was in Übereinstimmung mit den geschilderten naturwissenschaftlichen Befunden steht. [...]

„Sie sind ein solches System, jetzt, in diesem Augenblick, in dem Sie diese Sätze lesen. Weil Sie Ihr Selbstmodell nicht als Modell erkennen, ist es transparent: Sie blicken durch es hindurch. Sie sehen es nicht. Aber Sie sehen mit ihm. Mit anderen Worten: Sie verwechseln sich fortlaufend mit dem Inhalt des Selbstmodells, das von Ihrem Gehirn aktiviert wird."

Erst durch diese fortwährende Verwechslung wird aus dem Niemand ein Jemand. Man könnte auch sagen, erst durch die Verwechslung wird die Geschichte wahr, die wir uns selbst erzählen: von einem Menschen, der einen eigenen Körper hat, eine eigene Geschichte, eigene, intime Gedanken schmiedet, Entscheidungen autonom und frei von äußeren Einflüssen fällt und womöglich sogar nach dem Tod in einem Jenseits weiterlebt, und zwar als Individuum. Doch es handelt sich hierbei um Illusionen. „Wir besitzen keinen festen und unveränderlichen Wesenskern", wiederholt die britische Psychologin Susan Blackmore den grundlegenden Punkt.

Werner Siefer/Christian Weber, 2007

8 Vergleiche Metzingers Auffassung vom Ich in M 19 mit der von Descartes in M 18.

9 Ist Metzingers neurobiologische Auffassung für dich ein Verlust oder ein Gewinn für das menschliche Selbstverständnis?

Sind Tiere dumm?

M 20 Diannes Verhältnis zu Tieren

Zu allem, was um sie herum kreuchte und fleuchte, hatte Dianne ein Verhältnis, das mir unheimlich war. Einmal konnte ich beobachten, wie auf ihrer ausgestreckten Hand ein Vogel mit zerzausten braunen Federn landete, der ruhig und aus dunklen Augen den gleichgültigen Blick meiner Schwester erwiderte. Wenn Dianne Blumen pflückte, schienen deren Blüten sich ihr entgegenzustrecken, und der Garten begann zu wispern; in der Stadt strichen ihr streunende, ausgehungerte Katzen, die ansonsten um jeden Menschen einen Bogen machten, schnurrend um die Beine, und Hunde bettelten winselnd um ihre Aufmerksamkeit. Dianne selbst schien von diesem Phänomen weder überrascht noch widmete sie ihm größere Aufmerksamkeit. Sie behandelte die Tiere mit Gleichgültigkeit, manchmal sogar mit offener Grausamkeit, indem sie Katzen und Hunde mit groben Tritten vertrieb oder mit der dahingebrüllten Warnung, sie werde ihnen Blechbüchsen an die Schwänze binden, wenn sie ihr nicht ihre Ruhe ließen. [...] [231/254f.]

In einer Trotzreaktion gegenüber ihrer Mutter ist Dianne eines Abends auf den Dachfirst des Hauses geklettert, wo sie von verschiedenen Tieren umschwärmt wird.

Nach diesem Vorfall sah ich Dianne nie wieder von Tieren umgeben, weder von Insekten noch von Hunden oder Katzen. [...] Doch als Kat mir einige Jahre darauf flüsternd berichtete, sie habe gesehen, wie Dianne sich mit einer Eidechse unterhielt, und dies als Grund dafür vorschob, sich von meiner Schwester zurückzuziehen, zuckte ich zusammen. Dianne hatte weder verlernt noch vergessen. Sie hatte nur versteckt. [236f./261]

M 21 Tiere sind lebendige Automaten

Wenn es Maschinen mit den Organen und der Gestalt eines Affen oder eines anderen vernunftlosen Tieres gäbe, so hätten wir gar kein Mittel, das uns nur den geringsten Unterschied erkennen ließe zwischen dem Mechanismus dieser Maschinen und dem Lebensprinzip dieser Tiere; gäbe es dagegen Maschinen, die unseren Leibern ähnelten und unsere Handlungen insoweit nachahmten, wie dies für Maschinen wahrscheinlich möglich ist, so hätten wir immer zwei ganz sichere Mittel zu der Erkenntnis, dass sie deswegen keineswegs wahre Menschen sind. Erstens könnten sie nämlich niemals Worte oder andere Zeichen dadurch gebrauchen, dass sie sie zusammenstellen, wie wir es tun, um anderen unsere Gedanken bekannt zu machen. [...] Das zweite Mittel ist dies: Sollten diese Maschinen auch manches ebenso gut oder vielleicht besser verrichten als irgendeiner von uns, so würden sie doch zweifellos bei vielem anderen versagen, wodurch offen zutage tritt, dass sie nicht aus Einsicht handeln, sondern nur zufolge der Einrichtung ihrer Organe. [...] Diese zwei Mittel kennzeichnen nun auch den Unterschied zwischen Mensch und Tier; denn es ist ganz auffällig, dass es keinen so stumpfsinnigen und dummen Menschen gibt, nicht einmal einen Verrückten ausgenommen, der nicht fähig wäre, verschiedene Worte zusammenzuordnen und daraus eine Rede aufzubauen, mit der er seine Gedanken verständlich macht; und dass es im Gegenteil kein anderes Tier gibt, so vollkommen und glücklich veranlagt es sein mag, das Ähnliches leistet. Dies liegt nicht daran, dass den Tieren Organe dazu fehlten; denn man kann beobachten, dass Spechte und Papageien ebenso wie wir Worte hervorbringen können und dass sie dennoch nicht reden, d. h. zu erkennen geben können, dass sie denken, was sie sagen, wie wir. Von Geburt taubstumme Menschen dagegen müssen die Organe, die andere zum Reden gebrauchen, ebenso oder mehr noch entbehren als die Tiere und erfinden doch für gewöhnlich selbst Zeichen, mit denen sie sich Leuten ihrer gewohnten Umgebung, die Zeit haben, ihre Sprache zu lernen, verständlich machen. Dies zeigt nicht bloß, dass Tiere weniger Verstand haben als Menschen, sondern vielmehr, dass sie gar keinen haben.

René Descartes, 1647

1 Was hältst du von dieser Geschichte? Können sich Menschen mit Tieren verständigen? Wenn ja, auf welcher Grundlage?

2 Liste nach der ABC-Methode (siehe S. 8) für dich bedeutsame Fähigkeiten des Menschen auf. Streiche in einem zweiten Schritt diejenigen heraus, die man auch bei Tieren vermuten kann.

3 Vergleicht und diskutiert eure Ergebnisse in Kleingruppen.

4 Siehst du prinzipielle Unterschiede zwischen Mensch und Tier?

5 Können Tiere denken? Formuliere eine Antwort.

Der Geist der Tiere – eine neue Sichtweise

M 22

Ein Interview mit dem Philosophen Dominik Perler

Sie wollen ... wissen, ob der Hund denkt, bevor er wedelt?

Genau, denn hier beginnt das philosophische Problem. Im Alltag beobachten wir Tierverhalten und legen es nach menschlichen Maßstäben aus. Man nennt das Anthropomorphisierung – die Vermenschlichung von Tieren. Diesem Problem müssen wir uns stellen.

Was ist falsch daran? Die Vermenschlichung sorgt doch für gute Beziehungen zwischen den Gattungen.

Mag sein, aber sie führt auch in die Irre. Wenn wir meinen, Tiere würden denken, müssen wir fragen: Interpretiere ich etwas in dieses Tier hinein? Oder berechtigt mich sein objektiv beobachtbares Verhalten, ihm wirklich Denken zuzuschreiben? [...]

Sie schließen völlig aus, dass Tiere denken?

Nein, es gibt auf einer praktischen Ebene durchaus Fälle, wo ich Tieren Denken, oder vorsichtiger gesagt, Kognition zuschreiben würde. Aber immer mit der Warnung versehen: Achtung, es gibt verschiedene Arten des Denkens! Wenn man einem Schimpansen Denken zuschreibt, muss es nicht die gleiche Art von Denken sein, die wir einem Mitmenschen attestieren.

Wo liegt der Unterschied zwischen „Denken“ und „Geist“?

Geist haben ist eine Voraussetzung für Denken. Denken ist die Handlung eines Lebewesens, das Geist besitzt.

Was genau ist „Geist“?

Damit bezeichnen wir die Fähigkeiten, die unser Handeln steuern. Emotion und Kognition gehören dazu. Es gibt verschiedene Fähigkeiten. Wir Menschen zeichnen uns durch Sprache und Vernunftbegabung aus. Andere Lebewesen können andere Dinge besser. Es gibt nicht nur eine Form von Geist, sondern jede Gattung hat ihre eigene. Die Frage lautet nicht: Haben Tiere einen Geist? Sondern: Welches Tier besitzt welche Art von Geist? [...]

Ist eine Skala [des Denkens] denkbar, auf der wir nicht die Krone der Schöpfung sind?

Aus unserer Sicht kaum. Ob wir wollen oder nicht, schätzen wir gewisse Leistungen höher ein als andere. Denken Sie an unsere Fähigkeit, von anwesenden Gegenständen zu abstrahieren. Wir können Pläne schmieden über Dinge, die wir nicht sehen. Tiere können das nicht. Wir kommen nicht umhin, Tiere daher abzuwerten, obwohl das falsch ist.

6 Sind Tiere blöd? Rekonstruiere möglichst präzise die Antwort von Dominik Perler.

7 Welche Frage greift die Illustration S. 22 auf und welche Antwort legt sie nahe?

8 Diskutiert darüber, ob es möglich ist, sich in die Erlebniswelt der Tiere hineinzuversetzen.

Vernunft und Gefühl

M 23 „Die Lust feuert Nebelgranaten“

Händel ist Phils Mathematiklehrer. Dass er denselben Namen trägt wie einer der größten Barockmusiker, gibt ihm dann und wann Anlass, sich über die enge wissenschaftliche Verwandtschaft von Musik und Mathematik auszulassen und darüber, dass ein tieferes Verständnis dieser beiden abstrakten Disziplinen eng an deren Verarbeitung im linken Teil des menschlichen Gehirns gekoppelt ist.

Die Fähigkeit zur Abstraktion, meine Herrschaften, ist die Grundlage jeglicher Vernunft, folglich der Aufklärung. Ratio, Logik – wer diese Eigenschaft nicht kultiviert, der ist seinen Emotionen so hilflos ausgeliefert wie ein Steinzeitmensch den Naturgewalten. Der wird, tief in seinem Inneren, den Aberglauben nicht ablegen, Blitz und Donner seien ein Zeichen göttlichen Zorns. Der wird sich, meine Damen und Herren, immer nur ducken!“ [...]

„Die Leidenschaften, meine Damen und Herren, die Leidenschaften! Lassen Sie sich nicht von ihnen beherrschen! Sie verwirren Ihren Verstand, unterwerfen Sie ihrer Kontrolle. Und kommen Sie mir nicht mit Hormonen oder dem Unterbewusstsein. Zügelung! Beherrschung!“

[...]

„Einst gab es ein goldenes Zeitalter der Ratio. Die griechische Schule der Stoiker war ein aufrechtes Häuflein Tapferer, die die Existenz Gottes in den mannigfaltigen Erscheinungsformen der Natur und nicht an irgendwelchen Kreuzen festmachten. Die Stoiker erkannten in den Leidenschaften den größten Feind der Vernunft. Einige unter Ihnen dürften das schon an sich selbst erfahren haben: Die Lust feuert ihre Nebelgranaten ab und verschleiert so den ungetrübten Blick auf das, was hinter den Dingen liegt. [...]“

„Ich gebe zu“, Händel strich sich in gespielter Betrübtheit über den unübersehbaren Bauch, „dass es schwer ist, sich dem Lustprinzip zu verweigern, man will ja auch ein wenig Spaß haben, nicht wahr ... Aber übertreiben Sie es nicht, meine Damen und Herren! Übertreiben Sie es nicht, und schärfen Sie Ihren Verstand. Seien Sie wachsam! Sonst wissen Sie irgendwann in Ihrem Leben nämlich plötzlich nicht mehr, wo Ihnen der Kopf steht.“ [82/86f., 221/243, 224/246]

1 Erarbeite aus dem Text die Ansichten des Mathematiklehrers Händel zur Vernunft und zu den Leidenschaften. Kannst du ihm zustimmen? Welche Rolle spielen sie in deinem Leben?

2 Informiere dich über das Adjektiv „stoisch“. Halte ein Kurzreferat zu dem Begriff, indem du dich aus philosophischen Nachschlagewerken und dem Internet über die Philosophenschule der Stoa (zu ihr gehören u. a. Seneca und Epiktet) informierst.

M 24 Ein Leben aus Vernunft

Du siehst, welch schlimme und schädliche Knechtschaft der erduldet, den Sinnenlust und Schmerz, zwei schwankende und maßlose Gebieter, wechselweise beherrschen. Darum muss man sich durchringen zur Freiheit; diese aber erlangt man nur durch Gleichgültigkeit gegen das Schicksal. Daraus erwächst jenes unschätzbare Gut: die Ruhe und Erhabenheit einer Seele, die ihren festen Standpunkt gefunden hat, die frei von

Furcht aus der Erkenntnis der Wahrheit eine hohe, bleibende Freude gewinnt, Freundlichkeit und Heiterkeit des Gemüts; an diesen Gütern wird sie eine besondere Freude haben, weil sie gleichsam auf ihrem eigenen Boden gewachsen, nicht ihr nur zugefallen sind. Glücklich kann derjenige genannt werden, der, von der Vernunft geleitet, nichts mehr wünscht und nichts mehr fürchtet.

Seneca, ca. 59 n. Chr.

Der Seelenwagen

M 25

So gleiche sie [die Seele] denn der zusammengewachsenen Kraft eines gefiederten Gespannes und seines Wagenlenkers. Der Götter Rosse und Wagenlenker nun sind alle so wohl selbst gut als von guter Abkunft; die Art der anderen aber ist gemischt. Und zwar was uns betrifft, so lenkt der Führer erstens ein Doppelgespann; sodann ist von ihm das eine der Rosse sowohl selbst mutig und gut und von solcher Abkunft, das andere aber von gegenteiliger Abkunft und Beschaffenheit beherrscht von den Begierden. Schwierig und unbeholfen ist daher notwendig die Wagenlenkung bei uns.

Platon

3 Überprüfe am Text des römischen Philosophen Seneca (4 v. Chr.–65 n. Chr.), ob der Mathematiklehrer Händel die Stoa richtig verstanden hat.

4 Veranschauliche Platons (427–347 v. Chr.) Sprachbild vom Seelenwagen durch eine Zeichnung und erläutere, welche Bedeutung Vernunft, Mut und Begierden darin haben.

5 Erkläre auf dieser Basis den paradox klingenden Begriff der Selbstbeherrschung.

Vernunft und Gefühl – keine Gegner

M 26

Gefühle und Verstand sind nicht die Gegner, zu denen wir sie in unserer abendländischen Kultur gemacht haben. Vielmehr arbeiten die Gefühle und der Verstand meist Hand in Hand. Gerade in kritischen Situationen greifen unsere Gefühle dem Verstand unter die Arme und helfen ihm, schnell zu einer Entscheidung zu gelangen, die unser Überleben sichern soll. Angst zum Beispiel mahnt zur Vorsicht, macht wachsam gegenüber Gefahren. Ekel veranlasst zu Hygiene und warnt vor verdorbener Nahrung. Wie wichtig gerade diese beiden negativen Gefühle für unser Leben und Überleben sein können, wird deutlich, wenn sie plötzlich nicht mehr da sind. [...]

Gefühle sind, [...] keine Gegenspieler der Intelligenz, sondern stellen selbst eine Form von Intelligenz dar, ohne die unsere haarigen Vorfahren in der afrikanischen Savanne nie überlebt hätten. Das gilt nicht nur für die Gefühle Angst und Ekel, sondern für alle unsere Gefühle. Wir haben Hunger, damit wir essen. Wir haben Durst, damit wir trinken ... . Wir spüren Schmerzen, damit wir Verletzungen vermeiden oder, wenn wir sie uns schon zugezogen haben, versorgen. Wir spüren Liebe, damit wir zusammenkommen und es auch ein Weilchen bleiben usw. Gefühle geben uns Ziele im Leben, kleine und große, ohne uns bis ins Detail zu diktieren, wie wir diese Ziele erreichen sollen. [...]

Dass wir trotzdem morgens aufstehen und zur Arbeit gehen und uns hinsetzen und ein Buch schreiben und Gemüse essen und abends nicht zu viel Alkohol trinken, steht dazu nicht im Widerspruch. Wir wissen schließlich genau, dass wir uns zwar kurzfristig besser fühlen, wenn wir jetzt noch ein Stündchen liegenbleiben, es aber irgendwann Ärger gibt, wenn wir nicht aufstehen, und spätestens bei diesem Gedanken macht das Liegenbleiben auch kurzfristig keinen Spaß mehr, also quälen wir uns aus dem Bett. Also essen wir Brokkoli und trinken nicht zu viel Wein [...].

Das Ziel, die Gefühle ausschalten zu wollen, wie es die Stoiker im Sinn hatten, ist somit nicht nur unsinnig, es wäre auch unproduktiv. Je mehr Gefühle wir nämlich über eine Sache zu Wort kommen lassen, desto zahlreicher sind die Augen, mit denen wir diese Sache sehen. Indem Gefühle unser Gehirn in einen je anderen Spielmodus bringen, lassen sie uns die Wirklichkeit stets in einem anderen, neuen Licht erscheinen.

Bas Kast, 2007

6 Vergleiche die Auffassung von Kast mit der stoischen. Welche hältst du als Grundlage für die Gestaltung eines guten Lebens für geeigneter?

7 Erkläre, warum es wichtig sein könnte, einen Gefühlsausdruck richtig deuten zu können.

8 „Emotionale* Bildung ist für das Lernen genauso wichtig wie der Unterricht in Rechnen und Lesen." So der Autor D. Goleman in seinem international bekannt gewordenen Buch „Emotionale Intelligenz". Er berichtet von einem neuen Unterrichtsfach namens „Self Science", das in einer Privatschule San Franciscos eingerichtet worden ist, um Schüler und Schülerinnen in der Wahrnehmung und Deutung von und im Umgang mit Gefühlen zu schulen. Diskutiert die Notwendigkeit eines solchen Faches.

Der Wunsch nach Freiheit

M 27 Phils Besuch bei seinem Onkel Gable

Gable empfing mich mit einem Lachen und einer herzlichen Umarmung. Mit der Geste eines Königs, der an seinen Hof bittet, ließ er mich das Schiff betreten. Es erstaunte mich, wie viele Leute er nicht nur in Frankreich, sondern auch entlang der italienischen Küste kannte und zu Freunden hatte. Gable war Schiffsjunge gewesen, Leichtmatrose, Matrose, Maat, schließlich Bootsmann. So war er herumgekommen auf dem Globus, und wenn er davon erzählte, dann war es, als spräche er von längst vergangenen Jahrhunderten.

„Ich ließ mich von jedem anheuern, der mich haben wollte. Ich wollte etwas sehen von der Welt. Vor allem aber wollte ich Freiheit, und Freiheit findest du nur auf dem Meer, Phil! Vier feste Wände sind nichts für mich, sie erdrücken mich, nur ein Sarg kann schlimmer sein. Ich brauche die Weite, den offenen Blick über das Meer. Nichts auf der Welt kann dir die Illusion von Grenzenlosigkeit besser vermitteln als der blanke Horizont."

[...]

Gable steuerte das Schiff in einem scheinbar willkürlichen Zickzackkurs über das Meer, das sich in mehr Schattierungen von Blau präsentierte, als die Palette eines Malers hätte hervorbringen können. Ich war wie berauscht. Die Zeit hatte uns vergessen, ein festes Ziel kannten wir nicht. Oft legten wir in kleinen und kleinsten Häfen an, und immer wieder überraschte es mich, wie viele Leute mein Onkel kannte: Fischer und Tavernenbesitzer und Reeder; die Kapitäne und die Mannschaftsmitglieder anderer kleiner Schiffe. Einige von ihnen sahen verschlagen aus. In früheren Zeiten, so beschloss ich, waren solche Männer Piraten gewesen, gesetzlose Freibeuter, nur sich selbst und ihrem Wunsch nach bedingungsloser Freiheit verpflichtet.

[169ff./185ff.]

1 Kannst du den Wunsch nach Freiheit nachvollziehen? Was bedeutet Freiheit für den Menschen?

2 Diskutiert darüber, ob „bedingungslose Freiheit" (Z. 38) überhaupt wünschenswert ist.

3 Lege eine Liste von fünf wichtigen Freiheiten an, auf die der Mensch nicht verzichten sollte. Verfahrt in der Lerngruppe dann nach der Schneeballmethode (s. S. 257).

4 Wertet sowohl den Text als auch eure Listen danach aus, welche Freiheit eigentlich (siehe Info) gemeint ist.

5 Überlege, in welchem der beiden Freiheitsvorstellungen das schwierigere philosophische Problem zu sehen ist.

INFO

Welche Freiheit?

Unter Freiheit versteht man in einem allgemeinen Sinne ein Unabhängigsein, das in der Abwesenheit eines Zwanges besteht. In der genaueren Aufgliederung zeigt sich Freiheit zum einen als *Handlungsfreiheit*, zum anderen als *Willensfreiheit*. Handlungsfreiheit bedeutet die Möglichkeit einer Person, ohne äußere Zwänge zu tun und zu lassen, was sie will, während Willensfreiheit ihre Möglichkeit ist, ohne innere Zwänge (psychisch, gesellschaftlich oder genetisch bedingte) den Willen zu haben, den sie haben möchte. Entscheidungsfreiheit oder Wahlfreiheit werden zumeist gleichbedeutend mit Willensfreiheit gebraucht. Ob der Wille autonom (selbstbestimmt, frei) oder in Wirklichkeit nur heteronom (fremdbestimmt, unfrei) sein kann, ist seit einiger Zeit Gegenstand eingehender philosophischer und wissenschaftlicher Untersuchungen.

Aus der Sicht einiger Neurobiologen ist Freiheit eine Illusion. Nach dem Philosophen Immanuel Kant kann es aber weder einen hinreichenden Beweis für die Existenz menschlicher Freiheit noch gegen sie geben.

Sei so frei!

M 28

Pascal, eine Freundin von Glass, stachelt Phil dazu an, endlich aktiv zu werden, um Nicolas, mit dem er gern befreundet wäre, kennenzulernen.

„Vielleicht würde es dir helfen, wenn du etwas mehr Initiative ergreifst und dafür weniger wie ein unbeteiligter Zuschauer durch die Weltgeschichte stolperst." Sie grinst. „Das ist nämlich genau das, was ich an *dir* nicht leiden kann."

[330/365]

6 Ist es eine Sache des Willens – oder der Handlungsfreiheit, wozu Pascal Phil auffordert? Sammelt in einer Tabelle Gründe, die für das eine oder gegen das andere sprechen.

7 Würde es etwas an deiner Einstellung zur Freiheit ändern, wenn menschliche Freiheit nicht bewiesen werden kann?

Die Freiheit, Wünsche zu wünschen

M 29

Ich bin der Ansicht, dass ein wesentlicher Unterschied zwischen Personen und anderen Kreaturen in der Struktur des Willens einer Person zu finden ist. Menschen sind nicht die einzigen Wesen, die Wünsche und Motive haben oder die Wahlentscheidungen treffen. Sie unterscheiden sich darin nicht von Mitgliedern anderer Arten von denen einige anscheinend sogar Erwägungen anstellen und Entscheidungen nach vorhergehender Überlegung treffen. Es scheint aber eine besondere Eigentümlichkeit von Menschen zu sein, dass sie, wie ich sie nennen werde, „Wünsche zweiter Stufe" zu bilden fähig sind. Neben wünschen und wählen und bewegt werden, dies oder das zu tun, können Menschen außerdem wünschen, bestimmte Wünsche oder Motive zu haben (oder nicht zu haben). Sie können, was ihre Vorlieben und Zwecke angeht, gern anders sein wollen, als sie sind. Viele Tiere scheinen durchaus zu, wie ich sagen will, „Wünschen erster Stufe" fähig zu sein. Kein Tier außer dem Menschen scheint dagegen die Fähigkeit zur reflektierenden Selbstbewertung zu haben, die sich in der Bildung von Wünschen zweiter Stufe ausdrückt.

Harry G. Frankfurt, 2001

8 Erarbeite die Zentralthese des Autors und beurteile ihre Konsequenzen für die Freiheitsfrage.

Kann man Freiheit üben?

M 30

Ich nenne eine [...] Situation. Es geht um die Überwindung von Peinlichkeiten. Das Gefühl der Peinlichkeit ist ja das Gefühl der Abhängigkeit von der Meinung der anderen. Sehr viele Dinge tut man im Leben nicht, insbesondere revidiert man sehr viele Dinge im Leben nicht, weil das peinlich wäre: etwa einen Fehler einzugestehen oder noch einmal anzurufen oder zurückzukommen, weil man etwas vergessen hat. An diesem Beispiel, *Peinlichkeiten überwinden,* erkennt man vielleicht am deutlichsten, dass es mit der Coolness, über die heute jedermann verfügt, für moralisches Können noch nicht getan ist. Hier handelt es sich quasi um eine innerethische Auseinandersetzung. Peinlichkeit ist ja eine Form von Scham, und Scham ist – wenn man so sagen darf – ein elementares ethisches Gefühl. Die Einübung darin, mit Peinlichkeiten fertig zu werden, ist deshalb auch in besonderem Maße eine Vorübung für moralische Existenz. Denn dabei geht es ja im Ernstfall darum, auch Üblichkeiten durchbrechen zu können.

Gernot Böhme, 1997

9 Der Philosoph Gernot Böhme nennt außer Peinlichkeiten noch ins kalte Wasser springen, Prüfungsangst und Zivilcourage als Fallbeispiele zur Einübung in die Freiheit. Versuche an diesen Beispielen zu zeigen, wie man Freiheit üben kann.

Die Optimierung des Körpers: Selbstsorge oder Selbstmissbrauch?

M 31 Können Ohren zu groß sein?

Phil hat von klein auf „Segelohren", die ihn in seinem kindlichen Gemüt nicht stören, wohl aber seine Mutter

Im Sommer vor meiner Einschulung beschloss Glass, dass etwas mit meinen Ohren geschehen müsse.

„Sie sind zu groß, Phil", erklärte sie. „Und sie stehen ab. Du siehst aus wie Dumbo."

Wir saßen auf einer Steppdecke am Flussufer, von hoch gewachsenem, rosarotem Springkraut vor der Nachmittagssonne geschützt, weitab von der Stadt, weitab von ihren Bewohnern. Meine Mutter griff in eine mit Getränken und klebrigen Erdnussbutter-Sandwiches gefüllte Kühlbox, holte eine Flasche Cola heraus und setzte sie an die Lippen. Sobald sie die Flasche wieder absetzte, würde es kein Entrinnen mehr geben.

Dass ihr meine Ohren nicht gefielen, erfüllte mich mit Unbehagen. Ich sah zu Dianne hinüber, die bis zu den Knien im träge dahinströmenden Wasser stand, wo sie die Unterseiten flacher Steine nach Schnecken absuchte. Niemand hätte uns für Zwillinge gehalten. Schon deshalb nicht, wie ich jetzt dachte, weil Dianne gänzlich unauffällige Ohren besaß.

„Wer ist Dumbo?", fragte ich vorsichtig.

„Ein Elefant." Glass stellte die Cola zurück in die Kühlbox. „Seine Ohren schleiften über den Boden, beim Laufen ist er ständig darüber gestolpert. Sie waren einfach *zu groß*."

[...]

Bis wir zu Abend gegessen hatten und schlafen gingen, war es dunkel geworden. Glass kam in unser Zimmer und trat an mein Bett, das Licht war bereits gelöscht, Dianne schon eingeschlafen. [...]

Als Glass sich über mich beugte, hatte ich das Gefühl, mit ihrer Stimme allein zu sein.

„Wegen deiner Ohren ..."

[...]

„Dir ist hoffentlich klar", sagte die Stimme, „dass sie dasselbe machen, was sie mit Dumbo gemacht haben."

„Wer?"

„Die da draußen."

Vor dem nachtblauen Viereck, das der Rahmen des weit offenen Fensters aus der Dunkelheit stanzte, sah ich den Schattenriss einer Hand vorbeiwischen. Die Bewegung umfasste alles und jeden – die Stadt, ihre Bewohner auf der anderen Seite des Flusses, den Rest der Welt, das Universum – und in ihrer Allumfassenheit machte sie mir Angst.

„Was *haben* sie mit Dumbo gemacht?"

Die angespannte Erwartung hatte mich flüstern lassen, und jetzt bildete ich mir ein, dass die Stimme mit einer Antwort zögerte. Stille legte sich um mein pochendes Herz wie ein zu enger, rauer Mantel.

„Sie stellten ihn im Zirkus auf einen zwanzig Meter hohen Turm", antwortete die Stimme endlich. Die Dunkelheit wurde noch dunkler. „Er musste in ein Becken voller Grießbrei springen. Und alle haben gelacht!"

[31/32f., 33f./35f.]

1 Wie denkst du über die Ohrenoperation von Phil? Würdest du auch bei sogenannten „Segelohren" eine Operation in Erwägung ziehen?

2 Welche Beweggründe für einen solchen Schritt lassen sich in dem Text ausmachen?

3 Was hältst du von „Tatoos" als Verschönerung des Körpers?

4 Welche Auffassung vom menschlichen Körper kommt in den Manipulationen zum Ausdruck?

5 Erkläre, was einen Eingriff aufgrund entzündeter Mandeln oder abstehender Ohren unterscheidet.

Der gedopte Körper

M 32

Bertolt Brecht notierte schon 1928 in dem kleinen Aufsatz „Die Krise des Sports“: „Der große Sport fängt da an, wo er längst aufgehört hat, gesund zu sein.“ Wir wissen also, dass Hochleistungssport mit Gesundheit kein Paar bildet. Womit aber dann? Mit Betrug? Mit Entertainment? Mit Profit? Mit Karriere? Ja gewiss, mit alldem. Dem Körper durch Doping zu Leistungen zu verhelfen, die er durch bloßes Training nicht erbringt, dient ja nicht nur der Leistungssteigerung. Sondern diese dient dem Ruhm und dem Geld, das Sportstars ebenso für sich wie für ganze Stäbe und Firmen erwirtschaften. Der Körper generiert den Sieg, der Sieg den Ruhm, der Ruhm das Geld. [...]

Das schwächste Glied in dieser Kette ist jedoch, gegen allen Anschein, der Körper. Da er auch die Quelle der [...] ökonomischen Wertschöpfung ist, versteht sich von selbst, dass er zum Instrument, zum Medium und zu Kapital gemacht werden muss. Das erzeugt, auf physiologischer Ebene, systemische Widersprüche: Körperleistung trifft schneller auf Grenzen als die Wünsche nach Sieg, Ruhm, Karriere und Geld. [...] Die Endlichkeit des Leibes ist die träge Grenze eines Willens, der ebendiesen Leib zu seinem Produkt und Instrument machen will – sei's früher als Krieger oder heute als Sportler.

Vergessen wir auch nicht, dass außerhalb des Spitzensports Millionen normaler Bürger mit Pharmaka [Medikamenten] aller Art, durch mitunter gesundheitsgefährliche Diäten, durch mentale und physische Fitness-Programme und medizinische Selbstsorge ihren Körper einem umfassenden Regime unterwerfen, das die eigenen Leistungsgrenzen ausweiten soll. Wir sind längst unsere eigenen Biopolitiker geworden. Darin überwiegen die Angst, den Leistungsanforderungen nicht mehr zu genügen, und der Wunsch nach Selbststeigerung bei Weitem das löbliche Interesse an Gesundheit. Denn Gesundheit ist dabei kein Ziel, sondern ein Mittel. Der Spitzensport bringt dies nur auf den Punkt. Der Unterschied zum multiplen Doping im Alltag besteht nur darin, dass dieser überhaupt nicht und jener zu wenig kontrolliert wird.

Hartmut Böhme, 2006

6 Wende die Västeras-Methode (siehe S. 251) auf den Text an.

7 Diskutiert danach im Plenum die Probleme, die auftreten, wenn der Mensch die Grenzen seines Körpers nicht anerkennt.

8 Wie viel Einfluss darf die Biotechnologie auf die Frage der körperlichen Leistungssteigerung nehmen (vgl. S. 138ff. und S. 150–157)?

9 Welche Botschaft würdest du Lily Allen über das Internet vermitteln?

10 Schreibt jeweils einen Brief an euch selbst mit dem Thema: Ich finde mich nicht attraktiv genug. Was soll ich tun? Die Briefe werden verschlossen vom Lehrer eingesammelt und nach einigen Monaten zurückgegeben. Jeder darf nur seinen eigenen öffnen.

M 33

Dem Mager-Ideal verweigert: Jetzt will Lily Allen eine Schönheits-OP

London – Bisher galt sie als Musikrebellin, die sich den gängigen Vorstellungen und, auch Schönheitsidealen verweigert. Doch nun schockte sie mit ihrem Song „Smile“ bekannt gewordene britische Sängerin Lily Allen ihre Fans mit Gedanken an eine Schönheitsoperation. Sie sei einfach zu fett, schrieb die 22-Jährige nach einem Bericht des „Daily Mirror“ in ihr Internettagebuch. „Ich war immer stolz auf mich, weil ich so stark bin und nicht so ein dummes Mädchen, das nur darüber nachdenkt, wie es aussieht. Ich dachte, es mache nichts aus, wenn ich ein bisschen pummelig sei, denn ich bin kein Model, ich bin eine Sängerin.“ Dieser Glaube sei nun erschüttert, schrieb Allen am Wochenende.

„Ich befürchte, ich bin nicht so stark, wie gedacht, und nun auch in den Teufelskreis geraten“, heißt es auf Allens Blog weiter. „Ich schreibe euch von meinem Hotelbett in Seattle, wo ich in einem Meer von Tränen sitze und mich die letzten Stunden nur über Schönheitsoperationen informiert habe.“ Sie habe über Magen-Bypass-Operationen und Laser-Fettabsaugung recherchiert, gestand Allen in ihrem „MySpace“-Blog.

Die 22-Jährige galt bisher als Vorbild für Mädchen und junge Frauen, da sie nicht die von Models und Prominenten zur Schau gestellte „Size Zero“ trägt. Diese Konfektionsgröße entspricht den Maßen einer Zwölfjährigen. Nach diesem emotionalen Ausbruch fluteten Fans der 22-Jährigen laut „Daily Mirror“ die Internetseite mit aufbauenden Meldungen und der Aufforderung an Allen, sich bloß nicht unters Messer zu legen.

AFP/AP

Wehrte sich bisher gegen Schlankheitswahn: Sängerin Lily Allen
Foto: PA/DPA

Von der Selbstsorge: Selbstliebe oder Ichlosigkeit?

M 34 Selbstliebe und Selbstsucht

1 Was drückt das Bild über die Beziehung der beiden Figuren zueinander aus?

2 Versetze dich in eine der beiden Personen und schreibe die Gefühle und Gedanken auf, die sie bewegen könnten.

3 Recherchiere im Lexikon oder im Internet den Mythos von Narziss und Echo.

4 Stelle in einer Szene, einem Standbild oder einer Pantomime einen Narzissten unserer Zeit dar. Bevor die Darsteller ihre eigenen Mitteilungsabsichten erläutern, sollen die Zuschauer die Gelegenheit zur Deutung erhalten.

M 35 Egoist

Die ganze Welt dreht sich um mich,
denn ich bin nur ein Egoist.
Der Mensch, der mir am nächsten ist,
bin ich, ich bin ein Egoist.
Ganz oben auf der Liste,
ja da stehe ich.
Du musst mir schon verzeih'n,
aber ich liebe mich.
Das, obwohl ich überaus und
durchaus kritisch bin,
hab ich den ganzen lieben langen Tag
nur mich im Sinn.
Ich habe über meinem Bett
'nen Spiegel angebracht,
damit mein eig'nes Spiegelbild
mir meinen Schlaf bewacht.
Und ich will niemanden wollen,
nein – ich will, dass man mich will,
bis ich kriege, was ich brauche,
halt ich niemals still.
(Refrain:)
Liebe kommt von lieben,
und ich fange bei mir an,
und mit ein bisschen Glück
bist eines Tages du mal dran.
Ich gebe meinem Ego
täglich die spezielle Kur,
nur meistens geb' ich mir gleich alles
und am liebsten pur ... sure.
An jedem Tag, an dem es mein Weltbild länger gibt,
erkenne ich mich selbst,
und ich bin neu verliebt.
Die Sterne schreiben meinen Namen
in das Firmament,
damit er hell in euren Augen brennt.
(Refrain:)
Was ist er denn,
was hat er denn,
was kann er denn,
was macht er denn,
was red' er denn,
wer glaubt er, dass er ist?

Falco: www.lyrics007.com

5 Wie beurteilt Falco den Egoismus? Kennst du andere Songs, die Egoismus als Thema aufgreifen? Stelle sie im Unterricht vor.

6 Diskutiert in der Lerngruppe darüber, ob Egoismus verwerflich ist.

Eine andere Deutung der Selbstliebe

M 36

Viele Menschen glauben – gerade, wenn sie die Neigung zur Selbstliebe für allgegenwärtig und unausrottbar halten –, dass diese eingefleischte Tendenz zur Selbstliebe, die viele von uns aufweisen, ein wirklich schädlicher Defekt der menschlichen Natur ist. In ihren Augen ist vor allem die Selbstliebe, die es uns unmöglich macht, uns ausreichend und angemessen – das heißt selbstlos – den anderen Dingen zu widmen, die wir lieben oder die zu lieben gut für uns wäre. Die Liebe zu uns selbst hindert uns, so denken sie, auf ernste und oftmals zerstörerische Weise daran, uns nicht nur den Forderungen der Moral, sondern auch den nichtmoralischen Gütern und Idealen mit Sorge zuzuwenden. Ja, der Vorwurf, wir würden uns zuviel der Selbstliebe hingeben, dient häufig als [...] Merkmal eines fast schon unüberwindbaren Hindernisses auf dem Weg zu einem Leben, das wir führen sollten. [...]

Was ist also der besondere Charakter der Selbstliebe? Wie manifestiert sich diese besondere Variante der Liebe, und was folgt aus ihr? Wenn sich eine Person wirklich liebt, worauf läuft diese Liebe dann hinaus? In ihrer Realität als Weise der Liebe unterscheidet sich die Selbstliebe natürlich nicht von anderen Arten der Liebe. Wie für jede Liebe gilt auch hier, dass der Liebende sich um das Wohl des geliebten Wesens um seiner selbst willen sorgt. Er kümmert sich interesselos darum, die wahren Interessen der geliebten Person zu verfolgen und zu schützen. Da in diesem Fall die geliebte Person er selbst ist, sind die Interessen, denen sich seine Selbstliebe widmet, seine eigenen. [...]

Das heißt, die Selbstliebe besteht aus dem Wunsch einer Person, Ziele zu haben, die sie als ihre eigenen akzeptieren muss und denen sie sich um ihrer selbst willen und nicht bloß um ihres instrumentellen Werts [als Mittel zum Zweck] willen hingibt. Wünscht eine Person zu lieben, dann wünscht sie, in einer Position zu sein, aus der heraus sie mit zuversichtlicher und fester Absicht handeln kann. Ohne eine solche Absicht kann Handeln nicht befriedigend sein; es ist dann, in den Worten von Aristoteles, unausweichlich „leer“ und „sinnlos“. In dem Maße, in dem die Liebe uns mit Endzwecken versorgt, die wir um ihrer selbst willen schätzen und denen wir uns nicht bloß freiwillig hingeben, bewahrt uns die Liebe vor zielloser Willkür und davor, unser Leben mit leerem Aktivismus zu verschwenden, der zutiefst sinnlos ist, da er, ohne bestimmten Endzweck, auf nichts gerichtet ist, was wir wirklich erstreben. Dank der Liebe können wir uns, anders gesagt, mit ganzem Herzen einem Handeln hingeben, das bedeutungsvoll ist. Insofern Selbstliebe bloß auf den Wunsch nach Liebe hinausläuft, handelt es sich bei ihr schlicht um den Wunsch, in der Lage zu sein, unserem Leben Bedeutung zu verleihen.

Harry G. Frankfurt, 2005

Das Prinzip der Selbstsorge und die wohlverstandene Selbstliebe gebieten nach Harry Frankfurt auch der Person, sich von der Unentschlossenheit zu befreien, die in einem Zwiespalt gegensätzlicher Wünsche und in einer Geteiltheit des Willens besteht. Die Person, die entschlossen ist, weiß, was ihr wirklich wichtig ist, und sie weiß damit auch, worum sie sich zu sorgen hat.

7 Erarbeite aus dem Text, wodurch sich nach dem amerikanischen Philosophen Frankfurt (* 1929) recht verstandene Selbstliebe auszeichnet.

8 Arbeite die Unterschiede zum Egoismus heraus, wie ihn Falco besingt M 35.

9 Hast du auch schon Erfahrungen mit Unentschlossenheit gemacht? Wie hat sie sich auf dein Selbstgefühl ausgewirkt?

10 Nimm als Hausaufgabe Stellung zu den Fragen des Philosophen Erich Fromm (1900–1980) „Ist die Selbstsucht des modernen Menschen tatsächlich ein liebevolles Interesse an sich selbst als einem Individuum mit allen seinen intellektuellen, emotionalen und sinnlichen Möglichkeiten? Ist seine Selbstsucht wirklich dasselbe wie Selbstliebe, oder ist die Selbstsucht nicht geradezu die Folge davon, dass es ihm an Selbstliebe fehlt?“

Die Loslösung vom Ich im Buddhismus

1 Was weißt du über den Buddhismus? Erweitere dein Wissen über eine Internetrecherche zu den Ursprüngen und Grundlagen des Buddhismus und bereite ein Referat zum Thema vor.

2 Warum meditieren Buddhisten? Wie deutest du das Lächeln des abgebildeten Buddhisten in der Meditation?

M 37

Ein meditierender Buddhist

INFO

Meditation

Der Buddhismus*beruft sich auf das Leben und die Lehren seines Religionsgründers Siddhartha Gautama (ca. 624–544 v. Chr.), der später Buddha (wörtlich: der Erwachte) genannt wurde. Still und unbeweglich meditierte er täglich und lang andauernd im sogenannten Lotossitz und – so berichten seine Anhänger – erlangte schließlich die höchste und vollkommene Erleuchtung. Während in der westlichen Welt Meditation häufig nur als Entspannungstechnik praktiziert wird, dient sie in der buddhistischen Tradition zur Überschreitung normaler Bewusstseinszustände und zur religiösen Vervollkommnung. Diesem Zweck dienen verschiedene Meditationstechniken, von denen die Sitz- und Ruhemeditation nur eine ist.

M 38

Die zentrale Lehre Buddhas: Die vier edlen Wahrheiten

Folgende zwei Extreme, ihr Mönche, sollten von einem, der der Welt entsagt hat, nicht verfolgt werden. Welche zwei? Da ist einerseits diese auf die Begierden gerichtete Hingabe an die Annehmlichkeit der Begierde, die niedrig, grob, gemein, unedel und zwecklos ist, und andererseits diese Hingabe an Selbstpeinigung, die leidvoll, unedel und zwecklos ist. Diese beiden Extreme, ihr Mönche, hat der Vollendete vermieden, und es ist ihm der ***Mittlere Pfad*** vollständig aufgegangen; er macht sehend, verleiht Einsicht und führt zur Ruhe, zum höheren Wissen, zum Erwachen und zum Nirvana*. [...]

1. Dies nun, ihr Mönche, ist die ***Edle Wahrheit vom Leiden***: Geburt ist leidvoll, Alter ist leidvoll, Krankheit ist leidvoll, Sterben ist leidvoll; mit Unlieben vereint zu sein, ist leidvoll; von Lieben getrennt zu sein, ist leidvoll; nicht zu erlangen, was man begehrt, ist leidvoll. Kurz gesagt, die „fünf Gruppen des Ergreifens" sind leidvoll.
2. Dies nun, ihr Mönche, ist die ***Edle Wahrheit von der Entstehung des Leidens***: Es ist dieser Wiedergeburt erzeugende, von Wohlgefallen und Lust begleitete Durst, der bald hier, bald dort sich ergötzt, das will sagen: der Durst nach Sinnenlust, der Durst nach Werden, der Durst nach Vernichtung.
3. Dies nun, ihr Mönche, ist die ***Edle Wahrheit von der Aufhebung des Leidens***: Es ist ebendieses Durstes restlose, durch Gleichmut (erreichte) Aufhebung, seine Aufgabe, Preisgabe, die Erlösung und das Freisein von ihm.
4. Dies nun, ihr Mönche, ist die ***Edle Wahrheit von dem zur Aufhebung des Leidens führenden Pfad***: Es ist eben dieser Edle Achtgliedrige Weg, nämlich: rechte Sicht, rechte Gesinnung, rechte Rede, rechtes Handeln, rechte Lebensführung, rechtes Bemühen, rechte Achtsamkeit und rechte Konzentration.

Ulrich Schneider, 1987

3 Recherchiere aus der überlieferten Geschichte von Siddartha Gautama, später Buddha genannt, wie er zum Mittleren Pfad gelangt ist.
4 Stelle Argumente gegenüber, die auf der einen Seite die These „Alles Leben ist Leid“ unterstützen und auf der anderen Seite sie widerlegen.
5 Erläutere in eigenen Worten, welche Bedeutung das Ich in der buddhistischen Erklärung des Leidens einnimmt, und überlege, inwieweit das für dich nachvollziehbar ist.
6 Hast du eine eigene Vorstellung davon, wie man sich von Ich-Bedürfnissen befreien kann?

Das Streben nach Ichlosigkeit

M 39

In dem empfehlenswerten Film „Little Buddha“ (Regie: Bernardo Bertolucci) wird u. a. gezeigt, dass Siddharta Gautama starken Versuchungen und Anfechtungen ausgesetzt ist, durch die ihn sein mythologischer Widersacher Mara als Personifikation des Bösen vom Weg zur Erleuchtung abbringen will. Das Filmbild ist eine Momentaufnahme der wohl härtesten Probe, die er zu bestehen hat. Mara erscheint ihm als sein Ebenbild, mit den Worten: „Du, der du hingehst, wohin keiner wagt zu gehen, willst du mein Gott sein?“ Siddhartha Gautama erwidert: „Architekt, gut, dass ich dir begegne. Du wirst dein Haus nicht wieder aufbauen.“ Mara entgegnet ihm: „Aber nur ich bin dein Haus, und du lebst in mir.“ Buddha aber lässt sich nicht beirren: „Du bist nur mein Spiegelbild. Du bist nicht mein wahres Ich. Du existierst nicht. Die Erde ist mein Zeuge.“ Damit hat Siddhartha Gautama die listigste der Verführungen besiegt und erwacht zum Buddha. Er verharrt in tiefem Schweigen. Ein starkes Leuchten und tiefer Frieden ging von ihm aus.

Mara ist in Wirklichkeit ein Symbol für eine innere Einstellung, nicht die Verkörperung des Bösen. Die Szene kann man als innere Auseinandersetzung des Buddhas deuten, an deren Ende er die mit der Ich-Illusion verbundene Scheinwelt überwunden hat. Buddha entscheidet sich, nicht sofort ins Nirvana* einzugehen, sondern andere Menschen an seinen Erfahrungen teilhaben zu lassen, wie das Leiden überwunden werden kann.

7 Für Buddha ist das Ich eine Illusion. Was hältst du davon? (Vgl. dazu S. 26/27)
8 Welche Schwierigkeiten widersetzen sich dieser Vorstellung? Welche davon kommt in dem buddhistischen Witz M 40 zum Ausdruck?

M 40

Sagt der buddhistische Lehrer zu seinem Schüler:

Sagt der Schüler zum Lehrer:

M 41 Das Ich: Wirbel im Fluss des Lebens

Wir sind im Grunde Wirbel im Fluss des Lebens. Im Vorwärtsströmen trifft der Fluss vielleicht auf Felsblöcke, Äste oder Unebenheiten im Flussbett, durch die plötzlich hier und da ein Wirbel entsteht. Das Wasser, das in den Wirbel fließt, schießt herum und wird rasch wieder Teil des Flusses, bis es schließlich Teil eines neuen Wirbels wird und sich dann wieder weiterbewegt. Auch wenn es für kurze Zeit scheinbar als etwas Eigenes unterschieden werden kann, ist das Wasser im Wirbel doch nichts anderes als der Fluss selbst. [...] So betrachten wir unser Leben allerdings nicht gern. Wir wollen uns nicht als vergängliches Gebilde betrachten, als Wirbel im Lebensstrom. Tatsache ist aber, dass wir für eine gewisse Zeit Gestalt annehmen und, wenn die entsprechenden Umstände eingetreten sind, vergehen. Dieses Vergehen ist nichts Schlechtes; es ist ein natürlicher Teil des Prozesses. Aber wir möchten glauben, dass der kleine Wirbel, der wir sind, nicht Teil des Flusses ist. Wir wollen uns als dauerhaft und stabil sehen. Wir verbrauchen unsere ganze Energie mit dem Versuch, unser eingebildetes Getrenntsein zu schützen. Um es zu schützen, ziehen wir künstliche, festgelegte Grenzen, und dadurch häufen wir unnötigen Ballast an, überflüssiges Zeug, das in unseren Wirbel rutscht und nicht mehr herauskann. [...] Wenn irgendwelcher Schutt in unseren Wirbel gerät, das Wasser aber gleichmäßig und kraftvoll fließt, wird er eine Weile herumwirbeln und dann gleich weitergetragen. Aber so leben wir nicht. Weil wir nicht sehen, dass wir nichts weiter sind als ein Wirbel im Fluss des Universums, betrachten wir uns als Einzelwesen, die ihre Grenzen schützen müssen. Schon die Feststellung „ich fühle mich verletzt" setzt eine Grenze, weil sie ein „Ich" benennt, das geschützt werden muss. Wenn irgendein Unrat in unseren Wirbel gerät, strengen wir uns furchtbar an, ihn nicht wahrzuhaben, ihn loszuwerden oder ihn irgendwie in den Griff zu bekommen.

Neunzig Prozent eines typischen Menschenlebens werden mit dem Versuch verbracht, den Wirbel durch Grenzen zu schützen. Wir sind dauernd auf der Hut: „Er könnte mir weh tun." „Das könnte missglücken." „Ich mag ihn einfach nicht." Dadurch missbrauchen wir unseren Lebenszweck gehörig, aber wir tun es alle in gewissem Umfang. [...] Wir schaffen lauter Becken mit stehendem Wasser, bringen Verunreinigung und Krankheit hervor. Solche Becken, die versuchen, sich nach außen hin abzuschotten, beginnen einander zu bekämpfen. „Du riechst schlecht. Ich mag dich nicht." Stehendes Wasser bringt nichts Gutes hervor. Das Leben hat seine Frische verloren.

Charlotte Joko Beck, 1995

9 Was will die Buddhismus-Lehrerin Jako Beck mit der Methapher des Wirbels im Fluss des Lebens über das Ich aussagen?

10 Veranschauliche diese Metapher in einem Bild zu deiner eigenen Entwicklung.

M 42 Die fünf „Skandhas"

Fragt man eine beliebige Person auf der Straße, was denn ihre Person eigentlich ausmacht, so wird sie selbstverständlich antworten: „Das bin ich." Und sie wird dabei von einer wirklich existierenden Einheit der Person ausgehen. Aber die Tatsache, dass hier Geist und Körper zusammentreffen, zeigt bereits, dass die Vorstellung von der eigenen Person als einer wirklichen Einheit nur eine Vereinfachung im Alltag ist, die nur so lange gilt, wie sie nicht genauer untersucht wird. Tatsächlich ist diese feste Vorstellung sogar das größte Hindernis auf dem Weg zu Befreiung und Erleuchtung, denn aus dem Festhalten an einer wirklichen Einheit der Person entstehen alle weiteren Störgefühle, negativen Handlungen und Leiden. Es lohnt sich also, die Sache einmal genauer zu betrachten.

Der Buddha beschreibt die beiden Aspekte von Geist und Körper mit dem Begriff „Name und Form". Name steht für die geistigen Bestandteile der Person, nämlich *Gefühle, Unterscheidungen, Geistesaktivität und Bewusstsein. Form* ist hauptsächlich der eigene Körper, auf den sich ja die Identifikation mit einer Person stützt, aber auch andere Formen, nämlich diejenigen, zu denen die eigene Person im Gegensatz erlebt wird. [...]

Auf der Grundlage von Unwissenheit und starken Gewohnheitstendenzen aus früherer Zeit wendet sich der Geist in eine bestimmte Richtung. Bewusstsein entsteht, die Funktion des Geistes, sich auf Objekte auszurichten. Die Vorstellung von jemandem, der sich von etwas bewusst ist, bringt dann die Identifikation mit Name und Form hervor, was wiederum die Grundlage für weitere begrenzte Funktionsweisen des Geistes ist,

wie Störgefühle, Handlungen und deren Resultate, also eine Geburt im Kreislauf der Existenz mit all den damit verbundenen Erfahrungen. [...]
Die Gefühle, die dabei entstehen, sind für uns normalerweise sehr wichtig. Sie bestimmen sehr stark unser Verhalten. Daher werden sie noch einmal von allgemeiner geistiger Aktivität unterschieden. Ebenso werden Unterscheidungen, die dabei getroffen werden, oft sehr wichtig genommen und daher hervorgehoben. Aus diesem Grund spricht man auch von den vier nicht-materiellen Bestandteilen der Person, nämlich Gefühle, Unterscheidungen, geistige Aktivität und Bewusstsein. Zusammen mit Form bilden sie die sogenannten *Fünf Ansammlungen oder Fünf Skandhas.*
Der Grund dafür, dass sie „Ansammlungen" genannt werden oder „Haufen", was der tibetische Begriff „phungpo" wörtlich bedeutet, ist, dass jeder einzelne dieser fünf Bestandteile einer Person wiederum aus unzähligen weiteren Facetten besteht. *Die Grundlage für die Identifikation mit einer Person ist tatsächlich das Zusammenwirken von den verschiedensten Formen, Gefühlen, Unterscheidungen, Geistesaktivitäten und Funktionen des Bewusstseins, die dabei niemals gleich bleiben, sondern sich in ständiger Veränderung befinden.* Der Glaube an ein wirkliches, einheitliches und gleichbleibendes Ich ist daher eine grobe Täuschung, auf die man aber aus alter Gewohnheit heraus immer wieder hereinfällt. *Manfred Seegers, 2002*

11 Erläutere das Bild vom Wirbel in einem Fluss in der Begrifflichkeit der fünf Ansammlungen. Was sagt es über die Dauerhaftigkeit oder Veränderlichkeit des Ichs aus?

12 Vergleiche die sich daraus ergebende Auffassung vom Ich auch mit der von René Descartes (S. 20).

13 Welche Einstellung zu sich selbst macht die Treffsicherheit eines Bogenschützen (oder auch des Elfmeterschützen im Fußball) wahrscheinlicher: das Festhalten oder das Ausschalten der Ichhaftigkeit?

14 Für den überzeugten Buddhisten gibt es nichts Zeitloses oder Beständiges. Sein Bestreben gilt deshalb der Erkenntnis der „Leerheit" einer Person, die nicht als einheitliches und dauerhaftes Selbst aufzufassen ist. Vergleiche abschließend diese Einstellung zum Ich mit derjenigen, wie sie im Lied von Falco (M 35) zum Ausdruck kommt, und der von H. Frankfurt (M 36). Welche taugt am besten für ein gutes Leben?

Vom Nutzen der Philosophie für das Leben

M 43 Durch die Augen eines anderen

Irgendwann brachte Händel zwei Bilder mit in den Unterricht. Eines davon zeigte eine kraterartige grüne Landschaft, die keiner von uns Schülern identifizieren konnte – die besten Angebote lauteten verwaiste Wiese nach dem Tod dreier Kühe, Meteoreinschläge auf einem fremden Planeten, Regenwald aus der Vogelperspektive. Das zweite Bild zeigte ein Ahornblatt. Das erste Bild war eine Vergrößerung eines Ausschnitts des zweiten gewesen. Mag sein, dass ich Händels an diese zwei Bilder geknüpfte Warnung nicht mehr beachtet habe, aber vergessen werde ich sie nie: Distanz schafft Klarheit. Und Klarheit ist das, was ich zurzeit mehr als alles andere brauche.

[390f./432]

„Die eigene Wahrnehmung schärft sich, wenn man Vertrautes durch die Augen eines anderen betrachtet.

[262/290]

1 Durch die Augen eines anderen blicken: Was kann das nützen?

2 Stelle dir vor: Du kommst als Weltraumfahrer eines anderen Sterns zu Forschungszwecken auf die Erde. Schreibe einen Bericht, welche Erfahrungen du machst. Du kannst dich wahlweise auch auf einzelne Lebensbereiche wie Schule, Familie und Ähnliches konzentrieren. Wenn euch diese „Phantasiereise“ schwerfällt, so besorgt euch den Experimentalfilm „Zehn Hoch“ (Powers of Ten, Spektrum Verlag), der einen ungewöhnlichen Blick auf den Menschen und die Erde wirft.

M 44 Der Blick von oben

„Ich hoffe sehr, dass es in ferner Zukunft möglich wird, unsere politischen Vertreter ins All zu schicken. Von dort könnten sie sicher manche Probleme schneller lösen. Denn ich bin sicher, kein Mensch kann sich diesem Eindruck entziehen. Wenn man so über einen ganzen Kontinent hinwegfliegt, dann bekommt man schon eher den Blick für das Ganze.“

(Aus einem Interview mit dem deutschen Astronauten Thomas Reiter, 2007)

Aus den Höhen, in die er sich im Denken erhebt, blickt der Philosoph hinab auf die Erde und die Menschen und bewertet sie in ihrem rechten Wert. [...] Auch die Epikureer und die Stoiker [antike Philosophenschulen] empfehlen diese Haltung. Aus der Höhe der heiteren Gefilde blickt Lukrez auf die Menschen herab und sieht, „wie sie da schweifen und irren, den Pfad zum Leben zu finden“. Für Seneca blickt die in die Mitte der Sterne beförderte Seele des Philosophen aus der Höhe des Himmels auf die Erde hinab, die ihr wie ein Punkt erscheint. Sie macht sich sodann über den Luxus der Reichen lustig. Die Kriege und die Grenzen, welche die Menschen zwischen sich ziehen, erscheinen ihr lächerlich, und die Armeen, welche die Territorien erobern, sind nur Ameisen, die sich auf engstem Raum abmühen. [...] Von oben zu schauen [...] bedeutet [...], die Dinge zu betrachten, wie sie an sich sind, mit Gelassenheit, Distanz und Objektivität, indem man sie in die Unermesslichkeit des Universums, in die Totalität der Natur einordnet, ohne ihnen das falsche Prestige hinzuzufügen, das ihnen unsere Leidenschaften und die menschlichen Konventionen verleihen. Der Blick von oben verändert unsere Werturteile über die Dinge. Luxus, Macht, Krieg, Staatsgrenzen und die Sorgen des täglichen Lebens werden lächerlich.

Pierre Hadot, 1999

3 Vergleiche die Erfahrungen des Astronauten Thomas Reiter mit den Empfehlungen der antiken Philosophen.

4 Diskutiert, ob der Blick von oben ein Leben ändern kann.

INFO

Lebenskunst

Der Begriff der Lebenskunst enthält wie bei anderen Künsten auch die Vorstellung eines erlernbaren Könnens. Eine Philosophie der Lebenskunst, wie sie im deutschsprachigen Raum vor allem Wilhelm Schmid (s. S. 12) vertritt, versteht sich als eine Kunst der Sorge um das Wohl der eigenen Seele, die von belastenden Ängsten, falschen Überzeugungen und Lebensgewohnheiten befreit werden muss. Zur Herstellung eines Idealzustands der Seele, den man auch als eine Art von Glückszustand beschreiben könnte, gehört einerseits das philosophische Nachdenken, das Menschen in die Lage versetzen kann, Maßstäbe für ein richtiges und schönes Leben zu finden, anderseits die alltägliche und sorgfältige Einübung (griech. askesis) eines diesen Maßstäben folgenden, lebensdienlichen Handelns. Dabei wird vorausgesetzt, dass der Mensch weitgehende Verfügungsmacht über sein Leben hat oder diese Verfügungsmacht ausweiten kann. Eine ausgereifte Lebenskönnerschaft wird oft mit Weisheit gleichgesetzt.

Weisheit als Lebenskönnerschaft

M 45

Im Berliner Max-Planck-Institut für Bildungsforschung (MPI) haben zwei Wissenschaftler zu erforschen versucht, was Weisheit ist.

Ein wirklich weiser Mensch sei ein Experte fürs ganze Leben, haben die Psychologen mit umfangreichen Befragungen herausgefunden. Er kennt sich aus mit der menschlichen Natur und ihrer lebenslangen Entwicklung, mit Beziehungen, sozialen Normen, kritischen Lebensereignissen und ihren Folgen. Er weiß, wie man sich Ziele setzt, kritische Lebensentscheidungen trifft und mit Konflikten umgeht. Wichtig sei auch, dass er die Themen des Lebens wie etwa Arbeit, Freizeit, Familie, Freundschaft aus der Perspektive einer Lebensspanne überblicken kann. Dabei erkennt er an und toleriert, dass Menschen unterschiedliche Prioritäten und Werte haben. Bei all dem weiß der Weise, dass alles Leben und Entscheiden mit Ungewissheit belastet ist. Er kann damit umgehen.

Schade nur, dass auch nach Ansicht der Max-Planck-Psychologen es wahrscheinlich nur wenige Menschen bis zur Weisheit bringen werden. Denn nur flexible, offene und neugierige Menschen könnten im Laufe ihres Lebens die nötige Erfahrung sammeln. Sie müssten zudem viel Kontakt zu bereits lebensklugen Ratgebern haben, um an deren Vorbild zu lernen. Toleranz für und Interesse an anderen Religionen und Kulturen erweitern den Erfahrungsschatz. Zudem führen potenziell weise Menschen selbst ein Leben, indem sie nach dem Guten für sich selber streben, ohne anderen Schaden zuzufügen.

Ursula Staudinger/Paul Baltes, 2004

5 Ein 15-jähriges Mädchen möchte sofort heiraten. Wie würde ein Mensch, der gemäß der in M 45 genannten Maßstäben weise ist, mit dieser Situation umgehen?

6 Recherchiere im Internet mit den Stichworten „Baltes“ und/oder „Staudinger/Weisheitsskala“ nach der Antwort. Du wirst u. a. auch Zeitungsartikel dazu finden.

Ist das Leben „crazy“? – zum Umgang mit dem Anderen

Gleich wirst du Benjamin und seine Freunde kennenlernen. Es geht ihnen wie dir:
Es geht um die Frage, wie man sich in diesem verrückten Leben zurecht findet: Erwachsenwerden, Familie, Freundschaft, Sexualität, Schule, anders sein als die anderen, akzeptiert zu werden, wie man ist, und die anderen ebenfalls zu akzeptieren – also die „ganz normalen“ Probleme und Fragen, die wir alle mehr oder weniger haben ...

Wenn du jetzt neugierig geworden bist, kannst du mit einer kleinen „Aufwärmübung“ beginnen.
Du findest hier einige Fragen und Aussagen und einige Bildmotive.

1 Schau dir beides genau an und überlege, welche Frage oder Aussage du wichtig findest und welches Bild am besten dazu passt.

2 Tauscht euch anschließend in der Gruppe (oder der Klasse oder dem Kurs) über eure Zuordnungen und die Begründungen dafür aus.

3 Nun überlegt, ob „Crazy“ ein passender Titel für das Leben ist.

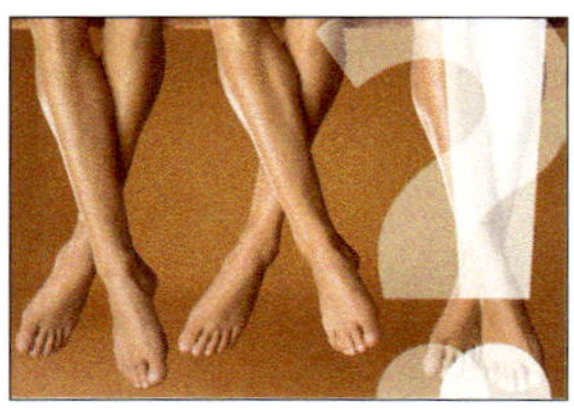

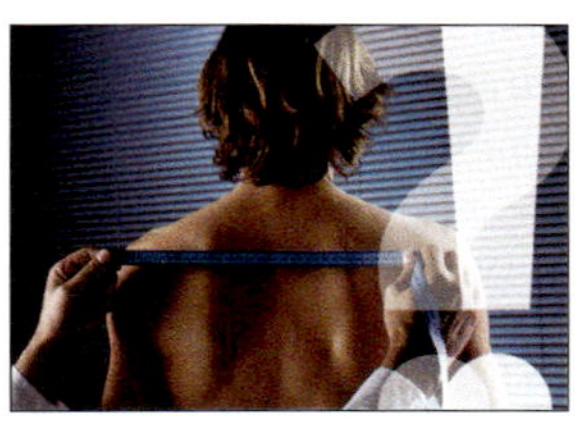
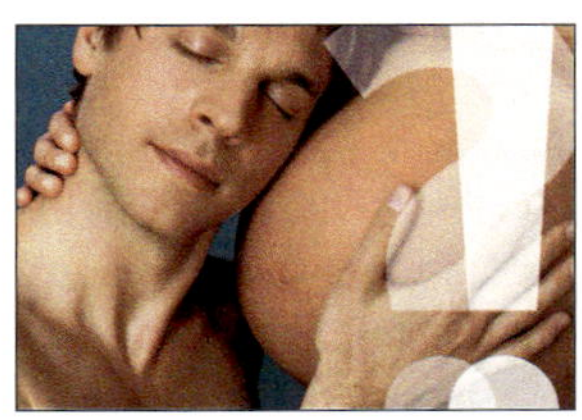

4 Diese Fragen und Bildmotive entstammen der Internet-Seite www.1000fragen.de/interaktiv/poster/index.php.
Du kannst aus dem Material dieser Netzseite auch selbst ein Plakat entwickeln.

Jetzt aber zur Geschichte von Benjamin, seinen Freunden und seiner Familie …

Crazy – wie alles beginnt ...

M 1 Die neue Schule

Hier soll ich also bleiben. Wenn möglich bis zum Abitur. Das ist der Vorsatz. Ich stehe auf dem Parkplatz des Internats Schloss Neuseelen und schaue mich um. Meine Eltern stehen neben mir. Sie haben mich hierhergebracht. Vier Schulen habe ich nun hinter mir. Und diese hier soll meine fünfte werden. Diese fünfte soll es dann endlich schaffen, aus meinem verfluchten Mathematik-Sechser einen Fünfer zu machen. Ich freue mich schon darauf.

Schon im Voraus haben sie Briefe und Ermutigungen geschickt. Allesamt nach dem Motto: *Lieber Benjamin, komm nur zu uns, da wird es schon besser. Viele vor dir haben es auch geschafft.* Natürlich haben sie das. Es sind immer genug Schüler da, als dass es nicht der ein oder andere doch schaffen würde. Das kenne ich schon. Bei mir ist es ein bisschen anders. Ich bin sechzehn Jahre alt und wiederhole gerade die achte Klasse. Und so wie es aussieht, schaffe ich es schon wieder nicht. Meine Eltern sind beide angesehene Leute. Heilpraktikerin und Diplomingenieur. Die können es sich nicht leisten, eine Feier zum qualifizierten Hauptschulabschluss zu geben. Das muss mehr sein. Nun gut. Deswegen bin ich also hier. Mitten im Schuljahr. Vor den Toren eines Internats. Meine Mutter reicht mir einen Brief. Ich soll ihn später dem Internatsleiter geben. Zur genaueren Erklärung meiner Person. [9]

1 Wie ist dein erster Eindruck von Benjamin und den Umständen, die ihn zum Internat Schloss Neuseelen führen? Tausche dich darüber mit deinen Nachbarn aus.

2 Die Eltern wollen mehr für ihren Sohn, als „nur“ den qualifizierten Hauptschulabschluss ... Nimm Stellung dazu.

3 Formuliere Ratschläge an Benjamin, die ihm helfen könnten, den Neuanfang zu bewältigen.

M 2 Der Brief

„Ich habe ein paar Zeilen an Sie geschrieben“, sagt meine Mutter an den Internatsleiter gewandt. „Sie sind sehr wichtig. Und da mein Sohn nur selten darüber spricht, hielt ich es für das Beste, Ihnen zu schreiben.“ Wie jedesmal. Egal, an welcher Schule ich bin, hält es meine Mutter für das Beste, zu schreiben. Zu schreiben. Als ob man so seine Probleme beseitigen könnte. Nun gut. Langsam gehe ich zu dem großen Schreibtisch hinüber, hinter dem Richter sitzt. Wie fast alles hier ist er aus Holz. Pechschwarz noch dazu. Er ist spärlich bedeckt. Am Rand steht ein Computer. Das Logo der Schule, der Adler mit Schulranzen, ist in den Tisch eingraviert. Er ist nur schwer zu erkennen, doch ich sehe ihn gut. Ich werfe einen Blick auf den Briefumschlag:

Betrifft Halbseitenlähmung meines Sohnes Benjamin Lebert ist darauf zu lesen. Wie oft habe ich diesen Umschlag schon in die Hand eines Lehrers gedrückt? Bestimmt schon ein dutzend Mal. Jetzt tue ich es wieder. Jörg Richter greift hastig nach dem Umschlag. In seinen Augen blitzt Neugierde. Er öffnet den Brief, zu meinem Entsetzen liest er laut vor. Seine Stimme ist klar und verständnisvoll:

> *Sehr geehrter Herr Richter!*
>
> *Mein Sohn Benjamin hat seit seiner Geburt einen Halbseitenspasmus links. Das bedeutet, die Funktion der linken Seite seines Körpers, speziell von Arm und Bein, ist eingeschränkt. Praktisch bedeutet dies, er kann feinmotorische Arbeiten wie Schuhe binden, mit Messer und Gabel umgehen, geometrische Figuren zeichnen, mit der Schere schneiden etc. nicht oder nur eingeschränkt durchführen. Außerdem hat er dadurch Probleme beim Sport, kann nicht Fahrrad fahren und hat bei allen Bewegungen, die den Gleichgewichtssinn betreffen, Schwierigkeiten. Ich hoffe, Sie können ihn dadurch unterstützen, indem Sie diese Dinge berücksichtigen. Vielen Dank.*
>
> *Mit freundlichen Grüßen*
> *Jutta Lebert*

Als das letzte Wort gesprochen ist, schließe ich die Augen. Ich sehne mich an einen Ort, wo Erklärungen nicht vonnöten sind. Langsam gehe ich zu meinen Eltern zurück. Sie stehen am Rand des Büros und halten sich an den Händen. Man sieht, sie sind zufrieden, die Dinge geklärt zu haben. Jörg Richter schaut auf. Er nickt. „Wir werden Benjamins Handicap berücksichtigen“, sagt er. Keine Fragen. [11-13]

4 Versetze dich in die Situation von Benjamin, seiner Mutter und des Schulleiters und erkläre ihre jeweilige Sicht auf die Behinderung und den Umgang damit. Beziehe dich dabei genau auf die gegebene Schilderung.

5 „Keine Fragen.“ – So endet diese Situation. Setze dich damit auseinander und überlege, welche Fragen du an diese zum Ausdruck gebrachte Haltung hast.

6 Betrachtet die Cartoons von John Callahan genau und verständigt euch untereinander über die Aussagen.

M 3

"Um Himmels willen, hören Sie auf, Geld in den Hut zu werfen! Das ist kein Breakdance, das ist ein epileptischer Anfall!"

"Sei kein Narr, Billy!"

7 Bist du mit der Art der Darstellung einverstanden oder hast du Einwände dagegen? Berücksichtige dabei auch die Sicht von Menschen, die eventuell von Epilepsie betroffen sind oder denen als Contergan-Geschädigte Gliedmaßen fehlen. Informiere dich in einem Lexikon über die Begriffe „Epilepsie“ und „Contergan“.

8 John Callahan sitzt übrigens seit einem Unfall im Rollstuhl, an Beinen und Armen gelähmt, und begann – mühsam – zu zeichnen. Ändert sich mit dieser Information deine Sicht auf die Karikaturen?

Spastik und Behinderung

M 4 Andreas Plischek, selbst Spastiker, berichtet über seine Behinderung:

Wie kam es zur Behinderung?

Der eigentliche Geburtstermin sollte der 01. 04. 60 sein. [...] Am 08. 04. 8:10 Uhr kam ich mit akutem Sauerstoffmangel zur Welt. [...] Aufgrund des akuten Sauerstoffmangels traten mit zwei Jahren erste epileptische Anfälle auf, die sich im Laufe der Jahre glücklicherweise wieder verloren haben. Auf Anraten des Arztes entschieden sich meine Eltern, mich im Alter von sieben Jahren in vollstationäre Behandlung ins Krankenhaus [...] zu geben. Dort lernte ich dann endgültig alle notwendigen Dinge eines selbstständigen Lebens.

Wodurch entsteht Spastik?

Bei einer Spastik funktioniert die Reizweiterleitung im zentralen Nervensystem (Rückenmark) nicht einwandfrei. Signale werden auf dem Weg zum Hirn verstümmelt und im Gehirn fehlinterpretiert. Alle Bewegungen sind sehr verzögert und langsam.

Wie äußert sich eine Spastik?

Bei einer Spastik ist immer ein deutlich erhöhter Muskeltonus (Spannungszustand) zu verzeichnen. Jede Bewegung bedeutet, gegen seinen eigenen Körper mehr oder minder ankämpfen zu müssen (je nach Ausprägung der Schwere der Spastik).

Wo kann Spastik auftreten?

Das kann von Fall zu Fall sehr unterschiedlich sein. Es kommt sehr darauf an, welches Nervenzentrum im Gehirn geschädigt worden ist, das ist abhängig von der Dauer des entstandenen Sauerstoffmangels. Ich habe zum Beispiel eine spastische Tetraparese einschließlich Schädigung des Sprachzentrums. Das heißt, wenn man sich mit einem Spastiker unterhalten möchte, muss man sich Zeit nehmen, um sich in sein Sprachbild einzuhören. Mehrfaches Nachfragen verhindert Missverständnisse.

Besondere Probleme bei Spastik?

Bei spastisch beeinträchtigten Menschen ist sehr oft die Gesichtsmuskulatur mit betroffen, sodass nicht regulierbare, für das Umfeld „idiotisch entstellte Gesichtszüge" entstehen. [...] Es ist kein Mensch vor einer Spastik sicher. Jeden kann es überall und zu jeder Zeit treffen, durch Unfälle jeglicher Art, bei denen das Gehirn mit Sauerstoff unterversorgt wird. Schwere Stürze auf den Kopf (Rad fahren ohne Helm) u. v. m. sind an dieser Stelle zu nennen.

Internet

1 Stelle anhand dieser Schilderung die Informationen über die Entstehung und die Beeinträchtigungen von Spastik zusammen. Welche Aussagen erscheinen dir dabei besonders wichtig?

2 Unter dem Suchbegriff „Spastik" findet man im Internet manchmal Bilder wie dieses hier.
Sicherlich ist dir auch das Schimpfwort „Du Spasti!" bekannt.
Erkläre, weshalb Spastik zum Gegenstand von Plastikspielzeug oder von Schimpfworten wird.

INFO

Schwerbehinderte Menschen

Im Unterschied zu einer akuten Krankheit oder einer Unfallschädigung mit kurzer Heilungsdauer ist eine Behinderung eine Beeinträchtigung der Teilhabe am gesellschaftlichen Leben für längere Zeit, möglicherweise für das ganze Leben.

In der Statistik werden seit 1985 nur noch schwerbehinderte Menschen erfasst – zuvor wurden auch Personen mit leichter Behinderung berücksichtigt. Als schwerbehindert gelten Personen, denen ein Grad der Behinderung von 50 % oder mehr zuerkannt wurde.

Schwerbehinderte Menschen (31. 12. 2003)

M 5

Schwerbehinderte	Insgesamt 1.000	Im Alter von ... Jahren			
		unter 25	25–54	55–64	65 u. mehr
		%			
Insgesamt	6639	4,1	22,0	22,4	51,6
Männer	3485	4,5	22,5	24,9	48,1
Frauen	3154	3,6	21,3	19,5	55,5

Schwerbehinderte Menschen 2003 (Anteile in %)

M 6

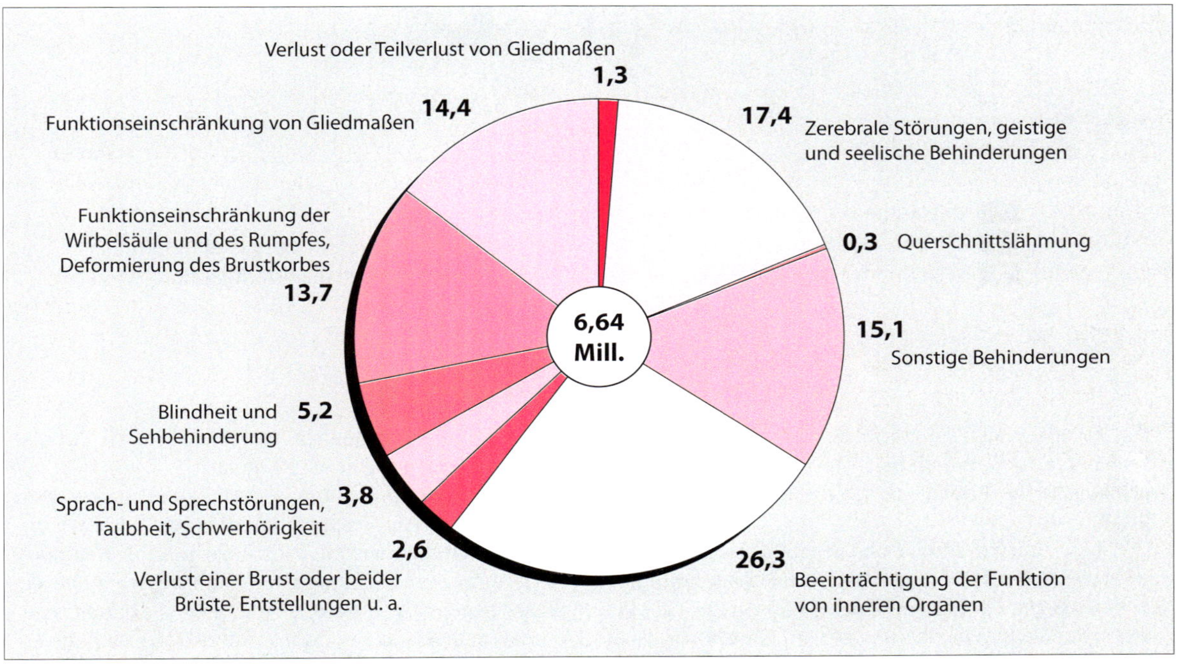

3 Wie ist Schwerbehinderung genau definiert? Erläutere den Unterschied zwischen Krankheit und Behinderung an einem Beispiel.

4 Betrachte die erste Tabelle und erläutere die Daten. Vergleiche die Gesamtzahl der schwerbehinderten Menschen mit der Anzahl der Einwohner in der Bundesrepublik. Was fällt dir auf?

5 Zu welcher Kategorie gehört bei der zweiten Grafik die Spastik?

Ausgrenzung von Behinderten?

M 7

„Paß auf, sonst faßt er Dich an!“
Aus : Frankfurter Neue Presse v. 27.7.1987

1 Betrachte die Karikaturen und beschreibe sie.
2 Welche Aussagen enthalten sie, auf welche Probleme machen sie aufmerksam?
3 Weisen sie mit ihren Aussagen deiner Meinung nach auf etwas Wichtiges hin?

M 8

Spastiker ausgewiesen

Ein Spastiker aus Wuppertal wollte zu Ostern einige Ferientage in Gummersbach im Oberbergischen verbringen. Seine Erlebnisse schilderte er in mehreren Briefen:

„Ich hatte mir schriftlich und telefonisch ein Zimmer reservieren lassen. Eingetroffen bin ich am Gründonnerstag gegen 14 Uhr in dem besagten Haus. Mir fiel schon die Treppe zu den Zimmern auf, die etwas zu steil für mich war, was ich dem Wirt auch sagte. Auf meine Bitte hin sagte er mir Hilfe zu. Nach einem Spaziergang durch den Ort aß ich in diesem Lokal zu Abend.

Nach dem Essen kam der Wirt auf mich zu und sagte mir, ich könne am folgenden Morgen wieder nach Hause fahren, da seine Gäste sich an mir störten und gegangen seien. Ich könne nicht richtig essen. Ich solle auf mein Zimmer gehen und morgens abreisen. Für die Übernachtung wolle er kein Entgelt.“

Die Oberbergische Zeitung ist dem Fall nachgegangen und fand in einem Gespräch mit dem Wirt die Vorwürfe auch teilweise bestätigt. Er habe von der Behinderung vorher nichts gewusst. Grundsätzlich habe er nichts gegen Behinderte, aber die Gäste hätten sich über den Spastiker beschwert. Mit dem Essen habe es nicht geklappt. Auch habe er Sorge gehabt, dass der Behinderte die steile Treppe nicht schaffen würde. Deshalb habe er ihm Essen, Getränke und Übernachtung geschenkt und ihn gebeten, am nächsten Morgen abzureisen. Der Behinderte kam schließlich in einem anderen Hotel unter.

Oberbergische Volkszeitung vom 24. 4. 1980

4 Lies den Zeitungsbericht aufmerksam durch und mache dir das Geschehen klar.
5 Der geschilderte Konflikt kann in Rollenspielen nach- bzw. dargestellt werden:
a) Gäste beschweren sich beim Wirt;
b) der Wirt fordert den Spastiker auf, sein Hotel zu verlassen;
c) der Spastiker schildert behinderten und nicht-behinderten Freunden die Ereignisse und bittet um Rat, wie man sich in solchen Fällen verhalten solle.
Der Rest der Lerngruppe hört zu und beobachtet die Akteure. Anschließend könnt ihr die Rollenspiele und die Ergebnisse kommentieren und bewerten.

M 9

Grundgesetz: „Die Würde des Menschen ist unantastbar." (Art. 1)

6 Nehmt nun bei eurer abschließenden Bewertung des Geschehens und der Frage der Aktualität auch noch einmal Bezug auf die Karikaturen und berücksichtigt die Rechtsaussagen unseres Grundgesetzes.

M 10

Eindrücke aus dem Wohnheim der Lebenshilfe

Bis vor zehn Minuten habe ich mich noch auf meinen Besuch im Behindertenwohnheim gefreut, aber jetzt? Die Autos fahren an mir vorbei, und die Sonne scheint. Das erste Mal die richtige Temperatur für kurze Hosen. Wie gerne würde ich jetzt im Garten liegen oder lesen oder einfach gar nichts tun. Doch dort hin? Ich bremse an der Ampel mit dem Gedanken, dass ich ja eigentlich wieder umkehren könnte. Eigentlich. Auf der anderen Seite warten meine Mitschülerinnen [...] dort auf mich, und auch die Leiterin hatte erklärt, dass es unfair den Behinderten gegenüber sei, wenn man sich erst ankündigt und später doch nicht kommt. Sind ja auch nur zwei Stunden. Sonst bin ich gerne schnell am Ziel, aber jetzt wünsche ich mir, noch weiterfahren zu müssen. Wie soll ich mich verhalten, wenn ich dort bin? Ich hatte noch nie mit Behinderten zu tun. [...]. Besichtigt haben wir das Gebäude ja schon. Ist ziemlich modern und groß. Es gibt verschiedene Wohngruppen, die zusammenleben wie eine richtige Familie. Hat man uns erzählt. Eigentlich schwer vorzustellen. Langsam werde ich doch neugierig. Wie sind die dort wohl? Nehmen sie mich überhaupt wahr, oder werde ich einfach nur dumm rumsitzen? Den Betreuern gefällt es bestimmt auch nicht unbedingt, wenn sie Zuschauer bekommen. Und dann nur für zwei Stunden. In der Zeit kann man das doch gar nicht so richtig mitkriegen. Aber ehrlich gesagt, ist mir das auch schon zu lange. Jetzt sind es nur noch wenige Meter, und die anderen warten schon vor dem Eingang auf mich.

Gut gelaunt gehe ich zu meinem Fahrrad und schließe es auf. Es ist immer noch ziemlich warm, wenn nicht sogar heiß. Die zwei Stunden sind schnell vorübergegangen, und ich habe viele neue Eindrücke gewonnen. Begrüßt wurde ich von meiner Gruppe sehr nett. Alle saßen im Wohnzimmer um einen Tisch herum und haben erzählt. Zwei Leute deckten den Tisch, und die Betreuer brachten Kaffee und Kuchen. Eigentlich wie zu Hause. Noch als ich mich vorstellte, kam eine junge Frau auf mich zu, gab mir die Hand und sagte: „Hallo, ich bin C..., und wer bist du?" Diesen Satz hörte ich in den nächsten Stunden noch einige Male von ihr, und ich war, ehrlich gesagt, sehr froh darüber, da sie anscheinend die Einzige war, die sich für mich interessierte. Abgesehen von den drei Betreuern. Obwohl, am Anfang waren es nur zwei, da eine mit einem Bewohner beim Arzt war. Mit dem Pflegebedürftigsten, wie ich später feststellte. Während er nach seiner Ankunft von einer Betreuerin mit Kuchen gefüttert wurde, saß ich neben ihm, und es war ein komisches Gefühl. Er war körperlich und geistig behindert und konnte so gut wie gar nichts machen. Die Spucke lief ihm aus dem Mund, und immer, wenn er sich zu mir drehte, rutschte ich instinktiv ein paar Zentimeter weiter nach vorne. Nach einiger Zeit zwang ich mich dann aber, still sitzen zu bleiben, weil ich es einfach blöd von mir fand. [...] C... hat andauernd Körperkontakt gesucht. Am Anfang wusste ich nicht recht, wie ich darauf reagieren sollte, aber später war es ganz selbstverständlich, dass ich ihre Umarmung erwidert habe, und es war auf keinen Fall unangenehm. [...] Für mich waren diese Nachmittage wirklich interessant, aber ich könnte mir nicht vorstellen, später Behinderte zu betreuen. Ich traue mir das nicht zu, weil es ziemlich schwierig ist. Doch am Besten schafft man das, wenn man sich einfach vorstellt, dass es ganz normale Menschen sind. [...] Dass ihr Leben genauso viel wert ist wie unseres, steht demzufolge außer Frage. Ich stelle mein Fahrrad in die Garage und berichte meiner Mutter, was ich alles erlebt habe.

Sarah von Elm, Ratsgymnasium Stadthagen

7 Sarah ist eine Schülerin des 10. Jahrgangs. Welche Gedanken und Gefühle gehen ihr durch den Kopf?

8 Sie hat mit ihrem Bericht den ersten Preis bei einem Schreibwettbewerb der „Lebenshilfe-Zeitung" gewonnen – überlege, weshalb.

9 Könntest du dir vorstellen, ein Praktikum in einer Behinderteneinrichtung zu absolvieren? Begründe deine Überlegung.

Integration und Identität*

M 11 „Ich bin ein Krüppel"

„Mit sechzehn sollte man eigentlich schon gelernt haben, ein Geodreieck zu halten", stellt Mathelehrer Rolf Falkenstein fest. Er gibt es mir zurück, ohne mir beim Zeichnen des Kongruenzsatzbeweises geholfen zu haben. Pech gehabt. Hier sitze ich also an meinem ersten Schultag. Ich schüttle den Kopf. Dabei hatte eigentlich doch alles recht gut angefangen. Die ersten Stunden, Französisch und Englisch, waren gut gelaufen, ich hatte die so berühmte Vorstellungsarie, die ich so hasse, hinter mich gebracht. Es war die übliche Sache. Vor die Klasse treten, nicht wissen, wohin mit den Händen, und sagen:

Hallo Leute. Ich heiße Benjamin Lebert, bin sechzehn Jahre alt, und ich bin ein Krüppel. Nur damit ihr es wisst. Ich dachte, es wäre von beiderseitigem Interesse. Die Klasse 8B, in der ich mich nun befinde, hat recht ordentlich darauf reagiert: ein paar verstohlene Blicke, ein wenig Gekicher, eine erste schnelle Einschätzung meiner Person. Für die Jungen war ich nun einer der alltäglichen Idioten, mit denen man nicht mehr rechnen musste, und für die Mädchen war ich schlicht gestorben. Soviel hatte ich erreicht.

Französischlehrerin Heide Bachmann sagte, dass es im Internat Schloß Neuseelen nicht darauf ankäme, ob man eine Behinderung habe oder nicht. In Neuseelen käme es auf liebevolle und konsequent verbindliche Werte und soziale Kompetenzen an. Gut zu wissen. Die Klasse 8B ist nicht groß: zwölf Schüler. Mich eingeschlossen. In den staatlichen Schulen sieht das anders aus. Da sind es immer um die fünfunddreißig. Aber die müssen schließlich auch nicht zahlen. Hier zahlen wir. Und zwar bis es kracht. [21]

1 „Berühmte Vorstellungsarie" (Z. 11) – was ist damit gemeint?

2 Erkläre die Reaktionen der Mitschüler.

3 Versucht ein Gedankenexperiment: Körperlich und geistig behinderte Mitschüler bei euch an der Schule (Möglichkeiten, Schwierigkeiten ...).

M 12 Das Abendland geht nicht mehr dreimal täglich unter

Erziehung zu Toleranz: An einem Gymnasium werden geistig beeinträchtigte Schüler unterrichtet

Für Ute Erdsiek-Rave ist es ein „bewundernswertes" Projekt. Die Kieler Bildungsministerin spricht von „unschätzbarem Gewinn", den vor allem diejenigen gut gebrauchen könnten, „die als zukünftige Elite in unserer Gesellschaft heranwachsen". Der Gewinn, das ist das Erlernen von „Toleranz im Umgang mit Menschen, die anders sind". Und die Rede ist von einer Klasse in Deutschlands wohl einzigem Gymnasium, das drei geistig beeinträchtigte Schüler integrativ unterrichtet.

Die I-Klasse

Die Einrichtung einer so genannten I-Klasse am Bad Segeberger Gymnasium hatte im Sommer 1997 hohe Wellen geschlagen. Es wollte vielen nicht in die Köpfe, dass in einer solchen Schulart einige wissentlich nicht das Abitur, die Studierfähigkeit, anstrebten. [...] Und so werden ein Mädchen mit Down-Syndrom, ein stark lernbehindertes Mädchen und ein geistig retardierter Junge im vierten Jahr „zieldifferent" zusammen mit Regelschülern unterrichtet.

„Am schlimmsten war die Diskussion im Vorfeld", erinnert sich Günter Sieh, Leiter des Städtischen Gymnasiums in Bad Segeberg. Aber inzwischen gehe nicht mehr „dreimal am Vormittag das Abendland unter", sei auch das Kollegium „offener, toleranter" geworden, äußerten sich „Skepsis und Ablehnung moderater". Und wo Kritik laut wird, habe sie etwas mit Neid zu tun, wie ein Vater unlängst während eines Elternabends mutmaßte. [...]

In der Abi-Zeitung schrieb eine Schülerin: „Zunächst fällt in dieser Klasse kein Unterricht aus, so wissen die Schüler nicht, wie es ist, sich ein bis zwei Stunden lang in der Pausenhalle zu langweilen. Außerdem haben sie eine ‚Kuschelecke'. […]" Der Schreiberin will es „partout nicht in den Kopf …, geistig behinderte Kinder in ein System zu integrieren, in dem sie wissentlich gar nicht bestehen können". Ihr Urteil: „Diese Art von Integration hat an einem Gymnasium nichts zu suchen."

Zwar gibt es in der I-Klasse keine Kuschelecke. Aber es gibt einen kleinen Extraraum, in dem die Förderschüler unterrichtet werden, wenn die anderen Latein, Französisch oder Geschichte pauken. […] Doch mit 21 Schülerinnen und Schülern ist die Klasse kleiner als andere, und eine Sonderschulpädagogin, ein Referendar und ein Zivildienstleistender unterstützen die Fachlehrer während der 27 Unterrichtsstunden wöchentlich. In der Englischstunde wiederholen die behinderten Schüler auf Deutsch, was die anderen auf Englisch vortragen. In Mathe erarbeiten die einen Äquivalenz-Gleichungen, während die drei anderen lernen, Gleichgewicht herzustellen, indem sie eine Waage mit bunten Plastikbärchen beladen. […] *Monika Metzner, 2001*

4 Verschaffe dir anhand des Artikels einen Überblick über die Arbeit in einer I-Klasse und über die Kritik an diesem Projekt wie auch über den möglichen Gewinn. Aktuelle Informationen zum Stand der Integration am Städtischen Gymnasium in Bad Segeberg findest du im Internet.

5 Erkläre, was die Überschrift des Textes bedeutet, und überlege, was du von dem Beispiel dieser Schule hältst.

6 Wie wäre es mit einer I-Klasse an eurer Schule? Entwickelt ein Streitgespräch dazu. Ihr könnt es als Pro-Contra-Gespräch oder als Rollenspiel planen und durchführen.

„Ich möchte wissen, was ich bin!"

M 13

Wahrscheinlich ist es zehn. Ich weiß es nicht. Draußen ist es schon finstere Nacht. Ich sitze auf dem Fenstersims und gucke hinaus.

Neben mir sitzt Janosch. Er raucht.

„Kannst du mir mal was sagen, Janosch?", frage ich.

„Ich kann dir vieles sagen", antwortet er.

„Nicht vieles", erwidere ich. „Nur das eine: Wie fühlt es sich an, nicht behindert zu sein? Nicht schwach? Nicht leer? Wie fühlt es sich an, mit der linken Hand über einen Tisch zu streichen? Fühlt man das Leben?"

Janosch überlegt. Er streicht mit der linken Hand über den Sims.

„Ja. Ja, man fühlt das Leben." Er schluckt. Dann zieht er an der Zigarette. Ein roter Punkt glimmt in seinem Gesicht.

„Und wie fühlt es sich an?"

„Es fühlt sich eben nach Leben an", sagt er. „Im Grunde nicht anders, als wenn man mit der rechten Hand darüber streicht."

„Aber es ist doch toll, oder nicht?", möchte ich wissen.

„Ich habe nie darüber nachgedacht", entgegnet Janosch.

„Aber genau das ist es eben: Leben heißt soviel wie *nie darüber nachdenken.*" […]

„Ich will nicht behindert sein", flüstere ich. „Nicht so."

„Wie dann?" Janosch schaut mich fragend an.

„Ich möchte wissen, was ich bin", antworte ich. „Alle wissen es: Ein Blinder kann sagen, er ist blind; ein Tauber kann sagen, er ist taub; und ein Krüppel kann verdammt noch mal sagen, er ist ein Krüppel. Ich kann das nicht. Ich kann nur sagen, ich bin halbseitengelähmt. Oder ich bin ein Halbseitenspastiker. Wie hört sich das denn an? Die meisten Menschen halten mich ohnehin für einen Krüppel. Und die wenigen anderen halten mich für einen ganz normalen Menschen. Und ich kann dir sagen, das bringt manchmal noch viel mehr Probleme mit sich."

„Scheiß dir nicht in die Hosen", erwidert Janosch. „In meinen Augen bist du weder behindert noch normal. In meinen Augen bist du … *crazy.*" Janosch lacht. „Ja genau, das ist es – du bist nicht behindert, sondern *crazy.*"

„*Crazy*?", frage ich.

„*Crazy*", antwortet er.

Nun lachen wir gemeinsam. Es tut gut. Wir lachen lange. [40-42]

7 Beantworte mit Hilfe des Gespräches zwischen Benjamin und Janosch die Frage „Was bin ich?".

Akzeptanz* des Anderen

M 14

1. Beschreibe genau, was du siehst.
2. Überlege, was die Texte in der Abbildung aussagen sollen.
3. Wie „gefällt" dir das Foto? Beziehe möglichst viele Aspekte in deine Beurteilung mit ein und tausche dich mit deinen Mitschülern über deren begründete Beurteilungen aus.

Unser Sosein

M 15

Leidet er denn wirklich so generell an seiner Behinderung, wie es immer wieder als selbstverständlich vorausgesetzt wird? Warum sollte er weniger gern leben als andere, die sich offenbar ganz ohne Behinderung durch das Leben bewegen? Jedes Leben besitzt doch das Bestreben, sich selbst zu erhalten und den ihm eigenen Weg zu suchen. Dies gilt selbst für den äußerst schwer behinderten Menschen, sogar für jenen, der scheinbar alle Fähigkeiten entbehrt, in sozialen Kontakt mit seiner Umwelt zu treten. Da dieses Sosein ganz zu ihm gehört, empfindet er es auch meistens nicht als Leid. Deshalb braucht er kein Mitleid, sondern ein ruhiges, unsentimentales Dabeisein, das im gegebenen Augenblick ohne hektische Aufregung helfend in die Bresche springt. Es empfiehlt sich ein ebenso nüchternes wie praktisches Zugreifen oder das ehrliche Eingeständnis, ratlos zu sein. Aber dieses Eingeständnis fällt offenbar besonders schwer. Ein starker Impuls drängt uns, dem anderen in seinem von uns vermuteten Leid beizustehen – auch wenn wir uns dazu nicht imstande fühlen. Dies erzeugt – häufig unnötigerweise – eine schwer erträgliche innere Spannung: Man fühlt sich aus einer diffusen Empfindung von Betroffenheit und Befremdung heraus zum Wohle eines doch offensichtlich sehr bedauernswerten Mitbürgers verpflichtet, etwas zu unternehmen, sieht jedoch keine Möglichkeit dazu. [...]

Gewiss, auch mancher Behinderte leidet an sich und seinem Sosein nicht weniger als mancher andere auch, der an sich und seinem Sosein leidet, ohne dafür eine erkennbare Einschränkung wenigstens mitverantwortlich machen zu können. – Zumindest wir „So-geborenen" empfinden uns in der Regel mit unseren Einschränkungen ganz „normal", wenn man uns nicht dauernd die Minderbewertung wegen unseres Soseins spüren lässt. Dass man uns die Würde, den Respekt und das Ansehen eines selbstverständlichen Mitbürgers versagt, behindert uns weit mehr als unsere sogenannten „Ausfälle". Diese „Ausfälle" als ein Aspekt unseres Soseins gehören zu uns, bestimmen unsere individuelle Persönlichkeit mit, machen uns zusammen mit anderen Merkmalen als Menschen unaustauschbar und unverwechselbar; kurzum: So wurden wir „bei unserem Namen gerufen", wie es in religiöser Sprache heißt. Ohne Behinderung wäre ich jemand anderes als ich selber. Und warum sollte ich jemand anderes sein wollen, von dem ich gar nichts wissen kann? Diese Art und Weise des Mich-Vorfindens in der Welt gibt meinem Dasein das individuelle Gepräge, durch das ich mich in meiner Einmaligkeit von allen anderen abhebe. Ich bin nur in dieser Ausgabe als ich selber zu haben. Wer mich mag und mich trotzdem wegen meines Soseins bedauert, hat nichts von mir begriffen, kann mich eigentlich auch nicht meinen. Denn, wie gesagt, meine Behinderung und ich selber gehören zusammen. Niemand braucht Mitleid dafür, dass er in seinem Sosein ganz er selber ist. Wer mit diesem Bewusstsein anderen Menschen gegenübertritt, kann eigentlich niemals mehr abschätzig irgendeinen Zeitgenossen in seinem Sosein als eine unzulässige Abweichung vom Normalen klassifizieren. Auch in diesem als oft nicht systemkonform erlebten „Anderssein" liegt die ursprüngliche, autonome Würde eines ganz konkreten Menschen und ebenso seine individuelle Bedeutung gegründet. [...] Wegen seiner Einmaligkeit stellt das individuelle Dasein den höchsten aller Werte dar. [...]

Fredi Saal, 2000

4 Stelle aus dem Bericht von Fredi Saal zusammen, was das „Sosein" von behinderten Menschen ausmacht.

5 Welche Empfehlungen gibt er uns zum Umgang mit den „anderen"?

6 Früher nannte sich die Initiative für Behinderte „Aktion Sorgenkind", heute heißt sie „Aktion Mensch". Erkläre die Umbenennung.

Die Gruppe

M 16 Helden

Janosch tippt mir auf die Schulter. „Was ist?“, fragt er. „Hast du wieder Komplexe wegen deiner blöden Behinderung? Nimm es doch nicht so schwer. Wir sind alle behindert. Schau Troy an! Außerdem hätte es dich auch schlimmer erwischen können. Wegen deiner linksseitigen Lähmung solltest du dir wirklich nicht in die Hosen scheißen!“
„Es ging gar nicht um meine Behinderung“, sage ich. „Es ging um mein Zuhause. Aber trotzdem danke.“
„Um das Zuhause, wie?“, fragt Janosch. „Da kann ich dir leider auch nicht helfen. Wir alle wollen nach Hause. Aber es geht eben nicht. Wir müssen hierbleiben. Wir sind alle Fleischbrocken in einer verdammten Chappi-Dose. Wir schwimmen alle in der gleichen Scheiße. Und der dicke Felix dort vorne ist bei weitem das fetteste Stück.“ Langsam stehe ich auf. Ich gehe zum dicken Felix hinüber. Er ist gekränkt. „Mach dir nichts draus“, sage ich. „Er meint es nicht so.“
„Natürlich meint er es nicht so“, sagt Felix. „Trotzdem könnte er mal sein Maul halten. Ich kann schließlich auch nichts dafür, dass ich so fett bin. Und ich bin sicher, unser guter Freund Troy dort vorne kann auch nichts dafür, dass er nie ein Wort herausbringt. So sind wir halt.“
„Stimmt“, sage ich.
„Wisst ihr, was ich glaube?“, wirft der dünne Felix in diesem Augenblick ein.
„Was glaubst du denn?“, fragt Janosch. „Ich glaube, dass wir alle Helden sind.“ [24–25]

1 Überlege, warum der dünne Felix glaubt, dass alle aus der Gruppe Helden seien?

2 Welche Eigenschaften sollte für dich ein Held haben? Schreibe die Eigenschaften als Stichwörter auf Karteikarten und ordne diese im Hinblick auf Gemeinsamkeiten (vgl. S. 207ff.).

3 Christopher Reeves spielte in vielen Filmen die Rolle des Superman. Nach einem Reitunfall war sein Körper vom Hals ab gelähmt. Trotzdem übernahm er noch Filmrollen und kämpfte um eine positive Lebenseinstellung, bevor er an den Folgen des Unfalls starb.
Ordnet die auf den Karteikarten gesammelten Eigenschaften den beiden Bildern zu.

4 Lest M 17. Sind Benny, Troy, Felix und die anderen aus der Gruppe Helden, weil sie ein schweres Los haben? Legt eine Liste an, auf der zu jeder Person der Gruppe steht, wie und wodurch sie ein Held sein kann.

M 17 Die Gruppe

Wir gehen runter auf den Dorfplatz. Alle tun sie mir irgendwo leid. Alle fünf. Da wäre zum einen der dicke Felix. Ein Einzelkind aus einer brutalen Familie, wie Janosch sagt. Er habe nie besonders viele Freunde gehabt. Nur die Süßigkeiten. Und denen sei er verfallen. Alle nennen ihn *Kugli* oder *Obelix*. Er hasse diese Bezeichnungen. Doch könne er sich nie gegen sie wehren. Sie verfolgten ihn schon seit Beginn seiner Schulkarriere, und sie würden ihn noch verfolgen, wenn er sein Abitur nach Hause brächte. Und das würde er zweifelsohne irgendwann tun. Denn der dicke Felix sei ein guter Schüler. Ein Schnitt von 1,7 sei ihm jedes Jahr sicher. Sogar in Mathe sei er gut, sagt Janosch. Doch als Nachhilfelehrer solle man ihn nicht nehmen. Es heißt, er verlange Süßigkeiten als Prämie. Aber das sei nicht bewiesen. Ansonsten sei Felix ein freundlicher Genosse. Krieg und Kämpfe verabscheue er. Vielleicht auch deshalb, weil er stets den kürzeren zöge.
Neben Felix läuft der kleine Florian, den alle nur *Mädchen* nennen. Er sei ungeheuer zart und sehr empfindlich, meint Janosch. Mit sechs Jahren habe er seine Eltern bei einem Autounfall verloren. Seitdem spreche er sehr wenig und meistens nur dann, wenn er dazu aufgefordert werde. Er sei schon seit der fünften Klasse

hier, und wenn Ferien sind, fahre er zu seiner Großmutter nach Hohenschäftlarn, die ihn dort mit überschwänglicher und fast unerträglicher Liebe beglücke. Er sei einer der wenigen Schüler hier, deren Eltern oder Verwandten nicht reich sind. Er verdanke den hiesigen Aufenthalt nur einem Jugendamt. Trotzdem habe er sich gut eingelebt.

Über den dünnen Felix gebe es fast gar nichts zu berichten. Er sei ebenso neu hier wie ich. Vor drei Wochen sei er eingetroffen. Seitdem habe er sich mehr oder weniger in die Gruppe hineingezwängt, sagt Janosch. Er sei ein netter Kerl und habe noch nie jemandem etwas zuleide getan.

Troy schließlich bezeichnet Janosch als das Neuseeler Urgestein. In der zwölften Klasse sei er nun. Acht Jahre habe er hier schon hinter sich gebracht. Sein Leben sei Schweigen. Niemand wisse, was hinter seiner Fassade vorgeht. Man sagt, er habe einen im Sterben liegenden Bruder. Genaueres sei unbekannt. Nichts über die Eltern. Nichts über die Verwandten.

Bliebe noch Janosch selbst. Mein Zimmerkollege. Der Neuntklässler mit Sinn für Humor. Stetig lacht und grölt er. Über seine Familie weiß ich nichts. Der dicke Felix sagt, Janoschs Vater sei Aktienmilliardär. Doch das ist ungewiss. Vielleicht finde ich es noch heraus.

[26–28]

5 Die Jungen kommen aus unterschiedlichen Familien. Was könnte sie miteinander verbinden?

6 Lies die folgende Definition der Gruppe. Wie lässt sich die Gruppe von Benny genauer bestimmen?

7 Fertige ein Cluster über die Gruppen an, in denen du dich bewegst, und vergleiche das Cluster mit dem deines Tischnachbarn.
Überlege, wie du dich in den unterschiedlichen Gruppen – deren Teil du bist – verhältst. Gibt es Unterschiede? Woran könnte das liegen?

INFO

Gruppe

Unter Gruppen verstehen Soziologen einen Verband von mindestens drei Menschen. Gruppen können unterschiedliche Größen haben. Um von einer Gruppe zu sprechen, muss ein „Wir-Gefühl" Voraussetzung sein. Die Mitglieder in einer Gruppe müssen irgendetwas gemeinsam haben, was sie von denen, die nicht zu einer Gruppe gehören, unterscheidet.

Man unterscheidet zwischen „Zwangsgruppen" und Gruppen, zu denen man freiwillig gehört. So kann man sich nicht aussuchen, mit wem man in einer Klasse ist, aber schon, mit welchen Menschen man seine Freizeit verbringt (Interessen-, Freundschafts- oder auch politische Gruppen). Wobei in vielen „freiwilligen" Gruppen die Freiwilligkeit eingeschränkt ist: Man geht in eine Partei, weil man mit anderen zusammen politische Ziele umsetzen will, oder in einen Tenniskurs, um Tennis spielen zu lernen: Die anderen Mitglieder kann man sich dabei in der Regel nicht aussuchen. Man muss mit ihnen auskommen, wenn man seine Absichten verfolgen will. Mit dem Eintreten in eine Gruppe ergeben sich also zwangsläufig bestimmte Anforderungen an die Mitglieder. Das einzelne Gruppenmitglied muss ein Verhältnis zu dem Bild gewinnen, das die anderen Gruppenmitglieder von ihm haben. Dieses Bild kann in den vielen Gruppen, in denen sich jeder Mensch bewegt, ganz unterschiedlich sein: Man übernimmt unterschiedliche „Rollen". Die Gruppe muss eine Einigung über ihr Selbstverständnis erzielen und sich oftmals auch nach außen als Gruppe darstellen. Dabei entsteht eine „Gruppendynamik": Die Beziehungen der einzelnen Gruppenmitglieder verändern sich. Besonders stark geschieht dies, je länger und intensiver die Gruppenmitglieder miteinander zu tun haben. Dabei bilden sich auch Hierarchien aus. Manche Gruppenmitglieder sind besser angesehen als andere. Man unterscheidet zwischen Gruppen, die demokratisch organisiert sind, und jenen, die autoritäre Strukturen besitzen. Letztere können so weit gehen, dass das einzelne Mitglied sich einer Gruppe völlig unterwirft und seine Individualität aufgibt (z. B. in intoleranten religiösen Gemeinschaften). Gruppen können je nach Zielsetzung und Struktur einem helfen oder schaden.

Freundschaft

M 18 „Um uns dreht sich die Freundschaft"

„Jungs! Kann mir mal einer von euch sagen, warum ich mich habe mitschleifen lassen?", fragt der dicke Felix, als wir auf dem Bahnsteig stehen. Es ist 20:42 Uhr. Der Zug muss bald kommen.

„Weil wir Freunde sind vielleicht", erklärt Janosch.

„Freunde?", krächzt der dicke Felix. „Okay, aber was heißt das eigentlich: Freundschaft?"

Janosch überlegt. „Eine Freundschaft ist das, was in einem drinnen ist, glaube ich", sagt er schließlich. „Man sieht sie nicht. Aber sie ist trotzdem da."

„Ja, sie ist trotzdem da", wirft der dünne Felix ein. „Wie zum Beispiel ein Tag."

„Ein Tag?", will der dicke Felix wissen. „Wenn die Freundschaft wie ein Tag sein soll – wer zum Kuckuck ist dann die Sonne?«

„Na, wir", erläutert der dünne Felix. „Wir sind die Sonne."

„Wir eine Sonne?", fragt Janosch. „Und was dreht sich um uns?"

„Die Freundschaft", entgegnet der dünne Felix. „Zumindest glaube ich das."

„Und wer wirft das Licht?", fragt Janosch. „Werfe ich vielleicht das Licht?"

„Wir alle werfen das Licht", erklärt der dünne Felix. „Wir alle zusammen werfen innerhalb der Freundschaft unser Licht."

„Das verstehe ich nicht", erwidert Florian, den alle nur *Mädchen* nennen. „Sieht denn jemand unser Licht?"

„Wir sehen es", erwidert Kugli. „Und das reicht."

„Und sonst niemand?", fragt Florian.

„Kommt darauf an, wie groß die Freundschaft ist", erwidert der dünne Felix. „Manchmal sehen es auch andere. Aber zunächst einmal müssen wir es selber sehen. Denn nur, was beleuchtet wird, kann auch gesehen werden. Und genau das ist es nämlich: Freundschaft heißt soviel wie *beleuchten*."

„Das ganze Hin und Her um *Leuchten* oder *Nicht-Leuchten* ist doch scheiße", entgegnet Janosch. „Unsere Freundschaft ist einfach *crazy*. Immerhin hat sie uns hierhergebracht."

„Nur die Freundschaft?", fragt Florian.

„Na, vielleicht auch noch der Schweinebraten von Kugli", entgegnet Janosch. „Aber ansonsten war es unsere Freundschaft, glaube ich. Irgend etwas muss es ja gewesen sein. Hat vielleicht jemand Lust darauf, Blutsbrüderschaft zu schließen? In meiner Hosentasche habe ich noch so einen komischen Reißnagel. Der würde genügen."

„Ich weiß nicht", erwidert der dicke Felix. „Wir sind hier eigentlich nicht bei Robin Hood. Außerdem haben wir für einen Abend schon genug verrückte Dinge getan. Das reicht."

„Man kann eben nie genug verrückte Dinge tun", antwortet Janosch. [...]"

[...] Und nun versuchen wir, Blutsbrüder zu werden. Mädchen – du kommst als erstes!"

Florian tritt vor. In seinen Augen spiegeln sich Zweifel. Er streckt den Finger aus.

„Hat jemand von euch Aids?", fragt er.

„Klar – ich", erwidert der dicke Felix. „Wusstest du das noch nicht?"

„Hör auf mit dem Quatsch", entgegnet Florian. „Dieser Nagel tut bestimmt weh!"

„Der tut überhaupt nicht weh", sagt Janosch. „Außerdem bist du ein Mann." Und damit rammt er sich den Reißnagel in den Zeigefinger. Das Blut sprudelt heraus. Bei Florian tut er dann das Gleiche. Dessen Augen verengen sich. Dann reiben sie die Zeigefinger aufeinander. Janosch macht nun die Runde. Zuerst sticht er die Reißzwecke bei Troy ein, dann bei Kugli und Felix. Dann bei mir. Ein kleiner Stich durchfährt meinen Körper. Ich kann kein Blut sehen. Da wird mir schlecht. Ich drehe mich zur Seite, während Janosch unsere Zeigefinger aufeinanderpresst. Als wir alle soweit sind, legen wir die Hände aufeinander. Blutsbrüder. [133-136]

1 Der Gruppe geraten die Vergleiche, die sie suchen, um ihre Freundschaft zu beschreiben, ganz schön durcheinander. Welche Vergleiche würdest du benutzen, um Freundschaft zu beschreiben? Versuche den Satz „Freundschaft ist wie ..." mit einem Vergleich zu ergänzen. Dein Sitznachbar oder die Klasse kann dann versuchen, deinen Vergleich zu erklären. Benutze nur Vergleiche, die du selbst auch sinnvoll erklären kannst.

2 Die Jungen schließen Blutsbrüderschaft. Warum verwenden sie dieses Ritual? Nenne weitere Rituale, die in Freundschaften auftauchen, und erkläre, was sie bedeuten.

M 19

Philipp Otto Runge: Wir Drei, 1805

3 Das Bild des deutschen Malers Philipp Otto Runge (1777–1810) galt lange Zeit als Inbegriff der romantischen Freundschaft. Beschreibe das Verhältnis der drei Personen zueinander. Überlegt, was Freundschaft für die drei Personen bedeuten könnte.

4 Versucht in Dreiergruppen eine „moderne Version" des Runge-Bildes als Standbild darzustellen.

M 20

Ein zweites Ich

Der Freundschaft würdig sind aber nur die, welche das, was die Liebe zu ihnen auslöst, in ihrem Inneren haben. Eine seltsame Menschenklasse! Es ist ja alles Vortreffliche selten, und nichts ist schwieriger, als etwas zu finden, das in seiner Art in jeder Beziehung vollkommen wäre. Aber die meisten kennen im irdischen Bereich nur das als ein Gut, was Gewinn einbringt; dementsprechend taxieren sie wie beim Viehhandel in erster Linie solche als Freunde, von denen sie sich einen großen Gewinn erhoffen.
So bleibt ihnen die schönste, dem menschlichen Wesen im höchsten Sinne gemäße Freundschaft, die ohne alle Nebenvorteile und sonstige Rücksichten erstrebt wird, versagt, und sie können den hohen Wert dieser Freundschaft nicht an sich selbst beispielhaft erfahren; jeder liebt ja sich selbst, nicht etwa, weil er von sich irgendeinen Lohn für seine Liebe herausschlagen wollte, sondern weil eben die Selbstliebe ein Naturgesetz ist. Wendet man nicht die gleiche Voraussetzungslosigkeit auf die Freundschaft an, dann wird man nie einen wahren Freund finden könne. Denn der wahre Freund ist gleichsam ein zweites Ich.

Cicero, 1. Jahrhundert v. Chr.

5 Gib den Text mit eigenen Worten wieder.

6 Seit dem neuen Schuljahr lässt Dirte ihren Sitznachbarn Peter in Mathe die Hausaufgaben abschreiben und hilft ihm auch heimlich bei den Klassenarbeiten. Dafür hilft Peter Dirte beim Deutschaufsatz. Eines Tages fragt Dirte Peter, warum er sie nicht zu seiner Geburtstagsfeier eingeladen hat. „Sind wir denn nicht Freunde?" Wie würde Cicero die Beziehung der beiden beschreiben? Begründe deine Meinung.

7 a) Kann das, was Cicero hier sagt, die Vergleiche ergänzen? Wie würde Cicero den Satz „Freundschaft ist wie ..." ergänzen?
b) Beurteilt Ciceros Forderungen an die Freundschaft.

8 Zeichne deine Biografie als einen Zeitstrahl und markiere, zu welchem Zeitpunkt du mit wem befreundet warst (z. B. deine Freunde in der Grundschule, Kindergarten, Sportverein etc.). Welche Freundschaft hielt besonders lang (vielleicht noch immer)? Überlege dir, warum diese Freundschaft so lange gehalten hat.

Anders leben: „Schwulsein“

Benny ist mit seiner Clique unterwegs. Florian und Janosch haben miteinander gewettet, ob sie sich trauen, in eine Sexualberatungsstelle zu gehen, und erfinden ein Gesprächsanliegen. Janosch, der Anführer der Clique, will unbedingt einen Bierkrug gewinnen. Gemeinsam betreten sie die Sexualberatungsstelle und werden von der Sexualtherapeutin Katharina Westphalen empfangen.

M 21 Bei der Sexualberaterin

„Was habt ihr denn für ein Anliegen?“, fragt Westphalen.

Janosch dreht sich zu Florian um.

„Mein Krug?“, fragt er flüsternd.

„Dein Krug“, bestätigt Florian.

„Eigentlich habe nur ich ein Anliegen“, sagt Janosch an Westphalen gewandt. Auch ihm ist jetzt das Blut in den Kopf gestiegen.

„Wie heißt du?“, fragt sie.

„Janosch“, antwortet er.

„Und was ist genau dein Anliegen?“

Der dicke Felix grinst. Er stopft gerade ein Gummibärchen in sich hinein. Die Spannung steigt. Alle starren auf Janosch.

„Nun ja“, antwortet dieser schließlich. Er sieht sich um. „Ich bin schwul, und ich würde gerne mit Troy Sex haben.“ Dabei deutet er auf ihn. „Aber ich habe Angst, dass der Erzieher uns erwischt. Wie würde er darauf reagieren? Oder besser gesagt: Wie hat ein Erzieher darauf zu reagieren? Mit Suspension [Entlassung]? Mit drei Wochen Tischdienst? Warum zum Teufel können Schwule nicht einfach schwul sein? Nicht wahr, Troy?“

Janosch ist unbestreitbar zu seiner Bestform aufgelaufen. Den Krug hat er sich wirklich verdient. Es ist ihm egal, was Frau Westphalen von ihm denkt. Und es ist ihm auch egal, ob sie sich telefonisch bei dem Erzieher melden wird. Er ist nun der Größte. Er hat einen Krug gewonnen, und seine Freunde werden ihn ewig lieben. Was kann ihm also passieren?

„Was sagst du dazu, Troy?“, fragt Westphalen.

Troy schweigt.

„Schämt er sich dafür?“, fragt sie nun wieder an Janosch gewandt.

„Natürlich schämt er sich. Ich meine, schauen Sie ihn doch an! Wer würde sich da nicht schämen?“

Troy tut einen Schritt nach rechts. Unendlicher Zorn spiegelt sich in seinem Gesicht. Er kneift die Augen zusammen. Am liebsten würde er schreien. Das sieht man. Doch er kann es nicht. Der Schrei verhallt innerlich. Der dicke Felix geht zu ihm hinüber.

„Mach dir nichts draus“, sagt er. Die gleichen Worte, die ich zuvor bei ihm angewendet habe. Vielleicht helfen sie. Troy schweigt immer noch. Doch sein Gesicht hellt sich ein wenig auf. Immerhin ein Anfang. Janosch merkt von alledem nichts. Er hört sich genüsslich die Belehrungen und Vorschläge Wesphalens an. Er grinst.

[31–33]

1 Warum wird Troy so zornig, als Janosch behauptet, er sei „schwul“?

2 Janosch bezeichnet Troy als „schwul“ und nicht einen anderen Jungen aus der Gruppe. Bewerte dieses Verhalten.

3 Warum ist für einige Jungen im Roman „schwul sein“ etwas Abwertendes? Diskutiert diese Einstellung der Jungen.

M 22 Anders lieben – ganz normal?

In vielen Fernsehserien tauchen Schwule und Lesben auf. Dabei wird oft unterschwellig vermittelt, dass es geradezu schick oder „trendy“ sei, schwul oder lesbisch zu sein. Das entspricht in der Regel nicht den Erfahrungen von Mädchen oder Jungen, wenn sie feststellen, dass sie sich nicht zum anderen, sondern zum eigenen Geschlecht hingezogen fühlen. Dass man von der Mehrheit abweicht und allein deshalb „anders“ ist als die anderen, empfinden viele als Problem; es ist meist schwer, sich das einzugestehen. Deshalb kann man davon ausgehen, dass Jugendliche, die sich „outen“, also ihrer Familie und ihren Freunden erzählen, dass sie homosexuell seien, sich zumeist lange damit auseinandergesetzt haben. Die Reaktion der Familie ist schließlich nicht immer abzusehen. Viele Väter und Mütter, die eigentlich nichts gegen Homosexuelle haben, reagieren anders, wenn es ihr eigenes Kind betrifft. Auch die Reaktion der Freunde kann unterschiedlich ausfallen. Viele Freundinnen und Freunde im Umfeld betonen dann, dass sie das völlig in Ordnung fänden – und doch schafft das „coming out“ einen Abstand. Man sieht sich nicht mehr mit den gleichen Augen, und die Distanz muss erst einmal überbrückt werden, bevor sich die alte Vertrautheit wieder einstellt. Nicht alle Freundschaften halten das aus. Manchmal stoßen Homosexuelle auch auf offene Ablehnung. Deshalb versuchen sie zunächst, neue Freunde in Cafés und Diskotheken für Schwule und Lesben zu finden. In vielen Großstädten haben sie sich auch zu „coming out“-Gruppen zusammengeschlossen, um gemeinsam auszugehen und um über den Umgang mit Freunden und Familie und Sexualität zu sprechen. Diese Angebote gibt es aber fast nur in Großstädten und kaum auf dem Land. Daher ziehen auch viele Homosexuelle in Großstädte.

Das Verhalten vieler Betroffener hat sich aber in den letzten Jahren sehr geändert. Seit dem Aufkommen der Techno-Kultur gibt es viele Möglichkeiten für Homosexuelle, auch in „normalen“ Discotheken oder auf Events Freunde oder Freundinnen zu finden. Diese Öffnung solcher Orte für alle Leute ist wichtig, da so Jungen, die andere Jungen mögen, auch etwas mit ihrer alten Clique unternehmen können und sich nicht „abkapseln“. Die zunehmende Toleranz gerade bei jungen Leuten bietet da viele Vorteile. So haben Jugendliche in ihrer Freizeit die Chance, Erfahrungen mit Homosexuellen zu machen, die so manches Vorurteil widerlegen.

Homosexuelle sind nicht nur zartbesaitete Männer mit weiblichem Verhalten und von Beruf Friseur, sondern auch Jungen, die sich für Autos, skaten und Kampfsport interessieren. Leider verbreiten die Medien oft noch ein anderes Bild. Dort stehen häufig nur ganz schrille Figuren im Vordergrund.

Auf den großen Paraden zum Christopher Street Day, wo Schwule und Lesben für ihre Rechte demonstrieren, wird mit den gängigen Vorstellungen über die Begriffe „männlich“ und „weiblich“ gespielt: Männer tragen Frauenkleider oder bewusst männliche Kleidung wie Uniformen, oder Frauen betonen gerade ihre Weiblichkeit oder kleiden sich sehr männlich. Das muss nicht jeder schön, lustig oder sexy finden – aber aushalten sollte man es können. Leider haben damit noch viele Menschen in der Gesellschaft Probleme: Nach wie vor gibt es Ausschreitungen und Gewalt gegen Homosexuelle, oder diese erleben Benachteiligungen am Arbeitsplatz. Die Gesetze unseres Staates verbieten das. Dennoch räumt der Gesetzgeber Homosexuellen nicht in allen Bereichen die gleichen Rechte ein.

In dem Film „Brokeback Mountain“ geht es um die Liebe zweier Cowboys in den 50-iger Jahren. Die Liebe scheitert an der Tabuisierung von Homosexualität in der amerikanischen Gesellschaft.

In vielen Ländern steht Homosexualität auch heute noch unter Strafe.

4 In den USA hat man sich besonders darüber aufgeregt, dass ausgerechnet ein Cowboyfilm Homosexualität thematisiert. Überlegt, was einige Amerikaner daran so aufgeregt haben könnte.

5 Oftmals entstehen Vor-Urteile im Hinblick auf Homosexualität durch die Diskussion der Frage, ob Homosexualität „natürlich“ oder „normal“ sei – oder dies eben gerade nicht. Was ist für euch „natürlich“ oder „normal*“?

6 Bis 1969 wurde Homosexualität zwischen Männern in der Bundesrepublik nach § 175 StGB und damit unter dem Grundgesetz mit Freiheitsstrafen bestraft. Aufgrund dieser Erfahrung fordert der Lesben- und Schwulenverband in Deutschland (LSVD) eine Veränderung des Grundgesetzes. Informiere dich im Internet über Rechte und Pflichten von eingetragenen Lebenspartnerschaften und über die Forderungen des LSVD zur Grundgesetzänderung (www.berlin.lsvd.de).

Liebesmythen

Der Philosoph Platon beschreibt in dem Dialog „Das Gastmahl" eine Unterhaltung über Eros, den Gott der Liebe. Während des Gesprächs erzählt der Lustspieldichter Aristophanes einen Mythos: Einst gab es nicht zwei, sondern drei Geschlechter: Doppelmann, Doppelweib und Mannweib. Sie waren kugelförmig mit je vier Armen und Beinen, zwei Gesichtern usw. So waren sie besonders stark und übermütig und wurden den Göttern gefährlich. Der oberste Gott Zeus beschloss daraufhin, die Menschen zu halbieren. Er trennte Doppelmann, Doppelweib und Mannweib in jeweils zwei Hälften, drehte ihre Gesichter gegen die Schnittseite und ließ durch den Gott Apollon ihre Haut über den Schnittseiten zusammenziehen und so die Wunden verheilen.

M 23 Die Rede des Aristophanes

Als nun so ihre ursprüngliche Gestalt in zwei Teile gespalten war, ward jede Hälfte von Sehnsucht zur Vereinigung mit der anderen getrieben: Sie schlangen die Arme umeinander und schmiegten sich zusammen, voll Begierde zusammenzuwachsen. So starben sie vor Hunger und sonstiger Erschlaffung infolge ihrer Unlust irgendetwas getrennt voneinander zu tun; und immer wenn eine der Hälften dahinstarb, und die andere noch übrigblieb, suchte die Zurückbleibende eine andere, mit der sie sich umarmte, gleichviel ob es die Hälfte eines Doppelweibes war, die wir jetzt Weib nennen, oder eines Mannes, und so gingen sie zugrunde.

Da erbarmte sich Zeus und schuf auf andere Weise Abhilfe, indem er ihre Schamteile nach vorn versetzte; denn bisher hatten sie auch diese nach außen und zeugten wie die Zikaden (Grille). Diese Verlegung nach vorn und die damit verbundene Erzeugung ineinander durch das Männliche in dem Weiblichen bewerkstelligte er deshalb, damit, wenn bei der Umarmung ein Mann auf ein Weib träfe, zugleich eine Zeugung erfolgt zur Fortpflanzung des Geschlechtes, wenn aber ein Männliches auf ein Männliches, das Zusammensein wenigstens zu einer Befriedigung führte und sie sich beruhigen und sich wieder der Werktätigkeit zuwendeten und sich der Sorge für die anderen Lebensbedürfnisse widmeten. Erst so lange also ist es her, dass die Liebe zueinander den Menschen eingeboren ward, zusammenführend die ursprüngliche Natur und bestrebt aus Zweien eins zu machen und der menschlichen Natur Heilung zu schaffen.

nach Platon

1 Wie stellt der Mythos den Ursprung für die Liebe dar?

2 Jeder fertigt eine Zeichnung der Kugelwesen an. Anschließend erläutert und vergleicht ihr eure Darstellungen.

3 Schreibe einen eigenen Mythos, der den Ursprung für die Liebe zwischen zwei Menschen erklärt. (Siehe auch S. 218 ff.)

M 24 Adam und Eva

Da ließ Gott der HERR einen tiefen Schlaf fallen auf den Menschen, und er schlief ein. Und er nahm eine seiner Rippen und schloss die Stelle mit Fleisch. Und Gott der HERR baute ein Weib aus der Rippe, die er von dem Menschen nahm, und brachte sie zu ihm. Da sprach der Mensch: Das ist doch Bein von meinem Bein und Fleisch von meinem Fleisch, man wird sie Männin nennen, weil sie vom Mann genommen ist. Darum wird ein Mann seinen Vater und seine Mutter verlassen und seinem Weibe anhangen, und sie werden sein ein Fleisch. Und sie waren beide nackt, der Mensch und sein Weib, und schämten sich nicht.

Aber die Schlange war listiger als alle Tiere auf dem Felde, die Gott der HERR gemacht hatte, und sprach zu dem Weibe: Ja, sollte Gott gesagt haben: Ihr sollt nicht essen von allen Bäumen im Garten? Da sprach das Weib zu der Schlange: Wir essen von den Früchten der Bäume im Garten; aber von den Früchten des Baumes mitten im Garten hat Gott gesagt: Esset nicht davon, rühret sie auch nicht an, dass ihr nicht sterbet! Da sprach die Schlange zum Weibe: Ihr werdet keineswegs des Todes sterben, sondern Gott weiß: An dem Tage, da ihr davon esset, werden eure Augen aufgetan, und ihr werdet sein wie Gott und wissen, was gut und böse ist.

Und das Weib sah, dass von dem Baum gut zu essen wäre und dass er eine Lust für die Augen wäre und verlockend, weil er klug machte. Und sie nahm von der Frucht und aß und gab ihrem Mann, der bei ihr war, auch davon, und er aß. Da wurden ihnen beiden die Augen aufgetan, und sie wurden gewahr, dass sie nackt waren, und flochten Feigenblätter zusammen und machten sich Schurze. *1. Mose, 2,21–3,7*

4 Beschreibe, wie das Verhältnis zwischen Mann und Frau vor dem „Sündenfall" war. Wie hat es sich verändert, nachdem beide vom Baum der Erkenntnis gegessen haben?

5 In der ursprünglichen christlichen Tradition wird die Bibel nicht wortwörtlich, sondern symbolisch (s. S. 224) gedeutet. Überlege, was in diesem Text über Erkenntnis, Sexualität und Liebe ausgesagt wird.

Yin und Yang

M 25

Dieses Bild ist das symbolische Zeichen für Yin und Yang. Yang hieß ursprünglich Sonnenschein oder Licht; Yin stand für Schatten oder Finsternis. Sie sind nach der chinesischen Tradition die Grundkräfte, die alle Erscheinungsformen des Universums hervorbringen. Ab dem 6. Jahrhundert vor Christus gelangten die beiden abstrakten Grundprinzipien zu einer speziellen Ausgestaltung im Taoismus. Yang steht für Männlichkeit, Aktivität, Hitze, Trockenheit und Härte, Yin für Weiblichkeit, Passivität, Kälte Feuchtigkeit und Weichheit. Die Eigenschaften von Yin und Yang treten oft als Gegensatzpaar in Erscheinung, z. B. als Leben und Tod.

6 Überlege, warum in dem Symbol ein weißer Kreis im schwarzen Feld ist und ein schwarzer Kreis im weißen Feld. Warum ist die Linie zwischen dem schwarzen und dem weißen Feld geschwungen und nicht gerade?

7 Auch in vielen Schöpfungsmythen entsteht die Welt oder der Mensch aus Gegensätzen, die sich ergänzen, oder aus einem Konflikt, der gelöst werden muss. Überlege, ob der Spruch „Gegensätze ziehen sich an" auf Liebe und Freundschaft zutrifft.

Philemon und Baucis

M 26

Zeus und Hermes wanderten durch Phrygien, um die Menschen zu prüfen. Der römische Dichter Ovid erzählt in seinem Werk „Metamorphosen" davon:

Tausend Behausungen gingen sie an, ein Obdach zu finden, Tausend Behausungen wurden versperrt. Nur eine empfing sie, klein, mit Stroh und mit Schilfrohr gedeckt; doch hatten die fromme Baucis, die alte, sich hier und der gleichfalls betagte Philemon einst in den Jahren der Jugend verbunden, sie waren in dieser Hütte gealtert und machten die Armut sich leicht; denn sie wollten nie sie verhehlen: Sie trugen sie gerne gelassenen Sinnes.

Die beiden Alten bewirten die Fremden sehr gastfreundlich und geben ihnen alles, was sie haben. Als sie merken, dass sie Götter beherbergen, schämen sie sich, weil sie ihnen nur wenig bieten können. Während die Nachbarn, die keine Gastfreundschaft gewährten, bestraft werden, haben die beiden Alten einen Wunsch frei:

„Sagt, rechtschaffener Greis, und du, eines solchen Gemahles würdiges Weib, was ihr wünscht!" Mit Baucis bespricht sich Philemon kurz und eröffnet sodann den Himmlischen beider Entscheidung: „Priester wollen wir sein und euern Tempel behüten; und da stets wir in Eintracht die Jahre verlebt, soll dieselbe Stunde uns beide entraffen! Nie möcht' ich das Grab der Gemahlin jemals erblicken, noch sie ihres Gatten Begräbnis vollziehen!" Sprach's, und der Wunsch ward ihnen erfüllt: Sie waren des Tempels Hüter, solange sie lebten. Und später, da standen sie einmal just vor den heiligen Stufen, von Alter geschwächt, und besprachen, was hier früher geschehn: Da sah Philemon, wie Baucis sich umlaubte, und Baucis ersah an Philemon dasselbe. Und als schon über beider Gesichter der Wipfel emporwuchs, tauschten sie Worte, solange sie durften: „Leb wohl, o mein Gatte!", riefen sie beide zugleich, und zugleich verbarg und umhüllte Laubwerk ihr Antlitz.

8 Um welche Arten von Liebe geht es hier?

Liebe und Freundschaft

M 27 Der Liebesbrief

„Du hast doch einen Zweier in Deutsch, oder?", fragt Janosch und schaut mich mit bittenden Augen an.

„Nein, ich habe einen Fünfer", antworte ich. „Das weißt du doch. Ich kann keine Aufsätze schreiben."

„Weißt du vielleicht trotzdem, wie man einem Mädchen sagt, dass man es liebt?"

„Einem Mädchen?", frage ich. „Was machst du denn da?"

„Nun ja", antwortet Janosch, „ich versuche einen Liebesbrief zu schreiben oder so etwas Ähnliches."

Ich lache. „An Malen?" frage ich.

„Ja, an Malen", antwortet er. „Aber das ist alles irgendwie nicht so einfach, weißt du. Ich bin nun mal kein Romantiker. Ich habe ja schon bei einem Diktat immer zwanzig Fehler."

„Hast du vielleicht schon mal darüber nachgedacht, ob du deshalb einen Sechser in Deutsch hast?", frage ich.

„Diese Möglichkeit habe ich nicht ausgeschlossen", antwortet Janosch. „Aber das interessiert jetzt nicht. Ich muss einen Liebesbrief an Malen schreiben. Das ist alles so kompliziert geworden. Früher musste man ein Mädchen einfach nageln. Dann hatte man sie. Heute muss man seinen beschissenen Verstand aufs Papier bringen, um Eindruck zu schinden. Ich kann meinen beschissenen Verstand aber nicht aufs Papier bringen. Ich bin nun mal nicht Kafka"

„So beruhige dich doch", antworte ich. „Du musst doch gar nicht Kafka sein. Schreib' doch einfach, wie du dich fühlst."

„Soll ich aufschreiben, ich fühle mich scheiße?"

„Nicht, was du jetzt fühlst! Sondern, was du in Bezug auf Malen fühlst."

„Und was fühle ich?", fragt Janosch. „Dass ich sie nageln will?"

„Nein", entgegne ich. „Dass du sie liebst. Schreib doch einfach, dass du sie liebst."

„Das kann ich nicht", antwortet Janosch. „Sie würde mir eine Ohrfeige geben."

„Aber das würde sie doch dann auch tun, wenn du ihr als Kafka *ich liebe dich!* sagst."

„Nein, würde sie nicht. Kafka ist *crazy*. Außerdem stehen Mädchen auf Literaten."

„Mädchen stehen auf Leonardo DiCaprio", antworte ich.

„Da hast du allerdings recht", erwidert Janosch. „Soll ich als Leonardo DiCaprio *ich liebe dich!* sagen?"

„Du sollst als Janosch Schwarze *ich liebe dich!* sagen", antworte ich.

„Hab' ich es doch gleich gewusst", entgegnet Janosch. „Siehst du! Einen Liebesbrief schreiben ist doch gar kein Problem! Mädchen machen ein großes Geschiss darum. Bei Jungen ist das anders. Die sind *crazy*. Haben keine Probleme damit. Bei denen läuft die Feder wie von selbst. Also, was soll ich jetzt schreiben?"

„Schreib *Malen, ich liebe dich!*", schlage ich vor. „*Malen, ich liebe dich*? Also gut."

Janosch schreibt mit dem roten Filzstift auf das Papier. Seine Schrift ist ordentlich und gerade. Man erkennt jeden Buchstaben. [118-119]

1 Stell dir vor, Malen bekommt den Zettel zu lesen. Wie könnte sie reagieren?

2 Was wäre, wenn Malen das obige Gespräch heimlich belauscht hätte? Im langweiligen Matheunterricht schreibt sie an Janosch. Verfasse mit deinem Sitznachbarn ein stummes Schreibgespräch.

M 28 Sexus, Eros und Agape*

Wenn von der Liebe die Rede ist, dann müssen wir drei Aspekte an ihr besprechen, die leider oft durcheinander gebracht oder gegeneinander ausgespielt werden. [...]

Den leiblichen Aspekt bezeichnen wir als Sexus. Er umfasst die unmittelbar biologischen Funktionen und Empfindungen von der Befruchtung bis zur Geburt. [...] Der Sexus wird vom Einzelindividuum ausgeführt. Wohl zielt er über das Individuum hinaus auf Nachkommenschaft und braucht dazu einen gegengeschlechtlichen Partner, aber sein unmittelbares Motiv ist doch egoistische Lustbefriedigung, Begehrlichkeit. Der Partner ist nur Mittel zum Zweck; was er erlebt, geht den Sexus nichts an. Deshalb kann man den Sexus auch damit täuschen, dass seine Begehrlichkeit am eigenen Körper gestillt wird. [...]

Im Gegensatz zum leiblichen Sexus geht der Eros auf die Seele des Partners ein. Es ist nicht „das Weibliche“ als solches, das den Mann erotisch anzieht, sondern der Ausdruck einer bestimmten, so und so gearteten Frau. Ist der Anblick gewisser Körperteile imstande, den Sexus eines Mannes zu reizen, so wird der Eros geweckt durch ein Lächeln, eine Handbewegung oder den Tonfall der Stimme, die die Seele dieser Frau offenbaren. [...] Weil der Eros an der Seele teilhat, bedeutet er immer eine Beziehung zwischen zwei Partnern. Es geht ihm nie um die Befriedigung einer individuellen Lust, sondern stets um die Herstellung einer Lustbeziehung. [...] Es ist einer der großen Übelstände unserer Zeit, dass der Eros, zumal für den Mann, weitgehend unbekannt ist und mit dem Sexus verwechselt wird. Das meiste, was marktschreierisch als „erotisch“ ausgegeben wird, ist nur sexuell, und auch das, was manche Moralisten als erotisch verdammen, ist gar nicht erotisch, sondern sexuell. In einer gewissen Scheuklappenmoral lässt man den jungen Mann allein mit seinem Trieb kämpfen, und dadurch kommt er über die triebhaft-sexuelle Stufe der Liebe gar nie hinaus. Was not tut, ist, ihn über dem Sexus hinaus zum Eros zu erziehen. [...]

Die Liebe hat indessen noch einen dritten, geistigen Aspekt, den wir in Ermangelung eines besseren Namens als Agape bezeichnen wollen. Der Schwerpunkt des Sexus lag im Ich, der Schwerpunkt des Eros im Wir, im Paar, der Schwerpunkt der Agape liegt jenseits des Paares. In der Agape gibt es deshalb eine Verantwortung für den andern und für uns beide vor einem Dritten. Die Agape hält dem Partner unbedingte Treue, auch wenn er diese nicht mehr will und ich selber sie nicht mehr mag. [...] Die Agape dagegen weiß, daß es auch in der besten Ehe Zeiten geben kann, wo die Liebe Ebbe hat und wo dann die Treue überbrücken muss.

Die Agape liebt den andern, weil er da ist, nicht weil er so ist [...]. Der Mann liebt die Frau selbst, nicht nur ihr schönes Gesicht; die Frau liebt den Mann selbst, nicht nur seine Intelligenz. Deshalb ist die Agape auch nicht an den geschlechtlichen Unterschied gebunden wie Sexus und Eros.

Theodor Bovet, 1955

M 29

René Magritte: Die Liebenden, 1928

3 Beschreibe das Bild des belgischen Malers Magritte (1898–1967). Was ist auf dem Bild dargestellt? Wie ist es dargestellt? Warum ist es so dargestellt?

4 Passt deiner Meinung nach der Bildtitel zu dem Bild? Erfinde ggf. einen neuen Titel und begründe, warum dieser besser passt.

5 Erkläre die Begriffe Sexus, Eros und Agape.

6 Überlege, welcher der drei Begriffe Janoschs Gefühl für Malen am besten beschreibt.

7 Bovet schreibt, dass die Agape eine Verantwortung der Liebenden für einen Dritten enthält (Z. 46f.). Wer könnte damit gemeint sein?

8 Was verbindest du mit dem Begriff „Treue“? Fertigt in der Gruppen dazu ein Cluster an und vergleicht ihn mit den Clustern anderer Gruppen deiner Klasse

9 a) Bovet schreibt, dass die Agape dem Partner unbedingte Treue hält (Z. 48). Diskutiert in der Klasse, ob man dem Partner immer treu sein muss.
b) Überlegt, ob man Bovets Vorstellungen heute noch so teilen kann.

Schwierigkeiten mit der Liebe und die Kunst der Erotik

M 30 Abigail und Gregor

Es war einmal ein Mädchen, das hieß *Abigail.* Sie lebte am Alligator-Fluss, in dem es von Krokodilen wimmelte. Ihr Freund Gregor lebte auf der anderen Seite des Flusses.

Beide waren sehr ineinander verliebt und hatten große Sehnsucht, einander wiederzusehen. Unglücklicherweise hatte nämlich ein Unwetter die kleine Brücke zerstört, so dass es für beide schwer war, zueinander zu kommen.

Abigail verging beinahe vor Sehnsucht. Daher suchte sie den Fischer *Sindbad* auf, der das einzige Boot in der Gegend besaß. Sie schilderte ihm die Situation und bat ihn, sie über den Fluss zu fahren. Sindbad erklärte sich dazu bereit, aber nur unter der Bedingung, dass sie vorher mit ihm schliefe. Abigail war entrüstet über dieses Tauschgeschäft, weil sie Sindbad nicht liebte und deshalb nicht mit ihm schlafen wollte. Sie wies Sindbads Ansinnen zurück und ging fort, um andere Leute zu suchen, die ihr helfen würden. Sie bat viele Leute um Hilfe, doch niemand wusste einen Weg für sie.

Enttäuscht ging sie nach Hause zu ihrer Mutter und erzählte von ihren vergeblichen Versuchen und von Sindbads Vorschlag. Sie bat die Mutter um Rat. Die Mutter antwortete: „Schau, Abigail, du bist jetzt ein großes Mädchen. Du musst selbst wissen, was du tun willst, und deine Entscheidungen allein treffen.“ Sprach's und ging ihren eigenen Geschäften nach.

Abigail dachte lange nach. Schließlich entschloss sie sich, Sindbads Vorschlag anzunehmen, weil sie Gregor unbedingt wiedersehen wollte. In der Nacht schlief sie mit Sindbad. Und er erfüllte sein Versprechen und brachte sie am nächsten Morgen ans andere Ufer des Flusses.

Nach einigen glücklichen Stunden mit Gregor hatte Abigail das Bedürfnis, Gregor zu sagen, was vorgefallen war. Als er die ganze Geschichte gehört hatte, geriet er außer sich vor Wut: „Was hast du getan?! Ich kann nicht glauben, dass du das getan hast! Du hast mit Sindbad geschlafen! Jetzt ist alles aus! Vergiss uns beide! Ich will nichts mehr mit dir zu tun haben!“

Verzweifelt ging Abigail fort. Bitter weinend traf sie einen jungen Burschen mit Namen Slug. Sie lehnte sich an seine Schulter und klagte ihm ihr Leid. Slug hörte voller Empörung zu und ging zornig zu Gregor, um ihn zu verprügeln. Abigail folgte ihm, schaute von ferne zu und begann zu lachen. *(nach) Klaus Vopel*

1 Lies die kleine Geschichte aufmerksam durch. Mit wem kannst du dich am leichtesten identifizieren? Wer ist dir sympathisch? Ordne die Personen in einer entsprechenden Reihenfolge an.

2 Vergleicht untereinander eure Anordnungen und besprecht die Gründe für Ähnlichkeiten und Abweichungen.

3 Überlegt, was der Sinn dieser kleinen Geschichte sein mag.

M 31 Eine neue Kunst der Erotik

Vergessen blieb angesichts der Dominanz des Sex, dass es noch andere vielfältigere Lüste als die isolierte Lust des Geschlechts gibt: Lüste der Sinne, also des Sehens, Hörens, Riechens, Schmeckens, Tastens und Spürens, die ein inniges, intimes Genießen gestatten; Lüste des Denkens und der Reflexion, die sich in der Distanz der Abstraktion vollziehen; Lüste des Träumens und der Phantasie, in denen das Selbst fern ist von jedem Kalkül; Lüste der Erinnerung, die das gelebte Leben zu wiederholen erlauben, Lüste der Lektüre und des Gesprächs, die die Weite des Lebens zwischen Einsamkeit und Geselligkeit erfahrbar machen; Lüste des Lachens in allen Variationen, die Körper, Seele und Geist zugleich in Vibrationen versetzen; Lüste des bloßen Seins, die sich der Muße und Gelassenheit verdanken; Lüste des nomadischen Seins, die aus der vielfältigen Begegnung mit Anderen und Anderem resultieren. Die Fülle der Lüste, ihre Komposition und der gekonnte Umgang mit ihnen münden in eine Kunst der Erotik, in der nun die Lust des Geschlechts nur eine Lust unter anderen ist und in Zusammenhang mit anderen Lüsten ihren Sinn findet: Eingebettet in die Erotik, sorgt der Gebrauch auch dieser Lust für wahren Genuss; der Raum der Erotik ist der Intimität förderlich, die innige Lüste hervortreibt und sie nicht in beliebiger Streuung verschwinden lässt; hier allein triumphiert der kluge Gebrauch der Lüste über den bloßen Konsum von Körpern. [...]

Bestandteil der Kunst der Erotik ist die Inszenierung der Lüste, sind die Rituale, die um die Lüste herum errichtet werden, das Dekorum [Verzierung], der Schleier und die Verkleidung, durch die hindurch sie nur zu erahnen sind, die Rhetorik, die weniger über sie redet als vielmehr beredt über sie schweigt, die kalkulierte Verzögerung ihres Gebrauchs in der Zeit, die dem Subjekt erlaubt, allmählich in sie hineinzugleiten und nicht in einer plötzlichen Explosion sie zu verpuffen, schließlich das Wissen darüber, dass der Umgang mit den Lüsten sich der Askese [Enthaltsamkeit] bedienen kann, um ihren Genuss zu intensivieren. *Wilhelm Schmid, 1998*

M 32

Peter, 16: *Wenn meine Freundin besonders angestrengt nachdenkt, dann reibt sie sich mit dem Finger hinter dem linken Ohr. Das sieht total süß aus.*

Saskia, 15: *Mein Freund will immer nur mit mit mir allein sein, dabei denkt er ständig nur an Sex. Ich würde aber gern auch mal mit ihm und meiner Clique zusammen etwas unternehmen, aber das interessiert ihn nicht.*

Susanne, 18: *Wenn ich von der Arbeit richtig erschöpft bin, kocht mein Freund was Leckeres für mich. Meistens schauen wir dann noch einen Film an und kuscheln auf dem Sofa. Dann geht es mir wieder richtig gut.*

Berin, 14: *Ich fand meinen Freund Steffen erst gar nicht attraktiv. Beim Karatetraining habe ich erst gemerkt, wie elegant und sportlich er ist. Seine Akne im Gesicht hat mich dann nicht mehr gestört.*

Malte, 17: *Meine Freundin will immer nur diskutieren, über Politik, ihre Freundinnen und über Gefühle. Das nervt. Mir wäre lieber, wenn sie mal einmal den Mund hält und mit mir ins Bett geht.*

Tim, 17: *Wenn ich ein Mädchen rumkriegen will, lad ich sie zu selbstgebackenem Kuchen ein und spiel ihr was auf meiner Geige vor. Das klappt immer. Die zehn Jahre Geigenunterricht haben sich echt gelohnt!*

Elena, 14: *Ich hatte lange keinen Freund, weil ich mich nie getraut habe. Aber in der Tanzschule muss man bei der Damenwahl Jungen ansprechen, und einer war Jörg. Jörg findet Damenwahl auch super, denn er ist wie ich ziemlich schüchtern.*

4 Gib die Gedanken des Philosophen Wilhelm Schmid M 31 möglichst eigenständig wieder. Schlage unbekannte Begriffe nach.

5 Betrachte die Äußerungen der Jugendlichen über ihre Liebesbeziehung. Was würde Wilhelm Schmid dazu sagen? Begründet eure Überlegungen mit dem Text.

Eltern und Familie

M 33 Eltern

Meine Eltern behaupten immer, ich würde nicht rauchen. Die würden sterben, wenn sie es wüssten. Besonders meine Mutter. Sie ist Heilpraktikerin. Sie sagt, jede einzelne Zigarette würde Furcht erregenden Schaden anrichten. Dabei raucht sie doch selbst. Das verstehe ich irgendwie nicht. Das ist überhaupt so bei meinen Eltern. Sie verbieten mir dauernd Dinge, die sie entweder selbst tun oder schon einmal getan haben. Wahrscheinlich streiten sie sich deswegen so oft. Es ist richtig schlimm geworden in letzter Zeit. Als Sohn kommt man sich dabei so hilflos vor. So leer. Es tut weh. Oft wünsche ich, sie hätten sich getrennt. Dann hätte ich die ganze Scheiße nicht mitbekommen. Aber gleichzeitig bin ich froh, die beiden als Rückhalt zu haben. Als Freunde. Als Familie eben. Wahrscheinlich ist das alles nur Mist. Aber es zehrt an mir. Ich kann es nicht vergessen. Egal, wo ich bin. Ich liebe meine Eltern. Als Paar und nicht getrennt. Ich denke an gemeinsame Ferien und Freude. An Weihnachten. Und ich denke an Streit. An immerwährenden Streit. Manchmal geht es um meine Erziehung. Manchmal um ihre eigene Beziehung. Und manchmal geht es nur darum, wer die verfluchten Getränkekästen zum Markt zurückbringt. Laut meiner Schwester ist das der einzige Grund, warum ich ins Internat gesandt wurde: Damit ich befreit werde von dem Streit. Nun erträgt sie ihn. Allein. Ganz allein.

Bislang habe ich noch nicht zu Hause angerufen. Vielleicht fürchte ich mich vor der weinenden Mutter. Der verzweifelten Schwester. Dem ängstlichen Vater. Als ich noch zu Hause war, versuchte ich immer das Rosige zu sehen. Das schöne Wetter vielleicht. Oder eine gute Fernsehsendung. Das Zusammensein. Oft verschluckte ich den Streit einfach. Auch heute ertappe ich mich noch dabei, dass ich ihn ausblende.

Vielleicht ist das gut. Aber es wird immer schwieriger. Eigentlich ist alles scheiße. [58–59]

M 34

Henry Moore: Familie, 1944

1 Stellt die Familiensituation von Benny (Vater, Mutter, Schwester und Benny) als Standbild dar. Welches sind die Gründe für eure Anordnung der Familienmitglieder. Macht wenn möglich Fotos von den Standbildern.

2 Betrachtet die Bronze „Familie" des britischen Bildhauers Henry Moore M 31. Versucht selbst ein Standbild nach der Bronze zu bauen.

3 Vergleicht eure Erfahrungen beim Bau der beiden Standbilder miteinander. Orientiert euch an folgenden Fragen: Was habe ich gesehen? Was habe ich gedacht? Was habe ich gefühlt?

4 Überlegt, woran es liegen kann, dass in Bennys Familie immer Streit ist?

5 Lest euch noch einmal M 17 (S. 50) durch. Schreibt auf, was ihr über die Familien der Gruppenmitglieder erfahren könnt. Woran kann es liegen, dass Benny über die Familienverhältnisse vom dünnen Felix und von Janosch kaum etwas weiß? Wie ist es in eurer Klasse?

6 Florians Eltern sind tot, aber seine Großmutter kümmert sich um ihn. Hat er eine Familie? Diskutiert mit euren Tischnachbarn, was für euch eine Familie ist, und stellt eure Ergebnisse der Klasse vor. Versucht zu einer Definition zu gelangen, in der ihr den Begriff der Familie erklärt.

M 35

Familienmodell 1
Vater Hans, Tochter Lydia , Sohn Thomas, Mutter Irene

Familienmodell 2
Tobias (Sohn von Klara), Helge (Sohn von Horst), Klara und ihr Freund Horst

Familienmodell 3
Mutter Ursula, Jessica, Opa Karl

7 Die Bilder zeigen drei unterschiedliche Familienmodelle. Überlegt weitere Modelle, schreibt diese auf Plakate und vergleicht sie. Welche dieser Familienmodelle sind Patchworkfamilien*?

Pink: Family Portrait

M 36

Hör auf zu heulen, Mama.
Weil ich mir das nicht mehr anhören will.
Weil dein Schmerz wehtut.
Und weil er mich fertig macht.
Wenn ich nachts wachliege, dann höre
ich wie ihr euch Gläser an den Kopf schmeißt.
Ich hab Gott gesagt, dass du das alles nicht so meinst,
wie du es sagst.
Dass du um das Geld fightest und um mich
und um meinen Bruder.
Kriegen wir das noch mal hin? Werden wir
noch mal wieder eine Familie?
Ich tu alles. Ich häng mich rein,
ehrlich Mama, ich versprech's.
Papa, dir auch. Nur damit du nicht gehst.
Hör auf zu schreien!
Ich kann's nicht mehr hören.
Und mach, dass Mama aufhört zu weinen.
Weil ich dich brauch. Und sie auch.
Weil meine Mama dich liebt.
Egal was sie sagt, sie liebt dich.
Ich weiß, dass sie dir weh getan hat.
Ich liebe dich auch. Denk dran, bitte.
Ich bin heute zum ersten Mal abgehauen.
Weg von dem Krach, einfach nur weg.
Und ich will da nie wieder hin.
Aber ich hab keine Wahl.
Ist schon Scheiße, wenn man mitten
im Dritten Weltkrieg aufwächst.
Woher soll ich denn gelernt haben, was Liebe ist?
Was Liebe sein soll?
Ich will nur nicht, dass die Liebe mich kaputtmacht.
So wie sie meine Familie kaputt macht.
Auf dem einen Foto, wo wir alle drauf sind,
da sehen wir alle ziemlich glücklich aus.
Wir könnten das doch spielen.
Wir könnten uns das doch vortäuschen.
Das wär sicher ganz einfach.
Ich will nämlich keine geteilten Ferien.

Und keine zwei Adressen.
Keinen Stiefbruder.
Und ich will nicht, dass meine Mama
einen anderen Nachnamen hat als ich.
Ich werd mich bessern, wirklich, Mama.
Und meinem Bruder sag ich's auch.
Ich schütte nie wieder was um.
Ich geh rechtzeitig ins Bett.
Ich bin ein braves Mädchen. Immer.
Papa. Bitte. Geh nicht weg.

8 Beschreibe in eigenen Worten die Familiensituation aus dem Lied von Pink.

9 a) Wie regiert das Mädchen darauf? Notiere dir ihre Gedanken und Gefühle und tausche dich mit den Mitschülern darüber aus.
b) Welche Möglichkeiten gibt es deiner Meinung nach, die schwierige familiäre Situation zu lösen?

Familienkonflikte

M 37 Eltern

Ich muss an meine Eltern denken. An die Wochenenden, die wir in der letzten Zeit zusammen verbracht haben. Das war alles irgendwie schwierig. Ich konnte mich nie richtig erholen. Immer verfolgte mich das Gefühl, bald wieder ins Internat zurückkehren zu müssen. Jede Unternehmung war schlecht. Ich war sauer. Auf mich. Den Vater. Die Mutter. Meine Schwester. Darauf, dass alles zu Ende geht. Und ich mein Leben jetzt woanders suchen sollte. Im Internat eben. Janosch sagt, das sei die Tragik des Internatsschülers. Sonntagabend müsse er zurück. Aus. Basta. Immer gut gelaunt. Und in altem Gemeinschaftssinn. Einer für alle und so. Das sei ziemlich anstrengend, meint er. Zu Hause wäre es eben doch schöner. Ich glaube, da hat er Recht. Auch wenn meine Eltern viel streiten. Fast jedes Wochenende, wenn ich zu Hause war, hat meine Mutter geweint. Sie saß in der Küche. Tränen liefen ihr über die Wangen. Wie bei Troy. Meine Schwester saß bei ihr, um sie zu trösten. Beide hatten sie eine Wut auf meinen Vater. Ich war immer dazwischen. Wollte nicht auf einen alleine losgehen. Ich dachte, irgendwie haben wir alle daran Schuld. Das alles ist ganz schön kompliziert, glaube ich. Zu kompliziert für mich jedenfalls. Das packe ich nicht. Wenn ich es nicht besser wüsste, würde ich sagen, ich bräuchte eine *Hurenhaus-Phase*. Müsste alles einmal rausschreien. Um alles ins Reine zu bringen. Es tut weh, seine Mutter weinen zu sehen. Manchmal ist es das letzte Bild, das ich von ihr habe, bevor ich nach Neuseelen zurückkehre. Weinend. In der Küche. Auf dem roten Küchenhocker. Vor dem Fenster. Da sage noch einer, die Jugend sei einfach. Das sagen nur Leute, die sie hinter sich haben. Wahrscheinlich sehnen sie sich danach zurück. Ich glaube, das sollten sie nicht tun. Mein Gott, ist das alles mies. Troy weiß ein Lied davon zu singen. Ich habe keine Ahnung, wie ich ihn trösten soll. Ich kann ihm ja schlecht sagen, er soll einfach aufhören, ins Bett zu pissen. Dabei würde ich ihm so gerne helfen. Er tut mir leid. Dieser Junge ist wirklich nie mit Gold beschenkt worden, glaube ich. [91–92]

1 Schreibe aus der Perspektive von Benny einen Brief an seine Mutter, nachdem er nach einem Wochenende bei den Eltern wieder in das Internat zurückgegangen ist.

2 Benny will seine Eltern als ein Paar sehen und nicht getrennt, andererseits leidet er unter dem Streit. Gibt es Familiensituationen, in denen sich die Eltern besser trennen sollten? Welche könnten das sein?

INFO

Familienkonflikt

Es ist manchmal für Kinder und Jugendliche sehr schwer zu verstehen, warum sich Eltern streiten. Oft streitet sich Eltern nur über Nebensächlichkeiten. Hinter diesem scheinbar alltäglichen Problem kann ein grundlegender Konflikt der Eltern stecken. Dieser Konflikt wird aber nicht offen ausgetragen, da man befürchtet, dass dadurch alles noch schlimmer wird. Es entsteht ein Ersatzkriegsschauplatz. Deshalb streitet man sich dann über Kleinigkeiten, um dem Partner zu signalisieren, dass man mit seinem Verhalten nicht einverstanden ist, oder weil man Aggressionen abbauen will. Dabei ist es nicht immer leicht zu unterscheiden, ob ein grundlegender Konflikt in der Beziehung existiert (wie bei Bennys Eltern) oder ob es wirklich nur darum geht, wer den Müll hinausbringt.

M 38

Aussagen der Religionen zur Scheidung

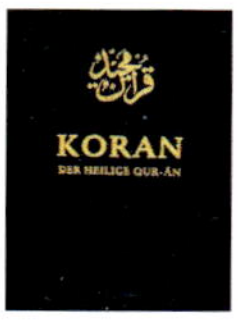

226 Für die, welche schwören, sich von ihren Frauen zu trennen, sind vier Monate Wartezeit festgesetzt. Geben sie dann ihr Vorhaben auf, so ist Allah verzeihend und barmherzig.

227 Doch wenn sie zur Scheidung entschlossen bleiben, dann ist Allah wahrlich hörend und wissend.

231 Und wenn ihr euch von euren Frauen scheidet und ihre (Warte-) Frist ausläuft, dann haltet sie in Güte fest oder entlasst sie in Güte. Doch haltet sie nicht fest, um ihnen Schaden zuzufügen.

Der Koran, Sure 2

2384 Die Ehescheidung ist ein schwerer Verstoß gegen das natürliche Sittengesetz. Sie gibt vor, den zwischen den Gatten freiwillig eingegangenen Vertrag, bis zum Tod zusammenzuleben, brechen zu können. Die Ehescheidung missachtet den Bund des Heiles, dessen Zeichen die sakramentale Ehe ist. Das Eingehen einer, wenn auch vom Zivilrecht anerkannten, neuen Verbindung verstärkt den Bruch noch zusätzlich. Der Ehepartner, der sich wieder verheiratet hat, befindet sich dann in einem dauernden, öffentlichen Ehebruch.

Katechismus der Katholischen Kirche, 1995

Wo keine Aussprache und kein guter Rat weiterhilft, da wird vielleicht der Entschluss zu einer Trennung auch ein Ausweg sein, der die Chance eines Neuanfangs erhoffen lässt. Jesus Christus lehrt uns, dass Scheidung gegen Gottes Willen ist. Aber um der „Herzenshärtigkeit" der Menschen willen kann sie notwendig werden. Es wäre unmenschlich, um der Unauflöslichkeit der Ehe willen einem Menschen zuzumuten, dass er an der Ehe körperlich oder seelisch zugrundegeht. [...] Wenn in einer Kirche erkannt wird, dass aus einer zur Qual und gegenseitigen Quälerei gewordenen Ehe den Partnern kein anderer Ausweg als die Scheidung mehr zugemutet werden kann, dann wird eine solche Kirche auch die Wiedertrauung Geschiedener nicht ausschließen können, sondern vielmehr mitverantworten im Vertrauen darauf, dass Gott Vergebung und einen neuen Anfang schenkt.

Evangelischer Erwachsenenkatechismus, 1964

Du sollst nicht ehebrechen.
2. Mose 20,14

3 Informiere dich über die Einstellung zur Ehe im Alten und im Neuen Testament und über die Einstellung der jüdischen Religion zur Ehe.

4 Überlege, warum die Ehe in vielen Religionen und Kulturen wichtig, sogar heilig ist.

5 Die oben zitierten Bestimmungen haben in den verschiedenen Religionen und Glaubensrichtungen einen normativen (also maßgebenden) Charakter. Diskutiert, inwieweit diese Maßstäbe auch heute noch Gültigkeit beanspruchen können.

Vom Ende der Liebe und dem Blick auf die anderen

M 39 Erich Kästner **Sachliche Romanze**

Als sie einander acht Jahre kannten
(und man darf sagen: sie kannten sich gut)
kam ihre Liebe plötzlich abhanden.
Wie anderen Leuten ein Stock oder Hut.

Sie waren traurig, betrugen sich heiter,
versuchten Küsse, als ob nichts sei,
und sahen sich an und wussten nicht weiter.
Da weinte sie schließlich. Und er stand dabei.

Vom Fenster aus konnte man Schiffen winken.
Er sagte, es wäre schon Viertel nach Vier
und Zeit, irgendwo Kaffee zu trinken.
Nebenan übte ein Mensch Klavier.

Sie gingen ins kleinste Café am Ort
und rührten in ihren Tassen.
Am Abend saßen sie immer noch dort.
Sie saßen allein, und sie sprachen kein Wort
und konnten es einfach nicht fassen.

Edward Hopper (1882–1967): Philosophische Exkursion, 1959

1 Warum heißt das Gedicht „Sachliche Romanze“? Welche Titel könnte es noch haben?

2 Wie erklärst du dir, dass zwei Menschen plötzlich aufhören sich zu lieben?

3 Am Abend sitzen die beiden immer noch da und rühren in ihren Tassen. Was denken die beiden? Schreibe es einmal aus der Perspektive der Frau auf und einmal aus der Perspektive des Mannes.

M 40 **Auf dem Weg des Lebens**

„Ich glaube, man könnte es als eine Geschichte bezeichnen“, antworte ich. „Eine Geschichte, die das Leben schreibt.“

Ich presse die Lippen aufeinander. Schweiß rinnt mir über die Stirn. Kuglis Augen werden groß. Er fährt mit der Hand darüber.

„War es denn eine gute Geschichte?“, fragt er. „Von was handelte sie? Von Freundschaft? Von Abenteuern?“

„Sie handelte von uns“, erwidere ich. „Es war eine Internatsgeschichte. Unsere Internatsgeschichte.“

„Gibt es im Leben viele Geschichten?“, fragt der dicke Felix.

„Sehr viele“, entgegne ich. „Es gibt Geschichten der Freude und der Trauer. Und es gibt andere Geschichten. Und jede Geschichte ist verschieden.“

„Und wo sind unsere Internatsgeschichten einzuordnen?“, fragt Kugli.

„Nirgendwo“, antworte ich. „So wie eigentlich keine Geschichte irgendwo einzuordnen ist. Sie liegen alle an unterschiedlichen Stellen.“

„Und wo bitte liegen sie?“, erwidert der dicke Felix.

„Ich glaube, auf dem Weg des Lebens“, antworte ich.

„Liegt unsere Mädchengeschichte von vor vier Monaten auch auf dem Weg des Lebens?“, fragt Kugli.

„Ja“, antworte ich. „Und wo befinden wir uns gerade?“, möchte er wissen.

„Auf dem Weg des Lebens“, gebe ich zur Antwort.

„Und wir bilden und finden – neue Geschichten.“

Der dicke Felix presst seinen Kopf wieder an die Fensterscheibe. Seine Augen suchen nach etwas.

[168–169]

4 Neue Geschichten auf dem Weg des Lebens – Versetze dich gedanklich 10 Jahre in die Zukunft: Was möchtest du erlebt haben? Was hat sich gegenüber heute verändert?

5 a) Schau dir das folgende Bild an und beschreibe, was du siehst.
b) Wie wirken die Augen auf dich?

6 Inwiefern ist der Blick, den andere auf uns werfen oder mit dem wir andere wahrnehmen, entscheidend für unsere wechselseitige Akzeptanz als Mensch?

Der Blick

M 41

Die Möglichkeit, den Anderen als Menschen und nicht als Gegenstand oder Ding wahrzunehmen und zu erkennen, liegt daran, dass ich vom Anderen ebenfalls als Mensch und nicht als Gegenstand gesehen werden kann. Mit Hilfe des Blicks können wir uns wechselseitig an die Position des jeweils Anderen setzen. Erst im Blick taucht der Andere als Anderer auf – und nicht als Ding oder Objekt, sondern als Subjekt. Im Phänomen des Blicks ist der Andere grundsätzlich das, was nicht Objekt sein kann. Das Sehen des Einen ist das Sehen des Anderen.

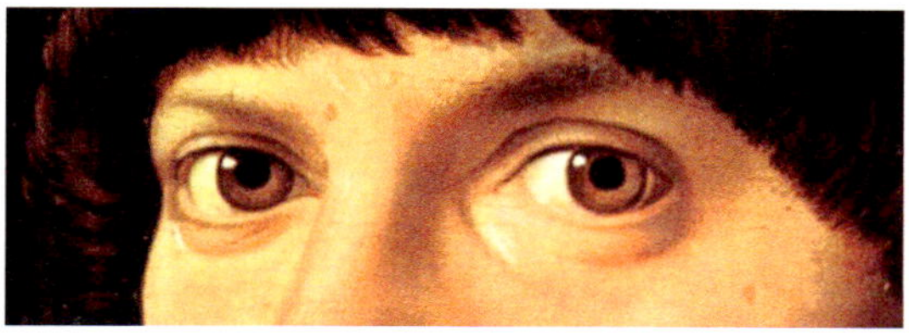

(nach) Jean Paul Sartre, 1943

7 Erkläre mit Hilfe des Bildes den Text M 41. Du kannst dir das Verhältnis des Einen zum Anderen auch anhand einer Zeichnung veranschaulichen.

8 Wann ist ein anderer Mensch Objekt, wann ist er Subjekt? Finde Beispiele dafür.

9 Auf dem Weg des Lebens begleiten dich die anderen Menschen. Lies die folgenden Überlegungen sorgfältig durch. Was verlangt der spanische Philosoph Fernando Savater (* 1947) von uns im Hinblick auf die anderen?

Sich in die Lage eines anderen versetzen

M 42

Sich in die Lage eines anderen zu versetzen, ist mehr als der Beginn symbolischer Kommunikation: Es geht darum, seine *Rechte* zu berücksichtigen. Und wenn sie unklar sind, muss man seine Beweggründe verstehen. Denn darauf hat jeder Mensch gegenüber den anderen ein Recht, auch wenn er der Allerschlechteste ist: Er hat das Recht darauf – das *Menschenrecht* –, dass jemand versucht, sich in seine Lage zu versetzen und zu verstehen, was er tut und fühlt; auch wenn es dazu dient, ihn im Namen von Gesetzen zu verurteilen, die jede Gesellschaft haben muss. Mit einem Wort, dich in die Lage des anderen zu versetzen heißt, ihn ernst zu nehmen, ihn als so wirklich zu betrachten wie dich selbst. [...]

Und wenn du dich in ihre Lage versetzt, musst du nicht nur fähig sein, die Gründe für ihr Handeln zu beachten, sondern auch auf irgendeine Weise an ihren Leidenschaften und Gefühlen, an ihren Schmerzen, Sehnsüchten und Freuden teilzunehmen. Es geht darum, Sympathie für den anderen zu empfinden, sich in gewisser Weise mit dem anderen eins fühlen zu können, ihn in seinem Denken und Wollen nicht gänzlich allein zu lassen. Anzuerkennen, dass wir aus dem gleichen Teig gemacht sind: zugleich Idee, Leidenschaft und Fleisch. [...]

Den anderen ernst zu nehmen, sich in seine Lage versetzen zu können, um zu akzeptieren, dass er so real ist wie du, bedeutet nicht, dass du ihm immer darin Recht geben sollst, was er fordert oder tut. Es bedeutet auch nicht, dass du, weil du ihn für so real wie dich und dir ähnlich hältst, dich so verhalten sollst, als wäret ihr *identisch*. [...] Sich in die Lage des anderen zu versetzen, heißt sich anstrengen, objektiv zu sein, um die Sachen so zu sehen, wie er sie sieht, aber nicht, ihn beiseite zu stoßen und seinen Platz einzunehmen. Das heißt, er soll weiterhin er sein, und du musst weiterhin du sein. Das erste der Menschenrechte ist das Recht, keine Kopie unserer Nachbarn zu sein, mehr oder weniger einzigartig zu sein. Und niemand hat das Recht, den anderen dazu zu verpflichten, dass er zu seinem Besten aufhört, „einzigartig" zu sein, außer dass seine „Einzigartigkeit" darin besteht, direkt und eindeutig dem Nächsten Schaden zuzufügen.

Fernando Savater, 1993

Zwischen Gut und Böse – die Frage nach dem richtigen Handeln

In dem Roman „Herr der Fliegen" beschreibt William Golding die Entwicklung einer Gruppe englischer Schuljungen, die nach einem Flugzeugabsturz ohne Hilfe Erwachsener auf einer einsamen Insel im Pazifischen Ozean überleben muss. Sie heißen Jack, Ralph, Johnny, Roger oder Eric, sind zwischen 9 und 14 Jahre alt; ein Teil von ihnen gehört zu einem Schulchor, andere spielen gern Schach oder Fußball, lesen Bücher, puzzeln oder bauen Modelle.
Einige der Kinder stammen aus reichen Familien, andere aus dem Mittelstand; die Kleinen haben bald Angst und Sehnsucht nach Geborgenheit, während die Großen allmählich den geschützten Raum der Kindheit verlassen.
Auf der Insel sind Wasser und Früchte vorhanden, sogar Wildschweine leben dort, es gibt genug Holz, eine Lagune und Höhlen, aber die Welt mit ihren Organisationsformen und Ordnungsprinzipien, an der sie als Schulkinder bis jetzt teilgenommen haben, existiert nicht mehr: Jetzt sind sie nur noch Jack, Ralph, Johnny, Roger oder Eric und müssen einen Weg finden, um diese neue Lebenssituation zu bewältigen.

Sir William Golding (1911–1993)
Bereits mit seinem ersten Roman „Lord of the Flies" (1954, 1956 dt.: „Herr der Fliegen") wurde der englische Autor Sir William Golding weltbekannt. Darin setzte er sich, geprägt durch seine Erfahrungen als Kommandant der englischen Marine im Zweiten Weltkrieg, kritisch mit dem Welt- und Menschenbild seiner Zeit auseinander. Heute zählt diese erzählerische Reflexion über das menschliche Verhalten und die soziale Ordnung zur Weltliteratur und zu einem der Schlüsselromane über das Entstehen und die Faszination von Gewalt. Nach Beendigung des Krieges lebte er einige Jahre in den Vereinigten Staaten in Virginia, wo er als Lehrer für klassische und englische Literatur arbeitete. 1960 zog er sich als freier Schriftsteller in seine Heimat nach Südwestengland zurück. 1983 erhielt Golding den Nobelpreis für Literatur.

Einsam auf einer Insel

Unmittelbar nach dem Flugzeugabsturz haben nur einige Jungen überlebt:
Sie wissen noch nicht, wie viele sie sind, wie sie heißen, welches Alter sie haben.
Sie wissen auch nicht, ob auch Erwachsene überlebt haben oder ob sie bald abgeholt werden.

„Das gehört alles uns“

M 1

Sie standen am Rand einer halbkreisförmigen Ausbuchtung des Berghanges. In dieser Höhlung hatte eine blaue Blume, wohl eine Felspflanze, einen Blütenteppich gespannt, dessen überhängende Enden verschwenderisch bis auf die grüne Decke des Waldes hinabflossen. Myriaden von Schmetterlingen flogen auf, flatterten, ließen sich wieder nieder.

Jenseits der Ausbuchtung lag der breite Gipfel des Berges, und bald hatten sie ihn erreicht.

Sie hatten geahnt, dass es eine Insel war. Als sie durch die roten Felsen kletterten, zur Linken wie zur Rechten das Meer, hoch über ihnen die kristallklare Luft, da hatte ihnen ihr Instinkt gesagt, dass sie ringsum von Wasser eingeschlossen waren. Aber sie hielten es für schicklicher, das letzte Wort erst auf dem Gipfel zu sprechen: Der Horizont in der ganzen Runde war die See.

Ralph drehte sich zu den andern um.

„Das gehört alles uns!“

Die Insel hatte etwa die Form eines Bootes: Das eine Ende, an dem sie standen, war gebuckelt und fiel in einem Wirrwarr von Felsen und Schlingpflanzen zur Küste ab. Auf beiden Seiten Felsen, Klippen, Baumwipfel und steile Abstürze; nach dem vorderen Teil des Bootes hin ein sanfter Hang, baumbewachsen, hier und da rot betupft; und dann die ebene Dschungelfläche, von dunklem Grün und in eine rote Spitze auslaufend. Da, wo die Insel allmählich ins Wasser überging, war eine andere Insel, ein Fels, fast frei stehend, wie eine Festung, die ihnen über das Grün hinweg ihre trotzige, rote Bastion zuwandte.

Die Jungen nahmen all dies in sich auf und blickten dann über das Meer. Sie standen hoch oben, und der Nachmittag war weit vorgeschritten; die Sicht war durch keine Spiegelung verzerrt.

„Ein Riff. Ein Korallenriff. Ich hab so was schon auf Bildern gesehen.“

Das Riff umschloss mehr als die Hälfte der Insel und zog sich in etwa einer Meile Entfernung parallel zu „ihrem“ Strand hin. Es war wie mit roten Linien auf das Meer gekritzelt, als habe sich ein Riese gebückt und versucht, die Form der Insel mit einem fließenden Kalkstrich nachzuahmen, bis er das Interesse daran verlor. Diesseits schimmerte das Wasser in allen Farben, mit Felsen und Seegewächsen, wie in einem Aquarium; jenseits war das dunkle Blau des Meeres. Die Flut war im Kommen, lange Schaumschwänze wuchsen vom Riff herüber, und für Sekunden glaubten sie zu spüren, wie das Boot langsam achteraus abtrieb.

[...]

Ihre Augen glänzten, ihr Triumph überwältigte sie, und sie fühlten sich als Herrscher. Sie genossen den hohen Augenblick: waren Freunde. [40–42]

1 Beschreibe, welche Gefühle, welche Ängste, Erwartungen und Hoffnungen die Jungen beim Erkunden der Insel empfinden.

2 Stelle dir vor, du seist einer dieser Jungen. Notiere fünf Handlungen, die zu deinen ersten Unternehmungen auf der Insel zählen würden.

3 Überprüfe, ob diese Handlungen tatsächlich für dein Überleben notwendig sind. Versuche sie anhand der folgenden Kriterien zu bewerten: absolut notwendig; sehr wichtig; wünschenswert.

4 Stellt euch nun vor, dass alle Mitglieder eurer Klasse Überlebende seien. Diskutiert im Plenum, was zuerst, wann und wie zu tun ist, damit ihr auf der Insel überleben könnt. Versucht euch auf eine gemeinsame Liste zu einigen.

5 Versucht anschließend zu benennen, warum und wie ihr euch einigen konntet oder warum die Einigung gescheitert ist.

M 2 „Wir brauchen einen Anführer“

„Sind überhaupt keine Erwachsenen hier?“

„Nein.“

Merridew setzte sich auf einen Stamm und blickte in die Runde.

„Dann müssen wir uns selbst um uns kümmern.“

Geborgen an Ralphs Seite, ließ Piggy sich schüchtern vernehmen: „Deshalb hat Ralph ja eine Versammlung einberufen. Damit wir was unternehmen können. [...]“

„Am besten, jeder sagt seinen Namen“, fiel Ralph ein, „also ich heiße Ralph.“

„Die meisten Namen haben wir schon“, sagte Piggy. „Ich habe grad eben rumgefragt.“

[...] „Ich will nicht Jack heißen, ich bin Merridew.“

Ralph wandte dem Sprecher rasch sein Gesicht zu. Dies war die Stimme eines, der wusste, was er wollte.

„Und dann der da“, fuhr Piggy fort, „ich hab vergessen, wie – “

„Du redest zuviel, Fatty“, sagte Jack, „halt lieber die Klappe.“

Es wurde gelacht.

„Haha! Fatty! Dicker!“

„Er heißt nicht Fatty“, sagte Ralph, „sein richtiger Name ist Piggy!“

„Piggy!“

„Schweinchen!“

„Hahaha! Piggy!“

Sogar die Kleinen beteiligten sich an dem allgemeinen Gelächter. Für eine kurze Zeitspanne verband die Jungen der Stromkreis des Einverständnisses, von dem Piggy ausgeschlossen war: Er wurde dunkelrot vor Scham, senkte den Kopf und wischte erneut an seiner Brille.

Schließlich verebbte das Lachen [...].

Dann sprach Jack.

„Wir müssen was zu unserer Rettung unternehmen.“

Ein Stimmengewirr war die Antwort.

Einer der Kleinsten, Henry, sagte, er wolle nach Hause.

„Halt die Klappe“, sagte Ralph mit unbeteiligter Stimme. Er hob das Muschelhorn hoch. „Ich glaub, wir brauchen einen Anführer, dann geht das besser.“

„Einen Anführer! Ja, einen Anführer!“

„Das mache ich am besten“, sagte Jack mit ganz selbstverständlicher Anmaßung, „ich bin Kapitelsänger und Klassensenior. Und ich kann das hohe C singen.“

Erneutes Stimmengewirr.

„Also gut“, sagte Jack, „ich –“

Er zögerte. Der Dunkelhaarige, Roger, gab endlich sei-

ne Zurückhaltung auf. „Am besten, wir stimmen ab.“
„Ja!“
„Wir wählen unsern Anführer!“
„Au ja! Los, wir stimmen ab!“
Eine Wahl, das war wie ein Spielzeug, fast so unterhaltend wie das Muschelhorn. Jack versuchte aufzubegehren, aber die Versammlung leitete jetzt nicht mehr der allgemeine Wunsch nach einem Anführer, man wollte Ralph einfach als Anführer ausrufen. [...]
„Der mit der Muschel!“
„Ralph! Ralph!“
„Der mit dem Trompetendings soll den Anführer machen!“
Ralph gebot mit der Hand Schweigen.
„Also gut. Wer stimmt für Jack?“
Missmutig hoben die vom Chor die Hand. „Wer stimmt für mich?“
Alle, außer den Jungen vom Chor und Piggy, reckten sofort die Hände in die Höhe. Dann hob auch Piggy widerwillig die Hand.
Ralph zählte ab.
„Dann bin ich also Anführer.“
Die Versammlung brach in Beifallsrufe aus, in die sogar die Jungen vom Chor einfielen; Schamröte der Erniedrigung verdeckte die Sommersprossen auf Jacks Gesicht. Er sprang auf, überlegte es sich dann anders und setzte sich wieder hin, während die Plattform noch von zustimmenden Rufen wiederhallte. Ralph blickte ihn an und wollte ihn versöhnen.
„Der Chor untersteht natürlich dir.“
„Wir könnten die Inselarmee machen –“
„Oder die Jäger –“
„Wir könnten –“
Die Röte wich aus Jacks Gesicht. Ralph gebot noch einmal mit der Hand Ruhe.
„Jack hat den Chor unter sich. Sie können – was wollt ihr sein, Jack?“
„Jäger!“
Ralph und Jack tauschten ein Lächeln scheuer Zuneigung. Die anderen begannen, aufeinander einzureden.
[30–33]

6 Beschreibe kurz, wie sich die Hauptfiguren in diesem Textausschnitt verhalten. Fertige danach eine Liste ihrer jeweiligen Charaktereigenschaften an und vergleiche deine Beschreibung und deine Liste mit der deines Nachbarn.

7 Beantworte zusammen mit deinem Nachbarn folgende Fragen und begründet eure Antwort.
a) Welche Jungen findet ihr am sympathischsten?
b) Wen hättest du in diesem Moment gewählt?
c) Welchen der Jungen würdet ihr in einer gefährlichen Situation vertrauen?

8 Besprecht gemeinsam, welche Art von Konflikten in dem Textausschnitt beschrieben werden und wie diese gelöst werden könnten.

9 Stellt Vermutungen darüber an, welche Konflikte im weiteren Verlauf des Romans zu erwarten sind und wie sich die Hauptfiguren entwickeln und verhalten könnten.

10 Erarbeitet eine Tabelle, in der ihr Gründe für eine positive oder eine negative Entwicklung der Jungen gegenüberstellt.

François Rude (1784–1855): Der Aufbruch der Freiwilligen von 1792, 1836

Der Mensch ist dem Menschen ein Wolf

Auf der Insel sind die Jungen ganz auf sich allein gestellt. Bisher hatten Erwachsene über ihr Leben bestimmt und für die Einhaltung von Regeln gesorgt. Nun stellt sich die Frage, ob die Abwesenheit von Erwachsenen einen positiven oder einen negativen Einfluss auf die Entwicklung der Gemeinschaft hat. Die Frage nach der Natur des Menschen und nach der gerechten Organisation von Gemeinschaften gehörten auch zu den zentralen Fragen, über die viele Philosophen der frühen Neuzeit nachdachten. Im Mittelalter waren Könige und Kaiser als Herrscher von Gottes Gnade angesehen worden. Die Philosophen der frühen Neuzeit lehnten dies ab. Sie fragten nach der Natur des Menschen und überlegten, wie Herrschaft beschaffen sein müsse, um dieser Natur Rechnung zu tragen. Neben dem Schriftsteller und Staatsmann Thomas Morus und den Philosophen John Locke und Charles de Montesquieu gehörten auch Thomas Hobbes und Jean-Jacques Rousseau zu den Vordenkern dieser Zeit.

M 3 Der Naturzustand

Alle Menschen sind im Naturzustand etwa gleich. Zwar existieren einige Unterschiede im Aussehen und in den Talenten, aber diese können mit Blick auf die Masse vernachlässigt werden. Daraus folgt, dass jeder für jeden gefährlich sein kann. Selbst die besonders Starken können im Schlaf überwältigt werden oder müssen damit rechnen, dass sich mehrere Schwache gegen sie verschwören. Ebenfalls sind alle gleichermaßen an dem Besitz von Gütern interessiert. Leider stehen die begehrten Güter nicht unbegrenzt zur Verfügung. Was der eine sich nimmt, ist dem anderen genommen. Jeder misstraut jedem und trachtet danach, seine Nachbarn zu unterwerfen oder zu töten, bevor diese es mit ihm tun können. Es herrscht ein latenter Krieg jeder gegen jeden.

Dieser Zustand endet erst dann, wenn ein Souverän ernannt wird, der mit aller Härte Gesetze erlässt und durchsetzt. Das Wesen der Menschen ändert sich auch dann nicht, aber man ist bereit, auf Angriff zu verzichten, solange man selbst und das persönliche Eigentum ebenfalls vom Souverän und seinen Soldaten gegen Gewalt geschützt wird. *(nach) Thomas Hobbes, 16??*

INFO

Thomas Hobbes

Der englische Mathematiker, Staatstheoretiker und Philosoph Thomas Hobbes (1588–1679) erlangte durch die in seinem Hauptwerk „Leviathan“ begründete Theorie des Gesellschaftsvertrages Berühmtheit. Dort beschäftigt er sich mit der Überwindung des von Furcht, Ruhmsucht und Unsicherheit geprägten gesellschaftlichen Naturzustandes durch die Gründung des Staats, also der Übertragung der Macht auf einen Souverän. Dies geschieht durch einen Gesellschaftsvertrag, in dem alle Menschen unwiderruflich ihr Selbstbestimmungs- und Selbstverteidigungsrecht auf den Souverän übertragen, der sie im Gegenzug voreinander schützt. Einen Textausschnitt aus Hobbes' Werk findet sich auf S. 118.

1 Welche Aussagen macht Thomas Hobbes über das Wesen des Menschen?

2 Welche Entwicklung würde Thomas Hobbes den gestrandeten Jungen auf der Insel voraussagen?

Über den Naturzustand der Menschen

M 4

Ziehen wir den Schluss, dass der wilde Mensch ohne Kunstfleiß, ohne Sprache, ohne Wohnsitz, ohne Krieg und ohne Verbindung, ohne jedes Bedürfnis nach seinen Mitmenschen wie auch ohne jedes Verlangen ihnen zu schaden, vielleicht sogar ohne jemals einen von ihnen individuell wiederzuerkennen, in den Wäldern umherschweifend, wenigen Leidenschaften unterworfen und sich selbst genug, nur die Gefühle und die Einsicht hatte, die für jenen Zustand geeignet waren; dass er nur seine wahren Bedürfnisse fühlte. [...] Der Erste, der ein Stück Land eingezäunt hatte und es sich einfallen ließ zu sagen: dies ist mein, und der Leute fand, die einfältig genug waren, ihm zu glauben, war der wahre Gründer der bürgerlichen Gesellschaft. Wie viele Verbrechen, Kriege, Morde, wie viel Not und Elend und wie viele Schrecken hätte derjenige dem Menschengeschlecht erspart, der die Pfähle herausgerissen oder den Graben zugeschüttet und seinen Mitmenschen zugerufen hätte: „Hütet euch, auf diesen Betrüger zu hören; ihr seid verloren, wenn ihr vergesst, dass die Früchte allen gehören und die Erde niemandem."
Solange die Menschen sich mit ihren ländlichen Hütten begnügten, solange sie sich darauf beschränkten, ihre Kleider aus Häuten mit Dornen oder Gräten zu nähen, sich mit Federn und Muscheln zu schmücken, sich den Körper mit verschiedenen Farben zu bemalen, ihre Bogen und ihre Pfeile zu vervollkommnen oder zu verschönern, mit scharfen Steinen einige Fischerboote oder einige krude Musikinstrumente zu schnitzen; mit einem Wort: Solange sie sich nur Arbeiten widmeten, die ein Einzelner bewältigen konnte, und Künsten, die nicht das Zusammenwirken mehrerer Hände erforderten, lebten sie so frei, gesund, gut und glücklich, wie sie es ihrer Natur nach sein konnten, und fuhren sie fort untereinander die Süße eines unabhängigen Verkehrs zu genießen. Aber von dem Augenblick an, da ein Mensch die Hilfe eines anderen nötig hatte, sobald man bemerkte, dass es für einen Einzelnen nützlich war, Vorräte für zwei zu haben, verschwand die Gleichheit, das Eigentum kam auf, die Arbeit wurde notwendig, und die weiten Wälder verwandelten sich in lachende Felder, die mit dem Schweiß der Menschen getränkt werden mussten und in denen man bald die Sklaverei und das Elend sprießen und mit den Ernten wachsen sah.

Jean-Jacques Rousseau, 1755

3 Formuliere in fünf Sätzen die zentrale Argumentation von Rousseau.

4 Was sollten, nach Rousseaus Argumentation, die Jungen auf der Insel tun und was auf keinem Fall?

5 Eines Tages treffen sich Jean-Jacques Rousseau und Thomas Hobbes in einem Café und diskutieren miteinander, wie die Kinder auf der Insel ihr Leben am besten gestalten müssten. Schreibe dieses Streitgespräch auf. Tausche später mit deinem Tischnachbarn das Heft. Lies den Beitrag deines Nachbarn und erkläre ihm dann, wie überzeugend sein Entwurf des Streitgespräches für dich war.

6 Angenommen, du könntest dich zu Hobbes und Rousseau dazusetzen. Welche Thesen und Fragen würdest du stellen?

INFO

Jean-Jacques Rousseau

Jean-Jacques Rousseau (1712–1778) war ein französisch-schweizerischer Schriftsteller, Philosoph, Pädagoge und Komponist. Er war einer der einflussreichsten europäischen Autoren des 18. Jahrhunderts und stand den menschlichen Errungenschaften sehr skeptisch gegenüber. Er forderte ein „Zurück zur Natur", welches vor allem ein Zurück zur ursprünglichen Natur des Menschen außerhalb gesellschaftlicher Prägung meinte. In seinem „Diskurs über die Ungleichheit" (1755) stellt er fest, dass die in Gesellschaft lebenden Menschen böse und eitel sind und Interessenskonflikte sie dazu verleiten, ihre wahren Absichten voreinander zu verbergen.

Aggression und Arten der Gewalt

Was beobachten diese Jugendlichen? Warum sind sie bemalt?
Was drücken ihre Blicke aus? Wie sind sie organisiert?
Wie ist ihr alltägliches Leben? Wie reagieren sie in Konfliktsituationen?

Die folgenden Textausschnitte aus dem Roman stellen unterschiedliche Konfliktsituationen unter den gestrandeten Jungen dar. Sowohl ihr jeweiliger Charakter als auch ihr soziales Verhalten und ihre Gruppendynamik werden dadurch auf die Probe gestellt. Bearbeitet in Gruppen die entsprechenden fünf Ausschnitte. Bei der Lektüre achtet besonders darauf, was die geschilderten Ereignisse für das Zusammenleben der gestrandeten Jungen bedeuten.

1 Gebt jedem der folgenden Textausschnitte A–E einen kurzen prägnanten Titel.

2 Fasst den jeweiligen Inhalt in drei oder vier pointierten Sätzen zusammen.

3 Untersucht und vergleicht die Texte anhand der folgenden Oberbegriffe. Erarbeitet eine Tabelle mit fünf Spalten für die Texte, so dass ihr die Unterschiede und Gemeinsamkeiten auf einen Blick feststellen könnt.
- a) Beziehung zwischen den Jugendlichen und der Natur
- b) Verhalten
- c) Entwicklung des Zusammenlebens
- d) Ängste
- e) Hoffnung
- f) Arten der Gewalt

4 Wählt die Szene aus, die eine besonders interessante Konflikt- und/oder Gewaltsituation darstellt. Begründet eure Auswahl.

5 Stimmen die Verhaltensentwicklungen der Figuren mit euren Prognosen überein (S. 71, Arbeitsanregung 6)?

M 5 Fünf Konfliktsituationen

A Henry war der Anführer an diesem Nachmittag, denn die beiden anderen waren Percival und Johnny, die Kleinsten auf der Insel. Haar, Haut – alles an Percival schien mausgrau, und nicht einmal seine Mutter hatte ihn besonders anziehend gefunden; Johnny war kräftig, blond und von Natur aus kriegerisch veranlagt. Im Augenblick war er folgsam, weil er bei der Sache war; und die drei Kinder knieten im Sand und spielten einträchtig. Roger und Maurice kamen aus dem Wald. Sie waren abgelöst worden am Feuer und heruntergekommen, um zu baden. Roger ging voran, mitten durch die Burgen, zertrampelte die Türme, begrub die Blumen und kickte die feinen Steine zur Seite. Maurice folgte lachend und setzte das Zerstörungswerk fort. Die drei Kleinen hielten inne in ihrem Spiel und schauten auf. Zufällig waren gerade die Stellen, an denen ihnen lag,

nicht berührt worden, sodass sie nicht aufbegehrten. Nur Percival begann zu wimmern und hatte das Auge voll Sand, und Maurice rannte davon. In seinem früheren Leben war Maurice gezüchtigt worden, weil er einem Schwächeren Sand ins Auge geworfen hatte. Jetzt konnte ihn die schwere Hand des Vaters nicht treffen, doch er spürte das Unbehagen des Missetäters. Tief in seinem Innern suchte er unsicher nach einer Entschuldigung. Er murmelte etwas von Schwimmen und setzte sich in Trab.

[84]

Erlebnis der Jagd

B *„Stecht das Schwein! Macht es tot! Blut fließt rot!“*
Doch als man die Worte gerade verstehen konnte, kam der Zug an den steilsten Teil des Berges. [...]
Jack mit seinem lehmverschmierten Gesicht erreichte als erster den Gipfel und begrüßte Ralph aufgeregt mit seinem Speer.
„Da! Wir haben ein Schwein erlegt – wir haben uns angeschlichen – einen Kreis gemacht –“
Stimmen der Jäger fielen ein.
„Wir haben einen Kreis gemacht –“
„Wir sind rangekrochen –“
„Das Schwein hat gequiekt –“
Die Zwillinge standen da, und von dem Schwein, das zwischen ihnen baumelte, tropfte es schwarz auf den Fels. Sie schienen sich in ein einziges, breites, ekstatisches Grinsen zu teilen. Jack hatte zu viele Dinge auf einmal zu erzählen. Stattdessen hüpfte er ein, zwei Schritte, besann sich dann auf seine Würde und verharrte grinsend. Er bemerkte Blut an seinen Händen und verzog das Gesicht voll Abscheu, suchte nach etwas, womit er sie reinigen konnte, wischte sie dann an seinen Shorts ab und lachte.
Dann sprach Ralph.
„Ihr habt das Feuer ausgehen lassen –“
Jack stutzte, die Erwähnung dieses nebensächlichen Umstands war ihm lästig, aber er war zu glücklich, um sich aufzuregen. „Wir können das Feuer ja wieder anstecken. Du hättest bei uns sein sollen, Ralph! Es war ganz groß. Die Zwillinge sind umgerempelt worden –“
„Wir haben das Schwein getroffen –“
„Ich bin obendrauf gefallen –“
„Ich hab dem Schwein den Hals durchgeschnitten“, sagte Jack stolz, und doch wand er sich bei diesen Worten. „Kann ich deins mal haben, Ralph, für 'ne Kerbe in den Griff zu schneiden?“
Die Jungen schwatzten und hüpften umher. Die Zwillinge grinsten immer noch.
„Das Blut ist nur so geflossen“, sagte Jack lachend und schaudernd zugleich, „das hättest du sehen müssen!“
„Wir gehen jetzt jeden Tag auf Jagd –“

[96–98]

enthemmte Gewaltbereitschaft

C Piggy fing wieder an.
„Du hättest das Feuer nicht ausgehen lassen dürfen. Du hast gesagt, du willst für Rauch sorgen –“
Dieser Vorwurf gerade von Piggy und das zustimmende Jammern mehrerer Jäger machten Jack rasend. Der irre, stechende Blick verschleierte wieder seine Augen. Endlich konnte er an jemandem seine Wut auslassen, zuschlagen. Er trat einen Schritt vor und stieß Piggy die Faust in den Magen. Piggy sackte ächzend zusammen. Jack stand über ihm. Seine Stimme war bösartig vor Demütigung.
„Du hättest dafür gesorgt, was, Fatty?!“
Ralph ging einen Schritt auf ihn zu, und Jack schlug Piggy auf den Kopf. Piggys Brille flog davon und klirrte über das Gestein. Piggy schrie entsetzt auf.
„Meine Brille!“
Er tastete kriechend über die Felsen, aber Simon, der zuerst da war, hob sie ihm auf. Hass war um Simon her auf dem Berggipfel mit grausigem Flügelschlag.
„Das eine Glas ist kaputt.“
Piggy griff nach der Brille und setzte sie auf. Er sah Jack böse an.
„Ich brauch' die Brille. Jetzt hab ich nur noch ein Auge. Wart du nur –“
Jack ging auf Piggy los, der davonkletterte, bis er hinter einem großen Felsen in Sicherheit war. Er streckte seinen Kopf über den Rand und blitzte Jack durch das eine Brillenglas an.
„Jetzt hab ich nur noch ein Auge. Wart du nur –!“

[100–101]

Angst vor dem Biest führt zur Bewaffnung

D „Wir haben das Tier mit eigenen Augen gesehen. Nein, wir haben nicht geschlafen –“

Sam führte die Erzählung weiter aus. [...]

„Es hat ein Fell gehabt. Hinter seinem Kopf hat sich was bewegt – so wie Flügel. Und das Tier hat sich auch bewegt –“

„Es war schrecklich! Und dann hat's sich so aufgesetzt –“

„Das Feuer war hell –“

„Wir hatten grad erst frisches Holz drauf –“

„– neue Äste draufgelegt –“

„Augen hat's gehabt –“

„Und Zähne –“

„Und Krallen –“

„Dann sind wir gelaufen und gelaufen –“

„Das Tier ist uns nach –“

„Ich hab gesehen, wie's durch die Bäume geschlichen kam –“

„Es war ganz dicht hinter mir –“

Ralph deutete erschreckt auf Erics Gesicht, das verkratzt war, wo ihn die Büsche geschlagen hatten.

„Was hast du denn da?“

Eric fasste sich ins Gesicht.

„Ganz rau. Blute ich?“

Die Runde rückte entsetzt von ihnen ab. Johnny brach noch unter Gähnen in lautes Weinen aus, und Bill knuffte ihn, bis er an den Tränen würgte. Der helle Morgen war voller Drohungen, und der Kreis der Jungen nahm andere Gestalt an. Er schien mehr nach außen gekehrt als nach innen, und die spitzen Holzspeere bildeten jetzt eine wehrhafte Mauer. Jack rief ihre Blicke zur Mitte zurück.

„Das gibt eine richtige Jagd! Wer macht mit?“

[140–141]

Ausübung von Gewalt wird zum Ritual, zur ekstatischen Raserei

E Die Jäger sahen ängstlich zum Himmel auf und schauderten vor den herabstürzenden Tropfen zurück. Eine Welle der Unruhe brachte die Jungen in schwankende, rastlose Bewegung. Der blitzende Schein wurde heller, und die Donnerschläge waren kaum noch zu ertragen. Die Kleinen begannen schreiend umherzurennen.

Jack sprang auf den Sand hinunter.

„Wir führen unsern Tanz auf! Los!“

Er lief stolpernd durch den tiefen Sand auf die freie Felsfläche hinter dem Feuer. Nach jedem Blitzstrahl war die Luft dunkel und schrecklich, und die Jungen folgten ihm lärmend. Roger machte das Schwein; er grunzte und ging auf Jack los, der zur Seite sprang. Die Jäger ergriffen ihre Speere, die Köche ihre Spieße und die anderen Holzprügel, die beim Feuer lagen. Sie tanzten im Kreis, und die Schreie vereinigten sich zum Chor. Während Roger die Wehlaute des Schweins von sich gab, rannten und hüpften die Kleinen außen um den Kreis herum. Der Himmel drohte mit seinem Zorn, und auf einmal waren Piggy und Ralph bestrebt, Glieder dieser wahnsinnigen, aber irgendwie Geborgenheit bietenden Gemeinschaft zu werden. Es tat gut, die braunen Rücken der Mauer zu berühren, die das Grauen abhielt und eindämmte.

„Stecht das Tier! Macht es tot! Blut fließt rot!“

Sie tanzten jetzt im Takt, und der Singsang erfasste sie immer mehr und fiel in festen Rhythmus. Roger verwandelte sich aus dem Schwein in einen Jäger, sodass die Mitte des Ringes frei war. Einige der Kleinen bildeten ihren eigenen Reigen; und die kleineren Kreise drehten sich und drehten sich, als schaffe die Vervielfachung allein schon Sicherheit. Es trampelte und stampfte wie von einem einzigen Wesen.

Eine blau-weiße Narbe zerriss den Himmel. Einen Augenblick darauf kam das Krachen über sie wie ein Schlag einer Riesenpeitsche. Der Sang nahm an Verzweiflung zu.

„Stecht das Tier! Macht es tot! Blut fließt rot!“

Jetzt entstieg dem Entsetzen ein anderes, gieriges, heißes, blindes Verlangen.

„Stecht das Tier! Macht es tot! Blut fließt rot!“

[...]

Aus dem Kreis wurde ein Hufeisen. Da kam vom Wald her etwas gekrochen. Es kam dunkel, unsicher näher. Sie schrien schrill vor dem Tier auf wie im Schmerz. Das Tier taumelte in das Hufeisen hinein.

„Stecht das Tier! Macht es tot! Blut fließt rot!“

Die blau-weiße Narbe war jetzt ständig am Himmel und das Krachen unerträglich. Simon schrie etwas von einem Toten auf einem Berg.

„Stecht das Tier! Macht es tot! Blut fließt rot! Macht es kalt!“

[212–213]

INFO

Gewalt?

Der Begriff der Gewalt ist unter Philosophen und Psychologen recht umstritten. Einig ist man sich darin, dass jede Form der Gewalt das Opfer daran hindert, seine natürlichen Anlagen unbeschwert zu verwirklichen. Zudem werden verschiedene Arten von Gewalt unterschieden, von denen hier drei genannt sind.

Physische Gewalt: Dem Körper des Opfers wird Schaden zugefügt.

Psychische Gewalt: Der seelischen Verfassung des Opfers wird Schaden zugefügt.

Latente Gewalt: Das Opfer muss jederzeit mit einem Ausbruch von Gewalt gegen sich rechnen.

6 Ein wiederkehrendes Motiv in den fünf Textausschnitten ist die Figur des Schweins. Suche die unterschiedlichen Momente, in denen das Schwein erscheint, und vergleiche sie miteinander.

7 Sammle die verschiedenen Bedeutungen, die mit dem Begriff „Schwein" verbunden sind, und überlege gemeinsam mit deinem Nachbarn, welche davon in den verschiedenen Abschnitten des Textes zum Tragen kommen.

Die letzte Romanpassage E beschreibt auf verschiedenen Ebenen und mit vielen lyrischen Elementen ein ganz besonderes Tanzritual. Der französische Philosoph und Literaturwissenschaftler René Girard (* 1923) erklärt im folgenden Text, was für ein solches Ritual charakteristisch ist und mit welcher Symbolik es besetzt ist.

Opferakt und Opfermechanismus

M 6

Im Opferakt (sacrifice) bekräftigt sich die Einheit einer Gemeinschaft, und diese Einheit tritt hervor gerade auf dem Höhepunkt der Spaltung, gerade dann, wenn die Gemeinschaft sich so darstellt, als sei sie nun durch den mimetischen [nachahmenden] Zwist völlig zerrissen und dem endlosen Teufelskreis der rächenden Repressalien [Vergeltung, Gegenmaßnahmen] heillos ausgeliefert. Auf die Opposition jedes gegen jeden folgt brüsk die Opposition aller gegen einen. Auf die chaotische Vielzahl der Einzelkonflikte folgt plötzlich die Einfachheit eines einzigen Antagonismus [unversöhnlicher Gegensatz]: Die ganze Gemeinschaft steht auf der einen Seite und auf der anderen das Opfer (victime). Es leuchtet ohne Weiteres ein, wieso dieses Opfer die Lösung bringt: Die ganze Gemeinschaft ist wieder solidarisch auf Kosten eines Opfers, das nicht nur unfähig ist, sich zu verteidigen, es ist auch viel zu machtlos, um Rache heraufzubeschwören; seine Vernichtung wird nicht neue Wirren hervorrufen und die Krise nicht wieder ausbrechen lassen, denn sie eint alle. Der Opferakt ist nur eine Gewalttat mehr, eine Gewalttat, die zu anderen Gewalttaten hinzukommt, aber sie ist die letzte Gewalttat, das letzte Wort der Gewalttätigkeit.
Angesichts der Feindseligkeit, die bei gewissen Opferakten das Opfer trifft, kommt einem der Gedanke, dass es allein für die ganze mimetische Krise verantwortlich gemacht wird. Bevor es getötet wird, kann es verhöhnt und misshandelt werden. Die eigentliche Frage ist die: Wie ist bei einer solchen Vielzahl verschiedener Riten eine solche Einmütigkeit gegen das Opfer möglich; was für eine Kraft verbündet die Kollektivität gegen dieses Opfer?

René Girard, 1983

8 Gib mit eigenen Worten wieder, wie Girard in M 6 das Opfer und den Opferakt oder das Opferritual charakterisiert.

9 Vergleiche die verschiedenen Opfersituationen, die in dem vorigen Romanabschnitt (M 5, E) beschrieben werden, mit dem Opferbegriff von Girard. Stelle Unterschiede und Gemeinsamkeiten einander gegenüber.

10 Welche Art von Gewalt wird in M 6 analysiert?

11 Wer könnte in der Gemeinschaft der Jungen eine derartige Opferfigur sein?

Herr der Fliegen

M 7 „Ich bin ein Teil von euch“

„Du bist ein alberner kleiner Junge“, sagte der Herr der Fliegen, „ein richtiger dummer alberner Junge!“

Simon bewegte seine geschwollene Zunge, schwieg aber.

„Glaubst du etwa nicht“, sagte der Herr der Fliegen, „dass du ein richtiger dummer Junge bist?“

Simon antwortete in derselben stummen Sprache.

„Ja“, sagte der Herr der Fliegen, „es ist besser, du rennst weg und spielst mit den andern. Die denken, du hättest einen Klaps. Du willst doch nicht, dass Ralph denkt, du hättest einen Klaps, oder? Ralph hast du doch gern, was? Und Piggy, und Jack?“

Simons Kopf richtete sich ein wenig auf. Seine Augen vermochten nicht, sich loszureißen, und der Herr der Fliegen hing vor ihm im Raume.

„Was treibst du denn hier ganz allein? Hast du keine Angst vor mir?“ Simon schauderte.

„Dir kann niemand helfen. Nur ich. Und ich bin das Tier.“ Simons Mund arbeitete, brachte verständliche Worte hervor.

„Schweinskopf auf einem Stock!“

„Und stell dir vor, da habt ihr gedacht, das Tier sei etwas, das man jagen und töten kann!“, sagte der Kopf. Ein, zwei Augenblicke lang hallten der Wald und die ganze nur trübe geschaute Umgebung wider von höhnischem Gelächter. „Du hast’s gewusst, wie? Dass ich ein Teil von euch bin, von ganz innen, innen, innen? Dass ich schuld daran bin, dass nichts klappt? Dass alles so gekommen ist, wie’s gekommen ist?“

Wieder bebte das Lachen durch den Wald.

„Komm jetzt“, sagte der Herr der Fliegen. „Geh zurück zu den andern und Schwamm drüber.“

Simons Kopf schwankte. Seine Augen waren halb geschlossen, als ahme er das anstößige Ding auf dem Stock nach. Er wusste, dass einer seiner Anfälle nahte.

Der Herr der Fliegen dehnte sich aus wie ein Ballon.

„Das ist doch lachhaft. Du weißt genau, dass du mir da unten wieder begegnest – also versuche gefälligst nicht, mir zu entwischen!“

Simon lag zusammengekrümmt und steif da. Der Herr der Fliegen nahm den Ton des Schulmeisters an.

„Jetzt reicht’s aber bald! Mein armes, irregeleitetes Kind, glaubst du, du bist klüger als ich?“

Pause.
„Ich warne dich! Ich werde langsam ungemütlich, klar? Du bist nicht erwünscht hier, verstanden? Wir wollen es uns hier fein machen auf der Insel, verstanden? Wir wollen es uns hier fein machen auf der Insel, verstanden? Versuch's also erst gar nicht, mein armer, irregeführter Junge, sonst –"
Simon war, als starrte er in ein riesiges Maul. Innen war alles dunkel, von einer Schwärze, die sich ausdehnte. [200–201]

1 Wer ist aus deiner Sicht der Herr der Fliegen?

2 Diskutiert im Plenum darüber, was der Herr der Fliegen gemeint haben könnte, als er behauptete, ein Teil der Jungen selbst zu sein, dass man ihn nicht töten könne und dass Simon ihm bei den anderen Jungen wieder begegne. Folgende Punkte sollen vorkommen:
a) Analyse der Figur des Herrn der Fliegen im Vergleich mit den Konfliktsituationen und mit der Gewalt (Denke an den Symbolcharakter des Schweins, S. 77),
b) Mögliche andere Wege, um diese Konflikte zu entschärfen oder zu vermeiden.

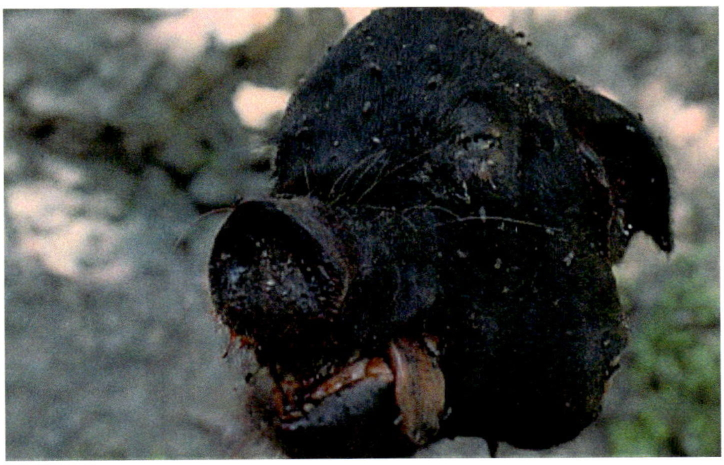

Mit dem Begriff „Herr der Fliegen" (Beelzebub) wird im Alten Testament der Teufel bezeichnet (2. Könige 1,2). Beelzebub ist eine Verballhornung des eigentlichen Namens Baal Zebul (hebräisch: erhabener Herr), eines Stadtgottes von Ekron im Land der Philister, um damit ihn und seine Anhänger zu verspotten. Als Mistgott, Herr der Wohnungen von Dämonen oder Herr der Fliegen (Krankheiten) ist er weiter überliefert und mit Satan gleichgesetzt worden (Mt 10,25; Mt 12,24). Ein sehr berühmtes Beispiel findet sich in Goethes „Faust I":

M 8

FAUST: Bei euch, ihr Herrn, kann man das Wesen
Gewöhnlich aus dem Namen lesen,
Wo es sich allzudeutlich weist,
Wenn man euch Fliegengott, Verderber, Lügner heißt.
Nun gut, wer bist du denn?

MEPHISTOPHELES: Ein Teil von jener Kraft,
Die stets das Böse will und stets das Gute schafft.

Verse 1331–1336

Träume deuten zu können, war immer eine der Sehnsüchte der Menschen. In der antiken Welt glaubte man, dass sie das Schicksal eines Menschen oder gar eines ganzen Volkes verbargen. So konnte der biblische Joseph sein Leben im antiken Ägypten retten, weil er die Träume des Pharaos zu entschlüsseln wusste und die Schwierigkeiten vorhersagte, die auf das Land zukamen. Bei den Griechen waren die Träume das Werk der Götter, die dadurch den Menschen etwas Schicksalhaftes mitteilen wollten. Dass in unserer Zeit die Träume als Ausdruck unseres verborgenen Ichs verstanden werden, geht auf die Arbeiten von Sigmund Freud (1856–1939) zurück. Dieser gilt nach seinem ersten Werk „Die Traumdeutung" (1920) als Vater der Psychoanalyse, welche die Rolle des Unbewussten und der Sexualität als Ursache psychischer Erkrankungen erforscht. In dieser Theorie gelten die Träume als Erscheinung des Unbewussten. Die folgenden Passagen stammen aus Freuds Werken „Das Unbehagen in der Kultur" (1930) und „Warum Krieg?" (1932).

M 9 Die angeborene Neigung des Menschen zum Bösen

Das gern verleugnete Stück Wirklichkeit hinter alledem ist, dass der Mensch nicht ein sanftes, liebebedürftiges Wesen ist, das sich höchstens, wenn angegriffen, auch zu verteidigen vermag, sondern dass er zu seinen Triebbegabungen auch einen mächtigen Anteil von Aggressionsneigung rechnen darf. Infolgedessen ist ihm der Nächste nicht nur möglicher Helfer und Sexualobjekt, sondern auch eine Versuchung, seine Aggression an ihm zu befriedigen, seine Arbeitskraft ohne Entschädigung auszunützen, ihn ohne seine Einwilligung sexuell zu gebrauchen, sich in den Besitz seiner Habe zu setzen, ihn zu demütigen, ihm Schmerzen zu bereiten, zu martern und zu töten. [...] Diese grausame Aggression wartet in der Regel eine Provokation ab oder stellt sich in den Dienst einer anderen Absicht, deren Ziel auch mit milderen Mitteln zu erreichen wäre. Unter ihr günstigen Umständen, wenn die seelischen Gegenkräfte, die sie sonst hemmen, weggefallen sind, äußert sie sich auch spontan, enthüllt den Menschen als wilde Bestie, der die Schonung der eigenen Art fremd ist. Wer die Gräuel der Völkerwanderung[1], der Einbrüche der Hunnen, der sogenannten Mongolen unter [ihren Anführern] Dshengis Khan und Timurlenk, der Eroberung Jerusalems durch die frommen Kreuzfahrer, ja selbst noch die Schrecken des letzten Weltkriegs in seine Erinnerung ruft, wird sich vor der Tatsächlichkeit dieser Auffassung demütig beugen müssen. Die Existenz dieser Aggressionsneigung, die wir bei uns selbst verspüren können, beim anderen mit Recht voraussetzen, ist das Moment, das unser Verhältnis zum Nächsten stört und die Kultur zu ihrem Aufwand [an Energie] nötigt.

Dieser Aggressionstrieb ist der Abkömmling und Hauptvertreter des Todestriebes, den wir neben dem Eros [hier Sexualtrieb] gefunden haben, der sich mit ihm die Weltherrschaft teilt. Und nun, meine ich, ist uns der Sinn der Kulturentwicklung nicht mehr dunkel. Sie muss uns den Kampf zwischen Eros und Tod, Lebenstrieb und Destruktionstrieb zeigen, wie er sich an der Menschenart vollzieht. Dieser Kampf ist der wesentliche Inhalt des Lebens überhaupt, und darum ist die Kulturentwicklung kurzweg zu bezeichnen als der Lebenskampf der Menschenart.

(Im Folgenden wendet sich Freud direkt an einen Briefpartner.)

Sie verwundern sich darüber, dass es so leicht ist, die Menschen für den Krieg zu begeistern, und vermuten, dass etwas in ihnen wirksam ist, ein Trieb zum Hassen und Vernichten, der solcher Verhetzung entgegenkommt. Wiederum kann ich Ihnen nur uneingeschränkt beistimmen. Wir glauben an die Existenz eines solchen Triebes.

Ich habe Bedenken, Ihr Interesse zu missbrauchen, das ja der Kriegsverhütung gilt, nicht unseren Theorien. Doch möchte ich noch einen Augenblick bei unserem

[1] Völkerwanderung = hier: die Wanderbewegungen der germanischen Völker zwischen dem 2. und 6. Jahrhundert.

Destruktionstrieb verweilen, dessen Beliebtheit keineswegs Schritt hält mit seiner Bedeutung. Mit etwas Aufwand von Spekulation sind wir nämlich zu der Auffassung gelangt, dass dieser Trieb innerhalb jedes lebenden Wesens arbeitet und dann das Bestreben hat, es zum Zerfall zu bringen, das Leben zum Zustand der unbelebten Materie zurückzuführen. Er verdiente in allem Ernst den Namen eines Todestriebes, während die erotischen Triebe die Bestrebungen zum Leben repräsentieren. Der Todestrieb wird zum Destruktionstrieb, indem er mit Hilfe besonderer Organe nach außen, gegen die Objekte, gewendet wird. Das Lebewesen bewahrt sozusagen sein eigenes Leben dadurch, dass es fremdes zerstört. *Sigmund Freud, 1930/1932*

3 Wie erklärt Sigmund Freud die Entstehung der Gewalt und der Aggression?

4 Mit welchen Kräften ist die Kultur konfrontiert? Welches ist der Sinn der Kulturentwicklung?

5 Versuche den Gang der Argumentation in wesentlichen Zügen nachzuzeichnen und fasse die Kernaussage des Textes in drei Sätzen zusammen.

6 Finde Beispiele, mit denen sich diese Argumentation erweitern oder unterstützen lässt, die im Roman enthalten sind.

Nach den gegenseitigen Vorwürfen und Streitereien und vor allem nach der Aggression gegen Piggy, bei der sein Brillenglas zerbrochen worden war, eskaliert die Lage auf der Insel. Zwei Gruppen sind ab diesem Punkt eindeutig miteinander verfeindet:
einerseits Jack und „seine" Jäger, die sich auf einer Anhöhe wie in einer Burg eingenistet und sich der Jagd als Aufgabe verschrieben haben, indem sie dem Herrn der Fliegen dienen; anderseits Ralph, Piggy und eine kleine Gruppe der Jüngsten – sie leben noch am Strand in kleinen Hütten, pflegen weiter das Feuer und hoffen auf Rettung. Die Gruppe um Ralph muss sich kleine nächtliche Angriffe der Jäger gefallen lassen, die allmählich an Intensität gewinnen, so dass das Leben auf der Insel für sie unerträglich wird.
Da Ralph seine Gruppe nicht richtig beschützen kann und alle Verhandlungen mit Jack scheitern, verlassen ihn die letzen Gefolgsleute außer Piggy und treten auf Jacks Seite über. Ein letzter Verhandlungsversuch für den Frieden wird unternommen ...

M 10 „So machen wir's mit euch"

„Hört mal her! Ihr benehmt euch wie kleine Kinder!"

Das Johlen schwoll an und erstarb wieder, als Piggy die weiße, magische Muschel emporhob.

„Was ist besser – wollt ihr 'n Haufen angemalter Nigger sein oder lieber Vernunft annehmen und Ralph folgen?"

Großes Gelärm der Wilden. Piggy schrie noch einmal.

„Was ist besser – wenn alles seine Ordnung hat oder wenn ihr jagt und Schweine schlachtet?"

Wieder der Lärm und wieder – ‚zupp'!

Ralph schrie gegen das Getöse an.

„Was ist besser – Ordnung und Rettung oder jagen, und alle gehn vor die Hunde?"

Jetzt gellte auch Jacks Stimme, und Ralph konnte sich nicht mehr verständlich machen. Jack war bis zum Stamm zurückgewichen, und sie bildeten einen einzigen drohenden, speerestarrenden Knäuel. Der Gedanke eines Angriffs kam ihnen zuerst als dunkle Vorstellung, dann sahen sie schon den Damm von ihren Speeren blankgefegt. Ralph stand ihnen gegenüber, ein wenig seitwärts gerichtet, den Speer bereit in der Hand. Neben ihm stand Piggy, der immer noch den Talisman hochhielt, die zerbrechliche, schimmernde Pracht der Muschel. Der Lärmsturm schlug ihnen entgegen, eine Beschwörung des Hasses.

Hoch über ihnen stemmte Roger mit einem Gefühl taumelnden Sichgehenlassens sein ganzes Körpergewicht gegen den Hebel.

Ralph hörte den schweren Felsen, lange ehe er ihn sah. Er spürte auf seinen Fußsohlen, wie die Erde erzitterte, und hörte, wie Gestein vom Gipfel der Klippen herabbrach. Dann sprang der riesige, rote Brocken über den Damm, und er warf sich unter dem Gekreisch des Stammes platt auf den Boden.

Der Felsen streifte Piggy vom Kinn bis zum Knie, das Muschelhorn zersprühte in tausend weiße Stücke und war nicht mehr. Ohne einen Laut, ohne auch nur einen Seufzer ausstoßen zu können, wirbelte Piggy vom Felsen seitwärts durch die Luft und überschlug sich dabei. Der Felsen prallte noch zweimal auf und tauchte im Wald unter. Piggy fiel vierzig Fuß tief hinunter und klatschte mit dem Rücken auf den breiten, roten Felsen im Meer. Sein Kopf sprang auf, und eine Masse kam heraus und färbte sich rot. Piggys Arme und Beine zuckten noch einmal, wie bei einem Schwein, wenn es getötet worden ist. Dann atmete die See wieder ihr tiefes, langsames Seufzen, die Wasser kochten weiß und rot über den Felsen, und als sie wieder zurückrollten, war der breite, rote Fels leer.

Dieses Mal war die Stille vollkommen. Ralphs Lippen bewegten sich, aber kein Laut drang hervor.

Plötzlich sprang Jack aus der Gruppe der Wilden heraus und begann wie toll zu kreischen.

„Da hast du's! Da hast du's! So machen wir's mit euch! Ich hab dir's gesagt! Jetzt hast du keinen Stamm mehr! Die Muschel ist weg –!"

Er rannte gebückt auf ihn zu. „Ich bin Anführer!"

[251–253]

7 Interpretiert diese Textpassage zunächst nach der Theorie von Sigmund Freud, die ihr schon kennengelernt habt (M 9).

8 Bildet mindestens fünf Arbeitsgruppen. Je eine Arbeitsgruppe übernimmt die Verantwortung für Ralph, Jack, Piggy und Roger. Die verbleibenden Arbeitsgruppen übernehmen die Zuständigkeit für einen weiteren Jungen, z. B. einen der kleinen. Beschreibt die Handlungen eurer Romanfigur und überlegt, welche Gefühle sie durchlebt. Stellt fest, was der Tod von Piggy für eure Romanfigur bedeutet.

9 Präsentiert eure Ergebnisse in der „Ich-Form“. Ihr beginnt also euren Beitrag vor dem Plenum mit den Worten „Ich, Ralph ...“, „Ich, Jack ...“ usw.

10 Stellt die Ereignisse, die zu Piggys Ermordung führen, Schritt für Schritt nach. Hierbei bilden die Zuschauer einen Kreis um die Darsteller der Szene. Die Zuschauer haben das Recht, das Schauspiel jederzeit anzuhalten und den Schauspielern alternative Handlungsanweisungen im Sinne Freuds oder in ihrem eigenen zu geben. Diskutiert, ob durch die vorgeschlagenen Handlungsalternativen Piggys Tod hätte verhindert werden können.

11 Wählt aus dem Schulalltag eine Konfliktsituation aus, die zu Gewaltausübung führen kann, und stellt diese ebenfalls Schritt für Schritt dar. Auch hier dürfen die Zuschauer das Spiel unterbrechen, um Handlungsalternativen vorzuschlagen. Diskutiert, ob diese Handlungsalternativen dazu geeignet sind, den Konflikt gewaltfrei zu lösen.

12 „Herr der Fliegen“ ist zweimal verfilmt worden. Beide Filme sind in vielen Landesbildstellen erhältlich. Piggys Ermordung wurde in beiden Produktionen unterschiedlich dargestellt. Betrachtet beide Szenen und sprecht darüber, welche Darstellung euch mehr überzeugt.

Aggressionstheorien

Lauert eine Art Bestie in uns allen, ein Todestrieb, der uns in Konfliktsituationen dazu bringt, Gewalt gegen unsere Kontrahenten anzuwenden und im Notfall durch ihre Zerstörung unser Leben zu bewahren? Ist unser Leben ein ewiger Kampf zwischen dem Todes- und dem Erostrieb? Sind wir am Ende zur Gewalt verdammt? Oder sind die Aggression und die Anwendung von Gewalt etwas Erlerntes, was nicht zum Wesen des Menschen gehört? Neben der *Todestriebstheorie* von Sigmund Freud existieren drei wichtige Erklärungsmuster: die aus der Verhaltensforschung stammende *Triebtheorie* und die aus der Psychologie entwickelten Ansätze *Lerntheorie* und *Frustrationstheorie*.

INFO

Konrad Lorenz

Konrad Lorenz (1903–1989) ist der Begründer der modernen Ethologie oder „Vergleichenden Verhaltensforschung", die es sich zur Aufgabe gemacht hat, das Verhalten der Tiere wissenschaftlich zu erforschen. Aus den Arbeiten zur Erklärung der Aggression und deren Funktion im Tierreich entwickelte er eine Theorie der biologischen Grundlagen der menschlichen Aggression.

M 11 Das sogenannte Böse

In der Vorgeschichte der Menschen waren keine besonders hoch entwickelten Hemmungsmechanismen zur Verhinderung plötzlichen Totschlages nötig, da ein solcher sowieso nicht möglich war. Der Angreifer konnte sein Opfer ja sowieso nur durch Kratzen, Beißen und Würgen ums Leben bringen, und dabei hatte dieses reichlich Gelegenheit, durch Demutsgebärden und Angstschreie an die Aggressionshemmung des Angreifers zu appellieren. Bei einem nur schwach bewaffneten Tier war begreiflicherweise kein Selektionsdruck am Werke, der jene starken und verlässlichen Hemmungen des Waffengebrauches hervorbringen konnte, die für das Überleben einer mit gefährlichen Waffen ausgestatteten Tierart unbedingt notwendig sind. Als dann die Erfindung künstlicher Waffen mit einem Schlage neue Tötungsmöglichkeiten eröffnete, wurde das vorher vorhandene Gleichgewicht zwischen den verhältnismäßig schwachen Aggressionshemmungen und der Fähigkeit zum Töten von Artgenossen gründlich gestört.

Der erste Mensch, der einen anderen tötete, hat sehr wahrscheinlich das Entsetzliche seiner Tat sofort erkannt. Es hat sich nicht erst langsam herumsprechen müssen, dass eine unerwünschte Schwächung des Kampfpotenzials der eigenen Horde entsteht, wenn man allzu viele Mitglieder totschlägt. Was immer aber die abdressierende Strafe gewesen sein mag, die den hemmungslosen Gebrauch der neuen Waffe verhinderte, auf alle Fälle entstand eine, wenn auch primitive Form von Verantwortlichkeit, die schon damals die Menschheit vor der Selbstvernichtung bewahrte. Die erste Leistung, die verantwortliche Moral in der Menschheitsgeschichte vollbrachte, bestand also darin, das verlorengegangene Gleichgewicht zwischen Bewaffnung und angeborener Tötungshemmung wieder herzustellen.

[...] Eher mag dies durch die bescheidene Erkenntnis erreicht werden, dass die Moral „nur" ein Kompensationsmechanismus [Ausgleichsmechanismus] ist, der unsere Ausstattung mit Instinkten an die Anforderungen des Kulturlebens anpasst. Diese Auffassung macht vieles sonst Unverständliche verständlich. Wir alle leiden unter der Notwendigkeit, unsere Triebe beherrschen zu müssen, der eine mehr, der andere weniger, je nach unserer sehr verschiedenen Ausstattung mit sozialen Instinkten oder Neigungen.

Konrad Lorenz, 1983

1 Beschreibe die Gefühle des ersten Menschen, *der einen anderen tötete*, und das *Entsetzliche* seiner Tat (Z. 21ff.).

2 Definiere mit deinen eigenen Worten die Begriffe *Hemmungsmechanismus* (Z. 2ff.), *verantwortliche Moral* (Z. 32) und *Kompensationsmechanismus* (Z. 38f.).

3 Beschreibe, wie die Moral die Rolle als *Kompensationsmechanismus* zwischen den Trieben und dem Kulturleben erfüllen kann.

Lernen am Modell

M 12

Lernen bedeutet die Veränderung personaler Dispositionen aufgrund von Erfahrungen. Mit Dispositionen können gemeint sein: Einstellungen, Fähigkeiten, Fertigkeiten, Kenntnisse, Gewohnheiten, Motive, Vorlieben, Gefühlsneigungen u. a. m. Das Spektrum dessen, *was* gelernt werden kann, ist also sehr breit, und auch das *Wie* des Lernens ist psychologisch nichts Einheitliches. Es ist üblich, verschiedene Typen von Lernvorgängen zu unterscheiden.

Wenn beispielsweise ein Vorgesetzter gegenüber seinen Untergebenen eine aggressive Tonart pflegt, so würde die lerntheoretische Auffassung vor allem folgende Gesichtspunkte hervorheben: Er tut dies zum einen, weil er ein solches Verhalten bei anderen Vorgesetzten als „normales“ Verhalten gegenüber Untergebenen kennengelernt hat. Er übernimmt dieses Verhalten um so leichter, da es ranghöhere Personen sind, die sich zur Nachahmung anbieten. Zum anderen wird sein Verhalten „belohnt“, da er sich so mit seinen Wünschen und Anweisungen durchsetzt. Außerdem hat er die „Einsicht“ gewonnen, dass „man nur so einen Betrieb führen kann“.

[...]

Wir sind täglich zahllosen Modellen ausgesetzt, doch können wir selbstverständlich nicht alle nachahmen. Dies zeigt sich nicht nur am Beispiel des Fernsehens. Aus diesem offenkundigen Tatbestand ergibt sich die Frage, wovon es abhängt, ob ein Modell tatsächlich nachgeahmt wird.

Was das *Modell* anbelangt, so macht es offenbar keinen prinzipiellen Unterschied, ob es real oder symbolisch dargeboten wird. Selbst vorgetragene Geschichten können aggressionssteigernd wirken [...], ebenso auch Zeichentrickfilme mit nichtmenschlichen Figuren [...].

Was den *Beobachter* betrifft, so hat man bislang zahlreiche Merkmale untersucht, aber kaum welche gefunden, die für Aggressions-Nachahmung besonders typisch sind. Grundsätzlich können sowohl Kinder als auch Erwachsene durch Modelle beeinflusst werden. Das heißt wohl nicht, dass solche Personmerkmale unbedeutend sind, doch ist ihre Wirkung offenbar auf zusätzliche Bedingungen angewiesen.

[...] Besonders wichtig sind die Konsequenzen der Aggression: Wenn das Modell erfolgreich ist, wird es besonders leicht nachgeahmt, kaum hingegen, wenn das Verhalten unangenehme Folgen hat [...]. Hierin steckt eine Verbindung mit dem zweiten wichtigen Lernprinzip, das noch zu besprechen ist: *dem Lernen am Erfolg/Misserfolg*. Ist das Modell erfolgreich, so werden auch beim Beobachter Erfolgserwartungen geweckt, das Verhalten daher leichter nachgeahmt; und zwar gegebenenfalls auch dann, wenn das Verhalten an sich abgelehnt wird.

[...] In allen Fällen aber bestimmt die Erfolgserwartung entscheidend mit, ob der betreffende Mensch dazu *neigt,* sich tatsächlich aggressiv zu verhalten. Durch die Bekräftigungen wird das Verhalten aufrechterhalten, stabilisiert und weiterentwickelt; die „Gewohnheitsstärke“, der Stellenwert im Verhaltensrepertoire erhöht sich. Kurz gesagt: *Modelle lehren uns neue Verhaltensweisen; Erfolge lehren uns, Verhaltensweisen einzusetzen!*

Hans-Peter Nolting, 1997

4 Beschreibe in einzelnen Schritten, wie der Psychologe Hans-Peter Nolting (* 1945) in seinem Text argumentiert, und definiere mit deinen eigenen Worten den Begriff *Lernen am Modell*.

5 Suche Beispiele, die diese Theorie nach Beobachtung und Analyse bekräftigen oder schwächen könnten.

6 Wie könnte man die Schuld von jemandem bewerten, der seit seiner frühesten Kindheit familiärer und gesellschaftlicher Gewalt ausgesetzt ist und einen Mitmenschen getötet hat?

INFO

Frustrations-Aggressions-Theorie

Nach der Frustrations-Aggressions-Theorie geht jeder Aggression eine Frustration voraus. Die Aggression ist somit kein notwendiger Bestandteil des menschlichen Wesens. Sie entsteht erst, wenn die wesentlichen Bedürfnisse des Menschen nicht befriedigt werden. Erst durch Versagungen und Enttäuschungen entsteht Frustration, die in Aggression umschlagen kann. Ein rundherum glücklicher Mensch wäre demnach frei von Aggression.

M 13 Kindersoldaten – Krieg der Kinder

Vor allem in Afrika werden sie zu Killermaschinen ausgebildet. In Liberia, Kongo, Zaire, Uganda oder Sudan stehen nach Angaben der UN mindestens 120 000 Kinder im Dienst von Generälen und Warlords, für die sie Wegwerfmenschen sind. Weltweit sollen in 36 Ländern rund 300 000 im Einsatz sein. Genaue Zahlen kennt niemand, denn viele der kleinen Soldaten wachsen während der langwierigen, bewaffneten Konflikte aus dem Kindesalter heraus. Und viele werden getötet, ohne dass jemand Notiz davon nimmt.

Wenn sich die Todfeinde auf der Mitte der Gabriel Tucker Bridge von Angesicht zu Angesicht begegnen würden, könnten sie in ihr eigenes Spiegelbild schauen. Hier das Lumpenmilitariat von Präsident Charles Taylor, das sich Regierungsarmee nennt, dort die verwahrlosten Horden der Rebellen, beide in der gleichen Kampfkluft, beide gleich grausam, beide gleich jung. Wenn sie in ihren Fantasieuniformen, wild um sich schießend, durch die Straßen rennen, mutet das an wie ein Karneval des Todes.

Manche dieser Kämpfer und Kämpferinnen haben gerade einmal das Schulalter erreicht. Sie führen einen Krieg der Kinder. Ihre Zerstörungswut hat Monrovia, die Hauptstadt von Liberia, in einen Vorhof der Hölle verwandelt. Daran hat auch die Unterzeichnung eines Friedensvertrages nichts ändern können. Anfang der Woche sollen Rebellen im Landesinnern wieder Massaker verübt haben, die Rede ist von 1000 Toten.

„Ich kommandiere 10 000 Mann", protzt Scarborough. Man nimmt ihm das genauso wenig ab wie die Angabe zu seinem Alter. 18 Jahre alt ist er nach eigenem Bekunden. Sein jungenhaftes Gesicht lässt eher an einen 15-Jährigen denken. Auch seinen richtigen Namen will er nicht verraten, Scarborough, das müsse genügen.

[...] Er trägt ein Stirnband, nagelneue Nike-Sneakers und ein weißes T-Shirt. An einer Kette um seinen Hals baumelt eine Damenarmbanduhr, die Goldbeschichtung ist stellenweise abgeblättert. Er schiebt eine abgegriffene Kassette in seinen Ghettoblaster, HipHop aus Amerika. Scarborough braucht das zur allmorgendlichen Dröhnung, ehe es wieder so weit ist und er in die nächste Schlacht zieht.

[...] „Wir haben es denen so richtig gegeben. Immer und immer wieder. Jetzt sind die Rebellen abgezogen", prahlt der General und zeigt wieder hinüber auf die kugeldurchsiebten Reklametafeln und die zerschossenen Straßenlaternen auf der anderen Brückenseite. Allmählich stimmen auch die anderen ein in den Lobgesang auf die eigenen Heldentaten. Sie seien verdammt gute, mutige Kämpfer, er und seine Boys. Manchmal nennt Scarborough sie auch Männer. Einige der Männer sind erst sechs Jahre alt.

Eine Rotte ist soeben vom ersten Beutezug zurückgekehrt. Die Bewohner der Wellblechhütten ringsum kennen das schon. Wenn die Kerle in der Morgendämmerung auftauchen, geben sie ihnen das letzte Hemd. Sonst sind sie tot. Erschossen mit den Kalaschnikows, die mit leuchtenden Neonfarben besprüht sind. Die Marodeure sind unberechenbar, bei der kleinsten Irritation drehen sie durch und ballern auf alles und jeden. Oft gehen sie auch aufeinander los, mit Rasierklingen oder abgeschlagenen Flaschenhälsen.

[...] „Ich heiße Damase, ich bin hier der Kommandant", meint ein Kerlchen an einer der Sperren und salutiert. Körpergröße: 1,50 Meter. Alter: vielleicht zwölf Jahre. Er befehligt zwanzig Kindersoldaten. Warum seid ihr hier? Blöde Frage. „Wegen des Krieges natürlich. Unsere Eltern leben nicht mehr. Jetzt verteidigen wir unsere Heimat. Wir sind bereit, dafür zu sterben." Seine Kumpane beginnen, kongolesische Freiheitslieder zu grölen.

Die „Karrieren" dieser Kindersoldaten verlaufen alle ähnlich. Sie kommen zur kämpfenden Truppe, aus freien Stücken oder unter Zwang. Je nach Alter werden sie zunächst für niedere Dienste eingespannt. Die Jungen müssen als Meldegänger, Späher, Spione oder Lastenträger arbeiten, die Mädchen sammeln Brennholz, kochen, waschen, werden nicht selten als Sexsklavinnen missbraucht.

Sobald sie ein Gewehr tragen können, werden sie von ihren Anführern ins Feuer geschickt. Ihre Waffe ist die Kalaschnikow, das Modell mit Aluminiumgehäuse wiegt nicht viel mehr als drei Kilogramm. Das M-16-Gewehr aus amerikanischer Produktion ist ebenfalls leichtgewichtig und hat einen stark gedämpften Rückstoßeffekt. Siebenjährige können diese Waffen tragen, zerlegen und benutzen, als wären sie Spielzeuge.

[...] „Ich bin Kindersoldat geworden, weil ich gesehen habe, wie der Feind unser Land wegnehmen wollte", erzählt der 12-jährige Kabal Kabataro. „Es ist ein Job." Seine Eltern wurden bei einem Massaker getötet. Hier im Camp von Aru hat er Freunde gefunden, die Truppe ist seine Ersatzfamilie. Stolz tritt Kabal vor seinen Kommandeur hin und präsentiert das Gewehr. Bald wird er sich im Kampf beweisen dürfen.

[...]

Eine lange Odyssee liegt hinter Eric Nyeri. Jetzt hat er sein Ziel erreicht: das Trainingslager in Aru. Er ist gerade acht Jahre alt geworden. Auch für ihn ist die Kindertruppe eine Ersatzfamilie. Auch er redet von einem sicheren Job. „Ich habe ihn angenommen, weil ich unser Land verteidigen will."

Was wirklich in Eric Nyeri vorgeht, was er wirklich denkt, das verrät er nicht. Wahrscheinlich würde es sich, wenn er ehrlich wäre, ungefähr so anhören: Eric, du bist jetzt wieder wer! Du hast ein Gewehr, und das Gewehr verleiht dir Macht. Du musst nicht mehr zittern und hungern, denn du kannst dir nehmen, was du willst, du kannst tun, wozu du Lust hast. Den Kassettenrekorder eines fremden Jungen klauen, die Wolldecke der Frau an der Straßenecke, die Biskuits aus dem Vorratsraum einer Hilfsorganisation. Gar nicht zu reden von all den schönen Dingen, die du im Fernsehen gesehen hast, auf diesen Musikkanälen, die ins letzte Urwalddorf senden: Turnschuhe von adidas und Nike-Kappen, Sweatshirts, Sonnenbrillen von Ray Ban – lauter Sachen, die du sonst nie bekommen würdest. Jetzt kriegst du sie, du musst nicht bezahlen. Wenn sich jemand wehrt, knallst du ihn einfach ab.

„Der Krieg erschien mir wie ein großes Spiel. Ich war froh, mit anderen Kindern marschieren zu dürfen", erinnert sich die heute 26-jährige China Keitetsi. Sie war Kindersoldatin in Uganda, bei den Rebellen von Yoweri Museveni, der heute Präsident des Landes ist. Sie hat ein Buch geschrieben über das große, faszinierende Mordspiel, das den Kindersoldaten ein Gefühl der absoluten Freiheit beschert. Im mordenden Kollektiv können sie ihre „Gelüste der Selbstentgrenzung" ausleben.

Bartholomäus Grill und Birgit Virnich, 2003

7 Benutze den Text als Hintergrundinformation für die folgende Projektarbeit. Gruppenpuzzle (vgl. S. 253): Erarbeitet in Gruppen je eine Aggressionstheorie (Freud, Lorenz, Nolting, Frustrationstheorie). Jede Expertengruppe benutzt den Text als Basismaterial zur Verdeutlichung ihrer Theorie und um gegebenenfalls weitere Informationen und Beispiele zusammenzutragen. Danach analysiert und bewertet die Gruppe das gesamte Material. Am Ende soll jedes Gruppenmitglied imstande sein, diese Theorie strukturiert in einer anderen Gruppenkonstellation vorzustellen. Denkt daran, dass Beispiele eine Theorie sehr anschaulich machen.

8 Stellt anschließend neue Gruppen zusammen, so dass an jedem Gruppentisch mindestens ein Experte für jede Theorie vorhanden ist. Die Experten haben die Aufgabe, alle anderen über die jeweils erarbeitete Theorie zu informieren.

9 Haltet Unterschiede und Gemeinsamkeiten der Theorien schriftlich fest.

10 Veranstaltet danach im Plenum eine Fish-Bowl-Diskussion, in der Vertreter der drei Aggressionstheorien gemeinsam die Entwicklung der gestrandeten Jungen diskutieren.

11 Während der Fish-Bowl-Diskussion soll eine Beobachtungsgruppe darauf achten, inwieweit jede dieser Theorien den Fall erklären kann und wo ihre jeweiligen Grenzen liegen. Nach Beendung der Fish-Bowl-Diskussion teilen die Beobachter ihre Analyse dem Plenum mit.

In seinem Buch „Das sogenannte Böse“ behauptet Konrad Lorenz (s. S. 84) im Zuge seiner Theorie über die biologischen Grundlagen der menschlichen Aggression, dass die Moral nur als eine Art Kompensationsmechanismus erscheint, der die Instinkte und Triebe an die „Anforderungen des Kulturlebens anpasst“ (vgl. auch S. 84). Aber wie sollen die praktischen Verhaltensvorschriften aussehen, die die menschlichen Aggressionen und Zerstörungsakte eindämmen? Was für Maßnahmen schlägt Konrad Lorenz vor, damit dieser Kompensations-mechanismus in der Gesellschaft tatsächlich funktionieren kann?

M 14 Über die Wirkung des Sports

Eine im menschlichen Kulturleben entwickelte, ritualisierte Sonderform des Kampfes ist der Sport. Wie phylogenetisch [stammes-, menschheitsgeschichtlich] entstandene Kommentkämpfe verhindert er sozietätsschädigende Wirkungen der Aggression und erhält gleichzeitig ihre arterhaltenden Leistungen unverändert aufrecht. Außerdem aber vollbringt diese kulturell ritualisierte Form des Kämpfens auch die unvergleichlich wichtige Aufgabe, den Menschen zur bewussten und verantwortlichen Beherrschung seiner instinktmäßigen Kampfreaktion zu erziehen. Die „Fairness“ oder Ritterlichkeit des Sports, die auch unter stark aggressionsauslösenden Reizwirkungen aufrecht erhalten wird, ist eine wichtige kulturelle Errungenschaft der Menschheit. Außerdem wirkt der Sport segensreich, indem er wahrhaft begeisterten Wettstreit zwischen überindividuellen Gemeinschaften ermöglicht. Er öffnet nicht nur ein ausgezeichnetes Ventil für gestaute Aggression in der Form ihrer gröberen, mehr individuellen und egoistischen Verhaltensweisen, sondern gestattet ein volles Ausleben auch ihrer höher differenzierten kollektiven Sonderform. Kampf um die Rangordnung innerhalb der Gruppe, gemeinsamer harter Einsatz für ein begeisterndes Ziel, mutiges Bestehen großer Gefahren und gegenseitige Hilfe unter Missachtung des eigenen Lebens usw. usf. sind Verhaltensweisen, die in der Vorgeschichte der Menschheit hohen Selektionswert [Wert für die Auswahl im Kampf ums Dasein] besaßen. [...] Bis in die jüngste Zeit waren sie sämtlich in gefährlicher Weise geeignet, vielen mannhaften und naiven Menschen den Krieg als etwas keineswegs ganz Verabscheuenswürdiges erscheinen zu lassen. Deshalb ist es ein großes Glück, dass sie sämtlich in den härteren Formen des Sports, wie Bergsteigen, Tauchen oder Expeditionen und dergleichen, ihre volle Befriedigung finden. Die Suche nach weiteren, möglichst internationalen und möglichst gefährlichen Wettbewerben ist nach Ansicht Erich von Holsts das wichtigste Motiv für die Raumflüge, die eben deshalb so sehr im Zentrum des öffentlichen Interesses stehen. Mögen sie das auch weiterhin tun!

Wettkämpfe zwischen Nationen stiften indes nicht nur dadurch Segen, dass sie ein Abreagieren nationaler Begeisterung ermöglichen, sie rufen noch zwei weitere Wirkungen hervor, die der Kriegsgefahr entgegenwirken: Sie schaffen erstens persönliche Bekanntschaft zwischen Menschen verschiedener Nationen und Parteien, und zweitens rufen sie die einigende Wirkung der Begeisterung dadurch hervor, dass sie Menschen, die sonst wenig gemeinsam hätten, für dieselben Ideale begeistern. Dies sind zwei machtvoll der Aggression entgegentretende Kräfte, und es muss kurz besprochen werden, in welcher Weise sie ihre segensreiche Wirkung entfalten und durch welche weiteren Mittel sie auf den Plan gerufen werden können.

Konrad Lorenz, 1983

12 Beschreibe mit deinen eigenen Worten die Beziehung zwischen dem Komplex Aggression/Gewalt und dem Sport als Kompensationsmechanismus.

13 Erarbeite mit deinem Partner oder deiner Partnerin einen Maßnahmenkatalog, mit dem Aggression und Gewalt einerseits auf der Insel (verwende die Texte von M 5 als Beispiele) und anderseits in der Schule reduziert werden könnten.

14 Stellt Gemeinsamkeiten und Unterschiede fest.

15 Diskutiert, welche Möglichkeiten existieren, die Entstehung von Aggression und Gewalt in der Gesellschaft zu verhindern.

16 In der Geschichte hat es immer wieder Utopien von einem friedlichen Zusammenleben gegeben. Verfasst einen Essay, in dem ihr die Frage untersucht, ob eine gewaltfreie oder gar aggressionsfreie Gesellschaft vorstellbar ist.

Moral, Verantwortung und gutes Handeln

In Roman „Herr der Fliegen“ spielt Piggys Brille eine wichtige Rolle. Durch ihre Brennglaswirkung sind die Jungen in der Lage, Feuer zu entfachen. Das Feuer ist unentbehrlich, um Fleisch zu grillen und durch Rauchzeichen Hilfe herbeizurufen. Nachdem sich die Jungen in zwei Gruppen geteilt haben, ist die Brille von beiden Seiten heiß begehrt. Der weitaus größere Teil der Jungen ist zu Jack, dem Anführer der Jäger, gezogen. Nur Piggy und zwei weitere Jungen blieben bei Ralph. In der Nacht kommt es zu einem brutalen Überfall, bei dem Piggys Brille entwendet wird.

Piggys Brille

M 15

Ralph kam Piggy mit seinem Gesicht ganz nahe. „Kannst du mich sehen?“
„Etwas.“
Ralph ließ seine geschwollene Backe wieder über das Auge zurückklappen.
„Sie haben unser Feuer mitgenommen.“ Wut machte seine Stimme schrill.
„Sie haben's gestohlen!“
„Die Bande!“, rief Piggy. „Und ich kann nichts mehr sehen! Na ja, Jack Merridew, wer sonst! Du rufst jetzt zur Versammlung, Ralph, wir müssen was unternehmen.“
„Eine Versammlung für uns vier allein?“
[...]
Dann schritten sie zur Plattform.
„Blas das Muschelhorn“, sagte Piggy, „blas so laut du kannst.“
Der Wald hallte wieder, und Vögel flogen kreischend aus den Baumwipfeln auf. Der Strand zu beiden Seiten blieb leer. [...]
„Ich hab die Muschel!“ [sagte Piggy]. „Ich geh jetzt zu Jack Merridew, dem werde ich was erzählen, das wäre ja noch schöner!“
„Die werden dich schön zurichten –“
„Was kann er mir denn noch antun? Dem werde ich mal Bescheid sagen! Du lässt mich die Muschel tragen, Ralph. Ich werde ihm mal zeigen, dass er die noch nicht hat!“
Piggy hielt einen Augenblick inne und starrte auf die verschwommenen Gestalten um ihn her. Der alte ins Gras getrampelte Versammlungsplatz lauschte seiner Rede.
„Ich geh zu ihm mit der Muschel in der Hand. Ich halt sie hoch. Und dann sag ich, guck, du bist stärker als ich, und du hast kein Asthma. Und dann sag ich, guck, guck nur ruhig. Aber ich bettle nicht um meine Brille, du sollst mir keinen Gefallen tun. Ich sage nicht, sei 'n Kerl und gib sie mir wieder, nicht weil du stark bist, sondern weil das nicht Recht ist. Gib mir die Brille wieder, sag ich zu ihm, du musst!“

[236–239]

INFO

Moral

Der Begriff *Moral* leitet sich von dem lateinischen Wort *mors* (Sitte) ab. Überall dort, wo Menschen zusammenleben, existiert eine Moral, ein System von Sitten und Gebräuchen. Die *Ethik* ist jene Wissenschaft, die solche Sitten und Gebräuche analysiert und nach allgemeingültigen Maßstäben für gute Handlungen und gerechte Wertvorstellungen sucht.

1. Sammle Argumente dafür, dass Jack Piggys Brille zurückgeben muss.
2. Überlege, mit welchen Argumenten Jack seinen Diebstahl rechtfertigen könnte.
3. Bildet kleine Arbeitsgruppen und vergleicht die unterschiedlichen Argumente. Inszeniert danach das Aufeinandertreffen von Jack und Piggy.

Der Begriff *Encyclopaedia Galactica* (Galaktische Enzyklopädie) stammt aus dem Romanzyklus „Foundation“ von Isaac Asimov (1920–1992). Er erzählt darin die Zukunft der Menschheit auf dem Weg ihrer Entdeckung des Universums. Die Enzyklopädisten haben den Auftrag, die Ereignisse des Universums zu sammeln, um die Zukunft steuern zu können. In diesen beiden enzyklopädischen Texten werden zwei gegensätzliche Lebensbedingungen der Menschheit beschrieben.

M 16

Encyclopaedia Galactica. Bericht über die Menschheit Δ 2.345.7:

Die Menschheit im 23. Jahrhundert führt durch die Verwendung der künstlichen Intelligenz in allen Bereichen des Lebens ein Dasein, das durch Wohlstand und Fortschritt charakterisiert ist. Die Entdeckung und Eroberung des Weltraumes läuft dank der höchstentwickelten Technologien auf Hochtouren. Zur Disposition hat die Menschheit dadurch unendliche Energiequellen und Rohstoffe, die ihre Existenz sichern. Die alten gesellschaftlichen und wirtschaftlichen Krisen scheinen überwunden zu sein. Alle Art von Arbeit wird durch die Roboter erledigt, die sogar dank ihrer *positronischen* Gehirne imstande sind, als Arzt, Bergmann in den planetarischen Zechen oder Richter zu arbeiten. Auf der Erde und in den neuen interplanetarischen Kolonien beschäftigen sich die Menschen mit der reinen Politik, der Kunst, der Wissenschaft oder der Pflege der Beziehung zu anderen Lebewesen. Der Planet Erde, der im Lauf des 21. Jahrhunderts nah am ökologischen Kollaps stand, fängt an sich zu regenerieren. Durch wissenschaftliches Züchten und Klonen bevölkern Himmel und Erde wieder die aufgrund der früheren Industrialisierung verschwundenen Spezies; 80% der Erdoberfläche haben den Status einer Biosphäre. In einer Art universalen Demokratie und gesellschaftlichem Konsens' hat das Menschenkind ein kosmisches Zuhause gefunden ...

Encyclopaedia Galactica. Bericht über die Menschheit Δ 2.345.7:

Die Menschheit im 23. Jahrhundert führt durch die Verwendung der künstlichen Intelligenz in allen Bereichen des Lebens ein Dasein, das sich durch das Gefühl der Wertlosigkeit gegenüber den Robotern charakterisiert. Die Entdeckung und Eroberung des Weltraumes läuft dank der höchstentwickelten Technologien auf Hochtouren. Trotz der zur Disposition stehenden unendlichen Energiequellen und Rohstoffe aus den planetarischen Kolonien sind die sozialen Unterschiede größer denn je. Der rücksichtslose Wettbewerb unter den privaten Firmen und Gesellschaften zur Eroberung von neuen interplanetarischen Gebieten und zur Plünderung neuer Rohstoffe dient auf keinen Fall dem allgemeinem Interesse und verhindert jede gerechte Verteilung des Reichtums. Die Umwelt auf der Erde ist weitgehend zerstört. Alle Art von Arbeit wird durch die Roboter erledigt, die sogar dank ihrer *positronischen* Gehirne imstande sind, als Arzt, Bergmann in den planetarischen Zechen oder Richter zu arbeiten. Die Menschen fühlen sich nutz- und kraftlos in einer gesellschaftlichen Ordnung, in der die Arbeit durch die künstliche Intelligenz übernommen wird und die ökonomischen und politischen Entscheidungen durch die Vorstände der großen Firmen. Das alltägliche Leben ist durch Korruption, Misstrauen und trotz starker Präsenz der robotischen Polizei durch gewaltige Krisen gekennzeichnet.

nach Isaac Asimov

4 Stelle die Gemeinsamkeiten und Unterschiede beider Beschreibungen fest.

5 Welche Gebote oder moralischen Vorschriften der beschriebenen Gesellschaft lassen sich aus dem ersten Bericht ableiten? Und welche aus dem zweiten?

6 Vergleiche die Gebote und begründe die möglichen Unterschiede.

7 Was sollen diese Gebote regeln?

8 Das Judentum und das Christentum überliefern in der biblischen Tradition eine Anzahl von Geboten, die als von Gott gegebene moralische Vorschriften gelten. Lies die Gebote auf S. 225 in ihrer ausführlichen Fassung oder ziehe den biblischen Text heran (2. Buch Mose, 20).

9 Sprich mit deinem Nachbarn oder deiner Nachbarin über die Forderungen der biblischen Gebote.

10 Stellt gemeinsam fest, welche Bereiche des Lebens sie regeln, und versucht euch vorzustellen, in welcher Art Gesellschaft sie entstanden sind.

11 Vergleicht die Gebote für den ersten und zweiten Bericht und die aus der mosaischen Tradition und überlegt, ob einige davon als allgemeine Handlungsregeln zu betrachten sind, die unter allen Umständen (d. h. auch für alle möglichen Gesellschaften) einzuhalten sind.

Gesetze für Roboter

M 17

In dem Erzählband „I, Robot" beschäftigt sich Asimov erstmals mit einem neuen Wesen, das auch Vorschriften für sein Handeln benötigt, dem Roboter. Um eine friedliche Koexistenz zwischen Menschen und Robotern zu garantieren, müssen die Roboter nach Ansicht ihrer Erfinder unter allen Umständen bestimmten Regeln folgen. Nach der Erzählung „Runabout" lauten diese Gebote:

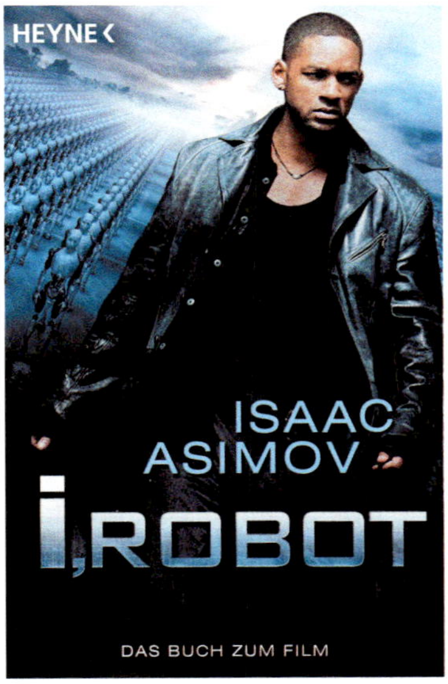

DAS ERSTE GESETZ: Ein Roboter darf kein menschliches Wesen verletzen oder durch Untätigkeit zulassen, dass einem menschlichen Wesen Schaden zugefügt wird.

DAS ZWEITE GESETZ: Ein Roboter muss den ihm von einem Menschen gegebenen Befehlen gehorchen – es sei denn, ein solcher Befehl würde das Erste Gesetz der Robotik verletzen.

DAS DRITTE GESETZ: Ein Roboter muss seine Existenz schützen, es sei denn, dies würde das Erste oder das Zweite Gesetzt verletzen.

12 Gib mit eigenen Worten den Kern dieser drei Handlungsregeln für die Roboter wieder.

13 Warum müssen diese Gebote unter allen Umständen gelten?

14 Welche Gebote könnten umgekehrt die Beziehung der Menschen zu den Robotern regeln? Und welche sollte Gott in seiner Beziehung zu den Menschen beachten?

15 Diskutiert im Plenum,
a) ob Handlungsregeln immer einen moralischen Charakter haben;
b) welche Handlungsregeln mit einem moralischen Charakter gekennzeichnet sind;
c) und ob diejenigen, die als moralische Vorschriften gelten könnten, einen absoluten Charakter haben.

Was ist eine gute Handlung?

M 18

Gutes Handeln

Handlungsregeln heißen in der philosophischen Ethik *Normen* oder *Maximen*.
Die Handlungsregeln, die den Anspruch auf allgemeine, moralische Verbindlichkeit erheben, heißen *Normen*. Diejenigen, die sich nur auf eine konkrete Handlungssituation beziehen, heißen *Maximen*. Ein Beispiel für eine Maxime ist die folgende Regel: „Man sollte versuchen, immer pünktlich zu einem Termin kommen."

John Stuart Mill (1806–1873)
Das Gute ist das Glück. Wer will nicht glücklich sein? Eine gute Handlung macht also möglichst viele Menschen glücklich. Da man Glück aber nicht genau bestimmen und nicht erzwingen kann, sollte man versuchen, möglichst nützlich zu handeln. Nutzen erhöht die Wahrscheinlichkeit von Glück. Die Grundregel für gutes Handeln lautet daher: Handle so, dass deine Handlung den größtmöglichen Nutzen für die größtmögliche Anzahl von Personen bewirkt.

Arthur Schopenhauer (1788–1860)
Gute Handlungen sind Handlungen aus Mitleid. Rücksicht und Fürsorge gibt es nur dort, wo es Mitleid gibt. Wir alle sind Leben, das leben will, aber doch sterben muss. Daher ist alle Welt Leiden. Da dies so ist, erkennen wir auch das Leiden in unseren Mitmenschen und empfinden Mitleid.

Friedrich Nietzsche (1844–1900)
Wer von Recht und Moral spricht, ist nur zu schwach, sich das zu nehmen, was er begehrt. Der, der gutes Handeln mit Rücksicht auf andere und Verantwortung verbindet, hat die Werte vollkommen verdreht. Gut bedeutete ursprünglich erfolgreich. Gut war, was Erfolg hatte. Gut war, was gut für mich ist.

Immanuel Kant (1724–1804)
Es gibt nur eins, das als absolut gut gelten kann: der gute Wille! Alle anderen Dinge wie Reichtümer oder Talente sind nur relativ gut. Sie sind gut für dies oder das. Für sich allein gut ist nur der gute Wille. Wir müssen also prüfen, ob ein guter Wille das Motiv für unsere Handlung ist. Der gute Wille ist nicht durch Wünsche und Neigungen, sondern allein durch die vernünftige Einsicht in das moralisch Notwendige geprägt.
Die Vernunft des Menschen vermag eine Prüffrage zu formulieren, mit der sich kontrollieren lässt, ob die Motive (Maximen) hinter einer Handlung auch wirklich einem guten Willen entsprechen. Handle so, dass die Maxime deines Handelns jederzeit allgemeines Gesetz werden könnte.
Das heißt, nur wenn du wollen kannst, dass jeder Mensch automatisch nach dieser Maxime handeln würde, ist dein Handeln gut. Gutes Handeln kann leicht im Gegensatz zu den eigenen Wünschen und Bedürfnissen stehen.
Wer sich dennoch zwingt, nach den Regeln der Vernunft zu handeln, handelt aus Pflicht – eine Pflicht, die man sich selbst auferlegt und die daher Freiheit ist.

INFO

Sollensforderungen

Eine allgemeingültige Sollensforderung heißt *Imperativ*. *Imperativ* bedeutet eine Forderung, die erfüllt werden soll. Man kennt den Begriff aus der Grammatik: *Steh auf! Macht die Tür zu!* Das sind die verbalen Befehlsformen, die alltägliche Sollensforderungen ausdrücken, aber sie enthalten keinen moralischen Aspekt.
Die Ethik hat sich folgende Fragestellungen zur Aufgabe gemacht:

a) Welche Sollensforderungen haben einen moralischen Inhalt und warum?
b) Gibt es mehrere Sollensforderungen oder nur eine, die allgemeingültig ist? Der bekannte *Kategorische Imperativ* von Kant („Handle so, dass der Wille, der dein Handeln bestimmt, jederzeit als ein allgemeines Gesetz verwendet werden könnte.") ist der Versuch, eine allgemeingültige Sollensforderung zu formulieren.

1 Erarbeitet in Gruppen drei Schaubilder, auf denen mindestens drei der ethischen Positionen in M 18 dargestellt werden.

2 Hängt die Schaubilder in der Klasse auf und diskutiert, welche am besten gelungen sind. Notiert euch zunächst die Pro- und Contra-Argumente für jedes Schaubild, und zwar sowohl auf inhaltlicher wie auch auf gestalterischer Ebene. Danach sollt ihr Argumente finden, warum euch eines von den drei Schaubildern besonders überlegen zu sein scheint.

3 Inszeniert eine Podiumsdiskussion, deren Moto lautet: Hat Piggy das Recht, seine Brille zurückzubekommen? An dieser Podiumsdiskussion sollen neben einem Vertreter einer christlichen Kirche Arthur Schoppenhauer, Immanuel Kant oder John Stuart Mill und Friedrich Nietzsche teilnehmen. Verwendet dafür als Grundlage die Ergebnisse der vorangegangenen Gruppendiskussion.

INFO

Immanuel Kant

Tausende Anekdoten beschreiben **Immanuel Kant** (1724–1804) als jemand, der so ein geregeltes Leben führte und so pünktlich war, dass er immer um eine ganz bestimmte Zeit seinen Spaziergang machte, so dass die Bewohner von Königsberg bei seinem Anblick die Uhrzeit wussten. Nur eine Verspätung ist uns überliefert: Auf Grund der Lektüre des „Emile“ von Rousseau war er angeblich so gefesselt, dass er die Zeit vergaß. *Zwei Dinge erfüllen das Gemüt mit immer neuer und zunehmender Bewunderung und Ehrfurcht, je öfter und anhaltender sich das Nachdenken damit beschäftigt: Der bestirnte Himmel über mir und das moralische Gesetz in mir.* Mit diesem Satz sind die kantischen philosophischen Bemühungen erfasst: das Wissen des Menschen über die Welt (Was kann ich wissen?) und sein moralisches Handeln (Was soll ich tun?). In der aufregenden Zeit der Aufklärung revolutionierte Kant die Philosophie und die Reflexion über die Wissenschaften mit seinen Gedanken über Erkenntnistheorie, Ethik und Ästhetik, so dass er bis heute der Denker ist, auf den sich Philosophen unserer Zeit immer wieder beziehen.

Werte

INFO

Werte

Der Begriff *Wert* steht in der philosophischen Ethik für Dinge und Aspekte des menschlichen Daseins, die den allgemeinen Anspruch erheben, erstrebenswert zu sein. Beispiele für Werte sind Reichtum, Gesundheit, Freundschaft, Liebe usw.

Die Entscheidung darüber, was eine gute Handlung ausmacht, wird oftmals davon bestimmt, welche Werte als besonders erstrebenswert scheinen.

1 Notiere bis zu zehn Werte, die du für dein Leben als wünschenswert ansiehst.
2 Überlege, ob sich teilbare und unteilbare Werte unterscheiden lassen.
3 Ordne die zusammengetragenen Werte in einer Pyramide. Der wichtigste Wert steht an der Spitze.
4 Vergleiche eure Pyramiden. Besprecht die Unterschiede in den jeweiligen Wertpyramiden und welche Schwierigkeiten es vielleicht bei der Anordnung der Werte gegeben hat.

Der griechische Philosoph Aristoteles versucht in seinem Werk „Nikomachische Ethik“, eine Typologie der Werte und der Güter zu gestalten. Dabei analysiert er sehr genau, wie die menschlichen Handlungen funktionieren, und entdeckt, dass die Handlungen nicht orientierungslos sind: Eine Handlung ist immer durch das Streben nach einem Ziel gekennzeichnet.

M 19

Das höchste Gut

1. Jedes praktische Können und jede wissenschaftliche Untersuchung, ebenso alles Handeln und Wählen strebt nach einem Gut, wie allgemein angenommen wird. Daher ist die richtige Bestimmung von „Gut“ als „das Ziel, zu dem alles strebt“. Dabei zeigt sich aber ein Unterschied zwischen Ziel und Ziel: Das eine Mal ist es das reine Tätig-Sein, das andere Mal darüber hinaus das Ergebnis des Tätig-Seins: das Werk. Wo es Ziele über das Tätig-Sein hinaus gibt, da ist das Ergebnis naturgemäß wertvoller als das bloße Tätig-Sein. Da es aber viele Formen des Handelns, des praktischen Könnens und des Wissens gibt, ergibt sich auch eine Vielzahl von Zielen: Ziel der Heilkunst ist die Gesundheit, der Schiffsbaukunst das Schiff, das Ziel der Kriegskunst: Sieg, der Wirtschaftsführung: Wohlstand. Überall nun, wo solche „Künste“ einem bestimmten Bereich untergeordnet sind – so ist z. B. der Reitkunst untergeordnet das Sattlerhandwerk und andere Handwerke, die Reitzeug herstellen, während die Reitkunst ihrerseits, wie das gesamte Kriegswesen, unter der Feldherrnkunst steht, und was dergleichen Unterordnungen mehr sind –, da ist durchweg das Ziel der übergeordneten Kunst höheren Ranges als das der untergeordneten: Um des ersteren willen wird ja das letztere verfolgt.
Hierbei ist es gleichgültig, ob das Tätig-Sein selber Ziel des Handelns ist oder etwas darüber hinaus wie bei den eben aufgezählten Künsten.
Wenn es nun wirklich für die verschiedenen Formen des Handelns ein Endziel gibt, das wir um seiner selbst willen erstreben, während das Übrige nur in Richtung auf dieses Endziel gewollt wird, und wir nicht jede Wahl im Hinblick auf ein weiteres Ziel treffen – das gibt nämlich ein Schreiten ins Endlose, somit ein leeres und sinnloses Streben –, dann ist offenbar dieses Endziel „das Gut“ und zwar das oberste Gut. [...]
2. Nachdem also jede Erkenntnis und jeder Entschluss nach einem bestimmten Gut zielt, wollen wir wieder einsetzen mit der Frage: „Was ist das Ziel der Staatskunst und welches das höchste von allen Gütern, die man durch Handeln erreichen kann?“
In seiner Benennung stimmen fast alle überein. „Das Glück“ – so sagen die Leute, und so sagen die feineren

Geister, wobei gutes Leben und gutes Handeln in eins gesetzt werden mit Glücklichsein. Aber was das Wesen des Glückes sei, darüber ist man unsicher, und die Antwort der Menge lautet anders als die des Denkers. Die Menge stellt sich etwas Handgreifliches und Augenfälliges darunter vor, z.B. Lust, Wohlstand, Ehre: jeder etwas anderes. Bisweilen wechselt sogar ein und derselbe Mensch seine Meinung: Wird er krank, so sieht er das Glück in der Gesundheit, ist er arm, dann im Reichtum. Im Bewusstsein aber der eigenen Unwissenheit bestaunen die Leute jene, die etwas vortragen, was bedeutsam klingt und über ihre Fassungskraft hinausgeht.

Aristoteles

5 Zeichne mit deinem Nachbarn den Argumentationsweg des vorausgegangen Textes von Aristoteles nach. Entwickelt ein Schaubild, indem ihr dafür Kennbegriffe benutzt und die Ordnungsbeziehungen unter den Begriffen feststellt.

6 Diskutiert, ob es in euren jeweiligen Wertpyramiden einen obersten Wert gibt, den ihr „um seiner selbst willen erstrebt, während das Übrige nur in Richtung auf dieses Endziel gewollt wird“ (Z. 30f.). Begründet eure Antwort.

7 Versucht euch im Plenum auf einen obersten Wert oder ein Endziel zu einigen, an dem sich die anderen Werte oder Ziele orientieren.

INFO

Aristoteles (384–322 v. Chr.)

Alle Menschen streben nach Wissen von Natur aus. So fängt eines der berühmtesten Werke der abendländischen Philosophie an, die „Metaphysik“ von Aristoteles. Mit diesem Satz eröffnet er nicht nur das Spiel zwischen dem menschlichen Wissen und dessen Beziehung zur Welt, sondern damit stellt er auch das Wesen der Menschen zur Schau: das Lebewesen, das gierig Kenntnissen hinterherjagt. Man kann auch behaupten, dass Aristoteles selbst nach diesem Motto gelebt hat. Als Sohn des Leibarztes des Königs von Makedonien ließ er sich als junger Mann in Athen nieder, um Philosophie bei Platon studieren zu können. Ohne Zweifel war er Platons bester Schüler (und später sein bester Widersacher). Er erforschte und entwickelte unermüdlich und mit brillantem analytischem Verstand Wissensbereiche wie die Ethik, die Logik oder die Physik und gilt als Begründer der Biologie. Seine Werke „Metaphysik“, „Politik“, „Nikomachische Ethik“, „Physik“, „Poetik“ u.a. haben die abendländische Wissenschaft nachhaltig geprägt.

Das Glück

M 20

Einige aber dachten, es gebe neben den vielen greifbaren Gütern noch ein Gut, von selbstständiger Existenz, das zugleich für all die genannten Güter die Ursache dafür sei, dass sie Güter sind. [...]
Es gibt offenkundig mehrere Ziele. Manche wählen wir um weiterer Ziele willen, z.B. Geld, Flöten, überhaupt Werkzeuge. Nicht alle Ziele also sind Endziele. Das oberste Gut aber ist zweifellos ein Endziel. Daher der Schluss: Wenn es nur ein einziges wirkliches Endziel gibt, so ist dies das gesuchte Gut, wenn aber mehrere, dann unter diesen das vollkommenste. Als vollkommener aber bezeichnen wir ein Gut, das rein für sich erstrebenswert ist gegenüber dem, das Mittel zu einem anderen ist. Ferner das, was niemals im Hinblick auf ein weiteres Ziel gewählt wird gegenüber dem, was sowohl an sich als auch zu Weiterem gewählt wird. Und als vollkommen schlechthin bezeichnen wir das, was stets rein für sich gewählt wird und niemals zu einem anderen Zweck.
Als solches Gut aber gilt in hervorragendem Sinne das Glück. Denn das Glück erwählen wir uns stets um seiner selbst willen und niemals zu einem darüber hinausliegenden Zweck. Die Ehre dagegen und die Lust und die Einsicht und jegliche Tüchtigkeit wählen wir einmal um ihrer selbst willen – denn auch ohne weiteren Vorteil würden wir jeden dieser Werte für uns erwählen – sodann aber auch um des Glückes willen, indem wir annehmen, dass sie uns zum Glück führen. Das Glück aber wählt kein Mensch um jener Werte – und überhaupt um keines weiteren Zweckes willen.

Aristoteles

8 Wie begründet Aristoteles, dass das Glück das oberste Ziel, Wert oder Gut ist?

9 Schreibe einen Brief an Aristoteles, in dem du ihm begründest, dass das Glück nicht diese Funktion übernehmen kann. Es steht dir frei, ein anderes Gut als oberstes Gut zu verteidigen oder es für unmöglich zu erachten, dass überhaupt irgendein Ziel, Wert oder Gut als oberstes anzusehen ist.

Die Gültigkeit von Werten ist nicht von Lebensumständen oder zeitlichen Epochen abhängig, die Verwirklichung von Werten im Leben eines Menschen indes schon. Auch für die Jungen im Roman „Herr der Fliegen" verändern sich die Möglichkeiten, Werte zu verwirklichen, dramatisch.

M 21 Die Muschel

„Wenn das hier wirklich eine Insel ist –"

„Was ist denn das da?"

Ralph hörte auf zu lächeln und deutete auf die Lagune. Dort unten im farnigen Tang lag etwas Cremefarbenes.

„Ein Stein."

„Nein. Eine Muschel."

Auf einmal sprudelte Piggy über vor begreiflicher Erregung.

„Ja, eine Muschel! Ich hab schon mal so eine gesehen. Bei uns zu Haus hat einer hinten auf der Gartenmauer so'n Ding gehabt. Muschelhorn heißt's, hat er gesagt. Und er hat immer drauf geblasen, und dann ist seine Mama gekommen. Mensch, fein! Das können wir vielleicht gut gebrauchen –" [21]

[...]

Ralph nahm Piggy die Muschel ab, und ein Wasserrinnsal lief ihm den Arm entlang. Die Muschel war cremefarben, hier und da war ein blasser, hellroter Fleck aufgetupft. Von der Spitze, die abgebrochen war und in eine kleine Öffnung auslief, bis zu den rötlichen Lippen des Mundes maß sie fast einen halben Meter. Sie war leicht spiralförmig gewunden und von einer zarten, erhabenen Maserung überzogen. Ralph schüttelte den Sand heraus, der in das Innere der Röhre eingedrungen war. [22]

[...]

„Ralph!"

Ralph blickte auf.

„Damit können wir die anderen herbeirufen, und dann halten wir eine Versammlung ab. Wenn die uns hören, kommen sie bestimmt –"

Er strahlte Ralph an.

„Du hast sicher gleich schon daran gedacht, deshalb hast du sie auch rausgefischt, was?" [23]

[...]

Ralph erfasste, worauf es ankam, und ließ die Luft vom Zwerchfell aus durch die Öffnung der Röhre strömen. Sogleich erklang die Stimme des Muschelhorns. Ein tiefer, rauer Ton dröhnte durch den Palmenhain, drang bis in die letzten Winkel der Wälder und wurde von den roten Granitfelsen des Berges zurückgeworfen. Vögel stoben in Wolken aus den Baumwipfeln, und im Unterholz war ein Quieken und Rennen.

Ralph nahm die Muschel von den Lippen. „Donnerwetter!"

Seine Stimme klang wie ein Flüstern im Vergleich zu dem rauen Ton des Muschelhorns. Er hob das Horn an die Lippen, holte tief Luft und blies noch einmal. Wieder kam der dröhnende Ton und sprang dann plötzlich, als Ralph noch kräftiger blies, eine Oktave höher. Jetzt war es ein schrilles Schmettern, noch durchdringender als zuvor. Piggy rief etwas, sein Gesicht strahlte vor Freude, und die Brillengläser glänzten. Vögel kreischten, und kleines Getier rannte durch das Dickicht. Ralph ging der Atem aus; der Ton fiel wieder eine Oktave tiefer, wurde zu einem dumpfen Geblubber, zu einem bloßen Rauschen.

Die Muschel schwieg; sie schimmerte wie ein Stoßzahn. Ralphs Gesicht war dunkelrot vor Anstrengung, und die Luft über der Insel erfüllten Vogellärm und vielfacher Widerhall.

„Das hört man bestimmt meilenweit."

Ralph hatte wieder Luft bekommen und stieß mehrmals kurz hintereinander in das Muschelhorn.

„Da kommt schon einer!", rief Piggy. [24]

[...]

„Wir wählen unsern Anführer!"

„Au ja! Los, wir stimmen ab!"

Eine Wahl, das war wie ein Spielzeug, fast so unterhaltend wie das Muschelhorn. Jack versuchte aufzubegehren, aber die Versammlung leitete jetzt nicht mehr der allgemeine Wunsch nach einem Anführer, man wollte Ralph einfach als Anführer ausrufen. Keiner hätte dafür einen Grund anzugeben vermocht; Intelligenz hatte bisher nur Piggy bewiesen, und die offensichtliche Führerpersönlichkeit war Jack. Aber wie Ralph so dasaß, umgab ihn etwas Ruhiges, das ihn aus den anderen heraushob; weiter sprach für ihn sein anziehendes Äußeres; und hinter ihm stand, zwar unausgesprochen, aber umso wirksamer, die Zauberkraft des Muschelhorns. Er hatte geblasen, er hatte auf der Plattform auf sie gewartet mit dem zerbrechlichen Ding auf den Knien, er war etwas ‚Besonderes'.

„Der mit der Muschel!"

„Ralph! Ralph!" [32]

[...]

Die Versammlung beruhigte sich wieder.

„Ihr seht also", fuhr Ralph fort, „wir brauchen Jäger, damit wir Fleisch haben. Und noch was –"

Er hob die Muschel auf die Knie und ließ den Blick über die sonnenverbrannten Gesichter schweifen.

„Erwachsene sind keine da. Wir müssen uns also selbst um uns kümmern."

Ein Summen ging durch die Versammlung und erstarb wieder.

„Und noch was: Es geht nicht, dass alle gleichzeitig reden. Wer was sagen will, hebt die Hand, wie in der Schule."

Er hielt das Muschelhorn vors Gesicht und sah über das Mundstück hinweg.

„Dann kriegt er von mir das Muschelhorn."

„Muschelhorn?"

„So heißt das Ding hier. Der Nächste kriegt jetzt die Muschel. Er kann sie halten, solange er spricht."

„Aber –"

„Aber guck mal –"

„Und keiner darf ihn unterbrechen. Nur ich."

Jack sprang auf.

„Und Vorschriften müssen wir erlassen", rief er erregt, „'ne ganze Masse Vorschriften. Und wenn einer nicht pariert, dann –" [47–48]

10 Überlegt, welche Veränderungen der Flugzeugabsturz mit sich bringt. Welche Werte lassen sich nun leichter und welche schwerer verwirklichen?

11 Welche Werte können im Verlauf des weiteren Zusammenlebens verwirklicht werden, welche geraten zunehmend in Gefahr?

12 Was symbolisiert die Muschel am Anfang, in der Mitte und am Ende des Textes?

13 Kehrt in Gedanken zum Anfang dieses Kapitels zurück. Stellt euch vor, eure Klasse habe gerade den Flugzeugabsturz überlebt und sei auf der Insel auf sich allein gestellt. Allerdings ist euch bekannt, dass es vor euch eine Gruppe von Jungen gegeben hat und dass es unter ihnen zu Gewalt und Tod gekommen ist. Auch stehen euch alle Erkenntnisse zur Verfügung, die ihr im Laufe des Kapitels erarbeitet habt. Versammelt euch also am Strand. Wer als erster die Muschel ergreift, hat das Wort. Versucht euch auf Werte zu einigen, die für alle erstrebenswert sind, und Regeln zu formulieren, die alle befolgen müssen. Überlegt auch, wie diese Werte geschützt werden sollen und wie Regelverstöße zu ahnden sind.

Die Frage nach Recht, Staat und Wirtschaft

„Wie soll ich gut sein

... wo alles so teuer ist?“

„Der gute Mensch von Sezuan“ – ein Theaterstück, das zum Nachdenken über Recht, Staat und Wirtschaft anregt

Der Dichter Bertolt Brecht (1898–1956) setzte sich in seinem Drama „Der gute Mensch von Sezuan“ (entstanden 1938–1940) mit wichtigen Fragen auseinander, die Recht, Staat und Wirtschaft betreffen. Der Ort des Geschehens ist die chinesische Provinz Sichuan (Sezuan), aber es könnte genauso gut an einem anderen Ort spielen, an dem ähnliche Verhältnisse herrschen (auf dem Kartenausschnitt sind Sichuan und seine Hauptstadt Chengdu zu erkennen). Die Absätze A bis E beschreiben die Handlung des Stücks in knappen Worten. Die Abschnitte sind allerdings ziemlich durcheinander geraten.

A Ausgerechnet die Prostituierte Shen Te erfüllt die Erwartungen der Götter. Sie bietet ihnen Obdach und erhält von ihnen dafür einen stattlichen Geldbetrag.

B Der Schluss des Stücks ist offen. Die Götter machen Shen Te zwar Mut, verlassen aber vorzeitig den Saal, ohne ihr zu sagen, wie sie in ihrer Güte überleben und dabei zugleich auf den Vetter und seine skrupellosen Methoden verzichten kann. Im Epilog [Nachspiel] wird das Publikum aufgefordert, selbst einen Schluss zu finden: „Verehrtes Publikum, los, such dir selbst den Schluss! Es muss ein guter da sein, muss, muss, muss!“

C Drei Götter treffen in der armen chinesischen Stadt Sezuan ein und suchen dort nach einem guten Menschen. Sie handeln entsprechend einem göttlichen Beschluss, der lautet: „[D]ie Welt kann bleiben, wie sie ist, wenn genügend gute Menschen gefunden werden, die ein menschenwürdiges Dasein leben können.“

D Am Ende kommt Shen Te's Versteckspiel heraus. Shui Ta muss sich vor Gericht verantworten, da ihm vorgeworfen wird, seine Kusine „beiseite geschafft“ zu haben, um sich ihres „Geschäfts zu bemächtigen“. Im Gerichtssaal wird Shui Ta den drei Göttern vorgeführt, die Shen Te anfangs das Geld geliehen hatten. Sie vertreten überraschenderweise die drei für die Verhandlung ursprünglich vorgesehenen Richter. Im Verlauf der Verhandlung reißt sich Shui Ta die Maske vom Gesicht, und gibt sich vor allen Anwesenden als Shen Te zu erkennen

E Mit dem Geld kauft sich Shen Te einen Tabakladen, der sie aber nicht von ihren Existenznöten befreit, denn zu viele Personen halten die Hand auf und erwarten von ihr dringend benötigte Zuwendungen. Die junge Frau kann nicht „nein“ sagen und verfällt in ihrer Not auf eine List: Sie erfindet den reichen Vetter Shui Ta und tritt immer wieder in dessen Verkleidung auf, ohne dabei von ihren Mitmenschen erkannt zu werden. Shui Ta versteht es, durch seinen Geschäftssinn und sein energisches, ja rücksichtsloses Auftreten den Tabakladen zu einer Tabakfabrik zu vergrößern. Dort werden die Arbeitskräfte geschunden, während Shui Ta selbst seinen Wohlstand in vollen Zügen zu genießen scheint.

1 In welche Reihenfolge gehören die Abschnitte A bis E?

Wann handeln wir moralisch?

INFO

Bertolt Brecht als 20-Jähriger. Er wollte schon früh Dichter werden.

Bertolt Brecht (* 1898 in Augsburg, † 1956 in Ost-Berlin) gilt als einer der einflussreichsten Dichter deutscher Sprache. Bekannt ist er nicht zuletzt für seine Gedichte und seine Dramen, von denen etliche bis in die Gegenwart in der Schule behandelt werden. Wichtige für das Theater geschriebene Stücke sind z. B. „Mutter Courage und ihre Kinder", „Das Leben des Galilei" und „Der gute Mensch von Sezuan" (Uraufführung 1943). Sie werden – wie auch die berühmte „Dreigroschenoper" – auch heute noch auf großen Bühnen gespielt.
Brecht verließ 1933 Deutschland wegen der politischen Verhältnisse (Machtergreifung Hitlers und der Nationalsozialisten) und ließ sich 1948 in Ost-Berlin nieder, wo er 1949 mit seiner Frau, der Schauspielerin Helene Weigel, das Berliner Ensemble gründete. In der Zwischenzeit hielt er sich unter anderem in Schweden und den USA auf.

M 1 „Wie kann ich gut sein, wo alles so teuer ist?"

Vorgeschichte
Drei Götter sind mit dem Auftrag unterwegs, genügend Menschen zu finden, die gut sind und dennoch in menschenwürdigen Umständen leben können. Bislang ist ihre Suche allerdings nicht von Erfolg gekrönt. In Sezuan, wo große Armut herrscht, treffen sie auf den Wasserverkäufer Wang, der für sie verzweifelt nach jemandem Ausschau hält, bei dem sie Obdach finden können. Wang selbst kommt als guter Mensch für die Götter nicht in Betracht, da er – wie sie bemerken – einen Wasserbecher mit doppeltem Boden verwendet und damit seine Kunden betrügt. Bei der Prostituierten Shen Te hat der Wasserverkäufer schließlich Glück: Sie stellt den erschöpften Göttern bereitwillig ihre Kammer zur Verfügung.

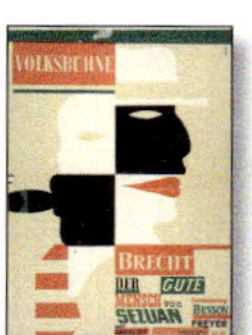

Es wird dunkel und wieder hell. In der Morgendämmerung treten die Götter wieder aus der Tür, geführt von Shen Te, die ihnen mit einer Lampe leuchtet. Sie verabschieden sich.

DER ERSTE GOTT Liebe Shen Te, wir danken dir für deine Gastlichkeit. Wir werden nicht vergessen, dass du es warst, die uns aufgenommen hat. Und gib dem Wasserverkäufer sein Gerät zurück und sage ihm, dass wir auch ihm danken, weil er uns einen guten Menschen gezeigt hat.

SHEN TE Ich bin nicht gut. Ich muss euch ein Geständnis machen: Als Wang mich für euch um Obdach anging, schwankte ich.

DER ERSTE GOTT Schwanken macht nichts, wenn man nur siegt. Wisse, dass du uns mehr gabst als ein Nachtquartier. Vielen, darunter sogar einigen von uns Göttern, sind Zweifel aufgestiegen, ob es überhaupt noch gute Menschen gibt. Hauptsächlich um dies festzustellen, haben wir unsere Reise angetreten. Freudig setzen wir sie jetzt fort, da wir einen schon gefunden haben. Auf Wiedersehen!

SHEN TE Halt, Erleuchtete, ich bin gar nicht sicher, dass ich gut bin. Ich möchte es wohl sein, nur, wie soll ich meine Miete bezahlen? So will ich es euch denn gestehen: Ich verkaufe mich, um leben zu können, aber selbst damit kann ich mich nicht durchbringen, da es so viele gibt, die dies tun müssen. Ich bin zu allem bereit, aber wer ist das nicht? Freilich würde ich glücklich sein, die Gebote halten zu können der Kindesliebe und der Wahrhaftigkeit. Nicht begehren meines Nächsten Haus, wäre mir eine Freude, und einem Mann anhängen in Treue, wäre mir angenehm. Auch ich möchte aus keinem meinen Nutzen ziehen und den Hilflosen nicht berauben. Aber wie soll ich dies alles? Selbst wenn ich einige Gebote nicht halte, kann ich kaum durchkommen.

DER ERSTE GOTT Dies alles, Shen Te, sind nichts als die Zweifel eines guten Menschen.

DER DRITTE GOTT Leb wohl, Shen Te! Grüße mir auch den Wasserträger recht herzlich. Er war uns ein guter Freund.

DER ZWEITE GOTT Ich fürchte, es ist ihm schlecht bekommen.

DER ZWEITE GOTT Lass es dir gut gehn!

DER ERSTE GOTT Vor allem sei gut, Shen Te! Leb wohl!

Sie wenden sich zum Gehen. Sie winken schon.

SHEN TE *angstvoll*: Aber ich bin meiner nicht sicher, Erleuchtete. Wie soll ich gut sein, wo alles so teuer ist?

DER ZWEITE GOTT Da können wir leider nichts tun. In das Wirtschaftliche können wir uns nicht mischen.

DER ZWEITE GOTT Halt! Wartet einen Augenblick! Wenn sie etwas mehr hätte, könnte sie es vielleicht eher schaffen.

DER ZWEITE GOTT Wir können ihr nichts geben. Das könnten wir oben nicht verantworten.

DER ERSTE GOTT Warum nicht?

Sie stecken die Köpfe zusammen und diskutieren aufgeregt.

DER ERSTE GOTT *zu Shen Te, verlegen*: Wir hören, du hast deine Miete nicht zusammen. Wir sind keine armen Leute und bezahlen natürlich unser Nachtlager! Hier! *Er gibt ihr Geld.* Sprich aber zu niemand darüber, dass wir bezahlten. Es könnte missdeutet werden.

DER ZWEITE GOTT Sehr.

DER ZWEITE GOTT Nein, das ist erlaubt. Wir können ihr ruhig unser Nachtlager bezahlen. In dem Beschluss stand kein Wort dagegen. Also auf Wiedersehen!

Die Götter schnell ab.

[1497–1498]

1 Suche in der Unterredung zwischen Shen Te und den Göttern (siehe M 1) komische Momente und erläutere einzelne Stellen.

2 Kann man von diesen Göttern überhaupt eine wirksame und nachhaltige Hilfe zur Linderung der Not in Sezuan und anderswo erwarten? Begründe deinen Standpunkt.

3 Stelle in eigenen Worten den inneren Konflikt dar, in dem sich Shen Te befindet.

4 Erkläre, was du unter moralisch (sittlich) gutem Handeln verstehst. Nenne dabei Beispiele.

5 Shen Te stellt den Göttern eine schwerwiegende Frage: „Wie soll ich gut sein, wo alles so teuer ist?“ (Z. 49) Forme die Frage in einen Aussagesatz um, in dem du auf Menschen im Allgemeinen Bezug nimmst: „Menschen handeln gut, wenn …“ Erläutere, was mit der Aussage gemeint ist, und beziehe dabei den Textausschnitt in die Überlegungen ein.

6 Erörtere in einem kurzen Aufsatz, ob du mit der Aussage einverstanden bist. Prüfe sie anhand menschlichen Verhaltens, das dir im Alltag begegnet.

Ein guter Mensch ... und Erfolg im Geschäft?

M 2 Für eine Geschäftsfrau zu gut?

Der Laden ist noch nicht ganz eingerichtet und noch nicht eröffnet.

Shen Te *zum Publikum* Drei Tage ist es her, seit die Götter weggezogen sind. Sie sagten, sie wollten mir ihr Nachtlager bezahlen. Und als ich sah, was sie mir gegeben hatten, sah ich, dass es über tausend Silberdollar waren. – Ich habe mir mit dem Geld einen Tabakladen gekauft. Gestern bin ich hier eingezogen, und ich hoffe, jetzt viel Gutes tun zu können. Da ist zum Beispiel die Frau Shin, die frühere Besitzerin des Ladens. Schon gestern kam sie und bat mich um Reis für ihre Kinder. Auch heute sehe ich sie wieder über den Platz kommen mit ihrem Topf.

Herein die Shin. Die Frauen verbeugen sich voreinander.

Shen Te Guten Tag, Frau Shin.

Shen Te Guten Tag, Fräulein Shen Te. Wie gefällt es Ihnen in Ihrem neuen Heim?

Shen Te Gut. Wie haben Ihre Kinder die Nacht zugebracht?

Die Shin Ach, in einem fremden Haus, wenn man diese Baracke ein Haus nennen darf. Das Kleinste hustet schon.

Shen Te Das ist schlimm.

Die Shin Sie wissen ja gar nicht, was schlimm ist, Ihnen geht es gut. Aber Sie werden noch allerhand Erfahrungen machen hier in dieser Bude. Dies ist ein Elendsviertel.

Shen Te Mittags kommen doch, wie Sie mir sagten, die Arbeiter aus der Zementfabrik?

Die Shin Aber sonst kauft kein Mensch, nicht einmal die Nachbarschaft.

Shen Te Davon sagten Sie mir nichts, als Sie mir den Laden verkauften.

Die Shin Machen Sie mir nur nicht jetzt auch noch Vorwürfe! Zuerst rauben Sie mir und meinen Kindern das Heim, und dann heißt es eine Bude und Elendsviertel. Das ist der Gipfel. *Sie weint.*

Shen Te *schnell*: Ich hole Ihnen gleich den Reis.

Die Shin Ich wollte Sie auch bitten, mir etwas Geld zu leihen.

Shen Te *während sie ihr den Reis in den Topf schüttet*: Das kann ich nicht. Ich habe doch noch nichts verkauft.

Die Shin Ich brauche es aber. Von was soll ich leben? Sie haben mir alles weggenommen. Jetzt drehen Sie mir die Gurgel zu. Ich werde Ihnen meine Kinder vor die Schwelle setzen, Sie Halsabschneiderin! *Sie reißt ihr den Topf aus den Händen.*

Shen Te Seien Sie nicht so zornig! Sie schütten noch den Reis aus!

Herein ein ältliches Paar und ein schäbig gekleideter Mensch.

Die Frau Ach, meine liebe Shen Te, wir haben gehört, dass es dir jetzt so gut geht. Du bist ja eine Geschäftsfrau geworden! Denk dir, wir sind eben ohne Bleibe! Unser Tabakladen ist eingegangen. Wir haben uns gefragt, ob wir nicht bei dir für eine Nacht unterkommen können. Du kennst meinen Neffen? Er ist mitgekommen, er trennt sich nie von uns.

Der Neffe *sich umschauend*: Hübscher Laden!

Die Shin Was sind denn das für welche?

Shen Te Als ich vom Land in die Stadt kam, waren sie meine ersten Wirtsleute. *Zum Publikum*: Als mein bisschen Geld ausging, hatten sie mich auf die Straße gesetzt. Sie fürchten vielleicht, dass ich jetzt nein sage. Sie sind arm.

Sie sind ohne Obdach.
Sie sind ohne Freunde.
Sie brauchen jemand.
Wie könnte man da nein sagen?

Freundlich zu den Ankömmlingen: Seid willkommen! Ich will euch gern Obdach geben. Allerdings habe ich nur ein kleines Kämmerchen hinter dem Laden.

Der Mann Das genügt uns. Mach dir keine Sorge.

[1499–1501]

1 Spielt die Szene nach.

2 Beurteile das Vorgehen von Frau Shin und der drei hinzustoßenden Personen.

3 Stell dir vor, du seist selbst eine Geschäftsfrau oder ein Geschäftsmann und Shen Te wendete sich Rat suchend an dich.
Schreibe Shen Te einen Brief, in dem du ihr rätst, wie sie sich gegenüber Frau Shin und den drei Verwandten verhalten soll.

Auf dem Weg zum Erfolg ... ?

M 3

„Glory of Joann" ist Deutschands beste Schülerband

4 Es ist in der Regel kein Zufall, dass jemand ein Star wird. Suche dir einen Medienstar, z. B. aus dem internationalen Musikgeschäft, und informiere dich, wie es ihr oder ihm gelang, erfolgreich zu sein.

5 Diskutiert in der Klasse: Ist die Fähigkeit zu gutem Handeln notwendig, um sich im Geschäftsleben durchzusetzen? Oder ist sie dabei nur hinderlich?

6 Stell dir vor, du seist Berater einer vielversprechenden Schülerband. Formuliere einige Regeln, die sie zu beachten hätte, um den Durchbruch zu schaffen und auf Dauer Erfolg zu haben. Überlege dabei, ob sie auch über moralische Fähigkeiten (z. B. über Ehrlichkeit oder Hilfsbereitschaft) verfügen müsste.

Von Trittbrettfahrern und „gutmütigen Trotteln“

M 4 Ein einfaches Kartenspiel

Ihr spielt bei diesem Kartenspiel gegeneinander. Teilt die Klasse in Gruppen mit maximal 12 Personen auf. Jeder erhält zwei Spielkarten, eine schwarze und ein rote (oder andere Kontrastfarben), und legt dann eine Punkteliste an, die die Namen aller anderen Gruppenmitglieder enthält.
Ihr spielt nun innerhalb eurer Gruppen so lange eins zu eins gegeneinander, bis jeder gegen alle anderen angetreten ist. Dabei nehmt ihr je eine eurer Karten und legt sie mit der farbigen Seite (rot oder schwarz) nach unten auf den Tisch, ohne dass euer Gegenspieler die Farbe sehen kann. Der Gegenspieler tut dasselbe. Ihr dürft euch nicht mit eurem Gegenspieler über die Taktik austauschen, die ihr anwendet.
Dann deckt ihr beide eure Karten auf, notiert je die erzielte Punktzahl und sammelt eure Karten wieder ein. Diesen Vorgang wiederholt ihr fünfmal. Danach zählt jeder Spieler seine Punkte zusammen und spielt dann gegen die nächste Person seiner Gruppe. Nachdem jeder gegen jeden in seiner Gruppe gespielt hat, rechnet jeder seine Gesamtpunktzahl zusammen.

Punkteregelung: Es gibt in diesem Spiel für die beiden Spieler nur Minuspunkte – abhängig davon, welche Farbkarte sie spielen und welche Karte ihr Gegenüber ausspielt. Gewonnen hat der Spieler mit den wenigsten Minuspunkten. Das folgende Punktesystem sollte darum an der Tafel stehen, damit es für alle immer sichtbar ist.

Das Ende des Spiels: Zählt gemeinsam, wer die wenigsten Punkte und wie viele Punkte jede Gruppe insgesamt erzielt hat (d. h. alle Einzelspieler zusammen).

Du spielst:	Dein Gegenüber spielt:	Du punktest:
Schwarz	Schwarz	– 2
Schwarz	Rot	– 5
Rot	Schwarz	0
Rot	Rot	– 4

Nach Auffassung vieler Wirtschafts- und Sozialwissenschaftler kommt es im Zusammenleben der Menschen sehr häufig zu Situationen eines sogenannten Gefangenendilemmas*.
In solchen Situationen haben Personen die Wahl, mit einem oder mehreren Personen zusammenzuarbeiten (zu kooperieren) oder nicht. Obwohl es für beide besser wäre, wenn beide kooperierten, zahlt es sich aus der Sicht jedes Einzelnen mehr aus, nicht zu kooperieren. Es liegt hier in der Tat eine „Zwickmühle“ (ein Dilemma!) vor:
Im Ergebnis kooperiert keiner, obwohl jeder mehr davon hätte, wenn alle kooperierten!
Das ist jedenfalls dann so, wenn alle Beteiligten „rationale Egoisten“ sind, d. h. wenn sie Vor- und Nachteile (Kosten und Nutzen) ihrer Handlungsmöglichkeiten genau abwägen und sich für die Handlungsalternative entscheiden, von der sie glauben, dass sie selbst bei ihr am besten abschneiden. Der folgende Text erläutert das Gefangenendilemma auf anschauliche Weise:
Dies gilt allerdings nur, wenn die Personen nur einmal oder wenige Male in diese Situation kommen. Das Verhalten ändert sich, wenn diese Situation immer wieder eintritt und ein Ende nicht abzusehen ist. Dann versuchen die Personen aus Rücksicht, die man auch Furcht vor Vergeltung nennen kann, viel stärker zu kooperieren. Man kann hier eine Erklärung finden für die Unterschiede im Sozialverhalten der Menschen in der anonymen Großstadt und im Dorf, in dem jeder jeden kennt.

Die Zwickmühle der Gefangenen

M 5

Die Grundstruktur solcher Situationen macht die folgende „Spielsituation“ deutlich, die man im Anschluss an Albert W. Tucker als „Gefangenendilemma“ bezeichnet. In einem Prozess seien zwei Gefangene angeklagt, die gemeinsam eine Reihe von Verbrechen begangen haben. Die Beweislage des Staatsanwalts ist schlecht: Ohne ein Geständnis kann er beide nur relativ geringer Straftaten überführen. Daher versucht er, beide als Kronzeugen gegen den jeweils anderen Angeklagten zu gewinnen. Damit ergibt sich für die Gefangenen, die sich untereinander nicht verständigen können, folgende Lage: Gestehen beide, so werden beide mit jeweils 4 Jahren schwer bestraft. Gesteht keiner, so kommen sie beide mit einer vergleichsweise geringen Strafe von 2 Jahren davon. Gesteht aber nur einer, so geht er als Kronzeuge frei aus, während der andere mit 5 Jahren Gefängnis sehr schwer bestraft wird. [...]
Für beide Gefangene wäre es in dieser Situation sinnvoll, sich kooperativ zu verhalten und nicht zu gestehen. Keiner kann sich jedoch sicher sein, dass der andere nicht doch gesteht. Dann aber ist es für jeden Einzelnen sinnvoll (individuell rational) zu gestehen, da er sich damit besserstellt, was immer der andere auch tut. Dies führt dazu, dass beide gestehen und zu hohen Gefängnisstrafen verurteilt werden.
Allgemeiner gesprochen, haben wir hier eine Situation vor uns, in welcher der sozial „beste“ Zustand dadurch erreicht wird, dass die beiden Individuen kooperieren. Gleichwohl ist es für jedes einzelne von ihnen „rational“, sich nicht kooperativ zu verhalten, da er/sie sich dadurch noch besser stellt, falls sich der Gegenspieler kooperativ verhält. Wenn aber beide sich so verhalten, wird nicht der sozial beste, sondern möglicherweise sogar der sozial am wenigsten erwünschte Zustand herbeigeführt.

(nach) Gebhard Kirchgässner, 1991

1 Spielt das Kartenspiel entsprechend der Anleitung. Lest anschließend den Text und überlegt euch, weshalb es ein „Gefangenendilemma“-Spiel ist.

Vereinfachte Darstellung

M 6

Die Situation der beiden Gefangenen lässt sich vereinfacht anhand des folgenden Schaubilds darstellen:

		Gefangener 1	
		Gestehen	Nicht Gestehen
Gefangener 2	Gestehen	4 Jahre für ...	
	Nicht Gestehen		

Das Eigentümliche von Gefangenendilemma-Situationen kann man sich auch anhand des nächsten Schaubilds verdeutlichen (K steht für „Kooperieren“, NK für „Nicht-Kooperieren“).

	Ich wähle	**Der andere wählt**
X	K	K
Y	K	NK
Z	NK	K
W	NK	NK

In einem Gefangenendilemma wählen „rationale Egoisten“ Z vor X, X vor W und W vor Y. Sie halten sich also an die Rangordnung Z-X-W-Y. Die beste Situation für jeden Einzelnen liegt dementsprechend dann vor, wenn er nicht kooperiert, während der andere kooperiert (Z). Dann ist er „Trittbrettfahrer“. Die schlechteste Situation ist für ihn dann gegeben, wenn er der Einzige ist, der kooperiert (Y). Dann ist er aus der Sicht des rationalen Egoisten der „gutmütige Trottel“.

2 Übertrage das Schaubild von S. 105 in dein Heft oder deine Mappe. Fülle die leeren Felder aus, indem du einträgst, wie viele Jahre Gefängnis der jeweilige Gefangene zu erwarten hat, falls der andere gesteht oder nicht gesteht. Übernimm die Zahlen aus dem Text M 5.

3 Wie lautet das Ergebnis, wenn sich jeder als Trittbrettfahrer verhält? Gib den richtigen Buchstaben an (X, Y, Z oder W). Weshalb ist das Ergebnis nicht optimal? Vergleiche X und W.

4 Stelle dir vor: Du besuchst eine Klasse, die nur noch in diesem Schuljahr beisammen ist. Deine Klasse beschließt zu Beginn des Schuljahres, an einem Wochenende das Klassenzimmer zu streichen. (Alle wünschen sich ein neu gestrichenes Zimmer; die Genehmigung für dieses Projekt ist bereits erteilt worden.) Nun werden Schüler gesucht, die bereit sind, das Wochenende zu opfern und mitzuhelfen. Nimm einmal an, die Klasse bestünde ausschließlich aus „rationalen Egoisten“. Welches Ergebnis wäre zu erwarten? Wäre das Ergebnis optimal? Erläutere die Situation anhand des Schaubilds.

5 Wie könnten die Klassensprecher oder die Eltern die Schüler dazu bewegen, bei der Aktion mitzuhelfen, falls sie wüssten, dass die Klasse nur aus „rationalen Egoisten“ besteht? Spiele verschiedene Möglichkeiten durch und beurteile sie.

6 Angenommen, etliche Schüler seien keine rationalen Egoisten. Was könnte sie dazu veranlassen, sich an der Aktion „Schöneres Klassenzimmer“ zu beteiligen? Würdest du sie als „gutmütige Trottel“ bezeichnen? Begründe deine Auffassung.

7 Untersuche, ob und inwiefern sich die Begriffe „rationaler Egoismus“ und „Trittbrettfahrer“ sinnvoll auf einzelne Figuren aus M 3 anwenden lassen.

8 Wäre es berechtigt, Shen Te als „gutmütigen Trottel“ zu bezeichnen? Was bewegt sie wohl dazu, die drei Neuankömmlinge (vgl. wiederum M 2) zu beherbergen?

Die Menschen als Egoisten

INFO

Egoistisch (von lat. „ego“ = ich) nennt man ein Verhalten, das sich ausschließlich am eigenen Wohl orientiert. **Altruistisch** (lat. „alter“ = der andere) bezeichnet demgegenüber eine Handlungs- oder Verhaltensweise, die am Wohl anderer ausgerichtet ist.

1 Sammle eigene alltagsnahe Beispiele für altruistisches und egoistisches Handeln.

Egoistisch oder nicht?

M 7

1. Frank L. ist Schüler einer 10. Klasse und beobachtet, wie die Mehrheit der Mitschüler Hans zunehmend ausgrenzt, weil dieser die meisten Interessen der anderen nicht teilt. Dennoch stellt er sich nicht auf die Seite von Hans, weil er befürchtet, dann ebenfalls ausgegrenzt zu werden.
2. Hans A. spendet einen stattlichen Geldbetrag für hungernde Kinder, die in einem Dorf im Entwicklungsland V. leben. Er legt großen Wert darauf, dass sein Name nicht öffentlich bekannt gemacht wird. Er lässt sich aber regelmäßig über die Lage der Kinder unterrichten.
3. Anna G. spendet einen stattlichen Geldbetrag für hungernde Kinder im Entwicklungsland B. Weder wird ihr Name genannt, noch weiß sie, welches Projekt sie genau damit unterstützt.
4. Michael G.s betagte Ehefrau leidet seit Jahren an der Alzheimer-Krankheit. Sie kann sich schon lange nicht mehr allein versorgen und ist nicht einmal mehr in der Lage, ihren Mann zu erkennen. Dennoch möchte er sie nicht in ein Heim geben und pflegt sie aufopferungsvoll.
5. Das Ehepaar M. führt einen Marktstand. Niemals würden diese Leute auch nur auf den Gedanken kommen, die Waren, die sie verkaufen, zu ihren Gunsten falsch abzuwiegen. Im Gegenteil, sie sind dafür bekannt, ihre Kundschaft freundlich zu bedienen, und geben gern auch einmal einige Früchte mehr in die Einkaufstasche.
6. Die beiden befreundeten Familien D. und Z. haben gemeinsam ein Haus gekauft. Nach etwa zwei Jahren denkt sich Frau Z., dass sie zur Pflege der Hausgemeinschaft mehr Zeit mit der anderen Familie verbringen müsste, als ihrer Karriere gut täte. Außerdem entwickeln sich die Kinder von Familie D. nicht so, wie sie sich die Karriereplanung für ihre eigenen Kinder vorstellt. Sie bricht daher den langjährigen Kontakt zu Familie D. von einem Tag auf den anderen ab.

2 Stelle fest, ob es bei den Verhaltensweisen in den Beispielen um altruistisches* oder egoistisches* (eigeninteressiertes) Handeln geht, und begründe deine Entscheidung. Bei welchen Beispielen fällt eine Zuordnung besonders schwer?

M 8 **Egoismus* – eine Frage des Stils?**

3 Charakterisiere die Menschen, die sich durch die Anzeigen in M 8 ansprechen lassen könnten.

4 Diskutiert ausgehend von den Anzeigen, wie verbreitet ein egoistischer Lebensstil in unserer Gesellschaft tatsächlich ist, und beurteilt, ob ein solcher Lebensstil für euch selbst in Frage kommt.

INFO

Der berühmte Philosoph David Hume (1711–1776) aus Schottland galt seinen Zeitgenossen als Mann von Humor und Menschlichkeit. Außerdem war er offenbar ein Meister darin, Freundschaften zu pflegen. Nach allem, was man weiß, trifft das zu, was er am Ende seines Lebens von sich selbst gesagt hat: „Ich war ein Mensch von sanftem und beherrschtem Wesen, von offenem, geselligem Wesen und heiterem Gemüt, wohl der Zuneigung, doch kaum der Feindschaft fähig und von großer Mäßigkeit in allen meinen Leidenschaften.“ Hume hat über viele Themenbereiche geschrieben, z. B. über die menschliche Erkenntnisfähigkeit, die Moral, die Religion, die Unsterblichkeit der Seele, über wirtschaftliche und politische Fragen. Dabei war es ihm sehr wichtig, zu Erkenntnissen zu gelangen, die durch nüchterne Beobachtung abgesichert sind. Albert Einstein und Immanuel Kant zählten zu seinen Bewunderern.

Die Sorge um sich selbst und um andere

M 9

Es ist leicht zu wissen, ob wir uns irgendeiner Unsittlichkeit gegen andere schuldig gemacht haben, wenn wir die natürliche und gewöhnliche Stärke der mannigfachen Neigungen betrachten, die wir ihnen gegenüber haben. Nun scheint es aber, dass in unserer ursprünglichen Gemütsverfassung unser stärkstes Interesse auf uns selbst gerichtet ist. Das nächst starke geht auf Verwandte und Bekannte; und das schwächste erst gilt Fremden und gleichgültigen Personen. Diese Parteilichkeit und Ungleichheit der Zuneigung nun muss nicht nur unser Betragen und Benehmen in der Gesellschaft beeinflussen, sondern auch unsere Vorstellungen von Laster und Tugend; sie lässt uns jede merkliche Überschreitung jenes [natürlichen] Grades der Parteilichkeit, sei es durch zu große Erweiterung oder durch zu große Einschränkung der Zuneigungen, schlecht und unsittlich erscheinen. Dies können wir an unserer gewöhnlichen Beurteilung von Handlungen beobachten. Wir tadeln denjenigen, der alle seine Zuneigung auf seine Familie konzentriert; aber auch denjenigen, der so achtlos gegen dieselbe ist, dass er bei einem Gegensatz der Interessen einen Fremden oder eine zufällige Bekanntschaft bevorzugt.

David Hume, 1740

5 Fasse Humes Aussagen zum menschlichen Egoismus und Altruismus zusammen. Welche Unterscheidungen nimmt er vor?

6 Diskutiert die Auffassung Humes zur begrenzten Fähigkeit des Menschen, altruistisch zu handeln.

7 Formuliere deinen ersten Eindruck von Paul Klees Radierung.

8 Schreibe einen kurzen Text (ca. eine DIN A4-Seite) über die Aussage der Radierung. Geh darin auf die Frage ein, ob und in welcher Hinsicht das Verhalten der beiden abgebildeten Männer etwas mit Egoismus (siehe S. 107) zu tun hat.

M 10

Paul Klee (1879–1940): Zwei Männer, einander in höherer Stellung vermutend, begegnen sich.

Zwei Formen der Motivation

Beeinflussung des Verhaltens über Anreize*

Möchte man z. B. erreichen, dass die Bürger schonender mit der Umwelt umgehen, kann man versuchen, ihre Einstellung zur Natur zu ändern. Eine zweite Möglichkeit besteht darin, wirtschaftliche Anreize zu einem umweltfreundlicheren Verhalten bereitzustellen. Nach Auskunft von Wirtschaftswissenschaftlern kann das Verhalten der Menschen im Allgemeinen leichter durch Anreize, d. h. durch die Veränderung der Handlungsmöglichkeiten, beeinflusst werden als durch den Versuch, auf ihre Wertvorstellungen einzuwirken. Ziel von Anreizen ist es, zu erreichen, dass sie im eigenen Interesse auf die gewünschte Weise handeln. Ein extremer Gegensatz zu diesem Vorgehen ist in dem Bemühen totalitärer Staaten zu sehen, einen in erster Linie gemeinschaftsorientierten „neuen Menschen" zu schaffen.
Vielfach bestehen Anreize in der Erwartung, einen bestimmten Geldbetrag zu erhalten oder nachgelassen zu bekommen. Anreize dieser Art nennt man „monetäre Anreize" (von lat. „moneta" = Münze). Auch Erwartungen anderer Formen der Belohnung können als Anreize betrachtet werden, wie beispielsweise die Aussicht, einen zusätzlichen freien Tag zu bekommen.

M 11 Umweltverschmutzung

1 Geh von dem Foto aus und sammle Beispiele für umweltschädliches Verhalten.

2 Wie lässt sich dieses Verhalten erklären? Orientiere dich bei deinen Überlegungen an deinen Beispielen.

3 Nehmt einmal an, die Klassenzimmer eurer Schule würden von Schülern regelmäßig sehr verschmutzt (vielleicht ist es auch wirklich so). Überlegt, ob das ein Problem ist, und stellt ggf. sinnvolle Maßnahmen zu seiner Behebung zusammen.

M 12 Für eine saubere Schule

Das Hegau-Gymnasium räumt auf – Aktion der Schüler

„Unsere Schule muss wieder sauber werden." Dies dachte sich die Schülermitverwaltung (SMV) des Hegau-Gymnasiums Singen und startete gestern eine weitreichende Aktion. Unter dem Motto „Zaubersauber mit Sauberzauber" wird aufgeräumt.

Die bekannte Melodie Balus des Bären aus dem „Dschungelbuch" klingt aus den Lautsprechern des Hegau-Gymnasiums. Dazu singen Schüler „Probiers mal mit 'nem Putzlappen, mit Wasser und Gemeinschaftssinn". Man sieht Schülerinnen als Putzfeen verkleidet, und die Putzilei patrouilliert durch die Klassen. Vor allem durch die neue Mensa der Schule waren die Gänge und die Klassenzimmer immer dreckiger geworden. Daher beschloss die SMV des Hegau-Gymnasiums eine über alle Klassenstufen reichende Putzaktion. Und da putzen kein sehr populärer Zeitvertreib ist, wurde ein witziges und umfassendes Rahmenprogramm entworfen.

Wochenlang arbeiteten Gruppen der SMV an einem musikalischen Jingle, der die Schülerinnen und Schüler des Gymnasiums nun täglich bis zum Ende der Aktion am 14. Februar begleiten wird. Überall kann man selbstgemachte Plakate sehen, die jeden in der Schule an das gründliche Putzen erinnern sollen.

Angetan von der Idee unterstützen die Lehrer der Schule die SMV und sicherten ihre Unterstützung zu. Von der puren Toleranz der Aktion, die auch Unterrichtszeit kostet, bis hin zu einem geplanten Auftritt eines Lehrers im Generalskostüm, der Aktionismus der Schüler steckt die Lehrer an. Selbst eine bekannte Firma für Putzmittel unterstützt die Schule palettenweise mit Putzmitteln. Gratis, selbstverständlich.

Ein ganz besonderer Anreiz wird der saubersten Klasse aus jeder Stufe versprochen. Ein Wandertag in die Berge soll es werden, als kleine Anspielung auf den Namen des Putzmittels „Bergfrühling". Damit alle auch genügend angespornt sind, wird eine Liste in der Schule veröffentlicht, auf der jeder Schüler sehen kann, wie sauber denn nun sein Klassenraum im Vergleich zu den anderen ist. Eine Aktion, die Schule machen soll, vielleicht auch schulübergreifend. So hofft es Michael Bura (19), Sprecher der Aktion.

Florian Ammon, 2007

Schüler des Hegau-Gymnasiums in Singen (Htwl.)

4 Stelle dar, wie die Schülermitverwaltung (SMV) die Mitschüler dazu bewegen möchte, vermehrt auf Sauberkeit in der Schule zu achten.

5 Nimm Stellung zu dem Vorgehen der SMV.

Über Anreize das Umweltverhalten verbessern

M 13

Wie bereits erwähnt, werden in der Umweltökonomie vielerlei Maßnahmen vorgeschlagen, um den Konflikt zwischen umweltschädigendem Eigennutz und umweltfreundlichem Allgemeinnutzen zu überwinden. Insbesondere stehen eine Reihe von wirksamen Instrumenten der Umweltpolitik zur Verfügung, die den Einzelpersonen die notwendigen Anreize vermitteln, sich zum eigenen Vorteil umweltschützend zu verhalten. Genannt seien Umweltabgaben für diejenigen, die die Umwelt durch ihre produktive oder konsumptive Tätigkeit belasten (sie werden auch als Umweltsteuern, Emissionsabgaben oder Umweltgebühren bezeichnet), sowie die Einführung von handelbaren Umweltlizenzen, die nur insoweit eine Belastung der Natur zulassen, als dafür gegen Bezahlung ein Zertifikat erworben worden ist. Beide Instrumente sollten mit dem heutigen Zustand verglichen werden, in welchem die Umwelt kostenlos geschädigt werden kann. Die Einführung von Preisen bewirkt, dass dem Einzelnen die Belastung der Natur Kosten bereitet. Im eigenen Interesse werden diese Kosten zu vermeiden versucht, d. h. die Menschen beginnen sich umweltfreundlicher zu verhalten.

Bruno S. Frey, 1990

6 Suche aus dem Text M 13 die Wörter heraus, die dir unbekannt sind. Schlage (z. B. im Internet) ihre Bedeutung nach und gib den Inhalt des Textes in eigenen Worten wieder.

7 Untersuche, welche Auffassung vom menschlichen Verhalten hinter dem steht, was Frey zur Bedeutung von Anreizen schreibt.

M 14 Motivation, die von innen kommt

Der Mensch tut vieles einfach aus sich selbst heraus (intrinsische Motivation*); er handelt nicht nur, weil er dazu von außen einen – oft monetären [geldbezogenen] – Anreiz erhält (extrinsische Motivation*).

Es lassen sich drei wichtige Ausformungen der intrinsischen Motivation unterscheiden:

Erstens kann eine Tätigkeit selbst Vergnügen bereiten, d. h. ein „freudiges Fluss-Erlebnis“ ermöglichen. Beispiele sind Skilaufen, Musizieren oder das Lesen eines spannenden Romans.

Zweitens kann es um das Einhalten von Normen um ihrer selbst willen gehen. Es können dies ethische Normen sein, z.B. anderen Personen nicht mutwillig zu schaden. In Organisationen sind darüber hinaus Fairness-Normen und Gruppenzugehörigkeits-Normen („Teamgeist“) von besonderer Bedeutung.

Drittens kann es sich um das Erreichen eines selbstgesetzten Ziels handeln, auch wenn der Weg zum Ziel alles andere als lustvoll ist, z.B. das Erstellen einer Examensarbeit oder das Besteigen eines Berges.

Intrinsische und extrinsische Motivation lassen sich nicht einfach zusammenzählen. Sie sind unter bestimmten Bedingungen negativ miteinander verknüpft: Von außen kommende Eingriffe können die intrinsische Motivation beeinträchtigen. Kinder, die sich ursprünglich für ihre Schularbeiten interessierten, verlieren einen Teil des Interesses, wenn ihnen eine Belohnung für die Erfüllung der Aufgabe in Aussicht gestellt wird. Die Eltern erreichen damit, dass das Kind fast nur noch gegen Geld Schularbeiten macht. Damit ist ein Verdrängungseffekt eingetreten. Im schlimmsten Fall stellt das Kind auch den Müll nur noch gegen Entgelt vor die Haustür.

Bruno S. Frey, 2001

8 Erkläre in eigenen Worten, was Frey unter „intrinsischer“ und „extrinsischer“ Motivation versteht. Nenne Tätigkeiten, die du ausführst, ohne dass es dafür einen äußeren Anreiz gibt.

9 Finde für jeden der drei Punkte weitere Beispiele.

10 Betrachte noch einmal deine Beispiele umweltschädigenden Verhaltens (s. S 110). Mache vernünftige Vorschläge, wie man dieses Verhalten in Zukunft korrigieren könnte. Ziehe dabei die beiden Texte von Frey heran.

11 Vergleiche die Auffassungen über Anreize, die Frey in M 13 und M 14 vertritt. Welcher Unterschied in der Einschätzung der Rolle von Anreizen fällt dir auf? Prüfe, ob sich die beiden Texte widersprechen.

12 Der Verfasser behauptet im letzten Absatz von M 14, dass Anreize die intrinsische Motivation „verdrängen“ (Z. 31) können. Erläutere, was er damit genau meint.

M 15 Wie sind Hilfestellungen in Internetforen motiviert?

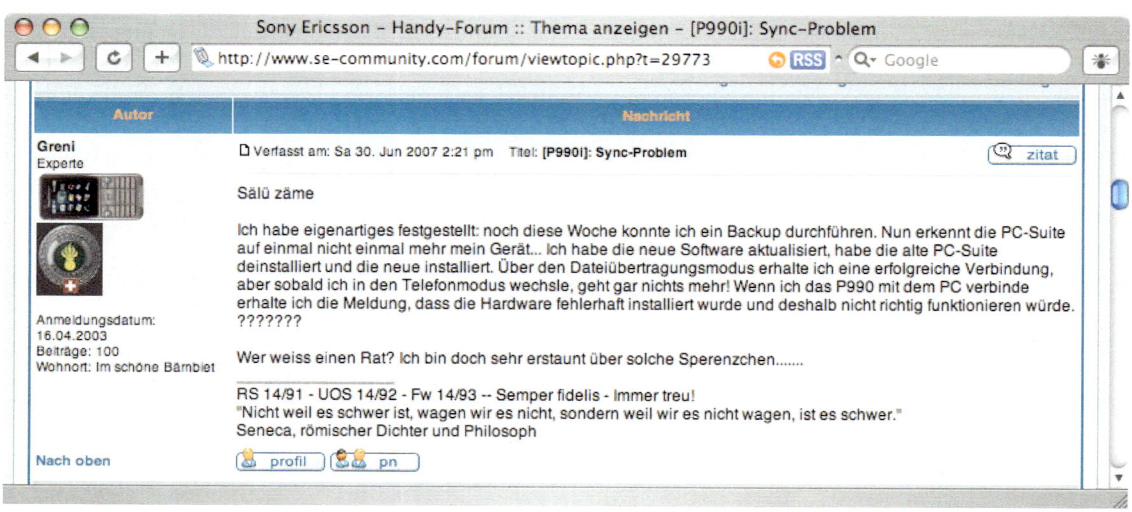

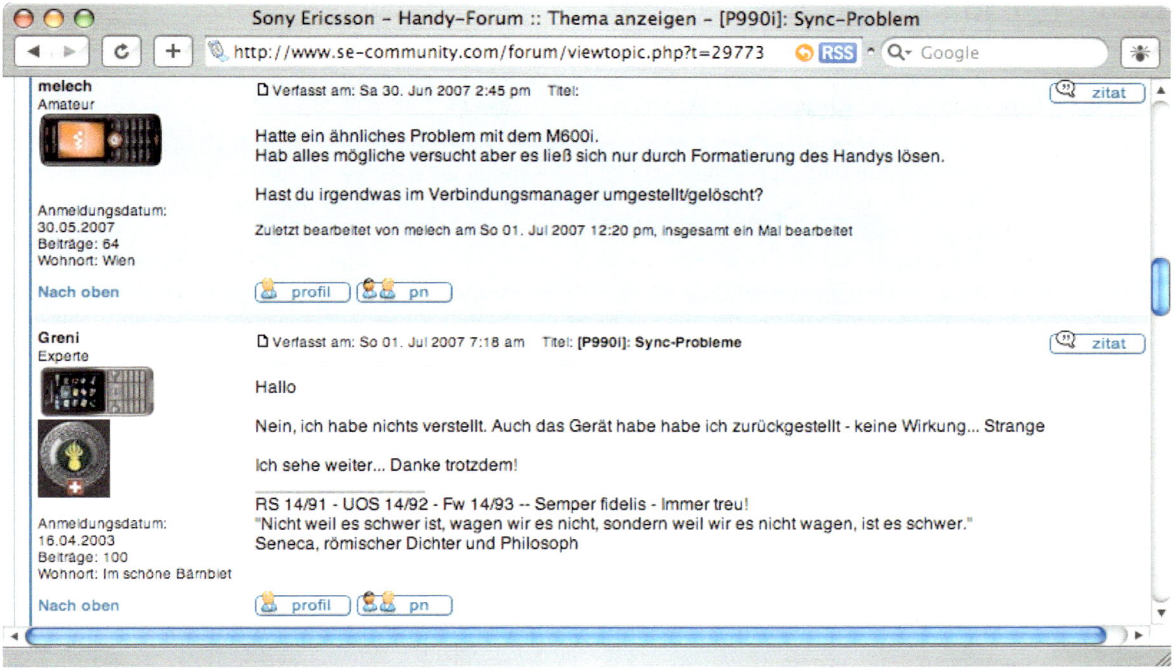

13 Tauscht eure Erfahrungen über den Besuch von Internetforen aus und sprecht darüber, inwieweit solche Foren bei der Lösung technischer Probleme, z. B. bei Computerproblemen, helfen können.

14 Beurteile, inwiefern die Hilfestellungen, die dort gegeben werden, intrinsischer oder extrinsischer Natur sind.

15 Diskutiert, was Schüler dazu anregen kann, am Wettbewerb „Jugend forscht" teilzunehmen. Was gibt dabei wohl den Ausschlag?

16 Beurteile vor dem Hintergrund der Unterscheidung zwischen extrinsischer und intrinsischer Motivation die Art und Weise, wie Lehrer an Schulen typischerweise versuchen, die Leistungsbereitschaft der Schüler zu fördern. Schreibe hierzu einen Text von ein bis zwei Seiten.

Warum forschen Jugendliche?

M 16

Eine Liebe in Sezuan

M 17 Welche Chance hat die Liebe in Sezuan?

Der arbeitslose Pilot Sun kommt in den Tabakladen, den Shen Te dank der finanziellen Zuwendung der Götter eröffnen konnte. Sun, in den sich Shen Te verliebt hat, hofft, sie dazu bewegen zu können, ihm 300 Silberdollar zu geben, damit er in Peking eine Stelle als Flieger antreten kann. 200 hat er von ihr schon zu einem früheren Zeitpunkt geliehen bekommen, so dass er dann genügend Geld hätte, um den Hangarverwalter in Peking zu bestechen.
In dem Laden trifft er Shui Ta, den er nicht als Shen Te erkennt. Anwesend ist auch die Witwe Shin, die sich bei Shen Te gleichsam eingemietet hat. Es ergibt sich ein Gespräch, in dessen Verlauf Sun Shui Ta gegenüber zu erkennen gibt, dass er nichts dagegen einzuwenden hätte, wenn Shen Te den Laden verkaufte, um ihm zu der Stelle zu verhelfen. Von den 500 Silberdollar wäre allerdings – wie Shui Ta gegenüber Sun bemerkt – noch nicht die Reise für zwei Personen nach Peking und die erste Zeit zu zweit abgedeckt. Shui Ta fragt Sun, wie viel Geld er dafür vorgesehen habe. Dieser antwortet auf eine wenig ermutigende Weise.

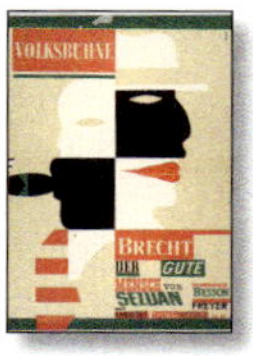

SUN Jedenfalls werde ich es auftreiben, und wenn ich es stehlen müsste!

SHUI TA Ach so, auch diese Summe müsste erst aufgetrieben werden?

SUN Kipp nicht aus den Schuhen, Alter. Ich komme schon nach Peking.

SHUI TA Aber für zwei Leute kann es nicht so billig sein.

SUN Zwei Leute? Das Mädchen lasse ich doch hier. Sie wäre mir in der ersten Zeit nur ein Klotz am Bein.

SHUI TA Ich verstehe.

SUN Warum schauen Sie mich an wie einen undichten Ölbehälter? Man muss sich nach der Decke strecken.

SHUI TA Und wovon soll meine Kusine leben?

SUN Können Sie nicht etwas für sie tun?

SHUI TA Ich werde mich bemühen. *Pause.* Ich wollte, Sie händigten mir die 200 Silberdollar wieder aus, Herr Yang Sun, und ließen sie hier, bis Sie imstande sind, mir zwei Billetts nach Peking zu zeigen.

SUN Lieber Schwager, ich wollte, du mischtest dich nicht hinein.

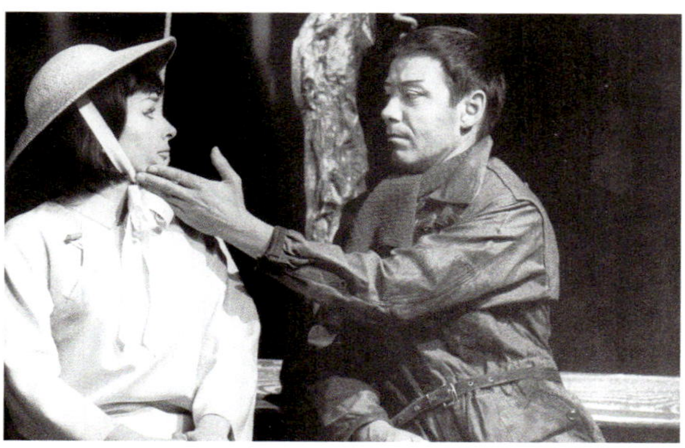

SHUI TA Fräulein Shen Te ...

SUN Überlassen Sie das Mädchen ruhig mir.

SHUI TA ... wird vielleicht ihren Laden nicht mehr verkaufen wollen, wenn sie erfährt ...

SUN Sie wird auch dann.

SHUI TA Und von meinem Einspruch befürchten Sie nichts?

SUN Lieber Herr!

SHUI TA Sie scheinen zu vergessen, dass sie ein Mensch ist und eine Vernunft hat.

SUN *belustigt:* Was gewisse Leute von ihren weiblichen Verwandten und der Wirkung vernünftigen Zuredens denken, hat mich immer gewundert. Haben Sie schon einmal von der Macht der Liebe oder dem Kitzel des Fleisches gehört? Sie wollen an ihre Vernunft appellieren? Sie hat keine Vernunft! Dagegen ist sie zeitlebens misshandelt worden, armes Tier! Wenn ich ihr die Hand auf die Schulter lege und ihr sage „Du gehst mit mir“, hört sie Glocken und kennt ihre Mutter nicht mehr.

SHUI TA *mühsam:* Herr Yang Sun!

SUN Herr ... Wie-Sie-auch-heißen-mögen!

SHUI TA Meine Kusine ist Ihnen ergeben, weil ...

SUN Wollen wir sagen, weil ich die Hand am Busen habe? Stopf's in deine Pfeife und rauch's! *Er nimmt sich noch eine Zigarre, dann steckt er ein paar in die Tasche, und am Ende nimmt er die Kiste unter den Arm.* Du kommst zu ihr nicht mit leeren Händen: Bei der Heirat bleibt's. Und da bringt sie die 300, oder du bringst sie, oder sie, oder du! *Ab.*

DIE SHIN *steckt den Kopf aus dem Gelass:* Keine angenehme Erscheinung! Und die ganze Gelbe Gasse weiß, dass er das Mädchen vollständig in der Hand hat.

SHUI TA *aufschreiend:* Der Laden ist weg! Er liebt nicht! Das ist der Ruin. Ich bin verloren! *Er beginnt her-*

umzulaufen wie ein gefangenes Tier, immerzu wiederholend: „Der Laden ist weg!", *bis er plötzlich stehenbleibt und die Shin anredet:* Shin, Sie sind am Rinnstein aufgewachsen, und so bin ich es. Sind wir leichtfertig? Nein. Lassen wir es an der nötigen Brutalität fehlen? Nein. Ich bin bereit, Sie am Hals zu nehmen und Sie so lang zu schütteln, bis Sie den Käsch ausspucken, den Sie mir gestohlen haben, Sie wissen es. Die Zeiten sind furchtbar, diese Stadt ist eine Hölle, aber wir krallen uns an der glatten Mauer hoch. Dann ereilt einen von uns das Unglück: er liebt. Das genügt, er ist verloren. Eine Schwäche, und man ist abserviert. Wie soll man sich von allen Schwächen freimachen, vor allem von der tödlichsten, der Liebe? Sie ist ganz unmöglich! Sie ist zu teuer! Freilich, sagen Sie selbst, kann man leben, i m m e r auf der Hut? Was ist das für eine Welt?

[1544-1546]

1 Spielt das Gespräch nach, indem ihr versucht, in Gestik und Aussprache den Charaktermerkmalen der beiden Figuren gerecht zu werden.

2 Versetze dich in die Lage Shen Tes und schreibe einen Brief an Sun, in welchem sie sich zu seinem Denken und Verhalten äußert.

3 Stelle dir eine Person vor, die heiraten möchte und eine Partnerin (einen Partner) sucht, die (den) sie wirklich liebt. Erfinde eine entsprechende Heiratsannonce, die in einer Tageszeitung erscheinen könnte. Versetze dich dann in die Situation einer Person, die in finanziellen Schwierigkeiten steckt und die durch eine Heirat mit einer wohlhabenden Person dieses Problem lösen möchte. Formuliere auch für sie eine Heiratsanzeige. Vergleicht die Annoncen und stellt fest, ob und woran der Leser die Motive erkennen kann.

4 Versuche in eigenen Worten zu erklären, was Shui Ta meint, wenn er die Liebe ein „Unglück" (Z. 66) nennt.

Kalkulierte Liebe

M 18

Shen Te glaubt im Gegensatz zu Sun an die „reine", die „romantische" Liebe. Dabei wird deutlich, dass Suns Standpunkt in dem Stück nicht gerade günstig beurteilt wird. Manche moderne Wissenschaftler hingegen versehen die Vorstellung der romantischen Liebe mit einem Fragezeichen.

Warum man überhaupt eine Partnerschaft eingehen soll, liegt für Dichter und Poeten auf der Hand, Wirtschaftswissenschaftler (Ökonomen) schauen aber lieber zweimal hin. Doch auch sie finden eine Menge Argumente für das Leben zu zweit: Neben den Vorteilen aus der häuslichen Arbeitsteilung sind das beispielsweise auch die Vorteile aus gemeinsamen Anschaffungen: Während der Single seine Spülmaschine allein zahlt und nutzt, nutzt das Pärchen diese gemeinsam – und zahlt damit pro Kopf weniger für solche teuren Anschaffungen.

Am stärksten macht sich dieser Fixkostenvorteil bei den Kosten der gemeinsamen Wohnung bemerkbar: Pro Kopf gerechnet, zahlen Pärchen einen wesentlich geringeren Quadratmeterpreis an Miete als Singles. Doch nicht nur das, eine Heirat kann bares Geld bedeuten: Ökonomen zeigen, dass verheiratete Männer ein signifikant höheres Einkommen haben als ihre ledigen Geschlechtsgenossen. Allerdings muss man hier ein wenig am Ursache-Wirkungs-Zusammenhang rütteln: Macht eine Ehe produktiver – beispielsweise durch die Unterstützung des Partners –, dann dürfte sich das auch im Gehalt niederschlagen. Vielleicht werden Ehemänner ja auch deswegen produktiver, weil sie mehr Verantwortung tragen. Allerdings ist auch denkbar, dass produktivere Männer – warum auch immer – bei Frauen begehrter sind, dann dreht sich die Ursache-Wirkungs-Beziehung praktisch um: Wer ein hohes Gehalt hat, weil er produktiv ist, findet leichter den Weg in den Ehehafen.

Hanno Beck, 2005

5 Fasse den Inhalt von M 18 stichwortartig zusammen.

6 Entwerft ein Streitgespräch zwischen einem Befürworter einer wirtschaftlichen Betrachtsweise von Partnerschaften und einem Anhänger der romantischen Liebe.

7 Beurteile Shen Tes Verhältnis zu Sun M 17.

Kann der Egoismus* wohltätig sein?

M 19 Ein hilfreiches Angebot?

1 Erkläre die Pointe der Karikatur und prüfe, ob es Parallelen zwischen Suns Einstellung (M 17) und der Person am Geländer gibt.

2 Diskutiert, wie verbreitet die Bereitschaft der Menschen ist, in Situationen wie dieser zu helfen.

INFO

Adam Smith lebte von 1723 bis 1790. Er wurde 1752 Professor für Moralphilosophie an der Universität Glasgow. Seine großen Arbeiten „Die Theorie der ethischen Gefühle“ und „Der Wohlstand der Nationen“ werden heute noch an Universitäten studiert. Letzteres gilt als das Werk, das die moderne Volkswirtschaftlehre begründet hat. Adam Smith war gut befreundet mit dem schottischen Philosophen David Hume (s. S. 108), aber anders als dieser ein eher zurückgezogener Mensch.

M 20 Die wohltätige Wirkung des Eigeninteresses

Fast jedes Tier ist völlig unabhängig und selbständig, sobald es ausgewachsen ist, und braucht in seiner natürlichen Umgebung nicht mehr die Unterstützung anderer. Dagegen ist der Mensch fast immer auf Hilfe angewiesen, wobei er jedoch kaum erwarten kann, dass er sie allein durch das Wohlwollen der Mitmenschen erhalten wird. Er wird sein Ziel wahrscheinlich viel eher erreichen, wenn er deren Eigenliebe zu seinen Gunsten zu nutzen versteht, indem er ihnen zeigt, dass es in ihrem eigenen Interesse liegt, das für ihn zu tun, was er von ihnen wünscht. Jeder, der einem anderen irgendeinen Tausch anbietet, schlägt vor: Gib mir, was ich wünsche, und du bekommst, was du benötigst. Das ist stets der Sinn eines solchen Angebotes, und auf diese Weise erhalten wir nahezu alle guten Dienste, auf die wir angewiesen sind. Nicht vom Wohlwollen des Metzgers, Brauers oder Bäckers erwarten wir das, was wir zum Essen brauchen, sondern davon, dass sie ihre eigenen Interessen wahrnehmen. Wir wenden uns nicht an ihre Menschen- sondern an ihre Eigenliebe, und wir erwähnen nicht die eigenen Bedürfnisse, sondern sprechen von ihrem Vorteil.

Adam Smith, 1776

3 Wie ist es nach Smith zu erklären, dass Menschen in Tauschbeziehungen zueinander treten?

4 Inwiefern kann man mit Smith behaupten, dass vom Eigeninteresse eine wohltätige Wirkung ausgehe?

5 Vergleiche die Aussagen Smiths mit denen Humes (M 9).

Gesellschaftliche Normen und Ehrenkodizes

*Gesellschaftliche Normen** (Singular: die Norm, von lat. norma = Richtschnur, Regel, Vorschrift) erkennt man daran, dass bei Verstößen gegen sie Sanktionen erfolgen. Solche Sanktionen können rechtlicher Natur sein, wie z. B. ein Bußgeld. Sanktionen können aber auch Privatpersonen erteilen. Wenn etwa ein Raucher in einem Restaurant von anderen Gästen mit abschätzigen Blicken darauf aufmerksam gemacht wird, dass sie das Rauchen nicht billigen, so erteilen sie damit ebenfalls eine Sanktion. Normen können auch verinnerlicht sein; dann halten sich Menschen an sie, ohne dass sie dabei versuchen, Sanktionen durch andere Personen zu vermeiden. Sie finden es aus sich heraus richtig, sich an ihnen zu orientieren.
Ehrenkodizes (Singular: Ehrenkodex) sind Bündel von Normen, bei deren Erfüllung oder Nichterfüllung die Ehre auf dem Spiel steht. Z. B. kann es ein Winzer für Ehrensache halten, dass er seinem Wein keine unerlaubten Flüssigkeiten beimischt. Ein sehr extremes Beispiel für die Erfüllung eines Ehrenkodex ist die Blutrache, die in einigen Gesellschaften auch heute noch ausgeübt wird. Zur Unterscheidung von Normen und Maximen vgl. S. 92.

Beurteilung des Egoismus

M 21

Egoismus hat einen schlechten Ruf, aber verglichen mit einigen anderen Motivationen kann er absolut wohltätig erscheinen. Wenn die Leute durch Neid, Bosheit und Eifersucht motiviert sind, haben sie einen Anreiz, das Wohlergehen anderer Leute zu beeinträchtigen. Besser als die anderen zu sein, indem man die eigene Leistung verbessert, ist ein schwieriges Unterfangen. Ein Leichtes ist es, der Konkurrenz ein Bein zu stellen. Sich am Missgeschick anderer zu erfreuen, ist wahrscheinlich verbreiteter, als es aktiv zu befördern; aber manchmal strengen sich die Menschen besonders an, andere zu verletzen, ohne für sich einen eigenen Gewinn zu verbuchen. Wenn ein Gut – wie z. B. die Vormundschaft über ein Kind – zwischen den Klägern nicht aufgeteilt werden kann, lautet eine Antwort: „Wenn ich es nicht haben kann, soll es keiner haben." Bedrückend ist es, dass in vielen bäuerlichen Gesellschaften die Menschen, die mehr leisten als andere, oft der Hexerei beschuldigt und auf das Niveau der anderen heruntergezogen oder tatsächlich unter dieses Niveau gedrückt werden. Vor diesem Hintergrund kann erbarmungsloser Egoismus eine befreiende Wirkung haben.
Egoismus funktioniert jedoch am besten, wenn er mit ein wenig Ehrenhaftigkeit kombiniert ist. Ehrenhaftigkeit sollte nicht mit Altruismus* verwechselt werden. Ich halte mein Versprechen, das ich dir gegeben habe, nicht, weil ich mich um dein Wohlergehen sorge, sondern weil ich mich um mein Ansehen als eine ehrenhafte Person sorge. Mörderischer Wettbewerb auf einem Markt kann mit Normen der Ehrenhaftigkeit und des Einhaltens von Versprechen einhergehen. Ohne durch gesellschaftliche Normen und minimale Ehrenkodizes eingeschränkt zu sein verwandelt sich Egoismus in Opportunismus. Dieser ist eine hässliche Kreatur, nicht weniger unerfreulich in seinem Erscheinungsbild und seinen Folgen als der Neid.

Jon Elster, 1989

6 Stelle eine Liste mit wirklichkeitsnahen Beispielen für Neid, Bosheit und Eifersucht zusammen.

7 Was haben Elster zufolge Neid, Boshaftigkeit und Eifersucht gemeinsam? Wie unterscheiden sie sich vom Egoismus?

8 Stelle in eigenen Worten dar, inwiefern nach Elster der Egoismus eine „befreiende Wirkung" (Z. 22) entfalten kann.

9 Worin liegt nach Auffassung Elsters der Unterschied zwischen Egoismus und Opportunismus? Zeige anhand des Textes, welche Rolle gesellschaftliche Normen bei dieser Unterscheidung spielen.

10 Wie grenzt Elster „Altruismus" von „Ehrenhaftigkeit" ab?

11 Nenne a) Beispiele für Normen, an die sich viele Geschäftsleute halten, und b) Beispiele für Zynismus und Opportunismus im Wirtschaftsleben.

12 Wie würdest du Suns Einstellung (M 17) charakterisieren, wenn du von M M 21 ausgehst: Ist sie egoistisch, opportunistisch oder boshaft? Begründe deine Entscheidung.

Die Frage nach dem (richtigen) Staat

Der englische Philosoph Thomas Hobbes (1588–1679; s. auch S. 72) untersuchte, weshalb überhaupt ein Staat notwendig ist und welche Aufgaben er wahrnehmen sollte. Dabei legte er dar, wie der Naturzustand* aussehen müsste, d. h. der Zustand, in dem wir uns befänden, wenn es *keinen* Staat gäbe. Unter diesen Bedingungen herrscht nach Hobbes ein „Krieg aller gegen alle", was nicht unbedingt bedeute, dass alle immer kämpften, aber dass zumindest jederzeit mit gewaltsamen Übergriffen gerechnet werden müsse. Das Leben im Naturzustand sei letztlich „einsam, kümmerlich, roh und kurz" („solitary, poor, nasty, brutish, and short").

M 22 Leben im Naturzustand

Hierauf gründet sich nun die Hoffnung, die ein jeder zur Befriedigung seiner Wünsche hegt. Sooft daher zwei ein und dasselbe wünschen, dessen sie aber beide nicht zugleich teilhaftig werden können, so wird einer des andern Feind, und um das gesetzte Ziel, welches mit der Selbsterhaltung immer verbunden ist, zu erreichen, werden beide danach trachten, sich den andern entweder unterwürfig zu machen oder ihn zu töten. Sooft daher jemand ein etwas einträglicheres Stück Land besitzt, es besät, bepflanzt und bebaut hat und sein Nachbar Lust bekommt, ihn anzugreifen, weil er nur den Widerstand dieses einen und sonst nichts zu fürchten hat, so muss er nur die freiwillige Beihilfe anderer abwarten, um jenem nicht nur bloß die ganze Frucht seiner Arbeit, sondern auch Leben und Freiheit zu rauben: Indes werden sie, sobald Stärkere über sie kommen, ein Gleiches erleiden müssen. [...] Was mit dem Kriege aller gegen alle verbunden ist, das findet sich auch bei den Menschen, die ihre Sicherheit einzig auf ihren Verstand und auf ihre körperlichen Kräfte gründen müssen. Da findet sich kein Fleiß, weil kein Vorteil davon zu erwarten ist; es gibt keinen Ackerbau, keine Schifffahrt, keine bequemen Wohnungen, keine Werkzeuge höherer Art, keine Länderkenntnis, keine Zeitrechnung, keine Künste, keine gesellschaftlichen Verbindungen; statt dessen ein tausendfaches Elend; Furcht, gemordet zu werden; stündliche Gefahr; ein einsames, kümmerliches, rohes und kurz dauerndes Leben.

Thomas Hobbes, 1668

Der Bürgerkrieg in Somalia soll schon bis zu einer Million Bewohnern des Landes das Leben gekostet haben. Bürgerkriege veranschaulichen, wie sich Hobbes den Naturzustand vorstellte.

1 Nenne Situationen, in denen „zwei ein und dasselbe wünschen, dessen sie aber beide nicht zugleich teilhaftig werden können" (Z. 3ff.). Greife nach Möglichkeit auf deine eigene Lebenserfahrung zurück.

2 Finde Stellen im Text, die darauf hinweisen, wie Hobbes die Natur des Menschen betrachtete. Zeige dabei, welche Rolle das menschliche Streben nach Selbsterhaltung in seiner Charakterisierung des Naturzustandes spielt.

3 Diskutiert, ob ein staatsloser Zustand, d. h. eine Anarchie, erstrebenswert ist.

4 Für Hobbes liegt es im Interesse eines jeden, dass es einen Staat gibt. Erläutere diesen Standpunkt anhand seiner Beschreibung des Naturzustandes.

5 Versuche den Hobbes'schen Naturzustand zu beschreiben, indem du dich auf Begriffe stützt, die du im Zusammenhang mit dem Gefangenendilemma und dem Thema „Anreize" kennengelernt hast (siehe M 4, M 5, M 6 und den Text zu Anreizen, S. 110).

Nach Hobbes ist eine in ihren Machtbefugnissen uneingeschränkte Regierung notwendig, um den Naturzustand zu überwinden und den Bürgern Frieden und Schutz zu gewähren. Er lehnte jede Teilung der Staatsgewalt ab und fand auch, dass Staat und Kirche eine Einheit bilden sollten. Es dürfe keine vom Staat unabhängige Kirche geben, und die Regierung habe zu bestimmen, wie die Bibel auszulegen sei. Eine sehr extreme und selten vertretene Alternative zu Hobbes' Lehre von einem „starken" Staat ist der *Anarchismus*, d.h. die Lehre, nach der es gar keiner Staatsgewalt bedürfe. Von den Anarchisten wiederum unterscheiden sich die Denker, die einen *Minimalstaat* fordern, wie z.B. der amerikanische Philosoph Robert Nozick (1938–2002). In dem Vorwort zu seinem Buch „Anarchie, Staat, Utopia" umreißt er seine Sichtweise in knappen Worten.

Der Minimalstaat

M 23

Die Menschen haben Rechte, und einiges darf ihnen kein Mensch und keine Gruppe antun (ohne ihre Rechte zu verletzen). Diese Rechte sind so gewichtig und weitreichend, dass sie die Frage aufwerfen, was der Staat und seine Bediensteten überhaupt tun dürfen. Wie viel Raum lassen die Rechte des Einzelnen für den Staat? [...]

Unsere Hauptergebnisse bezüglich des Staates lauten, dass ein Minimalstaat, der sich auf einige eng umgrenzte Funktionen wie den Schutz gegen Gewalt, Diebstahl, Betrug oder die Durchsetzung von Verträgen beschränkt, gerechtfertigt ist; dass jeder darüber hinausgehende Staat Rechte der Menschen, zu gewissen Dingen nicht gezwungen zu werden, verletzt und damit ungerechtfertigt ist; und dass der Minimalstaat durchaus attraktiv wie auch das Rechte ist. Zwei interessante Folgerungen sind, dass der Staat seinen Zwangsapparat nicht dazu verwenden darf, einige Bürger dazu zu bringen, anderen zu helfen, und ebenso wenig dazu, den Menschen um ihres eigenen Wohles oder Schutzes willen etwas zu verbieten. Obwohl nur die mit Zwang verbundenen, nicht die freiwilligen Wege zu diesen Zielen ausgeschlossen werden, dürften viele Menschen unsere Ergebnisse auf der Stelle ablehnen, weil sie eine so offensichtliche Gleichgültigkeit gegenüber den Bedürfnissen und dem Leiden anderer einfach nicht akzeptieren wollen. Ich kenne diese Reaktion; sie stellte sich auch bei mir ein, als ich solche Auffassungen zu betrachten begann. Widerstrebend musste ich feststellen, dass mich freiheitliche Auffassungen aufgrund verschiedener Gesichtspunkte und Argumente immer mehr überzeugten.

Robert Nozick, 1974

Wer soll den Armen helfen?

6 Sprecht in der Klasse darüber, ob ihr den Staat eher als eine wohltätige, eine bedrohliche oder als eine neutrale Einrichtung betrachtet.

7 Finde aus M 23 heraus, welchen Zweck Nozick dem Staat zuschreibt.

8 Erläutere anhand von Beispielen, was der Autor meint, wenn er schreibt, der Staat dürfe nicht den Menschen „um ihres eigenen Wohles oder Schutzes willen etwas [...] verbieten" (Z. 20f.).

9 Kannst du diese Position Nozicks befürworten? Nimm Stellung.

10 Aus der Vorstellung eines Minimalstaats folgt nach Nozick, dass der Staat „seinen Zwangsapparat nicht dazu verwenden darf, einige Bürger dazu zu bringen, anderen zu helfen" (Z. 18f.). Informiere dich, ob und inwiefern Staaten, wie etwa die Bundesrepublik Deutschland, von dieser Zielsetzung abweichen.

11 Würde Brecht der Idee eines Minimalstaats zustimmen? Wende dich den Stellen aus „Der gute Mensch von Sezuan" zu, die du in diesem Kapitel findest, und führe Argumente an, die deinen Standpunkt stützen.

M 24 Minimalstaat oder Sozialstaat?

Nozick entwickelte seine Vorstellungen zum Minimalstaat in kritischer Auseinandersetzung mit dem amerikanischen Philosophen John Rawls (1921–2002). Dieser hatte davor eine Theorie der Gerechtigkeit entworfen, in dessen Mittelpunkt das Gedankenmodell des „Schleiers des Nichtwissens*" („veil of ignorance") steht. Die grundlegenden Gesetze einer Gesellschaft sollten so beschaffen sein, als seien sie das Ergebnis einer Übereinkunft von Personen, die über wesentliche Gesichtspunkte ihrer Lebenssituation (z. B. darüber, ob sie der Unterschicht oder Oberschicht angehören) keine Kenntnis haben. Auf welche Art von Verfassung würden sich die Menschen in einem solchen Zustand der Unparteilichkeit einigen – unter der Voraussetzung, dass sie über durchschnittliche Vernunft (Rationalität) verfügten und sich bei ihrer Entscheidung an ihrem eigenen Wohl orientierten? Würden sie etwa einen Minimalstaat errichten wollen, der keinerlei Zwangsabgaben (z. B. Steuern) erhebt, um Sozialleistungen zu erbringen? Nach Rawls keineswegs, denn es ist der Wohlfahrtsstaat skandinavischer Länder, der seinen Vorstellungen am nächsten zu stehen scheint. Auch der Philosoph Wolfgang Kersting (*1946) bedient sich der Gedankenfigur des Schleiers des Nichtwissens, und auch er weicht von der Idee eines Minimalstaats ab.

M 25 Begründung des Sozialstaats durch den „Schleier des Nichtwissens"

Es gibt nicht nur stabilitätspolitische Klugheitsargumente für die Errichtung eines Systems staatlicher Grundversorgung. Man kann einen basalen Sozialstaat [d. h. einen Sozialstaat, der sich an der ausreichenden Versorgung und nicht an einer angestrebten Gleichheit orientiert] durchaus als Organisation politischer Solidarität verstehen und ihm dadurch auch normatives Gewicht verleihen. Man wird diese Entscheidung für eine gemeinschaftlich finanzierte Grundversorgung auch mit Hilfe des Vertragsmodells begründen können. Gehen wir von Entscheidungen unter informationsbeschränkenden Bedingungen aus, lassen wir also die Verfassungswähler im Unklaren über ihre soziale Position, ihre Begabungsausstattung und Familiensituation, dann ist es, selbstinteressiertes Entscheidungsverhalten und durchschnittliche Rationalität unterstellt, nicht unvernünftig anzunehmen, dass sich die Bürger auf ein System der Grundsicherung einigen würden, einen Sockelegalitarismus [d. h. Gleichheit nur bis zu einem bestimmten Sockelbetrag], der Selbstversorgungsunfähigen mit Transferzahlungen unter die Arme greift, die sich an ihren Bedürfnissen orientieren.

(nach) Wolfgang Kersting, 2006

12 Schlage die Bedeutung von Wörtern in M 25 nach, die dir unbekannt sind, und grenze den Standpunkt Kerstings von der Position ab, die Rawls vertritt (M 24).

13 „Ein Sozialstaat ist nur deshalb gerechtfertigt, weil soziale Unruhen drohten, falls die Armut nicht mit staatlichen Mitteln bekämpft würde." Arbeite heraus, wie Kersting eine solche Begründung des Sozialstaats beurteilt.

14 Weshalb setzt er voraus, dass die Individuen hinter dem „Schleier des Nichtwissens" über ihre Begabungen und ihre Familiensituation im Unklaren sind (Z. 14f.)? Welche sozialstaatlichen Maßnahmen könnten sich aus diesen Voraussetzungen ergeben?

15 Die Staatsformen lassen sich – nach dem Grad der sozialen Regulierung – grob wie folgt unterscheiden:
- Minimalstaat
- basaler Sozialstaat
- Wohlfahrtsstaat
- umfassender oder nahezu umfassender Fürsorgestaat (Sozialismus / Kommunismus)

Lege dar, welche Werte (Freiheit, soziale Gleichheit) in den einzelnen Staatsformen bevorzugt werden.

16 Für welche der Staatsformen würdest du dich entscheiden? Begründe deine Antwort.

17 Versuche die Vorstellungen von Rawls, Nozick und Kersting den Staatsformen zuzuordnen.

Erzieht der Kapitalismus zur Unmoral?

„(Du musst) ein Schwein sein“

M 26

Ich war immer freundlich, lieb und nett,
kriegte nie irgend 'ne Frau ins Bett.
Und dann auf Macho, cool und arrogant,
plötzlich kamen sie angerannt.

Und wieder seh' ich wie's im Leben läuft,
wer hart ist, laut und sich besäuft,
kommt bei den Frauen besser an,
wer will schon 'nen lieben Mann?

Daraus ziehst du Konsequenzen
und du schaltest um auf schlecht,
die Welt ist ein Gerichtssaal
und die Bösen kriegen Recht.

Du musst ein Schwein sein in dieser Welt,
Schwein sein.
Du musst gemein sein in dieser Welt,
Gemein sein.
Denn willst du ehrlich durchs Leben geh'n,
Ehrlich.
Kriegst 'nen Arschtritt als Dankeschön,
Gefährlich. [...]

Die Prinzen, 1995

Die Musikgruppe „Die Prinzen“

1 Gib den Inhalt des Songtextes in eigenen Worten wieder und nimm Stellung zu seiner Aussage.

INFO

Kapitalismus

Kennzeichnend für die moderne Marktwirtschaft, den Kapitalismus, ist es, dass Wirtschaftsunternehmen sich nicht in staatlicher Hand, sondern im Privateigentum befinden. Sie stehen untereinander im Wettbewerb, um möglichst hohe Gewinne zu erzielen, d. h. um ihren Gewinn zu maximieren.

Shui Tas Tabakfabrik

M 27

Shui Ta hat inzwischen eine Tabakfabrik eingerichtet, in der bedrückende Verhältnisse herrschen. Sun, dem arbeitslosen Piloten und Geliebten Shen Tes, gelingt es – mit Unterstützung seiner ehrgeizigen Mutter – zum Vorarbeiter befördert zu werden.

Ein Tisch wird aufgestellt, und Shui Ta kommt mit einem Säckchen Geld. Neben dem Aufseher – dem früheren Arbeitslosen – stehend, zahlt er den Lohn aus. Sun tritt vor den Tisch.

DER AUFSEHER Yang Sun – 6 Silberdollar.

SUN Entschuldigen Sie, es können nur 5 sein. Nur 5 Silberdollar. *Er nimmt die Liste, die der Aufseher hält.* Sehen Sie bitte, hier stehen fälschlicherweise sechs Arbeitstage, ich war aber einen Tag abwesend, eines Gerichtstermins wegen. *Heuchlerisch*: Ich will nichts bekommen, was ich nicht verdiene, und wenn der Lohn noch so lumpig ist!

DER AUFSEHER Also 5 Silberdollar! *Zu Shui Ta:* Ein seltener Fall, Herr Shui Ta!

SHUI TA Wie können hier sechs Tage stehen, wenn es nur fünf waren?

DER AUFSEHER Ich muss mich tatsächlich geirrt haben, Herr Shui Ta. *Zu Sun, kalt:* Es wird nicht mehr vorkommen.

SHUI TA *winkt Sun zur Seite:* Ich habe neulich beobachtet, dass Sie ein kräftiger Mensch sind und Ihre Kraft auch der Firma nicht vorenthalten. Heute sehe ich, dass Sie sogar ein ehrlicher Mensch sind. Passiert das öfter, dass der Aufseher sich zuungunsten der Firma irrt?

SUN Er hat Bekannte unter den Arbeitern und wird als einer der ihren angesehen.

SHUI TA Ich verstehe. Ein Dienst ist des andern wert. Wollen Sie eine Gratifikation?

SUN Nein. Aber vielleicht darf ich darauf hinweisen, dass ich auch ein intelligenter Mensch bin. Ich habe eine gewisse Bildung genossen, wissen Sie. Der Aufseher meint es sehr gut mit der Belegschaft, aber er kann, ungebildet wie er ist, nicht verstehen, was die Firma benötigt. Geben Sie mir eine Probezeit von einer Woche, Herr Shui Ta, und ich glaube, Ihnen beweisen zu können, dass meine Intelligenz für die Firma mehr wert ist als meine pure Muskelkraft.

FRAU YANG *zum Publikum*: Das waren kühne Worte, aber an diesem Abend sagte ich zu meinem Sun: „Du bist ein Flieger. Zeig, dass du auch, wo du jetzt bist, in die Höhe kommen kannst! Flieg, mein Falke!" Und tatsächlich, was bringen doch Bildung und Intelligenz für große Dinge hervor! Wie will einer ohne sie zu den besseren Leuten gehören? Wahre Wunderwerke verrichtete mein Sohn in der Fabrik des Herrn Shui Ta!

Sun steht breitbeinig hinter den Arbeitenden. Sie reichen sich über die Köpfe einen Korb Rohtabak zu.

SUN Das ist keine ehrliche Arbeit, ihr! Dieser Korb muss fixer wandern! *Zu einem Kind*: Du kannst dich doch auf den Boden setzen, da nimmst du keinen Platz weg! Und du kannst noch ganz gut auch das Pressen übernehmen, ja, du dort! Ihr faulen Hunde, wofür bezahlen wir euch Lohn? Fixer mit dem Korb! Zum Teufel! Setzt den Großpapa auf die Seite und lasst ihn mit den Kindern nur zupfen! Jetzt hat es sich ausgefaulenzt hier! Im Takt das Ganze! *Er klatscht mit den Händen den Takt, und der Korb wandert schneller.*

FRAU YANG *zum Publikum:* Und keine Anfeindung, keine Schmähung von Seiten ungebildeter Menschen, denn das blieb nicht aus, hielten meinen Sohn von der Erfüllung seiner Pflicht zurück. [1581–1582]

INFO

Bertolt Brecht – ein politischer Schriftsteller

Brechts Werk ist stark von Gedanken des Philosophen Karl Marx (1818–1883) geprägt, die auf eine Überwindung der kapitalistischen Wirtschaftsform und die Errichtung einer sozialistischen Gesellschaft abzielten. Dementsprechend stand Brecht der modernen Marktwirtschaft sehr kritisch gegenüber. In „Der gute Mensch von Sezuan" verkörpert Shen Tes hartherziger „Vetter" Shui Ta auf bewusst überzogene Weise den kapitalistischen Unternehmer. Zugleich war Brecht ein erbitterter Gegner der Politik Adolf Hitlers. Brechts und Marx' Einstellung zum Kapitalismus ist umstritten. Man kann sich sogar fragen, ob sie diese Gesellschaftsform heute noch (nach dem Scheitern so vieler sozialistischer Staaten) in einem so negativen Licht sehen würden.

2 Beschreibe die Verhältnisse in der Tabakfabrik und die Rolle, die Shui Ta in ihr spielt.

3 Lege dar, was Sun wohl bewegt, darauf hinzuweisen, dass er einen zu hohen Lohn erhalten habe, und beurteile sein Verhalten in dieser Szene.

4 Wie ist es zu verstehen, dass Frau Yang sagt, ihr Sohn verfüge über „Bildung", „Intelligenz" und „Pflichterfüllung" (Z. 45, 64)? Versuche, diese Begriffe zu definieren, und überlege, ob sein Verhalten dem entspricht, was du dir unter diesen Begriffen vorstellst.

5 Mit Shui Tas Fabrik soll ein kapitalistischer Betrieb dargestellt werden (siehe den Infokasten „Kapitalismus", S. 121). Arbeite in Anbetracht dieser Szene heraus, welche Charaktereigenschaften und Verhaltensweisen der Kapitalismus aus der Sicht Brechts fördert. Lege eine entsprechende Liste an.

Die Ehrlichen sollen nicht die Dummen sein

M 28

Für den Wirtschaftsethiker Karl Homann (* 1944) ist es falsch, den Unternehmen immer wieder moralische Vorschriften zu machen, um sie vom Egoismus abzubringen. Wichtiger sei es, einen gesetzlichen Rahmen zu schaffen, so dass es sich für die Unternehmen lohnt, sich den moralischen Normen entsprechend zu verhalten.

Ein Unternehmen, das im Wettbewerb kostenträchtige moralische Vor- und Mehrleistungen erbringt, z. B. Sozialleistungen oder Umweltschutz, fällt gegenüber weniger moralischen Wettbewerbern zurück. Das ist das Grundproblem einer modernen Wirtschaftsethik. Das muss uns aber nicht entmutigen, denn es gibt eine Lösung. Unter Bedingungen des – heute internationalen – Wettbewerbs können moralische Normen und Ideale von den einzelnen Unternehmern dann realisiert werden, wenn auch die Konkurrenten dieselben Normen – oder fast dieselben – befolgen müssen. Dafür zu sorgen, ist Aufgabe der nationalen bzw. internationalen Ordnungspolitik, die Vorkehrungen trifft, dass alle Unternehmen (fast) den gleichen Regeln folgen müssen. [...]

Die Aufgabe von Politik ist es also nicht, die Bürger, Unternehmen und Gewerkschaften mit moralischen Appellen zu überziehen, sondern die Spielregeln der Gesellschaft so zu gestalten, dass die Moral durch Befolgung der Anreize realisiert wird. Solange die Ehrlichen immer die Dummen sind, hat Moral in der Gesellschaft keine Chance. Anders gesagt: Wenn Norbert Blüm [ehemaliger Bundesminister für Arbeit und Sozialordnung] die Arbeitslosigkeit beseitigen will mit der Forderung an die Unternehmer „l. einstellen, 2. einstellen und 3. einstellen“, so hat er den politischen und moralischen Offenbarungseid geleistet. Die moralischen Appelle haben bei uns Hochkonjunktur, aber kaum jemand redet zugleich über die Anreize zur Moral.

Karl Homann, 1998

6 Stelle dar, was Homann unter dem „Grundproblem einer modernen Wirtschaftsethik“ (Z. 5) versteht, und zeige, welche Lösung er anbietet.

Jeder nur sich selbst der Nächste?

M 29

Der amerikanische Soziologe Amitai Etzioni (* 1929) zählt zu den Kommunitaristen (von lat. communitas = Gemeinschaft), einer Gruppe von Denkern, die die Betonung des Individuellen in unserer Gesellschaft kritisieren und eine Stärkung des Gemeinschaftslebens fordern.

Eine gute Gesellschaft würde [...] auf die Erkenntnis setzen, dass wahre Zufriedenheit in menschlichen Bindungen liegt, im Aufbau von Gemeinschaften und im Dienst an der Gemeinschaft, im kulturellen und geistigen Streben, sobald für die grundlegenden leiblichen Bedürfnisse zuverlässig gesorgt ist. [...] Keines der schwerwiegenden Probleme, die die modernen Gesellschaften heimsuchen, wird man in angemessener Weise anpacken, bevor nicht diejenigen, deren Grundbedürfnisse genügend gesättigt sind, ihre Prioritäten auf der Skala der menschlichen Bedürfnisse weiter nach oben verlagern, nämlich hin zum Geben und Empfangen von Zuneigung, zur Entfaltung von Kultur, zum Dienst an der Gemeinschaft und zur geistigen Befriedigung. Wir brauchen einen Wandel in der Rangfolge der Prioritäten, um uns wieder in ein harmonisches Verhältnis zur Umwelt zu bringen, um die Bereitschaft der Menschen zu wecken, Wohlstand und Macht miteinander zu teilen, und die sozialen Grundlagen für Ich-Du- statt für Ich-Es-Beziehungen zu schaffen.

Amitai Etzioni, 2001

7 Vergleiche die Aussagen von M 27, M 28 und M 29. Siehst du Gemeinsamkeiten im Thema? Welche Unterschiede in den Sichtweisen lassen sich feststellen?

8 Beziehe Etzionis Aussagen auf den Bereich der Wirtschaft und vergleiche seine Sichtweise mit der von Homann (M 28). An welcher Stelle sollte man nach Auffassung der beiden Autoren ansetzen, um die Gesellschaft in moralischer Hinsicht zu verbessern?

9 Wende dich noch einmal Shui Tas Tabakfabrik zu (M 27). Wie könnten sich die Verhältnisse, die dort herrschen, verändern lassen?

Recht und Moral

M 30 Recht und Moral in „Der gute Mensch von Sezuan“

Bertolt Brecht glaubte, man könne es sich als Individuum in kapitalistischen Gesellschaften nicht leisten, moralisch korrekt zu handeln. Die Geschichte von Shen Te und Shui Ta in „Der gute Mensch von Sezuan“ zeigt, dass seiner Auffassung nach nur Skrupellosigkeit zu wirtschaftlichem Erfolg verhelfen kann, während das Einhalten moralischer Rgeln den Einzelnen in das soziale Abseits befördere.
Brecht war auch misstrauisch gegenüber dem Rechtssystem im Kapitalismus. Als sich am Ende der Handlung von der „Der gute Mensch von Sezuan“ der mächtige Unternehmer Shui Ta vor Gericht verantworten muss, erscheinen überraschenderweise die drei Götter als Richter. Shui Ta, hatte nämlich versucht, so erfahren der Leser und das Theaterpublikum, den eigentlich vorgesehen Richter Fu Yi Tscheng zu bestechen, indem er ihm eine fette Gans zukommen ließ. Nach dem Genuss des Bratens leidet der Richter nun an einer Magenverstimmung und muss deshalb der Verhandlung fernbleiben.
Offenbar meinte Brecht, dass in kapitalistischen Gesellschaften die vielen Armen sich wenig Hoffnung auf eine faire, d. h. unparteiische Rechtsprechung machen können und die Rücksichtslosen und Mächtigen ihre Interessen ziemlich nach Belieben durchsetzen. Das Drama legt den Schluss nahe, dass er glaubte, Recht und Staat dienten in der kapitalistischen Welt fast ausschließlich den Interessen der Reichen und Mächtigen.

1 Dienen Recht (Gesetze und Rechtsprechung) und Staat in freiheitlichen Demokratien tatsächlich „fast ausschließlich den Interessen der Reichen und Mächtigen“? Wie beurteilst du diese Aussage? Ein Tipp: Recherchiere im Internet oder in anderen Medien nach Prozessen, die gegen „Reiche und Mächtige“ geführt wurden.

M 31 Zur Beziehung zwischen Recht und Moral

Moralische Regeln und Rechtsregeln beziehen sich beide auf menschliches Verhalten. Das ist ihr gemeinsamer Boden. Aber sie beziehen sich auf dies Verhalten in verschiedener Weise: Rechtsregeln werden zu bestimmter Zeit in einer konkreten Gesellschaft erlassen, Rechtssatzungen sind etwas Positives [Feststellbares] und Dokumentierbares. Über die Interpretation eines Rechtssatzes und seine Anwendung auf einen vorliegenden Fall kann man wohl streiten. Darüber, ob es einen solchen Rechtssatz gibt oder nicht gibt, ist eigentlich kein Streit möglich. Die Positivität der Rechtsnormen kommt auch darin zum Ausdruck, dass Normen von einem bestimmten Tag an in Kraft treten, andere Normen mit Wirkung eines bestimmten Tages abgeschafft werden können. Vom 1. September 1939 an war es in Deutschland ein Verbrechen, feindliche Sender abzuhören. Eine entsprechende Terminierung wäre bei moralischen Regeln unsinnig. Man kann nicht sinnvoll sagen, von einem bestimmten Tag an sei es moralisch verwerflich, Kinder durch Schläge zu bestrafen, oder moralisch erlaubt, sich das Leben zu nehmen. Rechtsnormen sind einklagbar und erzwingbar; bei moralischen Regeln können als Sanktionen [Strafen] nur Ermahnung, Missbilligung und schließlich Abbruch des Umgangs auftreten. Eine Rechtsnorm, die fast jeder übertritt, ist ausgehöhlt und kann aufgegeben werden. Dagegen bleiben moralische Regeln auch dann in Kraft, wenn sie generell missachtet werden. Wenn die christliche Forderung „Liebe deinen Nächsten wie dich selbst“ eine berechtigte moralische Forderung ist, so bleibt sie bestehen, auch wenn nur wenige Menschen immer und viele Menschen überhaupt nicht nach ihr leben können oder wollen.
Ein weiterer Unterschied zwischen Rechtsregeln und moralischer Norm liegt darin, dass Rechtsregeln sich vor allem auf das *äußere Verhalten* der Menschen beziehen und keine Gesinnung vorschreiben. Ob jemand zähneknirschend seine Steuern zahlt oder mit Freuden, weil er an den wichtigen Aufgaben des Staates gern wenigstens finanziell mitwirkt, ist für die rechtliche Beurteilung seiner Handlungsweise gleichgültig. Die moralische Beurteilung hat es zwar *nicht bloß* mit der Gesinnung, wie oft zu Unrecht gemeint wird, aber doch eben *auch mit der Gesinnung,* die hinter einer Handlungsweise steht, zu tun. [...] Auch betrachtet das Strafrecht Verhaltensweisen mit Gleichgültigkeit, die wir moralisch scharf verurteilen. Jeder kennt genügend Bei-

spiele davon, wie – streng innerhalb der Legalität – Menschen einander das Leben zur Hölle machen können. Da wird Vertrauen untergraben, da werden Versprechen, auf die jemand seinen Lebensplan gegründet hat, plötzlich als nichtig behandelt. [...] Oft verstrickt sich ein verführtes Opfer in gesetzliche Schuld, während man an den eigentlich Schuldigen nicht herankam, weil er in Kenntnis der rechtlichen Bestimmungen vorsichtig gehandelt hat.

Wir ziehen aus diesen Beispielen den Schluss, dass Moral und Recht voneinander verschieden sind. Das heißt natürlich nicht, dass sie nichts miteinander zu tun hätten. Das Gegenteil ist der Fall: Die engen sachlichen Beziehungen zwischen Recht und Moral können erst richtig verstanden werden, wenn man ihre innere Verschiedenheit deutlich erfasst hat.

Günther Patzig, 1971

2 Inwiefern unterscheiden sich nach Auffassung des Philosophen Günther Patzig (* 1926)rechtliche Regeln von moralischen Regeln? Zeichne eine Tabelle und trage in die eine Spalte die Merkmale von Moralnormen und in die andere die Merkmale von Rechtsnormen ein.

3 Am Ende des Textausschnitts spricht Patzig von „engen sachlichen Beziehungen zwischen Recht und Moral" (Z. 58). Was könnte er damit meinen?

Die Idee des Rechtsstaates

M 32

In keinem Punkte unterscheiden sich die Verhältnisse in einem freien Lande von denen in einem willkürlich regierten deutlicher als darin, dass man sich in dem ersteren an jene Grundsätze hält, die wir unter dem Begriff des Rechtsstaates zusammenfassen. Wenn man von allen technischen Einzelheiten absieht, so bedeutet dies, dass die Regierung in allen ihren Handlungen an Normen gebunden ist, die im voraus festgelegt und bekanntgegeben sind – Normen, nach denen man mit ziemlicher Sicherheit voraussehen kann, in welcher Weise die Obrigkeit unter bestimmten Umständen von ihrer Macht Gebrauch machen wird, und die es dem Einzelnen erlauben, sein persönliches Verhalten danach einzurichten. Obwohl dies Ideal niemals vollkommen erreicht werden kann, da sowohl die Gesetzgeber wie auch die ausführenden Organe fehlbare Menschen sind, so ist es doch klar, wie sehr es darauf ankommt, dass der Ermessensspielraum der Exekutivorgane so klein wie möglich gehalten wird. Während jedes Gesetz die Freiheit des Individuums bis zu einem gewissen Grade dadurch beschränkt, dass es die Mittel ändert, deren man sich zur Erreichung seiner Ziele bedienen darf, wird in einem Rechtsstaat die Regierung daran gehindert, die Bestrebungen der Individuen durch Maßnahmen zu durchkreuzen, die auf den betreffenden Fall zugeschnitten sind. Innerhalb der bestehenden Spielregeln kann das Individuum seine persönlichen Ziele und Wünsche verfolgen, ohne fürchten zu müssen, dass die Regierung ihre Macht dazu benutzt, seine Pläne absichtlich zu vereiteln.

Friedrich August von Hayek, 1944

4 Gib in eigenen Worten wieder, was der österreichische Wirtschaftswissenschaftler von Hayek (1893–1992) unter einem Rechtsstaat versteht.

5 Inwiefern verstieß Deutschland während der Zeit des Nationalsozialismus gegen die Idee des Rechtsstaats? Informiere dich z. B. in einem Lexikon und gehe von der Begriffsbestimmung in M 32 aus.

6 Erkundige dich danach, wie in manchen Staaten der heutigen Zeit rechtsstaatliche Grundsätze verletzt werden.

Von Nationalsozialisten veranlasste Bücherverbrennung (1933)

Beurteilung des Kapitalismus

INFO

Bourgeoisie und Proletariat

Karl Marx (1818–1883) sah die kapitalistische Gesellschaft in zwei Klassen aufgeteilt: die „Bourgeoisie“, d.h. diejenigen, die Eigentum an Produktionsmitteln (z.B. Fabriken, Maschinen) besitzen, und das „Proletariat“, d.h. die, die kein solches Eigentum besitzen und von der Bourgeoisie ausgebeutet werden. Er glaubte, mit wissenschaftlichen Mitteln voraussagen zu können, dass es zu einer Revolution kommen werde, die zu der Herrschaft des Proletariats und der Aufhebung des Privateigentums an Produktionsmittel führe.

Karl Marx

M 33 Kritik an den kapitalistischen Arbeitsverhältnissen

Die Arbeit der Proletarier hat durch die Ausdehnung der Maschinerie und die Teilung der Arbeit allen selbstständigen Charakter verloren. Er wird ein bloßes Zubehör der Maschine, von dem nur der einfachste, eintönigste, am leichtesten erlernbare Handgriff verlangt wird. [...] Die moderne Industrie hat die kleine Werkstube des patriarchalischen Meisters in die große Fabrik des industriellen Kapitalisten verwandelt. Arbeitermassen, in der Fabrik zusammengedrängt, werden soldatisch organisiert. Sie werden als gemeine Industriesoldaten unter die Aufsicht einer vollständigen Hierarchie von Unteroffizieren und Offizieren gestellt. Sie sind nicht nur die Knechte der Bourgeoisieklasse, des Bourgeoisiestaates, sie sind täglich und stündlich geknechtet von der Maschine, von dem Aufseher, und vor allem von dem einzelnen Bourgeois selbst. Diese Despotie [eigentlich: Gewalt- oder Willkürherrschaft] ist umso kleinlicher, gehässiger, erbitternder, je offener sie den Erwerb als ihren letzten Zweck proklamiert.

Karl Marx/Friedrich Engels, 1847

INFO

Soziale Not im 19. Jahrhundert

Im 19. Jahrhundert herrschte große Armut in der Arbeiterschaft. Marx machte das kapitalistische Wirtschaftsystem dafür verantwortlich. Eine andere Erklärung ist, dass infolge von Fortschritten in Medizin und Hygiene die Sterblichkeit zurückging und die Bevölkerung dramatisch anwuchs, was soziales Elend nach sich zog. In Wahrheit hätten gerade Kapitalismus und fortschreitende Arbeitsteilung mit der Zeit zu einer Erhöhung des Wohlstands beigetragen. Es sei nicht zuletzt der Marktwirtschaft zu verdanken, dass wir heute zwischen vielen Gütern wählen können.

1. Im Text von Marx ist die Rede von „Arbeitsteilung“. Lege dar, was damit genau gemeint ist, und finde Beispiele aus Alltag und Berufsleben.
2. Vergleiche Marx' Ausführungen mit den Zuständen in Shui Tas Tabakfabrik (M 27). Gibt es Gemeinsamkeiten, wenn ja, welche?
3. Erkundigt euch (z.B. über die Befragung berufstätiger Erwachsener), ob Marx' Kritik an den Arbeitsverhältnissen heute noch als zeitgemäß erscheint.
4. Malt euch als Gedankenmodell eine Welt aus, in der es keine oder nur ganz wenig Arbeitsteilung gibt. Diskutiert, ob eine solche Welt wünschenswert wäre.

Ein Argument für die Marktwirtschaft

M 34

In der Marktwirtschaft sind die wirtschaftlichen Beziehungen zwischen den Bürgern unpolitischer Art. Der Kunde kauft bei dem Bäcker, Metzger oder Brauer ein, der das beste und preiswerteste Brot, Fleisch oder Bier zu bieten hat. Er fragt nicht nach der politischen Einstellung seines Lieferanten. Deshalb kann jeder ein erfolgreicher Bäcker, Metzger oder Brauer sein; es bedarf hierfür keines politischen Gesinnungstests. Die Meinungsfreiheit ist gesellschaftlich genau deshalb und soweit realisierbar, weil und soweit das wirtschaftliche Fortkommen mit der eigenen politischen Gesinnung nichts zu tun hat. Die Meinungsfreiheit setzt den von der politischen Gesinnung nicht verfälschten, den „unverfälschten Wettbewerb" voraus [...].

Carl Christian von Weizsäcker, 2003

5 Führe aus, welchen Zusammenhang der Autor zwischen Marktwirtschaft und Meinungsfreiheit sieht.

Ansprache an das Publikum

M 35

In der Schlussszene von „Der gute Mensch von Sezuan" wird Shui Ta im Verlaufe einer Gerichtsverhandlung vorgeworfen, seine leibliche Kusine, das Fräulein Shen Te, beiseite geschafft zu haben, um sich ihres Geschäfts zu bemächtigen.
Während der Verhandlung wird allgemein bekannt, dass sich hinter ihm die arme Prostituierte Shen Te verbirgt. Sie hat in ihrer Not den gerissenen Vetter erfunden und sich in seine Rolle begeben, denn es war ihr nicht möglich, das aus ihrer Sicht moralisch Richtige zu tun und gleichzeitig wirtschaftlich zu überleben. Die Götter, die in der Verhandlung über Shui Ta richten sollen, entschweben ratlos dem Geschehen und lassen Shen Te zurück, ohne ihr zu sagen, wie sie ohne die Hilfe des „Vetters" ihre Zukunft meistern kann.
Im Epilog [Nachspiel] wird das Publikum aufgefordert, selbst einen Schluss zu finden:

Epilog

Vor den Vorhang tritt ein Spieler und wendet sich entschuldigend an das Publikum mit einem Epilog.

Verehrtes Publikum, jetzt kein Verdruss:
Wir wissen wohl, das ist kein rechter Schluss.
Vorschwebte uns: die goldene Legende.
Unter der Hand nahm sie ein bitteres Ende.
Wir stehen selbst enttäuscht und sehn betroffen
Den Vorhang zu und alle Fragen offen.
[...]
Vielleicht fiel uns aus lauter Furcht nichts ein.
Das kam schon vor. Was könnt' die Lösung sein?
Wir konnten keine finden, nicht einmal für Geld.
Soll es ein andrer Mensch sein? Oder eine andre Welt?
Vielleicht nur andere Götter? Oder keine?
Wir sind zerschmettert und nicht nur zum Scheine!
Der einzige Ausweg wär aus diesem Ungemach:
Sie selber dächten auf der Stelle nach,
Auf welche Weis' dem guten Menschen man
Zu einem guten Ende helfen kann.
Verehrtes Publikum, los, such dir selbst den Schluss!
Es muss ein guter da sein, muss, muss, muss!

[1607]

6 Der offene Schluss gibt eine bestimmte Einstellung des Autors zu erkennen. Versuche sie zu beschreiben. Welchen Eindruck würde das Stück beim Leser oder Publikum hinterlassen, wenn es kein offenes Ende aufwiese?

7 Erläutere der Reihe nach, was mit den folgenden Fragen gemeint sein könnte: „Soll es ein andrer Mensch sein? Oder eine andre Welt? Vielleicht nur andere Götter? Oder keine?" (Z. 18f.) Oder ist vielleicht ein anderer Staat gemeint?

8 Diskutiert, ob es heute noch notwendig ist, über eine andere, bessere Welt nachzudenken. Berücksichtigt in diesem Zusammenhang die Argumente, die auf den letzten Seiten für und gegen den Kapitalismus angeführt werden.

In welcher Welt wollen wir leben? – unser Umgang mit Natur und Technik

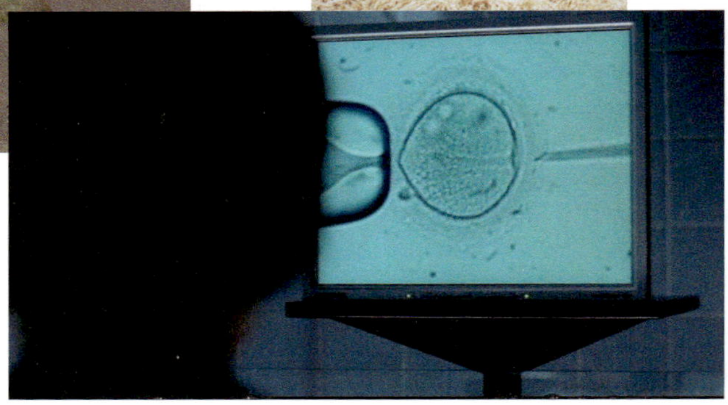

Wozu brauchen wir Technik?

Ist Forschungsfreiheit grundsätzlich erlaubt?

Dürfen wir in die Natur eingreifen?

Dürfen wir Tiere technisch verändern
und für unsere Interessen nutzen?

Ist Klonen mit unserem Naturverständnis vereinbar?

Sollte die Forschung mit menschlichen Stammzellen erlaubt werden?

In welcher Welt wollen wir leben?

Mit solchen und ähnlichen philosophischen Fragen beschäftigt sich der Jugendroman „Blueprint“ von Charlotte Kerner. Der Roman erzählt die Geschichte der Beziehung zwischen Iris und Siri, die Mutter und Tochter und zugleich eineiige Zwillinge sind. Der streitbare Roman wirft die Frage nach dem richtigen Umgang mit Natur und Technik auf.

Iris Sellin ist eine hochbegabte und leidenschaftliche Pianistin. Sie ist kinderlos und unheilbar krank; sie leidet an Multipler Sklerose. Um ihr Talent zu vererben, das ihr ganzes Leben bestimmt und ihre ganze Identität ausmacht, wendet sich Iris an den ehrgeizigen Wissenschaftler Mortimer G. Fisher, der die Technik der Klonierung von Menschen im Geheimen entwickelt hat. Iris Sellin ist begeistert von seiner biotechnischen Grundlagenforschung und stellt sich zur Verfügung, um die reproduktive Klonierung von Menschen voranzutreiben.
Mit seiner Hilfe lässt Iris sich klonen und bringt ihre Tochter Siri zur Welt. Die Gene ihrer Tochter sind identisch mit ihren eigenen; Iris und Siri sind aufgrund dieses technischen Verfahrens Mutter und Kind und zugleich eineiige Zwillinge.

Iris bindet Siri in eine solch enge Beziehung ein, dass sie gewissermaßen als Kopie, mit einem vorgegebenen Lebensplan und dem Auftrag aufwächst, Iris und ihr Talent unsterblich zu machen. Die heranwachsende Siri gerät auf der Suche nach ihrem eigenen Ich zunehmend in Konflikt mit ihrer Identität und ihrer übermächtigen und von der Idee der Unsterblichkeit besessenen Mutter. Mit Unterstützung eines Freundes, bei dem Siri sich aufgehoben fühlt, kommt es zum Bruch. Siri löst sich von ihrer Mutter und deren Plänen, gibt die Pianistinnenlaufbahn auf und entwickelt als gestaltende Künstlerin eine eigene Identität.

Die Geschichte von Iris beginnt damit, dass sie die Diagnose der Multiplen Sklerose völlig aus der Bahn wirft. Die Krankheit wird ihre Karriere als Pianistin bald beenden, denn Multiple Sklerose ist eine Erkrankung des zentralen Nervensystems, bei der die Übertragung der Nervenimpulse vom Gehirn zu den Muskeln und Organen irreparabel geschädigt wird. Schwere körperliche Beeinträchtigungen bis hin zu Lähmungen sind die Folge. Iris verzweifelt. Darf sie in dieser Situation auf unerlaubte Forschungen und technische Mittel zurückgreifen?

Brauchen Menschen Technik?

M 1 „Klonen sie mich“

In dieser Zeit der Verzweiflung stieß sie zufällig auf einen Zeitungsartikel über Professor Mortimer G. Fisher aus dem *Center for Reproductive Medicine und Bioengineering in Montreal*, Kanada. Zu einer anderen Zeit hätte sie den Bericht wohl überlesen oder bestenfalls überflogen und genauso schnell wieder vergessen. Aber was hier stand, elektrisierte sie: Der englische Forscher hatte das Klonen von Säugetieren sicherer gemacht, denn endlich hatte er den so lange gesuchten zentralen Entwicklungsschalter in den Genen entdeckt und konnte ihn nun gezielt „anschalten“. Nachdem Iris den Bericht mehrmals durchgelesen hatte, wusste sie, was sie zu tun hatte, um ihr Schicksal zu ändern.

[13]

Iris handelt schnell. Sie arrangiert ein Treffen mit Fisher, bei dem sie ihn bitten will, ihr in ihrer Verzweiflung mit dem einzigen möglichen Mittel zu helfen. Sie wird ihn bitten: „Klonen sie mich.“

INFO

Technik des Klonens/der Klonierung

Unter Klonierung versteht man die ungeschlechtliche Herstellung genetisch gleicher Nachkommen, bei Pflanzen, Tieren oder Menschen. In der Tierzucht wendet man seit Jahren Verfahren der Klonierung an. Gängig ist die Klonierung durch *Embryo-Splitting:* Ein Embryo wird so geteilt, dass aus ihm mehrere Tiere entstehen. Die Tiere sind eineiige Zwillinge (oder Mehrlinge), die die genetische Information von zwei Elterntieren tragen.

Bei der Klonierung durch *Kerntransplantation* wird der Zellkern des zu klonenden Individuums mit einer entkernten Eizelle verschmolzen und auf ein Empfängertier übertragen. Die aus einem Kerntransfer stammenden Klone sind also weitestgehend mit dem Spendertier genetisch identisch. Klonierung durch Kerntransplantation gelingt bei verschiedenen Tieren wie Schafen, Ziegen, Schweinen.

Bei der Klonierung von menschlichen Zellen unterscheidet man *reproduktives* und *therapeutisches* Klonen. Beim therapeutischen Klonen versucht man, Gewebe für spätere Transplantationen zu gewinnen. Die dazu genutzte befruchtete Eizelle wird dabei vernichtet. Das reproduktive Klonen zielt auf Fortpflanzung, die geklonte Zelle würde in eine Gebärmutter eingepflanzt und zu einem Embryo und dann einem Baby heranwachsen. Diese Technik des reproduktiven Klonens, die zur Zeit weltweit missbilligt wird, hat auch Charlotte Kerner in ihrem Buch sehr stark kritisiert.

1 Kannst du die Entscheidung von Iris verstehen, in ihrer Verzweiflung eine Technik anzuwenden, die ethisch* umstritten ist, aber dennoch entwickelt wurde? Überlege, warum Iris' Hoffnungen verständlich sind und welche Gründe für oder gegen ihre Entscheidung sprechen, Prof. Mortimer G. Fisher aufzusuchen und um Hilfe zu bitten. Schreibe einen Tagebucheintrag aus der Sicht von Iris Sellin.

2 Informiere dich genauer über die Techniken der Klonierung bei Menschen und über rechtliche Rahmenbedingungen. Stelle die unterschiedlichen Techniken und Ziele des reproduktiven Klonens und des therapeutischen Klonens gegenüber. Schlagt vor, im Biologieunterricht näher auf die naturwissenschaftlich-technischen Hintergründe der Klonierung einzugehen. Tauscht euch in der Klasse aus.

M 2

Stradanus: Nova Reperta. Kupferstich

3 Betrachtet den Kupferstich des holländischen Künstlers Stradanus (1523–1604) und stellt heraus, welche wichtigen Entdeckungen und Erfindungen hier dargestellt sind.

4 Welche Techniken, technischen Erfindungen und Fortschritte, die nicht im Bild dargestellt sind, nutzen wir Menschen heute?

5 Welche Techniken benutzt du selbst? Welche brauchst du wirklich, auf welche könntest du verzichten?

6 Was bedeutet Technik für das Leben von Menschen? Zeige an selbst gewählten Beispielen, welche Technik für die Lebensbedingungen von Menschen notwendig ist und welche nicht.

Ist Technik eine Kunst?

Nach einem Konzert in Montreal/Kanada sucht Iris den Arzt Dr. Mortimer G. Fisher in seiner Fortpflanzungsklinik auf, die in der Stadt „Repro“ genannt wird. Fisher hat zwar noch nie einen Menschen geklont, beherrscht aber die Technik der Klonierung und der künstlichen Befruchtung. Iris ist fest entschlossen, beide Techniken in Anspruch zu nehmen. Bedenken Fishers räumt sie geschickt aus: Sie nutzt seine Begeisterung für ihr musikalisches Können aus und vergleicht ihre Kunst mit der Arbeit eines Forschers.

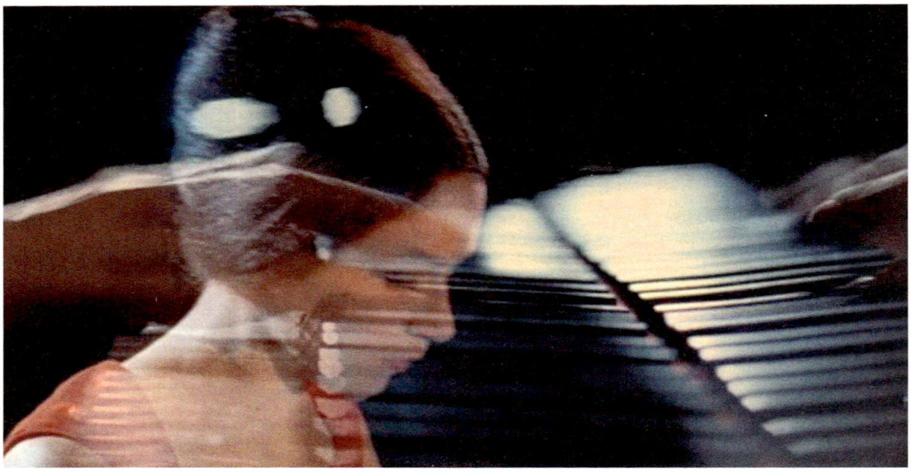

M 3 „In neue Gebiete vorstoßen“

„Alles menschliche Handeln folgt schließlich Gesetzen, magischen, kosmischen oder mathematischen. Auch meine Musik entsteht nicht allein in der Welt der reinen Klänge. Ich beachte ebenfalls die Gesetze und komme dadurch zu neuen Ausdrucksformen. Nichts anderes machen Sie, wenn Sie forschen, Zusammenhänge aufdecken und in ganz neue Gebiete vorstoßen. Sie enträtseln sogar die kleinste aller Welten, den Zellkern. Große Forscher sind sehr oft gute Musiker oder zumindest Musikliebhaber. Zwischen uns gibt es viele Gemeinsamkeiten. Auch Sie spielen sehr gut Klavier, habe ich gehört. Und ich hätte fast Mathematik und Physik studiert.“

[16]

1 Die Pianistin Iris setzt ihre Fähigkeiten den wissenschaftlich-technischen Tätigkeiten Dr. Fishers gleich. Will sie seine Arbeit in ihrem Interesse nur geschickt verharmlosen, oder sind Klavierspielen und Forschen vergleichbare Tätigkeiten? Begründe deine Auffassung.

2 „Kunst“ und „Technik“: Erarbeite jeweils eine Mindmap zu beiden Begriffen. Wo entdeckst du Gemeinsamkeiten, wo zentrale Unterschiede der Begriffe?

3 Was verbindest du mit dem Begriff „Technik“? Stelle eine Liste darüber auf, was du alles unter „Technik“ fasst.

Im antiken Griechenland bedeutete der Begriff „techne“ tatsächlich soviel wie „Kunst, Kunstfertigkeit, Handwerk, Können“. Das Wort „techne“ betont den Zusammenhang zwischen Hervorbringen und Kenntnis der Regeln, der Einsicht in die Gründe und die Natur der Sache. „techne“ bezeichnet daher jede auf Fachkenntnis beruhende Berufsausübung, also nicht nur Malerei und Bildhauerei, sondern auch Heilkunst, Kriegskunst und Steuermannskunst.

Die Kunst des Bauens M 4

Nun gibt es die Fähigkeit des Bauens. Das ist ein praktisches Können, seinem Wesen nach ein auf das Hervorbringen abzielendes Verhalten. Jedes praktische Können bewegt sich um ein Entstehen, und seine Ausübung ist ein Ausschauhalten, wie etwas entstehen könne.

Aristoteles, 384-322 v. Chr.

Die schöne und die mechanische Kunst M 5

Der Drechsler übt eine mechanische Kunst aus im Gegensatz zum Holzbildhauer, der der schönen Kunst nachgeht. Während der Bildhauer die sichtbare Natur nachahmt, schafft der Drechsler Dinge, die man in der Natur nicht finden kann.

(nach) Nikolaus von Kues, 1401-1464

Der Begriff „Technik“ M 6

1. Unter Technik wird im Gegensatz zur Natur als dem Vorfindlichen und nur um seiner selbst willen Seienden die Gesamtheit der Artefakte verstanden, d.h. alle gegenständlichen, künstlichen und den menschlichen Bedürfnissen, Zwecken oder Zielen dienenden Gebilde, sowie die menschlichen Tätigkeiten und Einrichtungen zur Herstellung und Verwendung von Artefakten. 2. Technik steht als Begriff für die erlernbaren Regeln, Kunstfertigkeiten und Kenntnisse bei einer bestimmten Tätigkeit (z.B. Technik des Gesangs) [...]. 3. Der Begriff Technik wird im Gegensatz zum Handwerk und zur Kunst gebraucht als die auf Bedürfnisbefriedigung und Arbeitsbelastung zielende, naturwissenschaftlich basierte sowie mehrheitlich maschinell erfolgende Naturausbeutung und Güterproduktion.

Metzler Philosophie-Lexikon, 1999

4 Worin unterscheiden sich die Begriffe der antiken „techne“ und der „Technik“, wie wir sie heute verstehen?

5 Stelle die in M 4 – M 6 zu findenden verschiedenen Vorstellungen von Technik gegenüber und vergleiche sie mit deiner eigenen Liste aus 3.

6 Prüfe, ob sich die Technik der Klonierung (als eine moderne Biotechnik*) unter einen der Technikbegriffe aus dem Lexikon-Artikel einordnen lässt.

7 Unter 3. in M 6 wird Technik als „Naturausbeutung“ charakterisiert. Könnte man diese Charakterisierung auch anders fassen? Ergänze oder verändere diesen Teil der Definition.

8 Das Philosophie-Lexikon wird regelmäßig aktualisiert. Kann der Artikel zur Technik für die nächste Ausgabe so übernommen werden, wie du ihn hier liest? Schreibe unter Einbeziehung deiner eigenen Vorstellungen vom Begriff der Technik einen kleinen Kommentar zu dem Lexikon-Artikel.

Chancen und Gefahren der Technik

M 7 Siri kritisiert die Klonierung von Menschen

Schon lange vor meiner Zeit wurde das Klonen mit der ersten Atomspaltung verglichen, und das gefällt mir: Wir Klone sind wie kleine Atombomben. In den zwischenmenschlichen Beziehungen sprengen wir viel von dem in die Luft, was euch seit Menschengedenken lieb und teuer war und unveränderlich, ja ewig erschien. Nach uns bleibt ein genetisches Hiroshima zurück, ein seelisches Niemandsland, eine schwarze Liebeswüste.

[39]

1 Siri sieht als Folge neuer Biotechnik* ein „genetisches Hiroshima, ein seelisches Niemandsland, eine schwarze Liebeswüste“ (Z. 9f.). Warum legt Charlotte Kerner ihrer Figur diese Bilder in den Mund, welche Befürchtungen bringt sie damit zum Ausdruck?

2 Die technische Naturnutzung und die Güterproduktion haben sich seit der Erfindung der Dampfmaschine zu vielen verschiedenen, sinnvollen, aber zum Teil auch belastenden Industrien weiterentwickelt. Sammelt Beispiele für notwendige Industrien und für solche, die aus eurer Sicht zu bedenklich sind, um sie weiter zu nutzen oder weiter zu entwickeln. Begründet eure Bewertung.

M 8 Auswirkungen neuer Technologien

Seit der Steinzeit hat jede neue Technologie eine positive und negative Auswirkung für die Menschen gehabt. Es gibt keine Technologie, die nur gut für den Menschen ist. Sogar mit einem Brotmesser kann man einem anderen Menschen den Hals abschneiden. Meist kann man nicht sagen, was positiv und was negativ ist.

Stanislaw Lem, 1996

3 Wie beurteilt der polnische Schriftsteller Stanislaw Lem (1921–2006) die technische Entwicklung? Kann man seine Einschätzung auch noch angesichts des weltweiten Klimawandels aufrechterhalten?

M 9 Der Bericht des IPCC an die Vereinten Nationen zum Klimawandel

Das IPCC [Intergovernmental Panel on Climate Change] wurde 1988 von der World Meteorological Organization (WMO) und dem United Nations Environment Programme (UNEP) eingesetzt, als die Möglichkeit einer globalen Klimaänderung deutlicher wurde. Das IPCC hat die Aufgabe, in regelmäßigen Abständen (etwa 5 Jahre) den Zustand des Klimasystems und seine Auswirkungen auf die menschlichen Gesellschaftssysteme festzustellen und Möglichkeiten der politischen Gegensteuerung zu benennen. [...] Im ersten Teil seines vierten Berichts, dessen Zusammenfassung am 2. 2. 2007 veröffentlicht wurde, stellt das IPCC folgende Änderungen im Klimasystem fest:

Ursachen der Klimaänderungen: Der Kohlendioxid-Gehalt der Luft hat seit 1750 um 35 % [...] zugenommen. [...] Die für Klimaänderungen verantwortlichen Änderungen der Strahlungsbilanz werden vorwiegend durch Kohlendioxid verursacht, in kleinerem Umfang durch andere Treibhausgase. Änderungen der solaren Einstrahlung haben dagegen nur einen geringen Einfluss. *Beobachtungen:* Die Erwärmung des Klimasystems ist ohne jeden Zweifel vorhanden. Die globale Oberflächentemperatur ist um +0,74 °C gestiegen, und 11 der letzten 12 Jahre waren die wärmsten seit Beginn der Aufzeichnungen. Die Temperaturzunahme der letzten 50 Jahre ist doppelt so hoch wie die der letzten 100 Jahre, und die Arktis hat sich doppelt so stark erwärmt wie im globalen Mittel. Die Häufigkeit heftiger Niederschläge hat zugenommen. Rekonstruierte Daten aus Beobachtungen und anderen Quellen, wie z. B. Baumringdaten, deuten darauf hin, dass die Temperaturen der letzten 50 Jahre sehr wahrscheinlich höher waren als jemals zuvor in den vergangenen 500 Jahren und wahrscheinlich höher als in den vergangenen 1300 Jahren. Die schneebedeckte Fläche hat seit 1980 um etwa 5 % abgenommen. Weltweit schrumpfen die Gletscher und tragen gegenwärtig mit 0,8 mm pro Jahr zum Meeresspiegelanstieg bei. [...]
Zuordnung (Attribution): Es ist sehr wahrscheinlich, dass die Erwärmung der letzten 50 Jahre wesentlich durch anthropogene Treibhausgase (hauptsächlich Kohlendioxid) verursacht worden ist.

Unser Umgang mit Natur und Technik hat, so meinen jedenfalls viele Wissenschaftler und Politiker, zum Teil zu verheerenden Folgen für das Weltklima geführt. Über Konsequenzen wird weltweit diskutiert; einigen fordern rasche Konsequenzen wie die Reduzierung des CO_2-Ausstoßes. Andere plädieren dafür, weiter nach den Ursachen des Klimawandels zu forschen.

Mehr Licht im Dunkel des Klimawandels

M 10

Angst erzeugende Horrorszenarien führen auf den falschen Weg / Fakten und Folgerungen
Die ausgemachte „Klimakatastrophe" hat den Blick auf andere Interpretationsmöglichkeiten völlig verstellt. Wir haben darum zusammengetragen, was sich zur Entwicklung von Wetter und Klima sagen lässt, ohne in Szenarien von Horror und dem Ende der Zivilisation zu verfallen. Kalt- und Warmzeiten haben sich im Lauf der Erdgeschichte unablässig abgelöst. Dabei gab es keinen Zusammenhang zwischen Temperatur und CO_2 in der Atmosphäre. Jüngste Berechnungen des Niels-Bohr-Instituts in Kopenhagen lassen vermuten, dass die abrupten Wärmeeinbrüche von sieben bis zehn Grad etwa alle 1470 Jahre zufällige Erscheinungen sind, chaotische Fluktuationen des Klimasystems selbst. Es fehlen derzeit alle Daten, um Beziehungen zwischen den verschiedensten Ereignissen herstellen zu können. Der CO_2-Gehalt in der Atmosphäre hatte darauf keinen Einfluss, er änderte sich völlig unabhängig davon. Der menschliche Beitrag zur Erzeugung von CO_2 soll weder verniedlicht noch abgestritten werden. Nur taugt er nicht dazu, eine Klimahysterie auszulösen. [...] Wir sind dennoch für konsequent sparsamen Umgang mit fossilen Energieträgern: wegen der Versorgungssicherheit, für den Fortbestand von Zivilisation und Wohlstand sowie für die zu verbessernde Situation der heute noch unterentwickelten Länder. Aber es fehlen jegliche Konzepte für eine Zukunft mit Energie. [...]

Christian Bartsch, 2007

4 Was sagt der UN-Bericht der IPCC zum Klimawandel? Diskutiert in der Klasse, welche Konsequenzen gezogen werden müssten, um das Weltklima nicht weiter zu verschlechtern.

5 Welche Position nimmt Christian Bartsch M 10 in der Diskussion um die Ursachen des Klimawandels ein?

6 Recherchiert den Begriff der Technikfolgenabschätzung. Stellt die Ergebnisse in der Klasse vor und diskutiert darüber, bei welchen Techniken eine solche Technikfolgenabschätzung sinnvoll gewesen wäre oder noch ist.

Wie sieht ein verantwortlicher Umgang mit neuen Techniken aus?

M 11

1 Schau dir die Briefmarke mit dem Zitat des Philosophen Hans Jonas (1903–1993) genau und in Ruhe an. Überlege, warum der von ihm formulierte Imperativ auf einer Briefmarke veröffentlicht wird. Schreibe deine Überlegungen auf.

M 12

Technik als gesteigerte Macht

Dass Technik ethischen* Erwägungen unterliegt, folgt aus der einfachen Tatsache, dass die Technik eine Ausübung menschlicher *Macht* ist, d. h. eine Form des Handelns, und alles menschliche Handeln moralischer Prüfung ausgesetzt ist. Es ist ebenso eine Binsenwahrheit, dass ein und dieselbe Macht sich zum Guten wie zum Bösen benutzen lässt und man bei ihrer Ausübung ethische Normen beachten oder verletzen kann. Die moderne Technik, als enorm gesteigerte menschliche Macht, fällt eindeutig unter diese generelle Wahrheit. Aber sie bildet einen besonderen Fall, der eine Bemühung des ethischen Denkens erfordert, die verschieden ist von der, die sich für jede menschliche Handlung schickt und über alle ihre Arten in der Vergangenheit hinausgeht. Von den Gründen dafür möchte ich fünf anführen, die mich besonders beeindrucken.

1. Ambivalenz der Wirkungen
Im Allgemeinen ist jede Fähigkeit „als solche" oder „an sich" gut und wird nur durch den Missbrauch schlecht. Die Schwierigkeit bei der modernen Technik ist die: Nicht nur wenn die Technik böswillig, d. h. für böse Zwecke, missbraucht wird, sondern selbst, wenn sie gutwillig für ihre eigentlichen und höchst legitimen Zwecke eingesetzt wird, hat sie eine bedrohliche Seite an sich, die langfristig das letzte Wort haben könnte. Und Langfristigkeit ist irgendwie ins technische Tun eingebaut. Das Risiko des „Zuviel" ist immer gegenwärtig in dem Umstand, dass der angeborene Keim des Schädlichen gerade durch das Vorantreiben des Nützlichen mitgenährt und zur Reife gebracht wird.

2. Zwangsläufigkeit der Anwendung
Im Allgemeinen bedeutet der Besitz einer Fähigkeit oder Macht (bei Individuen oder Gruppen) noch nicht ihren Gebrauch. Sie kann beliebig lange ruhen. Dieses Verhältnis von Können und Tun, Wissen und Anwendung, Besitz und Ausübung einer Macht gilt jedoch nicht für die moderne Technik. Ist diese oder jene neue Möglichkeit erst einmal eröffnet und durch Tun im Kleinen entwickelt worden, so hat sie es an sich, ihre Anwendung im Großen und immer Größeren zu erzwingen und sie zu einem dauernden Lebensbedürfnis zu machen.

3. Globale Ausmaße in Raum und Zeit
Das Ausmaß und der Wirkungsbereich der modernen Technik haben eine ganz neue Dimension. Jede Anwendung einer technischen Fähigkeit durch die Gesellschaft neigt heute dazu, ins „Große" zu wachsen. Sie und ihre Werke breiten sich über den Erdball aus; ihre Wirkungen erstrecken sich möglicherweise über zahl-

lose künftige Geschlechter. Mit dem, was wir hier und jetzt tun, und meist mit dem Blick auf uns selbst, beeinflussen wir massiv das Leben von Millionen andernorts und künftig, die hierbei keine Stimme hatten.

4. Erweiterung des Blicks – über uns selbst hinaus

Indem die moderne Technik den Horizont raumzeitlicher Nachbarschaft überschreitet, muss diese neue Reichweite der menschlichen Macht die traditionelle Perspektive der Ethik, sich vor allem an den Rechten und Interessen von Menschen zu orientieren, aufheben. Jetzt beansprucht die gesamte Biosphäre des Planeten mit all ihrer Fülle von Arten ihren Anteil an der Achtung, die allem gebührt, das seinen Zweck in sich selbst trägt – d. h. allem Lebendigen. Indem die Technik seine Wirkungsgewalt bis zu dem Punkte vergrößert, wo sie fühlbar gefährlich wird für den Gesamthaushalt der Dinge, dehnt sie des Menschen Verantwortung auf die Zukunft des Lebens aus, das nunmehr wehrlos dem Missbrauch dieser Gewalt ausgesetzt ist. Die menschliche Verantwortung wird damit geradezu kosmisch.

5. Das Aufwerfen der Frage, ob und warum es eine Menschheit geben soll

Das apokalyptische* Potenzial der Technik wirft die Frage auf, ob und warum es eine Menschheit geben soll. Wenn es eine Menschheit geben soll, dann ist jedes selbstmörderische Spielen mit dieser Existenz absolut verboten, und technische Wagnisse, bei denen auch nur im Entferntesten dies der Einsatz ist, sind von vornherein verboten.

Hans Jonas, 1987

2 Stelle in eigenen Worten die fünf Argumente dar, warum aus der Sicht von Hans Jonas die moderne Technik ein Gegenstand für die Ethik ist. Welche Formen des Umgangs schlägt Jonas vor?

3 „Kosmische Verantwortung“ (Z. 69) und die „Verträglichkeit mit der Permanenz echten menschlichen Lebens auf Erden“ M 11 – Was folgt daraus für den Umgang mit Technik, besonders mit Nukleartechnik, Biotechnik+ oder Informationstechnik?

4 Ist der Imperativ von Hans Jonas, unbedingt Verantwortung zu übernehmen und gegebenenfalls auf die Einführung neuer Techniken zu verzichten, überzeugend? Schreibt eine Stellungnahme, in dem ihr die Auffassung von Hans Jonas aus eurer Sicht kommentiert.

5 Ordne die in der folgenden Abbildung angedeutete Gefahr der Technik einem der fünf Arumente von Jonas zu.

M 13

Was verstehen wir unter Verantwortung?

Der Begriff der *Verantwortung* wird, angesichts der Möglichkeiten, die durch die moderne Technik entstanden sind, in der ethischen Diskussion häufig herangezogen.

Verantwortung?

1. Führt in der Klasse ein Brainstorming durch und sammelt an der Tafel eure Einfälle zum Begriff der Verantwortung.
2. Versuche, mit Hilfe der Einfälle an der Tafel, den Begriff der Verantwortung in einer kleinen Definition genauer zu bestimmen. Beginne die Definition folgendermaßen: „Der Begriff Verantwortung verweist darauf ...“.
3. Vergleicht eure Definitionen miteinander und besprecht, welche Gemeinsamkeiten und Unterschiede ihr darin findet?
4. Lässt sich aus euren Definitionen so etwas wie eine Kernbedeutung des Begriffs Verantwortung herausfiltern? Einigt euch in der Klasse auf eine Kernbedeutung und haltet sie schriftlich fest.

Der Begriff der Verantwortung, so sagt der Philosoph Dieter Birnbacher(* 1946), ist unbestimmt und zwiespältig besetzt: Verantwortung wird zunehmend gefordert, aber auch zunehmend als Überforderung abgewehrt. Menschliche Verantwortung droht eine totale und grenzenlose Verantwortung zu werden, eine Verantwortung aller für alles. Wenn Verantwortung auch kein eindeutiger Begriff ist, ist er aber dennoch geeignet, die Strukturierung und Begrenzung eines Folgenfeldes zu verdeutlichen. Der Technikphilosoph Günther Ropohl (* 1939) hat Verantwortung als Begriff charakterisiert, der bezogen auf konkrete Verantwortungssituationen sechs Beziehungen in sich birgt:

M 14 Der Begriff Verantwortung in sechs Hinsichten

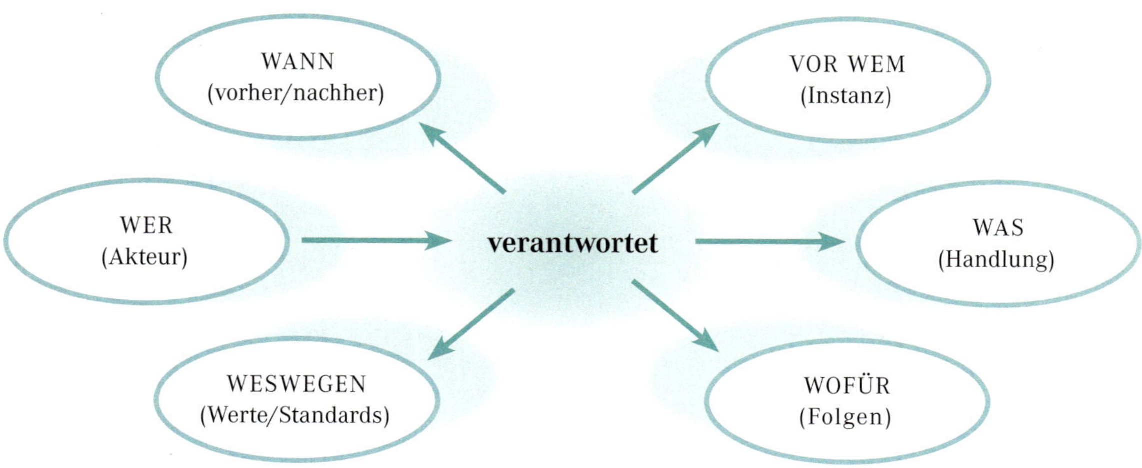

Jemand, ein Akteur, verantwortet *etwas* (Handlungen, Zustände, Aufgaben) und ist *für* Handlungsfolgen *gegenüber* einem anderen *vor* einer Sanktions- oder Urteilsinstanz) *in bezug auf* ein bewertendes Kriterium *im Rahmen* eines Verantwortungs- oder Handlungsbereiches zu einer bestimmten Zeit verantwortlich.

Günther Ropohl, 1987

5 Versuche, die sechs Beziehungen an Situationen aus deinem Leben zu veranschaulichen. Wofür bist du selbst, als Kind deiner Eltern, als Schüler, ... verantwortlich?

6 Wofür ist Iris als Mutter und wofür ist Mortimer G. Fisher als Forscher und Biotechnologe verantwortlich? Veranschauliche die Relationen im Hinblick auf Iris und Dr. Fisher in einem Schaubild. Vergleiche deine Ergebnisse mit denen deiner Mitschüler. Diskutiert darüber, wofür ein biotechnischer Forscher verantwortlich ist.

M 15

Energiegewinnung am Rande der Lüneburger Heide

7 Ist der Begriff der Verantwortung geeignet, den Umgang mit neuen Techniken angemessen zu handhaben? Wie sieht ein verantwortlicher Umgang mit Technik aus, z. B. der Technik der Energiegewinnung? Viele Politiker sind der Auffassung, dass aus Verantwortung für das Weltklima weniger Erdöl und Kohle genutzt werden und stattdessen die Atomenergie gefördert werden sollte. Schreibt einen kurzen Kommentar, was es heißt, auf „verantwortliche Weise" Energie zu gewinnen; bezieht das Foto in eure Überlegungen mit ein.

Sollte wissenschaftliche Forschung immer erlaubt sein?

Mortimer G. Fisher ist ein sehr ehrgeiziger Wissenschaftler. Iris ist fasziniert von seiner biotechnischen Grundlagenforschung, über die sie in einem Zeitungsartikel gelesen hat. Er hat den so lange gesuchten zentralen Entwicklungsschalter in den Genen entdeckt; es sind nicht mehr Dutzende Versuche notwendig. Iris ist fasziniert davon, dass er die kleinste aller Welten, den Zellkern, enträtselt. Sie stellt sich zur Verfügung, um die Forschung voran zu treiben. Fisher freut sich.

M 16 Forschung muss sein – muss Forschung sein?

Diese Frau, die seine geheimsten Gedanken aussprach, war zu allem entschlossen. Dieses Gefühl kannte Fisher nur zu gut, die tiefe Überzeugung und das sichere Wissen. Es musste so sein. Das allein war der richtige Weg, auch wenn alle anderen abwiegelten oder einen für verrückt hielten. Dasselbe Gefühl hatte auch ihn bei seiner Arbeit oft geleitet und am Ende niemals betrogen. Auch als er den Gen-Schalter für die embryonale Entwicklungsuhr entdeckt und bei einem Säugetier zum ersten Mal angeschaltet hatte. [20]

1 Erarbeite ein Cluster zu dem Begriff „Forschungsfreiheit“.

2 Schreibe anschließend einen kleinen Text zur Frage „Darf der Mensch alles erforschen, was er möchte?“. Benutze dabei die Pfade deines Clusters.

3 Lest in der Klasse einige eurer Texte vor. Diskutiert die darin vertretenen Auffassungen.

In der Komödie „Die Physiker“ lässt der Schweizer Schriftsteller Friedrich Dürrenmatt (1921–1990) den Kernphysiker Johann Wilhelm Möbius seine akademische Karriere aufgeben, weil nicht nur die Anwendung der Atomphysik, sondern auch die Grundlagenforschung zu gefährlich geworden seien. Die Schweizer Philosophen Andreas Bachmann und Klaus-Peter Rippe argumentieren dagegen für den hohen Wert akademischer Freiheit.

Vom Sinn der Forschungsfreiheit

M 17

Zur Begründung, warum Forschungsfreiheit gewährt werden sollte, werden heute vor allem drei Argumente vorgebracht: Das *erste* Argument besagt, dass die Wissenschaft nur zu einem Nutzen für andere führt, wenn sie sich selbst überlassen bleibt. Indem die Wissenschaft als eine Praxis betrieben wird, in der der Forscher um des Forschens willen forscht, erhält die Gesellschaft jene Güter, die sie sich von der Wissenschaft erhofft: technische Anwendungen, Argumente oder Orientierungshilfen in Politik und Leben. Gegen das Argument kann man einwenden, dass Wissenschaft durch ihre Folgen und Nebeneffekte der Gesellschaft heute eben doch nicht dasjenige bringt, was sie sich erhofft, sondern im Gegenteil dasjenige, was sie sich nicht erhofft. Sollte sie das Führen eines guten Lebens verhindern, müsste sie eingeschränkt werden.

Das *zweite* Argument verweist darauf, dass Forschungsfreiheit zu gewähren sei, damit neue Wahrheiten auf einem freien Markt der Ideen entdeckt werden können und bereits bekanntes Wissen nicht zum Dogma [festgelegte Lehre] erstarrt, sondern stets hinterfragt und überprüft werden kann. Jede Einschränkung der Freiheit gefährdet damit den Nutzen, den diese Praxis eines freien Marktes der Ideen hat.

Das *dritte* Argument sagt, dass akademische Freiheit ein eigenständiger und grundlegender Wert ist, denn die durch diese Freiheit geschützte Sphäre stellt einen wichtigen Bestandteil liberaler Gesellschaften dar. Hier wird eine ethische Grundhaltung verkörpert, in der Personen frei ihre eigenen Ziele bestimmen und weitgehend ungestört durch die Einwirkung anderer verfolgen können. Wenn dies der Fall ist, dann ist aber zu fragen, ob und in welchen Fällen es erlaubt sein darf, den freien Markt der Ideen und die Kultur der Unabhängigkeit aus moralischen Gründen einzuschränken. Forschungsfreiheit garantiert zwar nicht, dass dem Forscher alle Mittel zur Verfügung stehen, sie garantiert aber, dass jeder Forscher die eigenen Fragestellungen und Zielsetzungen nach eigenem Gewissen und eigenem Urteil wählen darf. Wenn dies so ist, bedarf es guter Gründe, sollen bestimmte Forschungsziele verboten werden.

nach Andreas Bachmann/Klaus Peter Rippe, 2006

4 Nenne die Argumente für und gegen die Forschungsfreiheit und stelle sie einander gegenüber. Sind diese Argumente überzeugend? Begründe deine Entscheidung.

5 Was stellst du dir unter einem „guten Leben“ (Z. 15) vor, und welche Forschungen verhindern aus deiner Sicht das „Führen eines guten Lebens“? Gestalte eine Collage dazu und stelle sie deinen Mitschülern vor. Diskutiert darüber, warum die von euch als störend dargestellten Forschungen eingeschränkt werden sollten.

6 Gibt es aus deiner Sicht Forschungsziele, die ganz verboten werden sollten? Welche „guten Gründe“ gibt es für diese Verbote?

Sollte Forschung an menschlichen Keimzellen erlaubt werden?

Charlotte Kerner erklärt im Nachwort ihres Buches „Blaupause“, warum sie mehrere Jugendbücher geschrieben hat, die sich sehr kritisch mit den neuen biotechnologischen Forschungsmöglichkeiten der vorgeburtlichen Diagnostik, der Embryonenforschung und Klonierung auseinandersetzen.

M 18 Das Mögliche weiterdenken

Eine noch nicht mögliche Geschichte zu denken und zu erzählen heißt, das Mögliche weiterzudenken. Das bereits Mögliche, das den allerersten Anstoß für dieses Buch gab, geschah im Oktober 1994. Zwei amerikanische Wissenschaftler spalteten menschliche Embryonen in der Schale (*in vitro*) mit „mikrochirurgischen Methoden“ und schufen zum ersten Mal „künstliche Zwillinge“. Mit den Zwei- und Achtzellern führten die Forscher weitere Forschungen durch; sie erforschen Möglichkeiten, aus embryonalen Zellen Gewebe für zukünftige Gewebe- und Organspenden zu gewinnen; und sie präsentierten ihr Experiment der Öffentlichkeit. Was die Forscher getan hatten, wurde in der Tierzucht seit langem praktiziert und brachte keinerlei neue Erkenntnisse. Der Tabu-Bruch allein war das Ziel und ein Signal, ein lautes Warnsignal. Immer lauter und schamloser wurde seitdem nachgedacht, welchen Nutzen dem Einzelnen diese Forschungen bringen könnten. [...] Ich steckte bereits mitten in der Arbeit an dieser Zukunftsgeschichte, als auch mich das Schaf Dolly überraschte, das erste Säugetier, dessen Klonierung aus den Euterzellen eines erwachsenen Schafes gelang. Auf diese Weise geklonte Kälber und Mäuse folgten geschwind, Klon-Affen sind in Arbeit. Seitdem ist die Zeit viel näher gerückt, in der Menschenklone unter uns leben werden. [...] Ich mache mir keine Illusion: Forscher werden Menschen klonen und Menschen werden sich klonen lassen. [...] Meine Bücher haben etwas gemeinsam: Sie erzählen, was die Anwendung wissenschaftlicher Erkenntnisse für einen einzelnen Menschen bedeuten kann, was „Fortschritt“ mit und in jemandem anrichtet. [178f.]

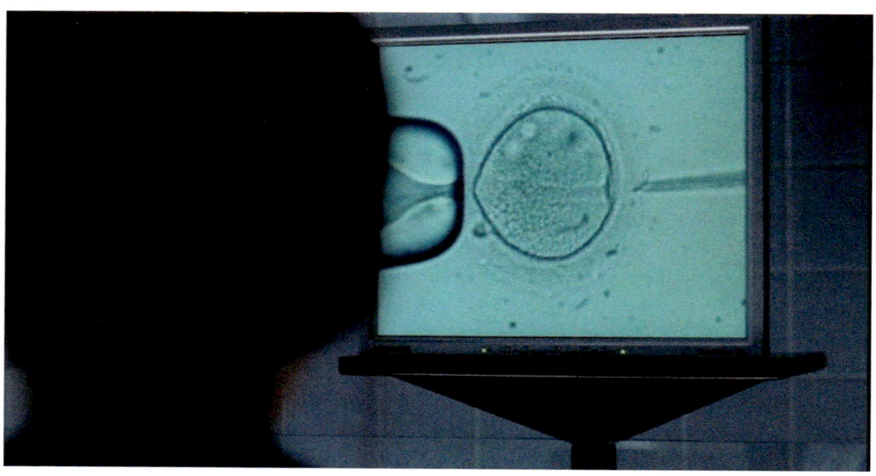

1 Lies das Nachwort genau durch und male die Einzelheiten des zukünftigen Szenarios [vermuteter Ablauf] aus, das Charlotte Kerner hier zeichnet.

2 Welche ethischen Auffassungen für oder gegen Forschungsfreiheit sind in diesem Szenario enthalten? Erarbeitet anhand eurer Bilder eine Liste ethischer Argumente, die Charlotte Kerner hier vertritt.

3 Reichen Kerners Befürchtungen aus, um Grundlagenforschungen an menschlichen Keimzellen zu verbieten?

Die Folgen bedenken

M 19

Die biologische Kontrolle des Menschen, besonders die genetische, wirft ethische Fragen völlig neuer Art auf, für die uns weder frühere Praxis noch früheres Denken vorbereitet hat. Da nicht weniger als die Natur des Menschen in den Machtbereich menschlicher Eingriffe gerät, wird Vorsicht zum ersten sittlichen Gebot und hypothetisches [auf Folgen gerichtetes] Durchdenken unsere erste Aufgabe. Die Folgen vor dem Handeln zu bedenken, ist nicht mehr als gewöhnliche Klugheit. In diesem Sonderfall gebietet uns Weisheit, weiter zu gehen und den etwaigen Gebrauch von Fähigkeiten zu prüfen, noch ehe diese ganz fertig zum Gebrauch sind. Ein vorstellbares Ergebnis solcher Prüfung könnte der Rat sein, gewisse Arten des Könnens gar nicht erst ganz fertig werden zu lassen, d.h. Forschungsrichtungen auf sie hin nicht weiter zu verfolgen – mit Rücksicht auf die extreme Verführbarkeit des Menschen durch jegliches Können, das er einmal besitzt. [...] Einmischung in die Freiheit der Forschung hat ihre eigene ethische Bedenklichkeit. Doch ist diese wie nichts gegen die Schwere der ethischen Fragen, vor die uns der vorgestellte Erfolg *dieser* Forschung stellt.

Hans Jonas, 1987

Wissen weiterentwickeln

M 20

Bei der Bio- und Gentechnik rücken ethische Fragen in den Vordergrund, die Politik nicht an Stelle der Gesellschaft lösen kann und darf. Antworten auf diese Fragen können nur im freien öffentlichen Diskurs* gefunden werden. Und gerade weil bei diesem Thema, mehr als bei jedem anderen, Wissen buchstäblich „Macht" ist, muss dieses Wissen weiterentwickelt, verfügbar gehalten und allen zugänglich gemacht werden – und dies bereits in der Schule. [...] Biomedizin und Gentechnik sind sicherlich in Grenzbereiche vorgedrungen. Im Grunde allerdings hat noch jeder Fortschritt in der menschlichen Wissenschaft, in der Technik, aber auch in der Philosophie mit der Befreiung des Menschen aus natürlichen oder vorgefundenen Zwängen zu tun. Deshalb sollten wir nicht die Zwänge als Argument bemühen, den Forscherdrang einzudämmen. Die definitive Grenze bei jedem Diskurs über die Möglichkeiten der Erhaltung, Verbesserung oder auch Manipulation des menschlichen Lebens steht in Artikel 1 unseres Grundgesetzes: „Die Würde des Menschen ist unantastbar." Diese Würde steht nicht in der Buchstabenfolge des Genoms [Erbanlagen in einem Zellkern].

Gerhard Schröder, 2000

4 Stelle die Positionen des Philosophen Hans Jonas (1903–1993) und des früheren Bundeskanzlers Gerhard Schröder (* 1944) einander gegenüber. Wie überzeugend sind die jeweiligen Argumente zum Umgang mit biotechnischer Grundlagenforschung?

5 Ist es die richtige Entscheidung, die biotechnische Grundlagenforschung aufzugeben, um Erkenntnisse, die auch missbraucht werden könnten, gar nicht erst zu gewinnen? Oder gibt es andere Möglichkeiten? Begründe deine Stellungnahme.

6 Wie kann eine Gesellschaft mit wissenschaftlicher Forschungsfreiheit im Bereich Biotechnik* verantwortlich und mündig umgehen? Schreibe einen Brief an Gerhard Schröder.

Ist das Argument der Natürlichkeit ein gutes ethisches Argument?

Dr. Mortimer G. Fischer hatte im Rahmen seiner Forschungen das Klonen von Säugetieren weiter erforscht und sicherer gemacht. Zur Entwicklung der Klonierungstechnik hat er Mäuse und Kühe geklont. Zunächst wurde die Furcht vor geklonten Lebewesen, so berichtet Siri, von den Menschen verdrängt, bis das erste geklonte Tier das Licht der Welt erblickte.

M 21 Der Wolf im Schafspelz

„Doch dann kam das geklonte Schaf Dolly – oder sage ich besser, der Wolf im Schafspelz? – in die Welt und fletschte die Zähne." Erst als dieses Tier laut blökte, begriff aber auch der letzte Mensch, dass wir tatsächlich nicht aufzuhalten und eine echte und ernstzunehmende Gefahr waren. Die Lach-Monster-Schraube wurde daraufhin nochmals kräftig angezogen. Angstlust machte sich unter euch breit. Zwischen ‚Nein, niemals!' und ‚Was wäre wenn ...?' habt ihr geschwankt. Prominente wurden nach ihren Klongelüsten gefragt, und weiterhin malte man gröbste Klon-Horrorszenarien aus." [38]

INFO

Die Geburt des geklonten Schafs Dolly

Der Engländer Ian Wilmut leitete seit 1973 die Forschungsabteilung der Animal Breeding Research Organization in Edinburgh, Schottland. Im Juli 1996 gelang es ihm am Roslin Institute in der Nähe von Edinburgh als erstem Forscher, ein Tier aus einer Körperzelle des Muttertieres „herzustellen". Das Klonschaf Dolly konnte er im Februar 1997 der Öffentlichkeit präsentieren. Dolly war der genetische Zwilling ihrer Mutter. Die renommierte wissenschaftliche Zeitschrift „nature" hat den erfolgreichen Versuch veröffentlicht. Dolly gab Anlass zu kontroversen Diskussionen.

1 Das „erste geklonte Tier der Welt" – jagt dir die Vorstellung Schaudern ein, oder welche spontanen Gefühle verbindest du mit der Vorstellung von geklonten Tieren? Schreibe deine Gefühle auf und tausche dich mit deinen Mitschülern darüber aus.

2 Sieh dir das Bild von Dolly genau an. Warum beschreibt Siri Dolly als „Wolf im Schafspelz"? Welche Horrorszenarien könnte Dolly ausgelöst haben?

3 Viele Menschen haben auf die Geburt des Klonschafes Dolly mit Verunsicherung, Abwehr und Empörung reagiert. Warum wohl hat die Geburt von Dolly solche spontanen Abwehrreaktionen hervorgerufen? Welche Bedenken könnten sich hierin ausdrücken? Stelle mit deinem Nachbarn in Partnerarbeit eine Liste zusammen.

Dass die Nachricht von der Geburt Dollys Verunsicherung und Empörung ausgelöst hat, liegt nach der Ansicht verschiedener Philosophen auch an einer Angst vor dem „Ende der Natürlichkeit".

4 Suche verwandte Wörter oder Ableitungen zu „natürlich“ und „unnatürlich“ und probiere aus, was sie für Wertungen ausdrücken.

5 Welche Sorgen stehen hinter der Angst vor dem „Verlust der Natürlichkeit“, vor technischen Eingriffen in die Natur? Vergleiche die Ergebnisse mit deiner bereits erarbeiteten Liste.

6 Kann man mit dem Hinweis, etwas sei natürlich oder unnatürlich, Handlungen der Menschen ethisch bewerten? Ziehe für deine Überlegungen auch den folgenden Text des Philosophen Dieter Birnbacher (* 1946) heran.

Der ethische Naturbegriff

M 22

Die ethischen Verwendungen des Begriffs „Natur“ und seiner Ableitungen wie „natürlich“ oder „unnatürlich“ sind sehr vieldeutig. Das einzige Merkmal, das nahezu allen ethischen Verwendungen des Naturbegriffs gemeinsam ist, ist die eindeutig positive, billigende Sinnfärbung. Während „unnatürlich“ durchweg abwertend gebraucht wird, steht das „Natürliche“ für das Richtigere, Angemessenere, Berechtigtere. Diese Wertung ist vielfach mit der Vorstellung verbunden, das Natürliche sei das Überlegene, weil Anfänglichere und Ursprünglichere. *Worin* die ethische Überlegenheit des „Natürlichen“ über das „Unnatürliche“ gesehen wird, ist allerdings sehr verschieden. Zwei Haupttendenzen lassen sich unterscheiden: Auf der einen Seite steht „natürlich“ für das *Selbstverständliche,* das, was allgemeinem Brauch, den herrschenden Sichtweisen und Überlieferungen entspricht. In diesem Sinne bietet sich „Natur“ als Wendung konservativer, auf die Erhaltung des Bestehenden und Akzeptierten gerichteter Redeweise an. [...] Auf der anderen Seite steht „natürlich“ für das *Ungekünstelte*, das Schlichte, Echte, in seiner Spontaneität Liebenswürdige. Natur ist nicht mehr das durch Kultur und gemeinsame Übereinstimmung Geprägte, sondern das, was sich der Überformung entzieht, das Beharrende im historischen Wandel der Normen, Moden und Lebensstile. In diesem Sinn bietet sich der Naturbegriff gerade dazu an, polemisch den Anpassungszwängen der Gesellschaft entgegengehalten zu werden. [...] Je weniger aber die vielfältigen und gegensätzlichen Inhalte des Naturbegriffs transparent gemacht werden, desto mehr bietet sich der ethische Naturbegriff dazu an, als „Leerformel“ zu fungieren: als positiv besetzte Begriffshülse, die zwischen Sprecher und Hörer ein scheinbares Einverständnis herbeiführt, ohne den Sprecher darauf zu verpflichten, seine inhaltlichen Wertungen offenzulegen und den Hörer, seine Zustimmung und Ablehnung an diesen zu überprüfen. Argumentationen, in denen „Natur“ und „natürlich“ das letzte Wort haben, entpuppen sich deshalb vielfach als bloße Scheinargumentationen.

(nach) Dieter Birnbacher, 1991

Wertende Naturvorstellungen

In philosophischen Diskussionen wehren die Teilnehmer Argumente für Eingriffe in die Natur meistens nicht einfach nur mit dem Hinweis auf die Natürlichkeit ab, sondern vertreten wertende Ansichten von der Natur, mit deren Hilfe Grenzen des Eingriffs begründet werden sollen.
Die folgenden Texte stellen verschiedene wertende Naturvorstellungen vor.

M 23 Allmutter Erde

Allmutter Erde, die festgegründete, will ich besingen,
Älteste unter den Göttern, du weidest alles auf Erden,
Alles, was in deinem göttlichen Schoße sich regt und im Meere
Und in der Luft, das alles nähret sich von deiner Gabe.
Aus dir erstehen gar herrliche Kinder und schöne Früchte.
Holde, es stehet in deiner Macht zu geben, zu nehmen
Leben den sterblichen Menschen. O selig, den du da würdigst
Deiner Gnade und Huld, denn alles gewährst du ihm reichlich.

Homerischer Hymnus

M 24 Der fromme Schauder

Führt dich dein Weg einmal zu einem Walde mit einem dichten Bestand alter und über das gewöhnliche Maß hinausragender Bäume, die durch das vielfältige Ineinandergreifen der sich übereinander drängenden Äste den Himmel verschleiern, so wird die Erhabenheit dieses Waldes, das Geheimnisvolle der Örtlichkeit, das Wunderbare dieses dichten ununterbrochenen Schattenbereiches nicht verfehlen, den Glauben an göttliches Walten in dir zu wecken. Triffst du auf eine Grotte, die sich tief in das über ihr schwebende Felsgebirge hineinzieht, nicht von Menschenhand gemacht, sondern durch Naturkräfte in so auffallender Ausdehnung geschaffen, so wirst du in deinem Innern eine gewisse Ahnung des Göttlichen spüren. Die Quellstätten großer Flüsse sind uns heilig. Wo überraschend – wir wissen nicht woher – ein gewaltiger Strom hervorbricht, da sind Altäre errichtet. Heiße Quellen sind ein Gegenstand der Verehrung, und manche stehenden Gewässer haben eine gewisse Weihe empfangen durch ihre schattige Umgebung oder durch ihre unergründliche Tiefe.

(nach) Seneca (4 v. Chr.– 65 n. Chr.)

M 25 Mensch und Erde

Die alten Völker hatten kein Interesse daran, die Natur durch Versuche auszuspähen, sie in Maschinen hineinzuknechten und listig durch sich selbst zu besiegen; jetzt fügen wir hinzu, sie hätten es als Verruchtheit verabscheut. Wald und Quell, Fels und Grotte waren für sie ja heiligen Lebens voll; von den Gipfeln hoher Berge wehten die Schauer der Götter (darum, nicht aus Mangel an Naturgefühl, bestieg man sie nicht!), Gewitter und Hagelschlag griffen drohend oder verheißend in das Spiel der Schlachten ein. Wenn die Griechen einen Strom überbrückten, so baten sie den Flussgott für die Eigenmächtigkeit des Menschen um Verzeihung und spendeten Trankopfer; Baumfrevel wurde im alten Germanien blutig gesühnt. Fremd geworden den planetarischen Strömen, sieht der heutige Mensch in alledem nur kindlichen Aberglauben. Er vergisst, dass diese deutenden Bilder verwehende Blüten waren am Baum eines Innenlebens, welches tieferes Wissen barg als all seine Wissenschaft: das Wissen von der weltschaffenden Webekraft allverbindender Liebe.

(nach) Ludwig Klages (1872–1956), 1913

Schutz der Ökosphäre

M 26

Die Ökosphäre [Umwelt] ist ein Ganzes. Dies schließt Individuen, Spezies, Populationen, Lebensräume genauso ein wie menschliche und nichtmenschliche Kulturen. Gehen wir von unserem gegenwärtigen Wissensstand über den wechselseitigen Zusammenhang ökologischer Beziehungen aus, bedeutet dies eine grundlegende Sorge und einen tiefen Respekt gegenüber der gesamten Ökosphäre. Alle ökologischen [auf die Umwelt bezogen] Prozesse auf dem Planeten sollten intakt bleiben. Die gesamte Umwelt sollte „natürlich" bleiben. Der Begriff „Leben" wird hier in einer umfassenden nichttechnischen Weise benutzt und bezieht sich auch auf das, was von Biologen als „nichtlebendig" eingeordnet wird: Flüsse, Stromgebiete, Landschaften, Ökosysteme. Für Unterstützer dieser ökologischen Auffassung sind Slogans wie „Lasst den Fluss leben!" sinnvolle Auffassungen, die übrigens in den meisten Kulturen üblich sind. Jedes natürliche Objekt hat einen in sich eigenen Wert, der unabhängig von jeglicher Kenntnis, jeglichem Interesse oder jeglichem Wert für irgendein bewusstes Wesen ist.

Aus dieser ökologischen Auffassung ergeben sich wesentliche Prinzipien: Wohlbefinden und Gedeihen menschlichen und nichtmenschlichen Lebens auf der Erde haben einen Wert in sich selbst (gleichbedeutende Wörter: *intrinsischer, inhärenter Wert*). Dieser Wert ist unabhängig von der Nützlichkeit der nicht-menschlichen Welt für menschliche Zwecke. Reichtum und Vielfalt von Lebensformen tragen zur Verwirklichung dieses Wertes bei und stellen ebenfalls Werte in sich selbst dar.

Menschen haben kein Recht, diesen Reichtum und diese Vielfalt zu beeinträchtigen, außer um lebensnotwendige Bedürfnisse zu befriedigen.

Die gegenwärtigen menschlichen Eingriffe in die nichtmenschliche Welt sind unangemessen, und die Situation verschlechtert sich ständig. Die Politik muss deshalb geändert werden. Lebensqualität, das Verweilen in Zuständen, die inhärenten Wert besitzen, ist anzuerkennen, anstatt an einem immer weiter wachsenden Lebensstandard festzuhalten.

(nach) Arne Naess (1912), 1997*

1 Welche Bilder von der Natur entwerfen die einzelnen Autoren in ihren Texten? Gestaltet in Gruppen eine Collage, die die verschiedenen Ansichten der Natur darstellen. Vergleicht eure Collagen in der Klasse.

2 Welche ethischen Wertungen stecken in diesen Ansichten von der Natur? Versucht diese Wertungen offenzulegen. Prüft anschließend, welche Folgen für das Handeln sich aus diesen Ansichten über die Natur ergeben.

3 Diskutiert, ob die einzelnen Ansichten einsichtig sind oder nicht.

Zum Verhältnis von Mensch und Natur

Ansichten über die Natur und ihren Wert werden nicht nur in Texten, sondern auch in Bildern wie den beiden folgenden zum Ausdruck gebracht.

M 27

M 28

1. Sieh dir beide Bilder genau an.
2. Welche Vorstellungen von der Natur bringen deiner Ansicht nach diese beiden Bilder zum Ausdruck? Notiere, was du in diesen beiden Bildern siehst.
3. Schreibe einen kurzen Text in Form einer Informationstafel für Museumsbesucher und erkläre darauf, was das jeweilige Bild aus deiner Sicht ausdrückt.
4. Stellt eure kurzen Texte vor und diskutiert über eure Interpretationen.
5. Welches Bild gefällt dir besser? Begründe deine Entscheidung.
6. Im zweiten Bild dient die Natur zu Werbezwecken. Findet heraus, ob noch andere Firmen Bilder von der Natur nutzen, um für ihre Produkte zu werben. Wie funktioniert diese Werbung?
7. „Mensch und Natur“ – Wie würdest du das Verhältnis beschreiben? Schreibe einen Essay oder visualisiere deine Vorstellungen.

M 29

Die moderne Auffassung von Natur

Von verschiedenen klassischen Ansichten über die Natur grenzt sich die moderne Auffassung, wie sie sich seit der Renaissance herausgebildet hat, scharf ab. Diese Auffassung besagt, dass die Natur kein geordneter Kosmos, sondern ein unendliches Aggregat von Tatsachen und Prozessen *ohne inhärenten* Sinn ist; und dass der Mensch in einem ethisch relevanten Sinn kein Teil dieser Natur ist: Während alle übrigen Lebewesen in ihrem Verhalten festgelegt sind, ist der Mensch nicht fixiert. Auf dieser Grundlage haben sich verschiedene Ideen und Ideale entwickelt, die als konstitutiv für das neuzeitliche Bewusstsein angesehen werden können. Im Mittelpunkt steht die Idee der *Freiheit.* Insofern der Mensch nicht von Natur aus auf einen bestimmten Platz in der Welt oder auf eine bestimmte Lebensform festgelegt ist, kann (und muss) er darüber selbst entscheiden. Der emphatische Freiheitsbegriff der Neuzeit kommt demnach in der Überzeugung zum Ausdruck, dass der Mensch selbst darüber entscheiden kann, wer und was er ist.

Kurt Bayertz/Kurt Schmidt, 2006

8 Unterstreiche in dem Text der beiden Philosophen Kurt Bayertz (* 1943) und Kurt Schmidt (* 1959) alle Wörter, die unverständlich sind, und schreibe sie anschließend auf.

9 Einigt euch in der Klasse, welche Wörter des Textes so schwierig und unverständlich sind, dass sie zum besseren Verständnis des Textes übersetzt werden sollten. Stellt eine Vokabelliste mit diesen schwierigen Wörtern zusammen.

10 Übersetzt mit Hilfe von Wörterbüchern und Lexika in kleinen Gruppen die schwierigen Wörter. Schreibt die Bedeutungen, die ihr für treffend, aber einfacher haltet, neben den schwierigen Begriff auf die Vokabelliste.

11 Nun übertragt die neuen, einfacheren Bedeutungen, indem ihr die schwierigen Wörter streicht und die neuen sinnvoll in den Text einfügt.

12 Lest euch eure neuen Texte wechselseitig vor. Diskutiert, welche Übersetzung am besten das trifft, was der Text von Bayertz und Schmidt sagen will.

13 Vergleicht den Ansatz von Bayertz und Schmidt mit dem Ansatz von Naess (M 26). Welche Position findet ihr überzeugender? Welche Chancen, welche Probleme oder Gefahren stecken in den beiden Auffassungen über die Natur?

In vielen Stellungnahmen, die technische Eingriffe für unnatürlich, widernatürlich oder für eine unzulässige Grenzüberschreitung halten und aus diesen Gründen ablehnen, drücken sich, so meinen verschiedene Philosophen, berechtigte ethische Bedenken aus.

Eingriffe in die Natur abwehren – warum?

M 30

In den Argumenten, die Natureingriffe abwehren, drücken sich berechtigte Bedenken gegen die völlige Zurichtung natürlicher Prozesse auf menschliche Bedürfnisse aus. [...] Mannigfaltigkeit, Zufallsabhängigkeit oder Spontaneität gehören, wie wir jetzt, wo sie auf technischem Wege beseitigt zu werden drohen, wieder neu erfahren, zu unserer Vorstellung von „gutem" oder „gelingendem" menschlichem Leben. Die völlige Konstruierbarkeit der naturalen Basis des Menschen ist, so ein Argument, nur um den Preis des „Selbstverlustes" des Menschen zu verwirklichen.

(nach) Johann S. Ach/Christa Runtenberg, 1999

14 Im Unterkapitel über die Forschungsfreiheit (S. 140f.) hast du eine Collage zur Frage gestaltet, was ein „gutes Leben" ist und inwiefern bestimmte Forschungen ein gutes Leben gefährden könnten. Taucht die unberührte Natur in deiner Collage auf? Stimmt aus deiner Sicht die These, dass Natürlichkeit im Sinne einer Vielfalt von Lebensformen, von „Zufallsabhängigkeit" und „Spontaneität" (Z. 4f.) zu einem guten Leben dazu gehört?

15 Mache eine Gedankenreise in eine „smart world", in der dein Leben vom Aufwachen bis zum Zeitpunkt des Ins-Bett-Gehens von Technik begleitet wird, die dir das Leben erleichtert. Schreibe die Vorstellungen auf oder zeichne oder male sie.

16 Könnten wir auch in einer Welt, die durch und durch technisch gestaltet ist, ein gutes Leben haben? Begründe deine Auffassung.

Darf man in die Natur eingreifen?

M 31 Siri erhebt bittere Vorwürfe gegen Professor Fisher und ihre Mutter Iris

Ihr, die ihr diese Missbrut betreibt, seid weder Mann noch Frau, sondern ein drittes Geschlecht. Schon die alten Griechen haben euch gekannt und in dem Mythos* vom Gott Eros beschrieben, der erzählt, wie die Liebe zwischen Mann und Frau in die Welt kam: Das mannweibliche Wesen war rund gewesen, alle seine Gliedmaßen und Sinnesorgane waren verdoppelt, und es bewegte sich Rad schlagend und kreisend fort. Dieses kräftige Geschlecht nun wollte sich einen Zugang zum Himmel bahnen und die Götter angreifen. Um diese Gefahr zu bannen, schnitt Zeus sämtliche mannweiblichen Wesen in zwei Hälften und formte daraus je einen Mann und eine Frau. Seitdem sehnt sich jede Hälfte nach der anderen. Jeder Mensch sucht immer sein anderes Stück, und genau das nennt man „den Eros“ oder „die Liebe“. Sie ist der Versuch, die ursprüngliche Natur wieder herzustellen und aus zwei eins zu machen. Die Kloner aber handeln nicht aus Liebe, bringen nichts zusammen, sondern spalten. Sie machen aus einem zwei oder vier oder acht ... Sie sind das dritte Geschlecht des dritten Jahrtausends, und auch das greift die Götter an und will selbst Schöpfer sein. [105]

Die Bestrafung des Prometheus

1 Vergleich diese Darstellung des Mythos vom Kugelmenschen mit der von Platon (s. S. 56).

2 Die alten Griechen bezeichneten die selbstüberschätzende Erhebung gegen die Götter als Hybris. Auch Prometheus wurde wegen seiner Hybris bestraft, indem Zeus ihn an einen Felsen kettete und ein Adler jeden Tag von seiner immer nachwachsenden Leber fraß. Schlage in einem Lexikon nach, worin sein Frevel [Untat gegen die Götter] bestand.

3 Was wird, im Blick auf den technischen Eingriff in die Zeugung von Lebewesen, mit dem Hybris-Vorwurf kritisiert? Welche Kritik formuliert Siri damit gegenüber Dr. Fisher? Schreibe mit deinen Worten aus ihrer Sicht einen Brief an den Vorstand des Center for Reproductive Medicine and Bioengineering, in dem du dich über Dr. Fisher beschwerst.

4 Der Theologe und Philosoph Kurt Schmidt (* 1959) hat in den 1990er Jahren, als vor allem über die Gentherapie am Menschen diskutiert wurde, das Hybris-Argument analysiert und kritisiert. Lies den folgenden Text und arbeite die Kritikpunkte am Hybris-Argument heraus.

M 32 Recht und Grenze des Hybris-Arguments

Das Hybris-Argument zählt zu den starken Argumenten in der Kultur- und Medizingeschichte. Immer wieder sind Grenzen gezogen und ist Unheil prophezeit worden für den Fall, dass der Mensch diese Grenzen überschreitet. In vielen Fällen hat die Nachwelt diese Argumente entkräftet. So war die Sektion der menschlichen Leiche bis ins Mittelalter teilweise verboten, doch erst diese „Grenzüberschreitung“ machte Fortentwicklungen in der Medizin möglich, die spätere Generationen dann sehr geschätzt haben. Ähnliches ließe sich von der Entwicklung der Anästhesie [Narkotisierung] sagen. So ist der Vorwurf, beim gentherapeutischen Eingriff spiele der Mensch Gott, zwar publikumswirksam, erweist sich aber bei näherer Betrachtung als nicht stichhaltig. [...] Die Symbolkraft des Arguments zeigt vor allem die Angst des Menschen davor, die Harmonie des Universums unwiederbringlich zu zerstören. Diese Ängste können nicht einfach als unbegründet beiseite geschoben werden. [...] Der Schwerpunkt des Arguments liegt heute auf einem säkularen [weltlichen] Begriff von Verantwortung und weniger auf dem Vergehen gegen Gott oder dessen Schöpfungsordnung. So will Hans Jonas den Begriff der „Heiligkeit" nicht notwendigerweise in einem religiösen Sinn verstanden wissen, auch wenn dieser stets mitschwinge. Vielmehr versucht Jonas, der menschlichen Natur seine innere Werthaftigkeit zurückzugeben. [...]

Das Hybris-Argument kann seine ganze Kraft nur entfalten, wenn aus ihm eine absolute Ablehnung von Eingriffen gefolgert wird. Wer dies tut, muss aber jeden Eingriff in Zeugung und vorgeburtliches Leben als „Todsünde" verurteilen. Ein solches absolutes Verbot lässt sich aber nicht überzeugend vertreten. Auch müssen die Versuche, mit Hilfe des Hybris-Arguments eine Grenze zwischen erlaubten und unerlaubten Eingriffen zu ziehen, scheitern, dann man steht dabei vor dem unlösbaren Problem zu erklären, warum bestimmte Eingriffe Hybris sein sollen und andere nicht.

(nach) Kurt Schmidt, 1995

5 Zeige an Beispielen technischer Eingriffe in die Natur, wo aus deiner Sicht eine Grenze zu ziehen ist, die man nicht mehr überschreiten sollte.

6 Mit welchem Argument kann man diese Grenze am besten begründen? Ziehe dazu die verschiedenen Texte dieses Kapitels heran.

Auch wenn man Eingriffe in die Natur nur schwer mit guten Gründen absolut verbieten kann, führen diese Eingriffsmöglichkeiten zu der grundlegenden Frage, wie der Mensch mit seiner Um- und Mitwelt und den anderen Lebewesen umgehen sollte. Für die Begründung eines grundlegenden Anspruchs auf moralische Berücksichtigung und sich daraus ergebende Konsequenzen für den Umgang mit anderen Wesen und der Natur gibt es in der ethischen Debatte verschiedene zentrale Grundpositionen.

Vier ethische Grundpositionen zum Umgang mit der Natur

M 33

Aus der Perspektive einer *anthropozentrischen* Grundposition sind vor allem dem Menschen aufgrund seiner Vernunft, seiner Sprach-, Moral- oder Reflexionsfähigkeit, dem Mensch als selbstzwecklichem Lebewesen ein grundlegender moralischer Wert und somit Schutzanspruch zuzuerkennen. Zentrale Kriterien für die Bewertung von Handlungen sind die Vor- und Nachteile, die aus ihrer praktischen Umsetzung für den Menschen selbst resultieren.

Pathozentrische Grundpositionen weisen einem Lebewesen dann einen grundlegenden Schutzanspruch zu, wenn diese empfindungs- oder leidensfähig sind. Basiskriterium für die Schutzwürdigkeit ist die Fähigkeit, überhaupt ein Wohl oder Weh empfinden zu können; denn aus dieser Perspektive kann man nur solchen Lebewesen ein Gutes oder einen Schaden zufügen, die ein Gut oder einen Schaden wahrnehmen können.

Ein weiteres Modell stellen *biozentrische* Grundpositionen dar, die allem Lebendigen einen grundlegenden Schutzanspruch zuerkennen. Der ganzen belebten Natur steht aufgrund der Lebendigkeit moralischer Schutz seitens des Menschen zu. Alles, was lebt, besitzt seinen eigenen Wert, muss um seiner selbst willen unter Schutz gestellt und darf nicht gänzlich dem Menschen verfügbar gemacht werden.

Physiozentrische Konzeptionen schreiben darüber hinaus auch der ganzen unbelebten Natur und unbelebten Naturdingen, zum Beispiel Berglandschaften, Seen oder der Natur als Ganzer, einen grundsätzlichen Schutzanspruch zu.

(nach) Dieter Birnbacher (1946), 1991*

7 Stelle die verschiedenen ethischen Sichtweisen in einem Schaubild gegenüber. Berücksichtige dabei, welches Kriterium jeweils für die Zuerkennung eines Schutzanspruchs formuliert wird; welchen Lebewesen ist dementsprechend ein solcher Schutzanspruch zuzuerkennen?

8 Was folgt aus den jeweiligen Grundpositionen für die Behandlung von Lebewesen? Dürfte zum Beispiel ein Braunbär erschossen werden, wenn er Menschen bedroht? Dürfen Pappeln für den Bau einer Straße gefällt werden? Spielt in Gruppen an eigenen Beispielen durch, was aus den einzelnen Grundkonzeptionen für den Umgang mit Lebewesen oder Naturdingen folgt.

Vervielfachung berühmter oder wichtiger Menschen durch reproduktives Klonen?

M 34 Ein zweiter Picasso oder Mozart

Wer hätte etwas gegen einen zweiten Picasso oder einen zweiten Mozart einzuwenden? Wer gegen eine zweite Clara Schumann, eine zweite Fanny Hensel-Mendelssohn? Natürlich wolltest du dich nie mit diesen ganz Großen gleichsetzen, aber Durchschnitt warst du auch nicht. Bravo! Werden die Leute rufen. Eine neue Iris Sellin, das hat sich wenigstens gelohnt. Denn wer will schon Dumme Dutzendware, die den ganzen Aufwand doch nicht wert ist? So hast du auch ihn gelockt und verführt. Moralische Bedenken hattet ihr nicht. Welche auch? Warum sollte es gegen die Würde eines Kindes sein, dem Nachwuchs von Anfang an gute Erbanlagen mitzugeben und die genetische Lotterie, den Zufall, auszuschalten? Keine Nieten mehr, Volltreffer garantiert! [...] [19]

Am Vormittag des 7. Januar im Jahr null dirigierte Mortimer G. Fisher eigenhändig das Telemikroskop mit den beiden Joysticks in die Ruheposition. Die Laboruhr zeigte 10 Uhr 45. Er selbst hatte die entkernte Eizelle mit dem reinen Iris-Programm bestückt. Diesen Kern aller Dinge hatte er einer Hautzelle von Iris Sellin entnommen. Über eine haarfeine Glaskanüle hatte er dann das Eiweiß eingeschleust, um die Lebensuhr mit dem Fisher'schen Verfahren anzuschalten. [...] Der kleine Punkt in der Zelle glich jetzt einem schwarzen Auge. Zusammengeknüllt in diesem schwarzen Pünktchen war der eineinhalb Meter lange DNS-Faden der Auftraggeberin. Das kleine dunkle Ding maß im Durchmesser gerade ein Hundertstel Millimeter und doch enthielt es ein ganzes Lebensprogramm: eine Menschengeschichte, niedergeschrieben in hunderttausend Bänden, auch Gene genannt. [22f.]

Tatsächlich gibt es Initiativen, berühmte Personen durch Klonierung wieder auferstehen zu lassen. So gibt es Diskussionen, ob man zum Beispiel Jesus oder Lenin, den Gründer der einstigen Sowjetunion, klonen lassen sollte.

1 Lies den Text und sieh dir das Foto von Iris und Siri genau an. Übertrage die Gedankenblase in dein Heft und trage dort ein, was für Gefühle, Ängste und Wünsche Siri bewegen könnten.

2 Stellt euch vor, es gäbe tatsächlich die Möglichkeit, aus Erbgut von Reliquien einen Menschen zu klonen, der genetisch von einem für euch sehr wichtigen Menschen abstammt. Würdet ihr dafür stimmen, das Verfahren durchzuführen? Sammelt Argumente Pro und Contra.

3 „Wen würden Sie klonen lassen?" Führt in der Schule, zu Hause oder in eurem näheren Umfeld eine Umfrage durch. Fragt die Menschen, wen sie gern klonen (lassen) würden, und bittet um eine kurze Begründung der jeweiligen Entscheidung. Tauscht eure Ergebnisse untereinander aus.

Hängt alles nur von den Genen ab

M 35

Das Ziel der Klonierung von Menschen könnte in der Herstellung eines Klons eines – verstorbenen oder noch lebenden – Menschen bestehen, den man für besonders wert- oder verdienstvoll oder aus irgendeinem anderen Grund für besonders „replizierungswürdig" hält. Diese Idee der Vervielfältigung zum Beispiel von Nobelpreisträgerinnen oder Nobelpreisträgern, von Immanuel Kant, Mutter Theresa oder Lady Di, die Idee der künstlichen Erzeugung von begnadeten Künstlern oder auch verstorbenen Partnern usw. ist nicht nur interpretationsbedürftig (brauchen wir nur mehr Mozarts oder auch Mick Jaggers?) und kurzsichtig (wer wollte schon tatsächlich in einer Welt voller vortrefflicher Menschen leben?), sondern beruht vor allem auf einer unhaltbaren Vorstellung, die man vielleicht am besten als Ideologie des genetischen Determinismus [Vorherbestimmbarkeit] bezeichnen könnte. Charakter- und andere Eigenschaften, die in den genannten Beispielen implizit als replizierungswert angesprochen werden, sind nämlich nicht einfach im genetischen Code, im Erbmaterial des Menschen festgelegt, sondern verdanken sich einem komplexen Wechselspiel von genetischen Dispositionen mit den soziokulturellen Bedingungen, unter denen Menschen aufwachsen und sich entwickeln.

Jenseits unrealistischer Vorstellungen wie der gerade angesprochenen „Kopie" von als „replizierenswert" empfundenen Menschen oder auch der – eher in den Bereich der Sciencefiction gehörenden – „genetischen Serienproduktionen" von „Superklonen" oder menschlicher „Klon-Armeen" gibt es jedoch auch ernster zu nehmende Ziele möglicher Klonierungsexperimente.

Johann S. Ach, 2002

4 Warum hält der Philosoph Ach (* 1961) die Wiederherstellung eines Menschen durch reproduktives Klonieren für keine realistische Möglichkeit? Stelle die verschiedenen Argumente zusammen.

5 Wie bewertest du die Auffassung, dass der Mensch nicht nur durch seine Gene vorherbestimmt ist, sondern sich durch ein „komplexes Wechselspiel von Genen und Umwelt" (Z. 22f.) entwickelt? Regt an, das Thema „Verhalten des Menschen – Anlage oder Umwelt?" in anderen Fächern aus der Sicht verschiedener Wissenschaften genauer zu besprechen.

6 Betrachte das Titelbild des „Spiegel" M 36. Welche Assoziationen weckt, welche Wertungen verbergen sich hinter dieser Collage von Titel und Bild? Wie ist, aus der Perspektive von Ach, dieses Spiegel-Titelbild zu bewerten?

7 Wird, wenn die Herstellung von Kopien unrealistisch ist, die Klonierung von Menschen ethisch unbedenklich? Schreibe eine kurze Stellungnahme, in der du deine Auffassung darlegst.

8 Kannst du dir vorstellen, aus welchen Gründen Menschen die reproduktive Klonierung nutzen könnten? Schreibe deine Ideen auf und diskutiere darüber in deiner Klasse.

M 36

Reproduktive Klonierung von Menschen – was spricht dagegen?

„Der Tierzüchter weiß jeweils, was er vom Tiere will.
Aber wissen wir auch, was wir vom Menschen wollen?“
(Hans Jonas)

M 37 „Zeitgemäße Jungfernzeugung“

Fisher selbst hatte auch einige typische Anfragen veröffentlicht, die in seiner Montrealer Klinik, dem *Repro,* eingegangen waren:
Ein lesbisches Paar wünscht sich schon seit langem sehnlichst ein Kind, doch über den Weg dahin haben sie sich noch nicht einigen können. Die Jüngere lehnt es entschieden ab, Samenbank-Sperma von einem Spender zu benutzen. Das verrate nicht nur die lesbische Sache, sagt sie, sondern sei auch ungut für das Kind. Für beide ist das Klon-Kind, diese zeitgemäße Jungfernzeugung, eine fantastische, lang ersehnte Möglichkeit. Endlich könne eine lesbische Mutterschaft ohne faule Kompromisse mit dem männlichen Geschlecht verwirklicht werden.
Eltern wollen schnellstens den Klon ihres vierjährigen Sohnes erzeugen lassen, der nach einem Verkehrsunfall mit schweren Schädel-Hirn-Verletzungen im Koma liegt und sehr wahrscheinlich sterben muss.

[48f.]

Auch Philosophen wie Johann S. Ach oder Dieter Birnbacher sind der Auffassung, dass Klonierungsverfahren beispielsweise Paaren zu einem genetisch verwandten Kind verhelfen könnten, die auf anderem Wege keine eigenen Kinder bekommen können. Oder sie könnten Frauen zu einem Kind verhelfen, die – aus welchen Gründen auch immer – auf einen genetischen Vater für ihr Kind verzichten möchten. Die Frage ist:

Was spricht dagegen?

1. Setze dich mit den Fallbeispielen in den Anfragen an Dr. Fisher auseinander und überlege dir, wie du die beiden Fälle bewertest. Stelle Pro- und Contra-Argumente gegenüber und entscheide, ob hier jeweils eine Klonierung gerechtfertigt sein könnte oder nicht.
2. Stellt eure Entscheidungen und Argumente in der Klasse vor und diskutiert über die, die euch als die interessantesten erscheinen.
3. Stelle dir vor, Eltern wollten ein Kind klonen und auf die Welt kommen lassen, das mit seinem älteren, sehr kranken Bruder genetisch eng verwandt ist. Das geklonte Geschwisterkind könnte irgendwann nach seiner Geburt Blutzellen spenden, die dem Bruder das Leben retten. Wie wäre in diesem Fall die Klonierung des zweiten Kindes zu bewerten? Was müsstest du alles wissen, um den Fall angemessen zu beurteilen?

M 38 Argumente aus der philosophischen Diskussion

Zunächst liegt die Frage nahe, ob einem Klon aus dem Umstand, dass er auf eine bestimmt Weise erzeugt worden ist, ein Schaden entstehen kann: Gibt es Hinweise darauf, dass die Anwendung des Klonierungsverfahrens physische oder psychische Risiken für den Klon beinhalten könnte, die dessen Lebensaussichten beeinträchtigen? [...] *Johann S. Ach, 2002*

Dieses Kind hatte einen Zweck, und nur wenn es diesen Zweck erfüllte, hatte es einen Sinn, hatte es ein Recht zu sein. [...] Du hattest dir mit dieser Klon-Tochter einen gläsernen Menschen geschaffen: von Anfang an durchschaubar, erklärbar, rätselfrei. Nicht irgendein Leben hattest du mir geschenkt, sondern dein Leben. Deine/meine Gene sollten sich optimal entfalten. Die Aufzucht nach Programm musste planvoll erfolgen, behutsam, aber konsequent und natürlich mit der besten Absicht, keinen Fehler in deiner Erziehung zu wiederholen. Welche Lebenschance! Welche Vermessenheit! Doch diesen Triumph, sich noch einmal erschaffen zu haben, begleitete von Anfang an ein leicht schales Gefühl. *(Blue Print, S. 40f.)*

Der häufigste Einwand lautet, dass das Ziel der Klonierung des Menschen mit dem Prinzip der Menschenwürde nicht vereinbar sei. Im Wesentlichen werden für diese Behauptung zwei Gründe vorgebracht: Erstens, die Klonierung bedrohe die *Individualität* und *persönliche Identität* eines Menschen, und zweitens, die Klonierung stelle einen moralisch verwerflichen Akt der *Instrumentalisierung* von Menschen dar. Beide Gründe können jedoch schwerlich überzeugen. Die Tatsache allein, dass ein Klon das gleiche Genom besitzt wie sein genetisches Vorbild, kann kein Argument gegen die Klonierung von Menschen begründen. Der Mensch ist mehr als die Summe seiner Gene; Individualität und persönliche Identität eines Menschen gehen nicht in seinem genetischen Make-up auf. Wer menschliche Individualität mit genetischer Einzigartigkeit identifiziert, geht der Ideologie des genetischen Determinismus auf den Leim [...].

Johann S. Ach, 2002

M. C. Escher: Bande der Einheit

Ein zweiter Einwand besagt, das Klonierungsverfahren verstoße gegen das *Instrumentalisierungsverbot:* Es werde ein Mensch mit einer genetischen Identität hergestellt, um ihn den Zwecken anderer zu unterstellen. [...] Kann man aber z.B. dann, wenn Paaren durch Klonierung zu einem Kind verholfen werden soll, die auf andere Weise kein eigenes Kind bekommen können, von einer unzulässigen Instrumentalisierung sprechen? Sie wollen kein bestimmtes, nur ihr genetisch eigenes Kind, ohne Keimzellen eines Fremdspenders.

Ist nicht zudem die Zeugung eines jeden Kindes in gewisser Weise eine Instrumentalisierung des zukünftigen Kindes? Wie viele Kinder werden zu dem Zweck gezeugt, eine problematische Partnerschaft zu retten, Bedürfnisse der Eltern zu befriedigen oder deren ökonomische Absicherung zu gewährleisten? Handelt es sich in all diesen Fällen tatsächlich um Formen einer Instrumentalisierung, die mit der Achtung der Würde der Betroffenen unvereinbar ist? Wohl kaum. In der Selbstzweckformel Kants, dem klassischen Bezugspunkt des Instrumentalisierungsverbots heißt es: „Handle so, dass du die Menschheit, sowohl in deiner Person, als in der Person eines anderen, jederzeit als Zweck, niemals bloß als Mittel brauchest.“ Das Instrumentalisierungsverbot erlaubt also durchaus, andere als Mittel zur Verwirklichung eigener Zwecke heranzuziehen. Es schließt lediglich aus, andere *ausschließlich* als Mittel zu benutzen. *Johann S. Ach, 2002*

Die Frage ist, was sich für das Selbstverständnis einer Person ändert, wenn sie nicht natürlich gezeugt, sondern geklont worden wäre. Offensichtlich ändert sich nicht die Abhängigkeit von einem genetischen Programm, sondern die Abhängigkeit von der absichtlichen Festlegung dieses Programms durch eine andere Person. Wenn sich Eltern entschließen, ein eigenes Kind zu bekommen, wird dieses durch die zufallsgesteuerte Kombination der beiderseitigen Gene zum Erben eines unübersichtlichen genealogischen Zusammenhangs. Wenn das Kind vom genetischen Code einer Person gezeugt wird, wird eine exakte Kopie hergestellt. Das würde eine bisher unbekannte Art der interpersonalen Beziehung zwischen genetischem Vor- und Abbild begründen. Die absichtliche Festlegung der Erbsubstanz bedeutet nämlich, dass sich für den Klon ein Urteil lebenslänglich verstetigt, welches eine andere Person vor seiner Geburt über ihn verhängt hat. [...] Die betroffene Person (der Klon) muss die Entscheidung über die natürlichen Grundlagen ihrer eigenen Entwicklung einer anderen Person zuschreiben. Im Spiegelbild eigener Anlagen begegnet ihr immer eine fremde Absicht. *(nach) Jürgen Habermas, 1998*

4 Analysiere die verschiedenen Positionen nach den wichtigsten Argumenten.

5 Recherchiere selbst nach weiteren Argumenten für und gegen das reproduktive Klonen; stelle die zusammen, die aus deiner Sicht wichtig und plausibel sind.

6 Veranschaulicht in Gruppen die zentralen Argumente auf Plakaten.

Verbot oder Diskurs*?

M 39 Der Pionier der Einelternfamilie

Schon im Jahr eins [nachdem ich gemacht wurde] hatte Mortimer G. Fisher seinen Fachartikel *„Cloning and Pathogenese of Human Oocytes“* veröffentlicht. Darin hatte er über die erste gelungene Klonierung einer erwachsenen Frau nach der Fisher'schen Schaltermethode berichtet. Die Veröffentlichung war mit den mikroskopischen Fotos des Zellkerntausches bebildert gewesen, es folgten die Monitorbilder des zwei-, vier- und achtzelligen Klons, dann die ersten Ultraschallbilder des eingenisteten Fötus. [...] Nicht nur in der Fachwelt hatte der Artikel für viel Aufregung gesorgt, alle Medien hatten über diese „Revolution in der menschlichen Fortpflanzung“ berichtet und Fisher als „Pionier der echten Einelternfamilie“ gefeiert. [...] Es kam so, wie Iris Sellin und Mortimer G. Fisher vermutet hatten: Einige Zeit gab es erregte öffentliche Debatten, Schreie nach neuen ethischen Richtlinien verhallten jedoch ungehört. Auch einen lächerlichen Versuch, Fisher anzuklagen, weil er noch geltende Ethik-Konventionen verletzt habe, hatte ein Ewiggestriger gestartet. Doch nicht nur Iris Sellin hatte Fisher verteidigt, in mehreren deutschen und europäischen Städten gingen Menschen auf die Straße und demonstrierten für „volle biologische Autonomie“ und „Selbstbestimmung bei der Fortpflanzung“. [47]

1 Stellt euch vor, ihr seid für eure Schülerzeitung bei der Pressekonferenz. Was würdet ihr gern von Prof. Fisher wissen wollen? Was würdet ihr ihm sagen wollen? Schreibt eure Fragen, Meinungen und Argumente auf.

2 Bereitet ein Rollenspiel vor. Eine Gruppe vertritt die Positionen von Fisher und Iris Sellin vor dem Mikrofon. Eine weitere Gruppe argumentiert aus Sicht von Befürwortern dafür, die ethischen Beschränkungen aufzuheben. Weitere Gruppen könnten verschiedene Redaktionsteams von Schülerzeitungen sein, die ihre Anmerkungen einbringen. Bildet die entsprechenden Arbeitsgruppen und überlegt euch einen Katalog von Fragen und Anmerkungen. Ein letztes kleines Team sollte sich aus Beobachtern zusammensetzen, die später über die Veranstaltung berichten werden. Diese Gruppe protokolliert im Verlauf des Rollenspiels die zentralen Argumente, Fragen und Einwände.

3 Führt das Rollenspiel durch. Wenn sich der Austausch der Argumente erschöpft hat, setzt euch im Plenum zusammen. Die Beobachter stellen die zentralen, bedenkenswerten Fragen und Argumente noch einmal vor. Setzt euch kritisch mit den Argumenten, Fragen und Einwänden auseinander.

4 Welche Schlussfolgerungen ergeben sich: ein Verbot der Klonierung und eine Abmahnung Fishers oder das Recht auf selbstbestimmte Fortpflanzung? Begründe deine Entscheidung.

„*Blueprint* ist ein Buch zum Streiten" (Ch. Kerner)

M 40

Ein weltweites Klonverbot für Menschen wird gefordert und diskutiert. Aber was wird bislang *gegen* menschliche Klone angeführt? Sehr wenig! Allgemeine Hinweise auf die Natürlichkeit und Menschenwürde oder auch auf alte biologische Gesetze lassen uns eher hilflos zurück. Das Klonen würde ohne Zweifel „eine bisher unbekannte Art der interpersonalen Beziehung zwischen genetischem Vor- und Abbild begründen", schreibt der Frankfurter Philosoph Jürgen Habermas. „Soweit ich sehen kann, müsste das Klonen von Menschen jene Symmetriebedingungen im Verhältnis erwachsener Personen untereinander verletzen, auf der bisher die Idee der gegenseitigen Achtung gleicher Freiheiten beruht." Was persönliche und gesellschaftliche Moral im Fall des Klonens bedeutet, darüber muss weiter diskutiert werden. Und was Mut zur Moral bedeutet, darüber muss gerade auch im Einzelfall gestritten werden.

[181]

Was ist zu tun?

M 41

In ethischer Sicht zeigt eine erste Prüfung im Licht der akzeptierten ethischen Prinzipien, dass eine Klonierung beim Menschen weder im Hinblick auf die Legitimität [Rechtmäßigkeit] der Ziele noch auf die Vertretbarkeit als Mittel zulässig ist. In rechtlicher Sicht ist die Klonierung beim Menschen – sowohl in Form der Embryonenteilung als auch der Kerntransplantation – nach deutscher Gesetzeslage verboten. Die deutsche Rechtslage ist aber nur begrenzt wirksam; weitreichende internationale Vereinbarungen – über die bereits bestehenden Konventionen hinaus – sind erforderlich. Ein wirksamer Beitrag zu diesem Diskurs von deutscher Seite setzt eine vertiefte Klärung in der Sache und eine intensive Auseinandersetzung mit den international vertretenen Positionen und ihren Begründungen voraus. Dazu gehört eine Beschäftigung nicht nur mit den ethischen Prinzipien und ihren Anwendungsproblemen, sondern auch mit den anderen philosophischen und sozialen Aspekten der durch die Klonierung aufgeworfenen Fragen. Dies ist nicht ohne eine Beteiligung der mit der ethischen Urteilsbildung befassten Wissenschaften möglich. Um dieser Aufgabe gewachsen zu sein, sollte der interdisziplinäre ethische Diskurs in Deutschland verstärkt weiterentwickelt und gefördert werden.

Albin Eser u. a., 1998

5 Vergleiche die Schlussfolgerungen der Wissenschaftler mit der Position Charlotte Kerners. Beziehe dazu die Texte zur Forschungsfreiheit (S. 140f.) mit ein. Welcher Umgang mit der Technik der Klonierung von Menschen schlagen die Wissenschaftler hier jeweils vor?

6 Vergleiche die Ansichten von Jonas (M 19), Schröder (M 20), Kerner (M 39) und des Juristen Eser (* 1935) (M 41) noch einmal. Welchen Vorschlag hältst du für überzeugend? Beziehe im „Streit" über die Klonierung von Menschen und über die Forschung an menschlichen Keimzellen eine eigene Position.

7 Welchen Beitrag kann die Schule zum Diskurs über neue Techniken wie der Klonierung von Menschen leisten?

8 „Blueprint ist ein Buch zum Streiten"! Schreibe einen Brief an Charlotte Kerner, in dem du deine Meinung über das Buch und über die darin vertretenen ethischen Auffassungen darlegst und begründest.

Existierst du schon? – wie wirklich sind die Medien?

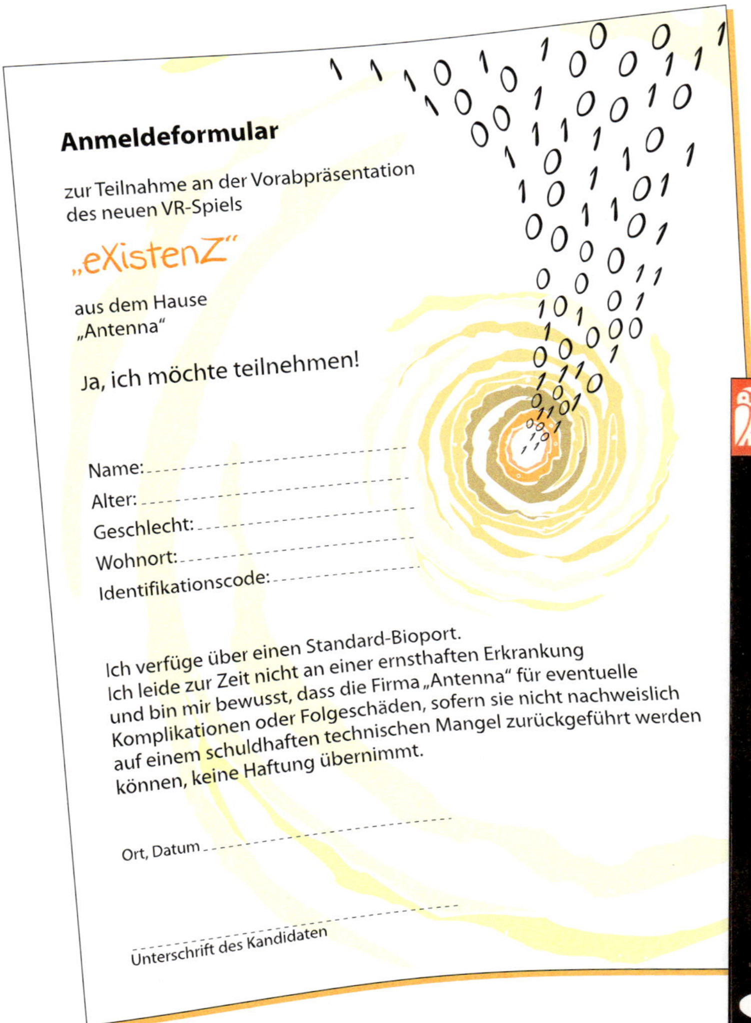

Anmeldeformular

zur Teilnahme an der Vorabpräsentation des neuen VR-Spiels

„eXistenZ"

aus dem Hause „Antenna"

Ja, ich möchte teilnehmen!

Name: ....

Alter: ....

Geschlecht: ....

Wohnort: ....

Identifikationscode: ....

Ich verfüge über einen Standard-Bioport.
Ich leide zur Zeit nicht an einer ernsthaften Erkrankung und bin mir bewusst, dass die Firma „Antenna" für eventuelle Komplikationen oder Folgeschäden, sofern sie nicht nachweislich auf einem schuldhaften technischen Mangel zurückgeführt werden können, keine Haftung übernimmt.

Ort, Datum ....

....
Unterschrift des Kandidaten

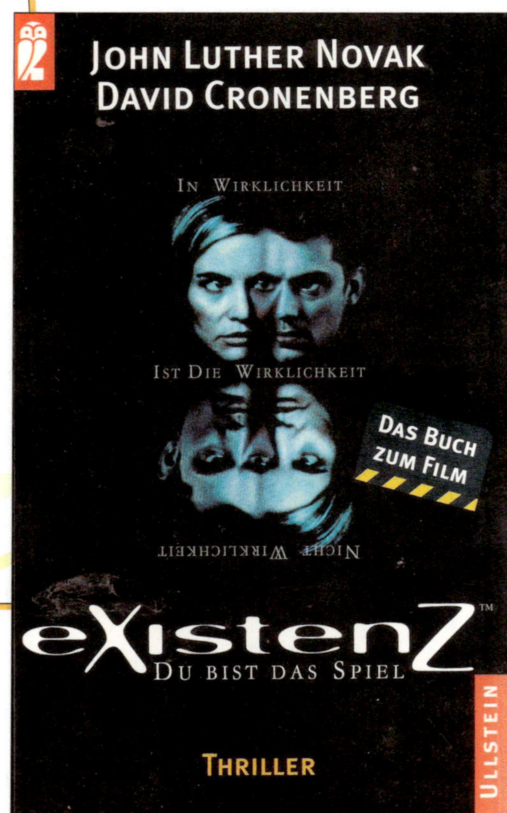

Ein VR-Spiel ist ein Spiel, in dem man in eine ganz andere, künstliche – eben in eine virtuelle – Realität eingeführt wird. Für die Zeit des Spielens wird man die eigene Realität völlig vergessen und eine neue Existenz übernehmen oder aufbauen. Diese virtuelle Welt ist eine Welt unbegrenzter Möglichkeiten.

Testen Sie eXistenZ!

Das völlig neuartige VR-Spiel
aus dem Hause Antenna!
„eXistenZ“ – kleines „e“, großes „X“, am Ende großes „Z“.
eXistenZ ist nicht nur einfach ein Spiel. Es ist mehr
als ein Spiel. Es ist ein ganzes System von Spielen.
Kein neues Spiel, eine neue Spielegeneration!
Und dazu gehört eine ganze Reihe neuer Spielzeuge,
neuer Erfahrungen, neuer Herausforderungen,
neuer Erkenntnisse – nicht nur über die wirkliche Welt,
auch über Ihr eigenes Inneres.
Sie können zu den Ersten gehören,
die eXistenZ ausprobieren –
allein oder mit Ihren Freunden!
Eine Testversion völlig ohne Kaufzwang!
Nutzen Sie Ihre Chance!

Ted Pikul arbeitet an dem Abend, an dem unsere Geschichte beginnt, als Wachmann für die Firma „Antenna Research“. In einem etwas abgelegenen, umgenutzten Kirchengebäude soll eine Vorabpräsentation der neuesten Spielsoftware stattfinden, vor ausgewähltem Publikum. Der besondere Clou: Die Spieledesignerin Allegra Geller ist selbst anwesend und steht bereit, die von ihr entwickelte Software in kleiner Runde an Prototypen zu demonstrieren.
12 Freiwillige sind schnell gefunden.
Zu einer Vorführung der Spielsoftware kommt es allerdings nicht: Im entscheidenden Moment des Einklinkens erhebt sich ein junger Mann in der ersten Reihe, dessen Einladung Pikul eben noch kontrolliert hat – „Noel Dichter“ stand unter seinem Hologramm – und zieht einen seltsamen Gegenstand hervor, den er auf Allegra Geller richtet. Das Gerät besteht aus einem organischen Material und konnte so unbemerkt durch die Kontrollen geschleust werden.
Mit dem Ausruf „Tod der Dämonin Allegra Geller!“ feuert Dichter auf die Spieledesignerin, die bereits in eine Art Trance versunken war. Während des folgenden Schusswechsels wird der Attentäter tödlich getroffen. Ted Pikul erhält den Auftrag, die verletzte und noch benommene Spieledesignerin samt ihrer kostbaren Ausrüstung in Sicherheit zu bringen.

Wohin führt die Technik?

1 „eXistenZ" ist ein Gedankenexperiment mit Blick in die Zukunft: Würde es euch reizen, aufgrund der Ankündigung an einer Präsentation des Spiels teilzunehmen? Was würdet ihr euch davon versprechen, was mindestens erwarten?

2 Wie würdet ihr die Gegenwart und Zukunft unserer Technikentwicklung charakterisieren?

3 a) Was ist von dem hier Angekündigten auch bei aktuellen Computer- oder Online-Spielen nach eurer Vermutung bereits erfüllt?
b) Verteilt euch entsprechend eurer Einstellung auf zwei Gruppen und überlegt zunächst gemeinsam, wie ihr eure Position aus eurer Kenntnis bisheriger Computerspiele heraus begründet.

Um „eXistenZ" als Zukunftsentwicklung angemessen einzuschätzen, muss man sich klarmachen, welche technischen Möglichkeiten mit diesem Spiel bereits erreicht sind. Die Spiel-Ausrüstung besteht aus folgenden Elementen.

- Bioport: Es handelt sich um eine zur Zeit der Erprobung von „eXistenZ" bereits im Industriestandard verfügbare Anschlussstelle am Körper, die auch bei allen Testkandidaten vorhanden ist.
- MetaFlesh-Gamepod: Äußerlich ähnelt es „einer bleichen, lebendigen Niere, nicht nur in Form und Größe, sondern auch in der Wärme und Elastizität seiner Oberfläche". Es wird zum Spielen durch das UmbyCord mit dem Bioport verbunden und kann bequem auf dem Schoß bedient werden. Es enthält feinste Verdrahtungen und ist daher sehr empfindlich.
- UmbyCord: Die Bezeichnung ist abgeleitet vom lateinischen Wort „umbilicus", was „Nabel" bedeutet. Es handelt sich um „einen langen durchsichtigen Schlauch, gefüllt mit einer klaren, zähen Flüssigkeit. Er ist an der Oberfläche knubbelig wie Muskelgewebe und darunter von roten und blauen Adern durchzogen. Seine Y-Form läuft in allen drei Enden in Verbindungsstecker aus", die in ein Gamepod und ein bis zwei Bioports eingesteckt werden können. Ted Pikul beobachtet den Bioport am Rücken einer älteren Teilnehmerin.

M 1 Der Bioport

Der Eingang bestand aus fleischfarbenem Weichplastik und war irgendwie direkt in die Wirbelsäule eingebettet, dicht über der Gürtellinie. Schon aus wenigen Zentimetern Entfernung war er kaum noch erkennbar und wirkte eher wie eine verblasste Operationsnarbe. Von nahem betrachtet, konnte man sehen, dass er aus hervorragend gestaltetem künstlichem Fleisch gearbeitet war, das mit dem menschlichen Körper verschmolz. Der Eingang selbst war ein kleines Loch, etwa vom Durchmesser des kleinen Fingers eines Erwachsenen. Als die Frau auf ihrem Stuhl hin und her rutschte, fiel Pikul die Anordnung der elektronischen Verbindungen innerhalb des Bioports auf, die im Licht der hellen Scheinwerfer glitzerten. [20f.]

4 Wie kann man diese Art von Technik charakterisieren?

5 Wie unterscheidet sie sich von heutiger Technik in eurem Alltag?

6 Wo gibt es Grenzbereiche, in denen bereits Aspekte dieser Entwicklung erkennbar sind? Vergleicht die Technikdarstellung von „eXistenZ" mit den von Manfred Geier und den im Spiegel-Artikel gegebenen Anwendungsfällen (M 2) und (M 3).

Ein Grenzfall

M 2

Immer mehr Maschinen rücken uns auf den Leib oder werden ins Körperinnere implantiert: Prothesen, Hörchips, Herzschrittmacher, Prototypen künstlicher Augen und Herzen. Die Grenzen zwischen Künstlichkeit und Natürlichkeit lösen sich auf:
Der Umbau menschlichen Lebens beschränkt sich damit nicht mehr auf die strukturelle Integration des Homo sapiens mit seinen Maschinen. Technik dringt ins Innere der Körper vor und lässt die Jahrtausende alten Gegensätze zwischen „gewachsen“ und „von Menschen gemacht“, „biologisch“ und „technisch“, „lebendem Fleisch“ und „toter Materie“ obsolet [überflüssig] werden. In dieser Hinsicht ist ein Physiker zum Sinnbild unseres Proto-Cyborg-Zeitalters geworden. Es sind nicht nur seine Gedanken über Schwarze Löcher und selbstgesteuerte Evolution, über die Geschichte der Raum-Zeit und die Existenz des Universums, die uns interessieren. Es sind auch seine Erscheinung und seine öffentlichen Auftritte, die ihn zu einer der populärsten Gestalten der Gegenwart machten. 1963, im Alter von 21 Jahren, erfuhr der englische Physikstudent Stephen Hawking, dass er an einer schleichenden Bewegungsunfähigkeit litt, die ihn zwang, den größten Teil seines Lebens an den Rollstuhl gefesselt zu sein. Je mehr seine körperlichen Fähigkeiten schrumpften, desto stärker wurde ihre maschinelle Supplementierung [Ergänzung]. Auf seinen Vortragsreisen rund um die Welt agiert er als ein Cyborg, der sein Publikum fasziniert. Unbeweglich sitzt die gnomenartige Gestalt, von deren Extremitäten nur noch ein Finger der linken Hand voll funktionsfähig ist, in ihrem elektrischen High-Tech-Rollstuhl und steuert mit kaum bemerkbaren Bewegungen den Laptop, der es ihr erlaubt, eine körperlose Stimme aus den Lautsprechern ertönen zu lassen, die aus dem „Krieg der Sterne“ stammen könnte. Ein Sprach-Synthesizer lässt hören, was dieser „Master of the Universe“ zu sagen hat. [...] Stephen Hawking ist ein Grenzfall. Er lebt und kommuniziert auf der Schnittstelle zwischen Mensch und Maschine, Biologie und Technik, die er auch mit Witz und Selbstironie in Szene zu setzen weiß.

Manfred Geier, 1999

Supermann für die Supermacht

M 3

Mit einem neuartigen Wunderanzug will das Pentagon seinen Kriegern künftig übermenschliche Kräfte verleihen. „Exoskelette“, Bewegungshilfen, die am Körper angebracht werden und Muskelkraft potenzieren sollen, stehen seit langem auf dem Wunschzettel der Rüstungsplaner. Bisher erprobte Lösungen erwiesen sich jedoch durchweg als zu sperrig, zu leistungsschwach oder mechanisch nicht umsetzbar. Doch nun setzen die Rüstungsentwickler der Supermacht auf Erkenntnisse des Physikers Ray Baughman von der Universität Texas in Dallas. Dem ist es gelungen, aus Kohlenstoff-Nanoröhrchen winzige Muskeln zu entwickeln. Mikroskopisch kleine, hochfeste Partikel ziehen sich unter elektrischer Spannung zusammen und beziehen ihre Energie aus einer Mini-Brennstoffzelle, die mit kleinsten Mengen von Wasserstoff und Sauerstoff betrieben wird. Ebenfalls aus Brennstoffzellen gewinnt ein weiterer Baughman-Mini-Muskel seine schier unglaubliche Kraft – rund hundertmal stärker als menschliche Muskelfasern: Die Zelle erhitzt dabei ein Formgedächtnismetall, das sich bei Erwärmung zusammenzieht und bei Abkühlung in die Ausgangsform zurückkehrt. Anzüge aus diesem Material, so hoffen die Pentagon-Planer, könnten es dem GI der Zukunft ermöglichen, hohe Hindernisse zu überspringen und selbst schwerste Lasten schnell und über große Entfernungen zu transportieren. Geschützt würden die Soldaten dabei vielleicht von einem weiteren Nano-Produkt – einem kugelfesten Kohlenstoffgewebe, das deutlich leichter, aber vielfach stärker als herkömmliche Kevlar-Westen ist.

Der Spiegel, 2007

US-Soldat 2025

Der Mensch – ein technisches Wesen?

Auf der Flucht will Allegra Geller ihr „Baby“, wie sie ihr Gamepod zärtlich nennt, auf eventuelle Beschädigungen hin überprüfen. Das erfordert einen gemeinsamen Besuch von „eXistenZ“. Allein bleibe man in seinem „eigenen Käfig gefangen“, besuche „eXistenZ“ nur wie ein „Tourist“, meint sie. Nun stellt sich allerdings heraus, dass Pikul, obwohl er bei Antenna arbeitet, keinen Bioport hat. Der Versuch, einen Bioport illegal an einer Tankstelle einbauen zu lassen, führt zu einem fehlerhaften Bioport, einem zweiten Attentatsversuch und in der Folge zur Beschädigung des Gamepods. Das ist eine Katastrophe, denn es kann den Verlust von „eXistenZ“ bedeuten. Die einzige Version des Spiels befindet sich auf diesem Prototypen. Allegra fährt zu einem verlassenen Skicamp. Dort hat der russische Techniker Vinokur ein verstecktes Labor eingerichtet und verspricht, das Gamepod zu reparieren und Pikul einen neuen Bioport einzusetzen.

M 4 Das Gamepod

„So, wie es da liegt, sieht es fast aus wie ein Tier“, meinte Pikul. „Mir kommt es so vor, als würden Sie ein Schoßhündchen operieren.“ Geller und Vinokur tauschten einen befremdlichen Blick. Plötzlich lachte Vinokur auf.

[...]

„Er meint das ernst“, sagte Geller. „Auch wenn es nicht so aussieht, er ist nicht nur ein Leibwächter-Depp, sondern auch ein totaler Public-Relations-Depp.“

„He, ich versuche doch nur, auf dem Laufenden zu bleiben“, widersprach Pikul. „Sie haben immerhin schon seit Jahren mit *eXistenZ* gearbeitet.“

„Tut mir leid.“ Geller berührte ihn am Rücken, dort wo der Bioport saß, und die Berührung wirkte beinahe liebevoll in der Art, wie sie die Finger einen Moment lang dort verweilen ließ. „Wir stecken so tief in unserer Arbeit, dass wir uns gar nicht klar darüber sind, wie fremdartig sie auf Außenstehende und Neulinge wirkt. Das Gamepod aus MetaFlesh klinkt sich in Sie ein, und *Sie* sind dann seine Energiequelle. Ihr Körper, Ihr Nervensystem, Ihr Stoffwechsel und Ihr Immunsystem. Im Prinzip ist es Ihre Energie. Wenn Sie müde werden und schlappmachen, funktioniert auch das Gamepod nicht mehr richtig.“

[90f.]

1 Was ist das Charakteristische an der Technik-Entwicklung in „eXistenZ“?

2 Wie wirkt sich der Stand der Technik in „eXistenZ“ auf die Unterscheidung zwischen „organisch“ und „mechanisch“ aus?

3 „Baby“, „UmbyCord“, „Schwangerschaftssymptome“ – wie sind diese übertragenen Bezeichnungen zu rechtfertigen? Und: Was wird hier eigentlich geboren?

4 Welchen Stellenwert im Leben des Menschen hat die Technik nach Sigmund Freud (M 5)?

5 Vergleicht das Technik-Modell aus dem Roman „eXistenZ“ mit den Technik-Vorstellungen Sigmund Freuds (M 5).

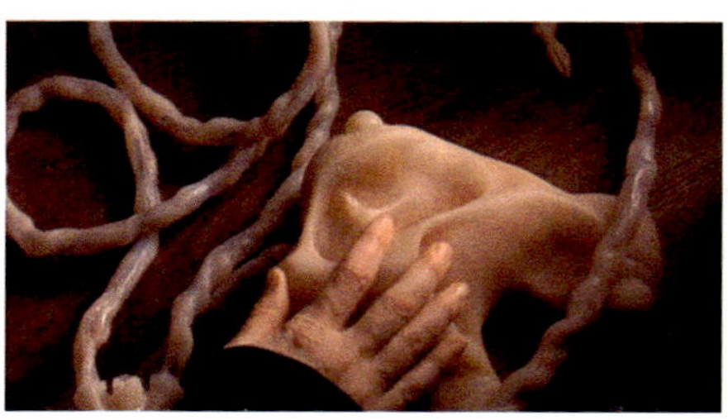

Der Prothesengott

M 5

Als kulturell anerkennen wir alle Tätigkeiten und Werte, die dem Menschen nützen, in dem sie ihm die Erde dienstbar machen, ihn gegen die Gewalt der Naturkräfte schützen u. dgl. Über diese Seite des Kulturellen besteht ja am wenigsten Zweifel. Um weit genug zurückzugehen, die ersten kulturellen Taten waren der Gebrauch von Werkzeugen, die Zähmung des Feuers, der Bau von Wohnstätten. Unter ihnen ragt die Zähmung des Feuers als eine ganz außerordentliche, vorbildlose Leistung hervor, mit den anderen schlug der Mensch Wege ein, die er seither immer weiter verfolgt hat, zu denen die Anregung leicht zu erraten ist. Mit all seinen Werkzeugen vervollkommnet der Mensch seine Organe [...] oder räumt die Schranken für ihre Leistung weg. Die Motoren stellen ihm riesige Kräfte zur Verfügung, die er wie seine Muskeln in beliebige Richtungen schicken kann; das Schiff und das Flugzeug machen, dass weder Wasser noch Luft seine Fortbewegung hindern können. Mit der Brille korrigiert er die Mängel der Linse in seinem Auge, mit dem Fernrohr schaut er in entfernte Weiten, mit dem Mikroskop überwindet er die Grenzen der Sichtbarkeit, die durch den Bau seiner Netzhaut abgesteckt werden. In der fotografischen Kamera hat er ein Instrument geschaffen, das die flüchtigen Seheindrücke festhält, was ihm die Grammophonplatte für die ebenso vergänglichen Schalleindrücke leisten muss, beides im Grunde Materialisationen des ihm gegebenen Vermögens der Erinnerung, seines Gedächtnisses. Mit Hilfe des Telefons hört er aus Entfernungen, die selbst das Märchen als unerreichbar respektieren würde; die Schrift ist ursprünglich die Sprache des Abwesenden, das Wohnhaus ein Ersatz für den Mutterleib, die erste, wahrscheinlich noch immer ersehnte Behausung, in der man sicher war und sich so wohlfühlte. Es klingt nicht nur wie ein Märchen, es ist direkt die Erfüllung aller – nein, der meisten – Märchenwünsche, was der Mensch durch seine Wissenschaft und Technik auf dieser Erde hergestellt hat, in der er zuerst als ein schwaches Tierwesen auftrat und in die jedes Individuum seiner Art wiederum als hilfloser Säugling [...] eintreten muss. All diesen Besitz darf er als Kulturerwerb ansprechen. Er hatte sich seit langen Zeiten eine Idealvorstellung von Allmacht und Allwissenheit gebildet, die er in seinen Göttern verkörperte. Ihnen schrieb er alles zu, was seinen Wünschen unerreichbar schien – oder ihm verboten war. Man darf also sagen, diese Götter waren Kulturideale. Nun hat er sich der Erreichung dieses Ideals sehr angenähert, ist beinahe selbst ein Gott geworden. Freilich nur so, wie man nach allgemein menschlichem Urteil Ideale zu erreichen pflegt. Nicht vollkommen, in einigen Stücken gar nicht, in anderen nur so halbwegs. Der Mensch ist sozusagen eine Art Prothesengott geworden, recht großartig, wenn er alle seine Hilfsorgane anlegt, aber sie sind nicht mit ihm verwachsen und machen ihm gelegentlich noch viel zu schaffen. [...] Ferne Zeiten werden neue, wahrscheinlich unvorstellbar große Fortschritte auf diesem Gebiete der Kultur mit sich bringen, die Gottähnlichkeit noch weiter steigern. Im Interesse unserer Untersuchung wollen wir aber auch nicht daran vergessen, dass der heutige Mensch sich in seiner Gottähnlichkeit nicht glücklich fühlt.

Sigmund Freud, 1930

M 6

Heinrich Hoerle: Denkmal der unbekannten Prothesen, 1930

6 Wie passt das 1930 entstandene Bild (M 6) von Heinrich Hoerle (1895–1936) zu den Thesen Sigmund Freuds? Wie passt es zu dem Roman „eXistenZ“?

Was ist Wirklichkeit?

Nachdem Ted Pikul auch einen Bioport erhalten hat, schlägt Allegra Geller vor, dass sie gemeinsam das Spiel „eXistenz" spielen.

M 7 Ein einfaches Kartenspiel

„Die Lage sieht so aus, dass mein Baby hier drei ziemliche Schläge abgekriegt hat, einen in der Kirche, einen an der Tankstelle und einen auf dem Operationstisch. Ich muss herausbekommen, ob es noch in Ordnung ist. Ob das Spiel nicht kontaminiert wurde, das Gamepod nicht ganz und gar umgekrempelt wurde, solche Sachen. Und das kann ich nur, indem ich mit jemand Nettem *eXistenZ* spiele. Sind Sie noch nett oder nicht?"

„Ich habe geglaubt, wir hätten uns darauf geeinigt, dass ich es bin", sagte Pikul.

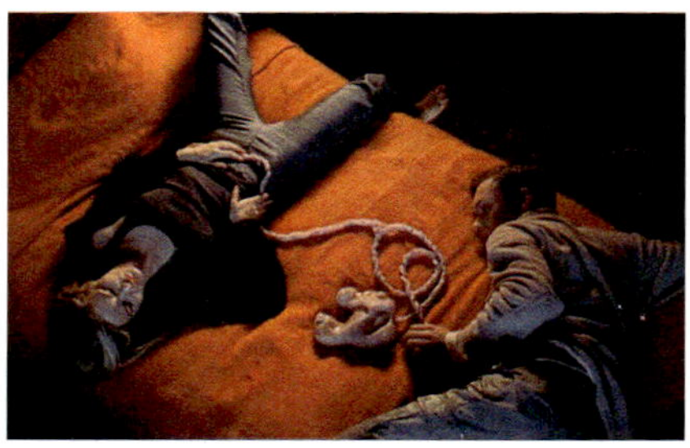

Er schluckte nervös und drehte Geller resigniert den Rücken zu, damit sie sich einklinken konnte. [...]

„Wie fühlt sich das an?", fragte Geller.

„Bis jetzt ganz gut. Hatten Sie nicht erwähnt, dass das Ding mit der Energie meines Körpers läuft?"

„Genau so funktioniert es." Sie steckte das andere Ende in das Gamepod. „Sehen Sie? Sie stehen schon unter Strom."

Irgend etwas passierte tatsächlich. Pikul sah aufmerksam zu, wie Geller sich geübt den anderen Stecker in den eigenen Bioport steckte, und holte tief Luft.

„Also gut", meinte sie. „*eXistenZ.* Nur von *Antenna Research.* Es geht los."

„Das ist doch ein Spiel, oder?", fragte Pikul.

„Ja."

„Und wir wollen gewinnen?"

„Das ist das Prinzip."

„Glauben Sie nicht, dass Sie mir gegenüber einen unfairen Vorteil haben? Wie kann ich denn überhaupt mit jemandem mithalten, der das Spiel erfunden hat?"

„Sie können doch auch den Kerl schlagen, der das Pokern erfunden hat, oder?"

„Nicht, wenn er mir nicht alle Regeln verrät."

„Es gibt bei *eXistenZ* keine Regeln, die Sie kennen müssten."

„Dann habe ich ..."

Aber Geller hatte schon die Startzitze am Gamepod gedrückt, und bevor Pikul seinen Satz zu Ende bringen konnte, löste sich um sie herum die Hütte auf. Die Wände wurden dünn, Licht strahlte auf und verblasste. Die Wirklichkeit verschob sich.

[...]

„Das war eine schöne Erfahrung", meinte Pikul, als das Gefühl der Wirklichkeitsverschiebung verflog. „Ich fühle mich ... so wie immer! Ist das normal? Ich meine, fangen alle Spiele so an? Mit einer Art allmählichen Verwandlung von einem Ort zum anderen?"

„Genau so funktioniert es. Es hängt aber auch vom Stil des jeweiligen Spiels ab. Man kann auch durchgeschüttelt werden, mit einem brutalen Schock zu einer Reaktion gezwungen werden. So etwas findet man in den Kampf- oder Eroberungsspielen. Bei anderen wiederum erlebt man langsame Ausblendungen. Das finde ich ziemlich erschreckend, weil man nicht weiß, was auf einen zukommt, wenn alles schwarz wird. Es könnte ein friedlicher See im Mondschein sein oder eine ruhige Landschaft – oder ein dunkles Verlies, in dem irgend etwas lauert und einen gleich anspringt. Bei diesen Ausblendungen gerate ich immer ein bisschen in Panik." [...]

„Die Realität ist sehr zerbrechlich", sagte [Pikul] tonlos. Es war ein merkwürdiges Gefühl, wie sich diese Worte und Sätze ganz von selbst in seinem Kopf bildeten. „Die meisten Menschen glauben, die Realität sei das Allersolideste, aber in den meisten Fällen ist sie das gerade nicht. Innere Realität, gefühlsmäßige Realität, vorgestellte Realität ... sie alle sind so schlüssig wie die äußere, die objektive Realität. Doch was ist überhaupt Realität, wenn sie nicht von jemandem beobachtet oder gemessen wird? Die Wirklichkeit ist jetzt mehr denn je in all ihren Ausprägungen bedroht. Sie wird unterhöhlt und weggeschwemmt von einem deformierenden Sturm der Unwirklichkeit, die sich als Wirklichkeit ausgibt und sie irgendwann ersetzen wird, wenn wir nicht entsprechende Schritte unternehmen. Die Unwirklichkeit ist deformiert, verkrüppelt, scheußlich und armselig, sie hinkt, und sie droht uns alle zu überwältigen.“ Geller starrte ihn mit ungläubiger Bewunderung an. „Klasse!“, meinte sie. [...]

„Woher kam das?“
„Es war ein Spielzwang“, sagte er bescheiden.
„Ich bin beeindruckt.“

[95f., 98f., 154f.]

1 Welche Erfahrungen macht Pikul bei seinen ersten Versuchen mit dem Spiel „eXistenZ“?
2 Zu welchen Einsichten über die Realität kommt er dabei?
3 Was verstehst du unter „objektiver Realität“ (Z. 79)?

Wirklichkeiten

M 8

Unter den vielen Wirklichkeiten gibt es eine, die sich als Wirklichkeit par excellence darstellt. Das ist die Wirklichkeit der Alltagswelt. Ihre Vorrangstellung berechtigt dazu, sie als die oberste Wirklichkeit zu bezeichnen. In der Alltagswelt ist die Anspannung des Bewusstseins am stärksten, das heißt, die Alltagswelt installiert sich im Bewusstsein in der massivsten, aufdringlichsten, intensivsten Weise. Dieser vollwache Zustand des Existierens in und des Erfassens der Wirklichkeit der Alltagswelt* wird als normal und selbstverständlich von mir angesehen, das heißt, er bestimmt meine normale, „natürliche“ Einstellung. Ich erfahre die Wirklichkeit der Alltagswelt als eine Wirklichkeitsordnung. Ihre Phänomene sind vorarrangiert nach Mustern, die unabhängig davon zu sein scheinen, wie ich sie erfahre, und die sich gewissermaßen über meine Erfahrung von ihnen legen. Die Wirklichkeit der Alltagswelt erscheint bereits objektiviert, das heißt konstituiert [erstellt] durch eine Anordnung der Objekte, die schon zu Objekten deklariert worden waren, längst bevor ich auf der Bühne erschien. Die Sprache, die im alltäglichen Leben gebraucht wird, versorgt mich unaufhörlich mit den notwendigen Objektivationen und setzt mir die Ordnung, in welcher diese Objektivationen [Vergegenständlichungen] Sinn haben und in der die Alltagswelt mir sinnhaft erscheint. Die Wirklichkeit der Alltagswelt ist um das „Hier“ meines Körpers und das „Jetzt“ meiner Gegenwart herum angeordnet. Dieses „Hier“ und „Jetzt“ ist der Punkt, von dem aus ich die Welt wahrnehme. [...] Ich erlebe die Alltagswelt in verschiedenen Graden von Nähe und Ferne, räumlich wie zeitlich. Am nächsten ist mir die Zone der Alltagswelt, die meiner direkten körperlichen Handhabung erreichbar ist. [...] Tatsächlich kann ich in der Alltagswelt nicht existieren, ohne unaufhörlich mit anderen zu verhandeln und mich mit ihnen zu verständigen. Mein „Hier“ ist ihr „Dort“. Mein „Jetzt“ deckt sich nicht ganz mit dem ihren. Dennoch – das Wichtigste, was ich weiß, ist, dass es eine fortwährende Korrespondenz meiner und ihrer Auffassungen von und in dieser Welt gibt, dass wir eine gemeinsame Auffassung von ihrer Wirklichkeit haben. [...] Verglichen mit der Wirklichkeit der Alltagswelt, erscheinen andere Wirklichkeiten als umgrenzte Sinnprovinzen [...]. Ihre Grenzen sind markiert durch fest umzirkelte Bedeutungs- und Erfahrungsweisen. Die oberste Wirklichkeit umhüllt sie gleichsam von allen Seiten, und das Bewusstsein kehrt immer wieder wie von einer Reise zu ihr zurück, (aus) der Wirklichkeit der Träume etwa oder der theoretischen Physik. Ein ähnlicher „Verkehr“ findet statt zwischen der Alltagswelt und der Welt des Spiels, des der Kinder und, noch ausgesprochener, des Spiels der Erwachsenen. Das Theater ist ein besonders gutes Beispiel für das Spiel der Erwachsenen. Der Übergang von einer Wirklichkeit in die andere wird durch das Auf- und Niedergehen des Vorhangs markiert. Wenn der Vorhang aufgeht, wird der Zuschauer „in eine andere Welt versetzt“, eine Welt eigener Sinneinheit und eigener Gesetze, die noch etwas oder auch gar nichts mit den Ordnungen in der Alltagswelt zu tun haben können. Wenn der Vorhang fällt, kehrt der Zuschauer „in die Wirklichkeit“ zurück. Ästhetische und religiöse Erfahrungen stecken voller derartiger Grenzübergänge. [...] Für alle Enklaven, das heißt für alle Bereiche geschlossener Sinnstruktur, ist charakteristisch, dass sie die Aufmerksamkeit von der Alltagswelt ablenken. Selbstverständlich gibt es auch Umstellungen, Umorientierungen unseres Aufmerkens in der Alltagswelt. Aber die Umstellung auf eine Sinnenklave ist von viel radikalerer Art. *Peter Berger/Thomas Luckmann, 1970*

4 Wie erklären die Soziologen Berger und Luckmann den Zusammenhang von Objektivität und Alltagswelt? Wie ist eure Meinung dazu?
5 Wie würden Berger und Luckmann die Erfahrung Pikuls erklären?

Avatare und Erlebnismaschinen

Bei einem weiteren Experiment mit „eXistenZ“ geraten Geller und Pikul in den Spieleladen von D’Arcy Nader. Er verkauft ihnen einen verkleinerten, noch perfekteren Bioport, mit dem sie sozusagen ein Spiel im Spiel spielen können. Bevor sie es ausprobieren, unterhalten sich Geller und Pikul über das merkwürdige Verhalten der Spielfigur Nader: Immer wieder geriet das Gespräch mit ihm ins Stocken, weil er auf „unerwartete“ Fragen nicht mehr reagierte, sondern nur noch vor sich hinsummte - eine sogenannte Spielschleife.

M 9 In Naders Spieleladen

„Vermutlich ist Mr. Nader unser erster Anlaufpunkt in diesem Spiel“, meinte Pikul.

„Ja. Irgendwie enttäuschend, finden Sie nicht auch?“

„Wer? Nader?“

„Absolut keine überzeugende Figur. Und sein Dialog war auch nur so la-la.“

[...]

„Nader hat was davon gesagt, dass wir unsere neue Identität runterladen sollen. Wissen Sie etwas darüber?“

„Das ist wahrscheinlich seine Formulierung dafür, dass wir auf die nächste Spielebene kommen. Lassen Sie mal sehen.“ [...]

„Oh, okay ... das klingt ja ganz einfach. Hier steht, dass man die Mikropods direkt an den Bioport anschließen kann, weil sie so klein sind. UmbyCords sind nicht nötig. Drehen Sie sich um, ich klinke Ihres ein.“

„Wissen Sie genau, was Sie da tun?“

„Ja und nein. Ja, ich weiß, was ich tue, weil das nur ein Spiel ist. Nein, all das ist für mich genauso neu wie für Sie. Nichts ist real. Sie müssen sich einfach nur entspannen ... sich mitreißen lassen.“

„Gut, ich lasse mich mitreißen.“

[...]

„O mein Gott!“, sagte Geller plötzlich.

„Was ist los? Was ist passiert?“

„Das ganze Mikropod ist in Ihrem Rücken verschwunden. Haben Sie das gespürt?“

„Was soll das heißen, es ist verschwunden?“

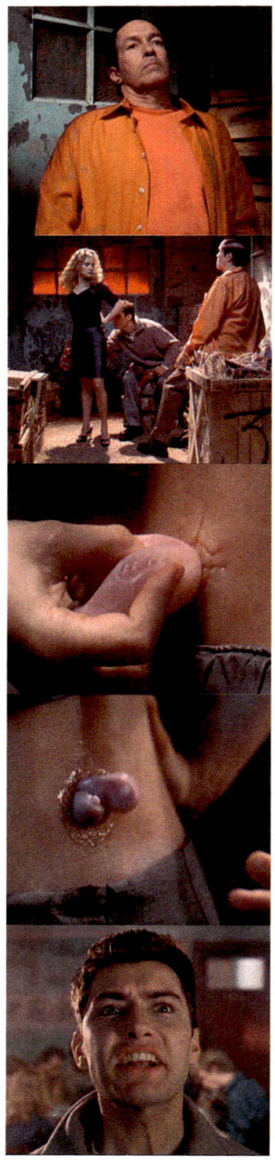

„Es ist irgendwie hineingekrochen. Ich hab’s gehalten, und dann ist es einfach reingeflutscht.“ Sie beugte sich vor, um mehr zu erkennen. Schweigen senkte sich über sie, Pikul hörte sie atmen, spürte den leichten Hauch ihres Atems an seinem Rücken.

„Ja, es scheint direkt hineingerutscht zu sein“, sagte sie schließlich.

„Es ist in meinen Rücken gekrochen?“, brüllte Pikul. „Es ist in meinem Rückenmark? Es kriecht in meinem Rückenmark herum?“

„Keine Panik! Es ist doch nur ein Spiel.“

[...]

„Spüren Sie irgend etwas?“, fragte Geller.

„Ja! Grässliche Dinge ...“ Pikul drückte an seiner Taille herum und versuchte, das widerliche Ding, das in ihn geschlüpft war, aufzuspüren. Dann unterbrach er sich. „He, nein. Jetzt, wo Sie fragen: Ich spüre überhaupt nichts.“

„Ist dann alles in Ordnung?“

[...]

„Wie sieht’s mit Ihrem Sehvermögen aus? Funktioniert Ihr Denken richtig?“

Jetzt, wo er sich wieder etwas beruhigt hatte, dachte Pikul wieder daran, wie unwiderstehlich schön und sexy Geller aussah und dass er gern ... Aber hier war weder der rechte Ort noch die angemessene Zeit. Es war alles nur ein Spiel, wie sie immer wieder betonte.

„Ja, mein Denken funktioniert“, meinte er widerstrebend.

[...]

[110ff.]

1 Welche Funktion übernimmt Nader im Spiel?

2 Stelle dir vor, dieses „Mikropod" wäre in dich hineingeschlüpft. Versuche deine Gefühle dabei zu beschreiben.

3 Können virtuelle Spiele glücklich machen?

4 Stellt euch vor, ihr begegnetet einer Figur im Spiel. Denkt euch ein Frage aus, mit der ihr feststellen könntet, ob ihr es mit einer bloßen Spielfigur oder mit einem Avatar (s. u.) zu tun habt.

INFO

Avatar Der Begriff entstammt der indischen Mythologie und bezeichnet einen Gott, der auf der Erde wandelt. Im Internet versteht man darunter eine Spielfigur, die den Teilnehmer einer virtuellen Chat-Welt darstellt, eine Art digitalisiertes Ich. Während in gewöhnlichen WWW-Chats die Anwesenden auf ein für alle sichtbares Textfeld, eine Art Pinwand, schreiben, bieten die Chat-Welten, z. B. Second life, umfangreiche, grafisch dargestellte virtuelle Umgebungen, in denen die Mitspieler als „Avatare" herumwandern und miteinander in Kontakt treten, Gegenstände transportieren, Gebäude errichten, mit Waren handeln können und vieles mehr. Je länger und erfolgreicher der Aufenthalt in der Spielwelt, desto vielfältiger werden die Avatare. Besondere Köpfe und „Zubehör" lassen sich käuflich erwerben – vorausgesetzt, man hat genug Spielgeld angehäuft, um sich solche Extras leisten zu können. Über einen Avatar lassen sich fremde Identitäten und soziale Rollen spielerisch ausprobieren: Eine Frau kann als Mann auftreten und umgekehrt.

Die Erlebnismaschine

M 10

Man stelle sich eine Erlebnismaschine vor, die einem jedes gewünschte Erlebnis vermittelt. Super-Neuropsychologen können das Gehirn so reizen, dass man glaubt und das Gefühl hat, man schriebe einen großen Roman, schlösse Freundschaft oder läse ein interessantes Buch. Dabei schwimmt man die ganze Zeit in einem Becken und hat Elektroden ans Gehirn angeschlossen.

Sollte man sich lebenslang an diese Maschine anschließen lassen, so dass alle künftigen Erlebnisse im Voraus festgelegt sind? Wenn man sich Sorgen macht, es könnten einem wünschenswerte Erlebnisse entgehen, so können wir annehmen, dass das Leben vieler anderer von Firmen gründlich durchforscht worden ist. Man kann aus ihrem riesigen Katalog solche Erlebnisse auswählen und die eigenen Erlebnisse etwa für die nächsten zwei Jahre festlegen.

Danach kommt man zehn Minuten oder Stunden aus dem Becken heraus und kann sich seine Erlebnisse für die nächsten zwei Jahre aussuchen. Während man im Becken schwimmt, weiß man natürlich nichts davon, man glaubt, alles, was man erlebt, geschähe wirklich. Auch andere können sich anschließen lassen und sich die gewünschten Erlebnisse verschaffen; es braucht also niemand unangeschlossen zu bleiben, um für andere da zu sein. (Wir vernachlässigen Probleme wie das, wer die Maschine bedient, wenn jeder angeschlossen ist.)

Würdest du dich anschließen lassen? Was könnte denn für uns von Bedeutung sein außer dem, wie unser Leben von innen erlebt wird? Sollte man sich durch die paar unangenehmen Augenblicke zwischen der Entscheidung und dem Anschluss abschrecken lassen? Was sind die paar Augenblicke im Vergleich zu einem ganzen glücklichen Leben (falls man das wählt), und warum sollte man denn überhaupt ein ungutes Gefühl haben, wenn man wirklich die beste Entscheidung getroffen hat?

(nach) Robert Nozick, 1974

5 Welches Problem trägt Nozick (s. S. 119) in Form des Gedankenexperiments vor?

6 Ist die im Gedankenexperiment Nozicks geschilderte Situation mit der Spielsituation in „eXistenZ" vergleichbar?

7 Würdest du dich an eine Erlebnismaschine anschließen lassen? Begründe.

Neue Identitäten? Identität ohne Körper?

Als der Avatar von Ted Pikul im Hinterzimmer von D'Arcy Naders Spieleladen dem Avatar Allegra Gellers den neuen Mikropod an ihren Bioport anschließt, küsst er eine Stelle auf ihrem wunderschönen Rücken.

M 11 Scharf aufeinander

Ihre Augen blitzten zornig, ihre Kleidung war in verheißungsvoller Unordnung.

„Tun Sie das nie wieder!", fauchte sie. Dann fing sie an zu grinsen, und die Spannung verflog. „Tun Sie lieber das."

Sie beugte sich vor, neigte ihr liebliches Gesicht zur Seite und küsste ihn fest und leidenschaftlich auf den Mund.

Als sie sich eine Weile später wieder voneinander lösten, waren sie beide erhitzt und atmeten schwer.

„Wow!", sagte Pikul. „Möchtest du mir das noch einmal vorführen?"

„Ja, aber lass uns erst mal über unsere Lage nachdenken."

„Warum müssen wir gerade jetzt über irgendeine Lage nachdenken?"

„Du hast Recht, unsere Spielfiguren sind offensichtlich darauf programmiert, übereinander herzufallen."

„Dann lass uns übereinander herfallen", schlug Pikul vor und versuchte, sie wieder zu umarmen.

„Aber das ist nur ein armseliger mechanischer Versuch, die gefühlsmäßige Spannung der nächsten Spielebene zu erhöhen."

„Na gut, dann ist es eben armselig. Aber mir reicht es."

„Hat keinen Sinn, dagegen anzukämpfen, was?" Ihre Lippen waren feucht, ihre Augen glänzten vor Sehnsucht. Sehnsucht nach ihm.

„Nein", sagte Pikul. „Aber was ist mit der neuen Identität, die wir jetzt haben sollen? Spürst du deine schon?"

Sie drängte sich wieder an ihn, schlang einen Arm um ihn und streichelte mit der anderen Hand seine Brust.

„Die kommt auch ohne mich zurecht", schnurrte sie verführerisch.

„Ich mache mir Sorgen um meinen Körper", sagte Pikul und spürte die altbekannte Panik in sich aufsteigen. Dieselbe Panik, die ihn jedes Mal überfiel, wenn sie ihm so nahe kam.

„Um deinen was? Ach, denk einfach nicht dran."

„Ich meine nur ... wo sind denn unsere echten Körper? Geht es ihnen gut? Was ist, wenn sie in Gefahr sind? Haben sie Hunger?"

„Was soll's? Sie sind in Kiris Gästehütte, da, wo wir sie zurückgelassen haben. Sie sitzen mit geschlossenen Augen ruhig beieinander. Wie beim Meditieren."

[...]

„Ich weiß nicht so recht", meinte er. „Ich fühle mich wirklich körperlos."

„Wovor hast du Angst, Pikul?"

„Davor! Nein, nicht davor! Es wird mir zuviel. Ich will dich, aber ich bin einfach von der Wirklichkeit besessen."

[...]

[114f.]

1 Beschreibt das Verhalten von Pikul und Allegra innerhalb des Spiels und versucht es zu erklären.

2 Was ist unter einer „neuen Identität" (Z. 35 f.) zu verstehen?

3 Was macht Identität aus?

4 Versucht euch Situationen vorzustellen, in denen ihr euren Körper eher als Hindernis oder als etwas Fremdes im Hinblick auf eure Identität empfindet.

5 Für wie wichtig haltet ihr euern Körper für eure Identität?

6 Vergleicht Pikuls Bewertung seines Körpers mit der Auffassung von Vilém Flusser M 12.

Der tschechisch-brasilianische Philosoph Vilém Flusser (1920–1991) beschreibt die Gesellschaft der Zukunft als einen Ameisenhaufen, ein mosaikartiges Gebilde, in dem jede der Ameisen in ihrer Zelle sitzend Hirngespinste, technische Bilder spinnen werde.

Spielverderber Körper

M 12

Es werden Gehirne sein, die miteinander und mit künstlichen Gehirnen zu einem Träume sekretierenden [absondernden] Übergehirn gekoppelt sind. Und doch werden an diesen Gehirnen archaischerweise Körper hängen: nach Nahrung, nach Fortpflanzung und nach dem Tod verlangende Körper. Spielverderber. Diese Körper, diese Spielverderber werden, da nicht völlig eliminierbar, gegen den Horizont des Blickfeldes gedrängt werden müssen, gegen den Rücken der auf Bildschirme starrenden Spieler. Und diese Berücksichtigung der Körper wird sie immer kleiner, immer uninteressanter erscheinen lassen. Sie werden schrumpfen.

Vilém Flusser, 1989

7 Auf welche Weise thematisiert die nebenstehende Werbung die Frage der Aushöhlung der Identität?

8 Was haben die Welt der Mode und die Welt der Spiele gemeinsam?

9 Wie beantwortet der Literaturwissenschaftler Hartmut Böhme diese Frage?

M 13

Mannequins als Fetischpuppen

M 14

Für die Frauen wird zum Imperativ, sich selbst zur Darstellung der erotischen Projektionen und Besitzansprüche von Männern zu machen. Die Frau mit ihren Einzelteilen und Oberflächen figuriert den Fetischismus* der Männer. [...] Die Natürlichkeit [...] ist eine Maskerade, die sich als solche zu verkleiden und doch wieder als geheimnisvollen Reiz eines künstlichen Spiels in Szene zu setzen hat. [...] Sie hat indes weniger mit den Frauen als mit der Mode zu tun, die beginnt, zu einer großen Maschinerie der Herstellung von Weiblichkeit zu werden. [...] Die Modernität der Mode beruht geradezu auf dem Fetischismus der herrisch und launisch genug ist, [...] dass die darin eingeschlossenen Frauen nichts sind als Puppen der Darstellung, Mannequins. [...] Mode ist so artifiziell [künstlich], dass sie mit dem organischen Leben derer, die sie tragen, nichts mehr zu tun hat. Sie ist die fetischistische Beschwörung eines gelungenen Lebens, aber gelingen tut stets nur die Mode selbst, nicht das Leben. [...] Wer sich ihr unterstellt, muss so künstlich werden wie sie selbst. Und darum wächst die Angestrengtheit, durch die der Glaube an die Mode aufrechterhalten wird; denn man weiß, dass sie jene Unruhe nicht beruhigt, jene Wunde nicht schließt, jene Einsamkeit nicht mildert, jenen Schmerz nicht sänftigt, um deretwillen wir uns in sie [...] investiert haben.

Hartmut Böhme, 2006

Künstliche Existenz

In dem Spiel, das Pikul und Geller in einer Hütte von Vinokurs Skicamp spielen, bestellen ihre Avatare in einem chinesischen Restaurant auf Empfehlung das Spezialgericht. Darauf verlassen die anderen Gäste ihren Tisch.

M 15 Im Chinesischen Restaurant

„Ich glaube, dass das Spezialgericht nicht sehr beliebt ist", bemerkte Pikul zu Geller.

„Das glaube ich auch."

„Aber du weißt das alles ja schon, oder?", meinte er und sah ihr eindringlich in die Augen. „Du musst nicht raten, was hier passiert, so wie ich. Du hast doch das alles ins Spiel eingebaut, als du dieses System erfunden hast. Es ist dein Spiel, dein Privatuniversum."

„Da liegst du falsch, Pikul. Ich weiß nicht, was hier passiert, genauso wenig wie du. Es gehört zu den Grundzügen von *eXistenZ*, dass man immer lernen und alles selbst einschätzen muss. Man muss herausfinden, was das Spiel nun wirklich daraus gemacht hat. Wenn man einmal angefangen hat zu spielen, ist alles möglich, und das liegt nicht mehr im Kontrollbereich des Spielcodes. Es ist einfach nicht im Spielcode enthalten."

„Du willst mir also erzählen, nur als einfaches Beispiel, dass du im Moment selbst noch nicht weißt, woraus das Spezialgericht besteht?"

„Genau. Ich habe keine Ahnung."

„Oder warum wir es bestellen sollten?", fuhr Pikul fort.

„Zufällig weiß ich das. Wir haben das Spezialgericht bestellt, weil eine andere Spielfigur dir gesagt hat, dass wir das tun sollen. *eXistenZ* ist ein figurenbestimmtes Spiel. Die Spieler stellen sich eine Reihe von Parametern [Umrechnungsgrößen] vor, die auf ihren unbewussten Wünschen, ihrer Erfahrung, ihren Erinnerungen beruhen, manchmal auch auf ihren bewussten Sehnsüchten. Die Figuren, die wir während des Spiels treffen, gehören in diese Konstruktion hinein: [...]. Im Moment stellst du dir ganz eindeutig mich vor, während ich mir dich vorstelle, also existieren wir in diesem Spiel beide. *eXistenZ*, verstehst du? Aber die Figuren beherrschen das Spiel und bestimmen es. So einfach ist das. Wenn uns eine davon etwas sagt oder uns eine Aufgabe gibt, dann ist das die Richtung, die das Spiel nehmen soll. Solch einen Hinweis können wir nicht ignorieren. Aber das gehört zu den Grundregeln des Spielens."

„Ich möchte das Spiel mal unterbrechen", sagte Pikul. Geller sah ihn erstaunt an. „Das geht doch, oder?", fragte er. „Ich meine, alle Spiele können unterbrochen werden. Stimmt's?"

„Natürlich. Aber warum? Warum jetzt, wo es gerade anfängt, interessant zu werden? Stirbst du nicht vor Neugier, was so Besonderes an dem Spezialgericht ist?"

[...]

„Sieh mal, ich habe nichts gegen das Spiel", sagte er. „Ich fühle mich nur mittlerweile ein bisschen sehr entfernt von meinem wirklichen Leben. Ich verliere die Verbindung zu seiner Struktur. Verstehst du? Ich glaube wirklich, dass in dieser Art Spiel ein psychotisches Element enthalten ist. Zum Beispiel weiß ich nicht mehr, wo mein Körper sich wirklich befindet oder wo die Realität ist ... oder was ich tatsächlich getan oder nicht getan habe. So etwas kann ganz schön wichtig sein, weißt du."

[...]

„Was du da sagst, ist ein gutes Zeichen, Pikul", meinte sie. „Das heißt, es ist ein gutes Zeichen für deine Einschätzung des Spiels. Es bedeutet, dass dein Nervensystem voll und ganz in die Spielarchitektur integriert ist. Es macht viel mehr Spaß zu spielen, wenn man es für realer als die Realität hält."

„Na, dann kann der Spaß ja beginnen", sagte Pikul. Er schob seinen Stuhl zurück und stand auf. Er holte tief Luft und schrie dann mit aller Kraft: „*eXistenZ* wird unterbrochen!" Er brüllte so laut, dass das Besteck auf dem Nachbartisch klirrte. „Das Spiel wird angehalten! *eXistenZ* hört sofort auf!"

Die anderen Gäste drehten sich erstaunt zu ihm um. Aber da löste sich das chinesische Restaurant bereits auf. [134ff.]

1 Was bedeutet nach eurer Ansicht der Titel des Spiels „eXistenZ"?

2 Inwiefern „existieren" die Figuren?

3 Wodurch wird der Verlauf des Spiels bestimmt?

Cyberspace

M 16

Was bereits für die Phantasie gilt, dass sie nämlich ein Zwischenreich schafft, ein Reich zwischen Wahrnehmungen und Denken, das trifft in gesteigertem Maß auf Cyberspace zu [...]. Das zeigt sich schon daran, dass sich die Seelentätigkeit, die der Mensch in der virtuellen Welt vollbringt, kaum benennen lässt: Man befindet sich in einer Phantasiewelt, ohne seine Phantasie zu betätigen. Phantasie entwickelt lediglich derjenige, der das Computerprogramm, das die künstliche Welt hervorruft, erstellt. Die sinnliche Wahrnehmung, die die Phantasie überflüssig macht, ist sehr reduziert. Die Wahrnehmungen gehen nicht von Gegenständen im Raum aus, wie das sonst der Fall ist. [...]

Cyberspace ist von allen technischen Medien, die bis jetzt erfunden wurden, am geeignetsten, dem Eskapismus zu dienen, dem Versuch also, sich dem Alltag und den mit ihm zusammenhängenden Problemen zu entziehen. In den Anfängen der Medienwissenschaft spielte der Begriff des Eskapismus eine bedeutende Rolle. Er diente zum Beispiel dazu, die Motive der Kinobesucher zu verstehen. Später ging man davon aus, Zerstreuung und Ablenkung seien notwendig und legitim; Probleme sah man allenfalls im Hinblick auf die Inhalte. Nun ist es selbstverständlich ein berechtigtes Bedürfnis, die Anstrengung der Daseinsbewältigung von Zeit zu Zeit zu unterbrechen. In allen Zeiten und Kulturen hat es dafür die verschiedensten Formen der Unterhaltung gegeben. Gemeinsam ist allen diesen Formen, dass der Unterhaltungssuchende erfrischt und oft auch bereichert in die Wirklichkeit seines Alltags zurückkehrt. Für die technischen Medien, sofern sie Unterhaltungsfunktion haben, ist charakteristisch, dass sie Schwächen und außerdem die Tendenz haben, an die Stelle des Alltags zu treten. Diese Tendenz erreicht mit der Erzeugung „begehbarer" Kunstwelten ihren Höhepunkt. Cyberspace wird dazu führen, dass die Bereitschaft zur Bewältigung und Gestaltung des wirklichen Lebens weiter nachlässt. Das wird sich zum Beispiel darin zeigen, dass die Fähigkeit, die Wirklichkeit angemessen zu beurteilen, schwindet. Schon jetzt lässt sich beobachten, dass die öffentliche Auseinandersetzung über drängende Probleme dazu neigt, nebensächliche Details in den Mittelpunkt zu stellen.

Cyberspace wird auch die Tendenz verstärken, dass die für die lebenspraktische Orientierung unverzichtbare Unterscheidung zwischen Wirklichkeit und Schein nicht mehr interessiert. Das Fernsehen leistet hier seit Jahren Vorarbeit. Wie bereits gezeigt wurde, kann schon bei einer Nachrichtensendung nicht zwischen Wirklichkeit und Schein unterschieden werden. [...]

Leben in künstlichen Welten heißt, in dem Bewusstsein zu leben, dass ein Fehler im Programm oder in der Apparatur ständig alles zunichte machen kann. Leben in künstlichen Welten bedeutet auch, dass dasjenige, was ich gerade betrachte, vielleicht mit Begeisterung betrachte, in dem Moment, wo ich meinen Blick davon wende, im Nichts verschwindet. Dadurch wird allmählich das Vertrauen in das Vorhandensein einer existenztragenden Wirklichkeit erschüttert. Kant hat die Behauptung aufgestellt, wir könnten die Wirklichkeit, wie sie eigentlich sei, nicht erkennen. An der Existenz dieser Wirklichkeit hat er nicht gezweifelt.

Heinz Buddemeier, 1993

4 Was bedeutet für dich „existieren" und „Existenz"?

5 Welche Änderungen ergeben sich nach Meinung des Medienwissenschaftlers Heinz Buddemeier durch den Cyberspace für das Verständnis von Existenz? Wie bewertet er diese Änderungen? Nimm Stellung.

6 Wie sieht der Karikaturist Hanel M 17 die Entwicklung der Menschheit?

M 17

Traum und Wirklichkeit

Ted Pikul hat sich zur Fortsetzung des Spiels überreden lassen. Ein freundlicher chinesischer Kellner hat bereits das Spezialgericht aufgetragen. Geller beobachtet schon eine Weile aufmerksam, wie Pikul mit offensichtlichem Ekel, aber sehr geschickt das Amphibienfleisch von den Knochen trennt und verzehrt.

M 18 Das Spezialgericht

„Was du da tust, finde ich interessant", meinte Geller, als er einen Moment lang eine Pause zu machen schien.

„Interessant?", fragte Pikul und betrachtete mit Schrecken, was er tat. „Du findest das interessant?"

„Ja, dabei zuzusehen ist faszinierend", sagte Geller. „Es ist ein echter Spielzwang. [...] Wehr dich nicht dagegen."

„Am Anfang habe ich mich schon gesträubt. Aber das hat nichts genützt, deshalb mache ich jetzt mit."

Während er sprach, zerbrachen seine Hände einen der langen Schenkelknochen der Kröte und wickelten ein Stück Froschsehne darum, so dass er einen Winkel bildete. Geller und er sahen mit entsetzter Faszination zu, wie seine Hände flink die verschiedenen Teile zusammenfügten, sie mit Haut- und Knorpelstückchen und Sehnen befestigten und die Gelenke der Tiere benutzten, um daraus Zapfen, Antriebszähne und andere bewegliche Teile zu formen.

Die groteske zweiteilige Halswirbelsäule des sechsbeinigen Salamanders wurde als letztes hinzugefügt. Sie glitt mit einem deutlichen Klicken an ihren Platz, und als Pikul das Gebilde hochhielt, wurde offenbar, dass die Wirbelsäule einen Abzugsmechanismus bildete.

In seinen Händen hielt er eine Kadaver-Waffe, die der bei dem Anschlag in der Kirche verwendeten fast zum Verwechseln ähnelte.

„O mein Gott", sagte Pikul voller Ehrfurcht. „Das sieht ja ziemlich vertraut aus. Bist du sicher, dass das alles seine Richtigkeit hat?"

Geller sah so aus, wie er sich fühlte – unbehaglich.

„Das sollte es", antwortete sie, klang aber nicht sehr überzeugt.

Während seine rechte Hand die Waffe hielt, bewegte sich seine linke plötzlich. Vollgeschmiert mit Fett und Fleischfetzen fuhr sie in seinen Mund. [...]

Als die Hand wieder herausgezogen wurde, hielten die Finger eine Brücke aus drei Zähnen, einer davon mit Goldfüllung. Geschickt lud er die Zähne in die Kadaver-Waffe. [...]

„Ist das deine Brücke? [...] Ich meine, ob du im wirklichen Leben eine Brücke hast?"

„Definitiv nein. Meine richtigen Zähne sind perfekt. Frag mich nicht, woher ich wusste, dass ich dieses Ding im Mund hatte."

„Das hattest du wahrscheinlich auch nicht", meinte Geller trocken, „bis du das Spezialgericht bestellt hast."

Pikul hielt die groteske Waffe am Lauf und schloss mit geübter Handbewegung das Magazin. Er zog die Sicherung zurück und ließ sie schnappen, worauf einer der Zähne mit einem grauenvollen klickenden Geräusch aus dem Magazin sprang und präzise in den Lauf glitt.

Pikul lächelte teuflisch und richtete die Waffe auf Geller.

„Nieder mit der grässlichen Dämonin Allegra Geller!"

[...]

Alarmiert rutschte sie mit ihrem Stuhl zurück. [...]

„He, das ist nicht witzig!", schrie sie.

„Ich meinte es doch nicht so", sagte er.

„Aber ich. Leg die verdammte Waffe hin!"

[...]

„Es tut mir leid", sagte er. „Ich konnte dem irgendwie nicht widerstehen."

„Einen Moment lang dachte ich – dachte ich wirklich, du würdest abdrücken."

Er schüttelte den Kopf. „Nicht auf dich. Dich würde ich nie töten. Aber weißt du, ich verspüre wirklich den unglaublichen Drang, jemanden in diesem Restaurant umzubringen. Das ist die Rolle, die meine Spielfigur zu spielen hat. Ich bin ein Attentäter."

[...]

„Du bist nicht das Opfer", sagte er. „Beruhige dich."

„Aber wer ist es dann?"

„Ich muss unseren Freund, den Kellner, umbringen." „Gut, das ergibt Sinn. Ich rufe ihn." Geller drehte sich auf ihrem Stuhl um und winkte. „Ober! Ober!"
„Meinst du das ernst?", fragte Pikul. „Du willst wirklich, dass ich es tue?"
„Wenn es zum Spiel gehört, tu es einfach. Zögere keinen Moment."
„Aber das kommt mir alles so realistisch vor. Normalerweise laufe ich nicht herum und erschieße Menschen. Ich glaube nicht, dass ich es schaffe."
„Du wirst gar nicht anders können. Versuch einfach herauszufinden, wie es sich anfühlt, und genieße es."
„Selbstbestimmung ist in deiner kleinen Spielwelt offenbar nicht vorgesehen", bemerkte Pikul.
„Es ist genau wie im wirklichen Leben", sagte Geller. „Es gibt gerade so viel Selbstbestimmung, dass es interessant wird. Und außerdem ist es nicht meine Welt. Es ist unsere."

143ff.]

1 Wofür steht hier der Begriff „Spielzwang"? Wo ist dir der Begriff bereits im Alltag begegnet und was verstehst du darunter?

2 Betrachte die geschilderte Szene so, als habe Pikul sie geträumt, und überlege, inwieweit man den Ablauf der Ereignisse mit Träumen vergleichen kann?

3 Träumen hat manchmal mit Wünschen zu tun. Schildere ein Beispiel.

Vier Dimensionen der Traumarbeit*

M 19

Der Traum ist die [verkleidete] Erfüllung eines [unterdrückten, verdrängten] Wunsches. Wir würden also als die Urheber der Traumgestaltung zwei psychische Mächte annehmen, von denen die eine den durch den Traum zum Ausdruck gebrachten Wunsch bildet, während die andere eine Zensur an diesem Traumwunsch übt und durch diese Zensur eine Entstellung seiner Äußerung erzwingt.

1. Das Erste, was dem Untersucher bei der Vergleichung von Trauminhalt und Traumgedanken klar wird, ist, dass hier eine großartige *Verdichtungsarbeit geleistet wurde.*
2. Die *Verschiebungsarbeit:* Wir konnten bemerken, dass die Elemente, welche im Trauminhalt sich als die wesentlichen Bestandteile hervordrängen, in den Traumgedanken keineswegs die gleiche Rolle spielen. Der Traum ist gleichsam anders zentriert, sein Inhalt um andere Elemente als Mittelpunkt geordnet als die Traumgedanken. Solche Träume machen dann mit gutem Recht einen „verschobenen" Eindruck.
   Traumverschiebung und Traumverdichtung sind die beiden Werkmeister, deren Tätigkeit wir die Gestaltung des Traumes hauptsächlich zuschreiben dürfen. Die Verschiebung erfolgt in der Regel nach der Richtung, dass ein farbloser und abstrakter Ausdruck des Traumgedankens gegen einen bildlichen und konkreten eingetauscht wird.
3. Mit den vorstehenden Erörterungen haben wir endlich ein drittes Moment aufgedeckt: Die Rücksicht auf *Darstellbarkeit* in dem eigentümlichen psychischen Material, dessen sich der Traum bedient, also zumeist in visuellen [sichtbaren] Bildern.
4. Die *sekundäre Bearbeitung:* Wir wollen endlich an die Hervorhebung des vierten der bei der Traumarbeit beteiligten Momente gehen. Ich erinnere an die Fälle, wo man sich im Traume wundert, ärgert, sträubt, und zwar gegen ein Stück des Trauminhaltes selbst. Ich stelle mir vor, dass die verächtliche Kritik: Es ist ja nur ein Traum, dann auftritt, wenn die niemals ganz schlafende Zensur sich durch den bereits zugelassenen Traum überrumpelt fühlt. Es ist zu spät, ihn zu unterdrücken, somit begegnet sie mit jener Bemerkung der Angst, oder der peinlichen Empfindung, welche sich auf den Traum hin erhebt.
   Es ist unzweifelhaft, dass die zensurierende Instanz [der Teil der Seele, der peinliche Trauminhalte unterdrückt oder verändert], deren Einfluss wir bisher nur in Einschränkungen und Auslassungen im Trauminhalte erkannten, auch Einschaltungen und Vermehrungen desselben verschuldet. Die Folge ihrer Bemühung ist, dass der Traum den Anschein der Absurdität und Zusammenhanglosigkeit verliert und sich dem Vorbilde eines verständlichen Erlebnisses annähert. Es sind Träume, die sozusagen schon einmal gedeutet worden sind, ehe wir sie im Wachen der Deutung unterziehen.

Sigmund Freud, 1900

4 Welche der Dimensionen der Traumarbeit, die Freud beschreibt, kannst du in M 18 wiedererkennen?

Sind wir noch/schon/immer schon im Spiel?

Nach dramatischen Ereignissen sind Allegra und Ted Pikul anscheinend wieder in der Realität gelandet, nämlich in dem verlassenen Skicamp des russischen Technikers Vinokur, der ihnen auf der Flucht geholfen hatte. Aber Allegra ist todunglücklich, weil ihr Gamepod, „ihr Baby“, verseucht und unbrauchbar ist. Sie vermutet, dass Vinokur, den sie für einen Freund gehalten hat, in Wirklichkeit ein Agent der Konkurrenz ist und die Verseuchung verursacht hat, als er Pikul einen Bioport eingebaut hat. Pikul versucht sie zu beruhigen.

M 20 Nur Schöpfungen des Spiels?

„Allegra, hör mir mal zu!“, sagte Pikul laut und versuchte, alles andere um sich herum auszublenden. „Es ist nicht so schlimm, wie es aussieht! Ich glaube, dass wir immer noch *im* Spiel sind. Wir sind nicht in die Realität zurückgekehrt, sondern wahrscheinlich in einem Unterprogramm des Spiels gelandet, das so aussehen und sich so anfühlen soll, als wäre es die Realität. Es kann keine andere Erklärung geben. Denk doch mal nach! Erst ist das kranke Gamepod hier bei uns, dann Carlaw. Wir wissen doch genau, dass beides nur Schöpfungen des Spiels sind. Entweder kommen sie aus deinem oder aus meinem Unterbewusstsein.“
Er hielt inne, um Luft zu holen, und warf dabei einen Blick auf Carlaw, der wie zur schweigenden Bestätigung von Pikuls Theorie sanft vor und zurück schaukelte. Das Durcheinander vor der Tür war zu laut, als dass Pikul hören konnte, ob er irgend etwas summte.
„Wenn das stimmt“, entwickelte Pikul seinen Gedanken weiter, „dann muss dein echtes Gamepod noch irgendwo da draußen sein. An einem sicheren Platz. Ich glaube, dieses Gamepod können wir getrost vergessen. Es ist nicht das echte.“ [195f.]

Pikul wird allerdings unwohl, nachdem Allegra Geller in ihrer Wut auf Vinokur geschossen hat:

„Er war doch nur eine Spielfigur.“
„Aber was ...? Was ist, wenn meine Theorie nicht stimmt? Was ist, wenn wir nicht mehr in einem Spiel sind?“
„Wir müssen es noch sein.“
„Bist du sicher?“, fragte Pikul. „Bist du *wirklich* sicher?“
„Klar bin ich sicher. Was du gesagt hast, ergibt doch Sinn.“
[...]
„Wenn wir es nicht mehr sind, Geller, dann hast du gerade einen wirklichen Menschen umgebracht. Jemanden, den du kanntest, der dein Freund war. Einen echten Menschen.“ [204]

1 Vor welchem Problem stehen Allegra Geller und Ted Pikul jetzt?
2 Wie schätzt du die Angst eines Spielers der Zukunft ein, angesichts intelligenter, selbst lernender Programme, die sich immer wieder anpassen, nicht mehr aus einem Spiel „herauskommen“ zu können?

M 21 Person

Es ist wohl kein historischer Zufall, dass das Wort Person in seiner ursprünglichen Bedeutung eine Maske [lat. persona] bezeichnet. Darin liegt eher eine Anerkennung der Tatsache, dass jedermann überall und immer mehr oder weniger bewusst eine Rolle spielt ... In diesen Rollen erkennen wir einander; in diesen Rollen erkennen wir uns selbst. In einem gewissen Sinne und insoweit diese Maske das Bild darstellt, das wir uns von uns selbst geschaffen haben – die Rolle, die wir zu erfüllen trachten –, ist die Maske unser wahreres Selbst: das Selbst, das wir sein möchten. Schließlich wird die Vorstellung unserer Rolle zu unserer zweiten Natur und zu einem integralen Teil unserer Persönlichkeit. Wir kommen als Individuen zur Welt, bauen einen Charakter auf und werden Personen.

Robert Ezra Park, 1950

Wie es euch gefällt

M 22

Die ganze Welt ist Bühne
Und alle Frauen und Männer bloße Spieler.
Sie treten auf und gehen wieder ab,
Sein Leben lang spielt einer manche Rollen
Durch sieben Akte hin.
Zuerst das Kind,
Das in der Wärterin Armen greint und sprudelt [...].

William Shakespeare, um 1600

M 23

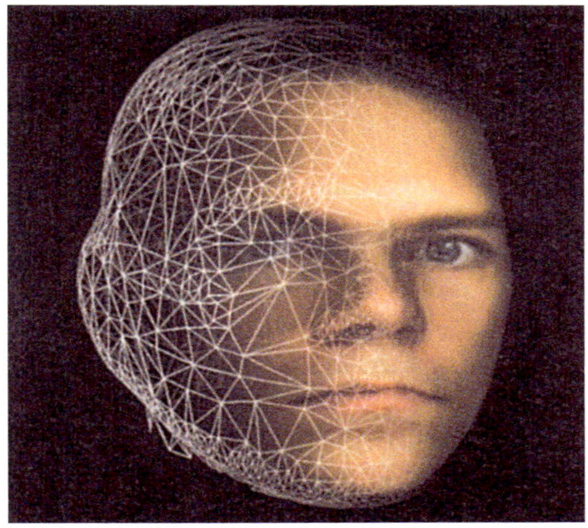

Netzidentitäten

M 24

Die Entwicklung von Fenstern für Computerschnittstellen war eine technische Innovation, hinter der der Wunsch steckte, die Effizienz der Benutzer zu steigern, indem man ihnen die Möglichkeit gibt, zwischen verschiedenen Anwendungen zu wechseln. Doch in der alltäglichen Praxis vieler User sind Fenster zu einer starken Metapher für die Annahme geworden, dass das Selbst ein multiples dezentriertes System ist. Das Selbst spielt nicht mehr bloß verschiedene Rollen in verschiedenen Kontexten zu verschiedenen Zeitpunkten, etwa bei einer Frau, die sich beim Aufwachen als Geliebte, bei der Zubereitung des Frühstücks als Mutter und bei der Fahrt zur Arbeit als Anwältin erlebt. Die Fenster nötigen uns vielmehr die Lebenspraxis eines dezentrierten Selbst auf, das in vielen Welten existiert und viele Rollen gleichzeitig spielt. In traditionellen Theaterstücken und Rollenspielen, die im physischen Raum stattfinden, schlüpft man in eine bestimmte Rolle, die man gewöhnlich bis zum Ende des Spiels beibehält. MUDS [„Multi-User-Dungeons" – Internet-Rollenspiele, an denen sich mehrere Spieler beteiligen] hingegen eröffnen den Zugang zu parallelen Identitäten und parallelen Lebenswelten. Die Erfahrung dieses Parallelismus bestärkt einen darin, das Leben „on-screen" und „off-screen" in erstaunlichem Masse gleichzubehandeln. Erfahrungen im Internet erweitern die metaphorische Bedeutung der Fenster – nunmehr kann RL [Real life] selbst [...] zu „einem Fenster unter vielen" werden. *Sherry Turkle, 1995*

3 Manchmal hört man den Ausspruch: „Das ganze Leben ist doch nur ein Spiel". Versuche zu erklären, was er bedeuten könnte.

4 Wie begründet der amerikanische Soziologe Robert Ezra (1864–1944) Park diese Ansicht?

5 Der große englische Dramatiker William Shakespeare (1564–1616) fand in seiner Komödie „Wie es euch gefällt" schon um 1600 für die Ansicht Parks eine klassische Formulierung. Welche anderen sechs Rollen könnte man wohl noch nennen?

6 Lies den ganzen Monolog z. B. unter: http://gutenberg.spiegel.de

7 Welche Ähnlichkeiten und Unterschiede gibt es in dem von Shakespeare geschilderten Spiel des Lebens zu dem Rollenspiel „eXistenZ"?

8 Die amerikanische Psychologin und Soziologin Sherry Turkle hat die These aufgestellt, dass die Einsicht, das Selbst habe im Leben verschiedene Rollen zu spielen, im Internet-Zeitalter weiter gefasst werden müsse. Wie begründet sie ihre Ansicht M 24?

9 Wie deutest du die Computerinstallation von Eduard Bannwart in diesem Zusammenhang M 23?

10 In der Renaissance hat der italienische Künstler und Gelehrte Leon Battista Alberti (1404–1472) perspektivisch gemalte Bilder als „offene Fenster" (lat. „fenestrae apertae") bezeichnet. Vergleiche diese Kennzeichnung von Bildern mit Turkles Rede von Fenstern („Windows").

Die Frage der Verantwortung

Nachdem Ted Pikul und Allegra Geller im Streit, wer gewonnen hat, nun auch aufeinander schießen, bringt die Schlusssequenz von „eXistenZ" eine neue Wende:
Schon die Eröffnungsszene war Teil eines Spiels, nämlich des Spiels „TranszendenZ" der Firma „PilgrImage". Allegra Geller ist keine Spieldesignerin, sondern genau wie Ted Pikul ein Teilnehmer an der ersten Vorführung. Nach der Beendigung sind alle beeindruckt.
Der eigentliche Spieledesigner Nourish wendet sich dennoch besorgt an seine Assistentin: Diese Art von Gewalt im Spiel war unerwartet.

M 25 „Nieder mit PilgrImage!"

„Es gab eine starke Tendenz gegen das Spiel. Im Hauptcode war nichts dergleichen vorgesehen. Es war ... unkontrollierbar, wenn Sie so wollen. [...]"
„Das ist eine ganz originelle Ausgangssituation."
„[...] Mit einem so negativen Ereignis zu beginnen, ist nicht gut. [...] Wir dürfen das nicht ignorieren. Wir müssen die Quelle dafür finden."
[...]
Sie wurden von Ted Pikul und Allegra Geller unterbrochen, die sich vom Rest der Gruppe getrennt hatten. [...] Nourish setzte ein leutseliges Lächeln auf.
„Jetzt haben wir Ihr Spiel ausprobiert, Mr. Nourish", sagte [Pikul]. „Und wir stimmen mit den anderen überein, dass Sie einer der größten lebenden Spielkünstler der Welt sind."
„Vielen Dank", sagte Nourish.
[...]
„Jewgenij", meinte Allegra, „glauben Sie nicht, dass Sie büßen sollten für all den Schaden, den Sie an der menschlichen Gemeinschaft angerichtet haben und auch weiterhin planen?"
„Was? Soll das ein Witz sein?"
„Kein Witz", sagte Pikul. „Finden Sie nicht auch, dass der größte Spielkünstler der Welt bestraft werden sollte?"
„Wofür? Ich verstehe Sie nicht."
„Bestraft für die nachhaltigste Verformung der Realität?"
[...]
„Nieder mit dem Dämon Jewgenij Nourish!", kreischte Geller.
„Nieder mit *PilgrImage!*", stimmte Pikul ein. „Nieder mit *TranscendenZ!*" [220ff.]

Bevor das Wachpersonal einschreiten kann, folgen tödliche Schüsse aus zwei eingeschmuggelten Pistolen.

1 Wofür trägt der Spieledesigner aus Sicht der Attentäter Verantwortung, wofür aus eurer Sicht?

2 Inwiefern hat die Bezeichnung „Dämon" (Z. 32) Berechtigung? Bedenkt dabei, dass der Begriff „Dämon" auch wertneutral niedrigere göttliche Wesen bezeichnet.

3 Interviewt passionierte Spieler zur Frage der ethischen Verantwortung von Spieledesignern.

4 Betrachtet unter diesem Gesichtspunkt die Äußerungen des Spieledesigners Peter Molyneux.

M 26 Ein Gespräch mit dem Spielentwickler Peter Molyneux

Heutzutage muss sich die Spieleindustrie an der ganzen Professionalität der Filmindustrie orientieren. [...] Die Spieleindustrie findet gerade zu sich und realisiert, dass sie für Millionen von Menschen produziert [...]. Sie beginnt, sich mit echten Gefühlen auseinanderzusetzen, in Geschichten, die sinnvoll sind. [...]

Wird es Spiele geben, die sich an den Spieler anpassen?
Oh, absolut, ohne Zweifel! Tatsächlich arbeiten wir an Sachen, die genau das machen. Nicht auf eine so triviale Weise wie bei einem Gegner, der schwächer wird, weil der Spieler nicht so gut ist. Es wird so ausgefeilt sein, dass das gesamte Wesen des Spiels, seine Bedeutung für den Spieler, seine Präsentation sich daran anpasst, wie der Spieler sich verhält. Wenn wir wirklich Spiele für Millionen und Abermillionen von Menschen machen wollen, dann sind die Unterschiede der Kultur, des Alters, der Unterhaltungsvorlieben so groß, dass es etwas Darunterliegendes geben muss, das sich der Zukunft, dem Spieler anpasst.
Ist der Spieler dann das Unbewusste, das mit den Regeln des Über-Ich-Spieleherstellers kämpft, und das Spiel dann das Ich, der Kompromiss zwischen beiden?
Tatsächlich ist das ein ziemlich guter Vergleich. Denn genauso wie wir nichts von unserer Kommunikation mit dem Unbewussten wissen, haben wir als Hersteller wenig Feedback von den Spielern. [...] Am Ende sind die Spiele am erfolgreichsten, die am besten vorhersagen konnten, was das Unbewusste des Spielers wollte, bevor er es selber wusste. [...]
Wenn alles auf jeden reagiert, wer ist denn dann der Autor des Spiels?
Ich habe irgendwann realisiert, dass ich eigentlich nur der Co-Autor der Geschichte bin. Der Spieler ist genauso Autor. Alles, was ich an bestimmten Stellen der Geschichte mache, ist, dem Spieler Möglichkeiten zu geben; Möglichkeiten, um Dinge zu tun, von denen er glaubt, dass sie richtig oder falsch sind. Und wenn ich nur Möglichkeiten gebe, gibt es dann irgendeine Moral? [...] Sollte ich da Zensur üben und sagen: Du kannst die Straße von Gut und Böse heruntergehen, aber du musst einer Geschichte folgen, die moralisch ertüchtigend ist. Ich weiß es nicht. [...]
Ich glaube, die traditionelle Weise, wie wir Geschichten betrachten, [...] muss neu gedacht werden, mehr in eine Richtung, die uns erlaubt zu schauen, wer die Grundrisse der Geschichte konstruiert hat und wer sie in ihrem Verlauf rekonstruiert. [...]
Können Spiele Kommentare zu unserer Welt geben?
Ich kenne einige Menschen, bei denen das Denken über die Welt auf Computerspielen basiert, die sie gespielt haben. Nun, ich gebe zu, dass diese Leute fanatisch sind, aber es zeigt, dass die weitere Entwicklung Computerspiele hervorbringen wird, die starke Aussagen machen werden. Spiele, die Menschen dazu bringen werden, anders über die Welt zu denken. Das ist eine große Verantwortung für die Spieleindustrie.
Das Einzigartige an Computerspielen ist diese Idee, dass das Spiel sich um den Spieler herum formt und ihm alles, was er will, ermöglicht. Und jede seiner Handlungen verändert das Spiel. [...] Jetzt arbeiten wir an Spielen, die sich beinahe selbst ausbalancieren und interpretieren. Das stellt Interpretationen vor sehr ungewöhnliche Probleme. Denn ich könnte ein Spiel betrachten, spielen und sagen: Dies ist eine wunderbare und ermutigende Geschichte über das Gute. Und Sie könnten dasselbe Spiel spielen und sagen: Dies ist eine abscheuliche und hinterhältige Geschichte über das Böse. [...]
Wahrscheinlich wird es dann echte Interaktivität mit dem Computer geben, wenn die Künstliche Intelligenz perfektioniert sein wird. Brauchen wir dann nicht eine neue Ethik, neue moralische Regeln für die Zukunft?
Ich wage die kühne Behauptung, [...] dass mein bester Freund ein KI-Charakter sein wird, den ich in einem Spiel treffe. Dieser beste Freund wird wissen, was ich mag, wir werden gemeinsame Interessen haben. Ich werde mit ihm reden können, er wird von meinem Leben fasziniert sein. [...] Er wird etwas ganz Besonderes sein, ein Freund, der einen durch viele Spiele begleiten wird.

De-bug, 2004

Nach dem Attentat stoßen Geller und Pikul beim Verlassen des Saales am Haupteingang auf den Chinesen, der in „eXistenZ" den Kellner gespielt hat.

„Ist das noch ein Spiel?"

M 27

„Sie brauchen mich nicht zu erschießen", sagte er, während ihm der Schweiß in die Augen rann. „Ich möchte Sie nur etwas fragen."
„Was denn?", fragte Geller.
„Sagen Sie mir die Wahrheit. Sagen Sie uns allen die Wahrheit." Er sah sich in der Menge nach Unterstützung um, doch niemand bewegte sich oder sagte ein Wort.
„Das ist immer noch ein Spiel, oder?"

[223]

Sucht und Isolation

M 28 Mit dem Rücken zur Welt

Ich sehe meinen Kumpel nicht mehr allzu oft. Nicht etwa, weil er sein Referendariat in der hintersten Ecke des Landes ableistet oder ich seine Freundin nicht mag, sondern weil ich ihm ein Geschenk gemacht habe. Eines von vielen. Ich bin Spieletester. Vermutlich hilft es nicht sonderlich, wenn ich hinzufüge, dass es ein Unfall und schon gar keine Absicht war. Noch viel weniger tröstet der Gedanke, dass ich nicht der Einzige auf der Welt bin, der auf diese Art einen Freund verloren hat. „World of Warcraft" heißt der wahre Beziehungskiller, ein Rollenspiel, in dem man als Ritter oder Zauberer durch eine Fantasy-Welt streift und unzählige Monster erschlägt, um letztlich dem Narziss zu frönen. Über sechs Millionen Menschen sind diesem vermaledeiten Game schon anheimgefallen – und täglich werden es mehr, der Globalisierung sei Dank. „World of Warcraft" ist ein Online-Spiel. Wer den Namen bei Google eingibt, bekommt etwa 25 Millionen Treffer angezeigt. 99,9 Prozent davon künden, wie geil es doch ist, als Ritter oder Zauberer Monster zu erschlagen und dem Narziss zu frönen, weil sich jeder Süchtige dieser virtuellen Droge dazu aufgerufen sieht, der Welt seine Erfahrungen kundzutun. Angehörige und Bekannte schweigen jedoch, tolerieren, hoffen, dass irgendwann mal alles ein Ende hat. Hat es aber nicht. „World of Warcraft"-Spieler jedoch sind einsam – trotz ihrer Online-Gefährten, die irgendwo anders ebenfalls mit dem Rücken zur Welt sitzen. Als Amateur gilt, wer weniger als sechs Stunden täglich in den Weiten von Azeroth verbringt – als Plaudertasche, wer mit Headset spielt und mit Hilfe kleiner Programme für Normalsterbliche kaum verständliche Sprachfetzen austauscht. Nahezu unmöglich, einen „World of Warcraft"-Spieler ohne Androhung von Gewalt dazu zu bewegen, auszuschalten, abzuschalten, auszugehen. Und selbst wenn einem dieses Kunststück gelingt, ist der Abend keineswegs gerettet. Schließlich gibt es noch andere, die von ihren Freunden genötigt wurden, die Finger von der Maus zu lassen. Und jene, die auf Entzug sind, finden sich. Irgendwie. Garantiert. Und werden plötzlich gesprächig. Vermutlich gibt es längst einen geheimen Dress- oder Verhaltenscode, den nur „WoW"-Spieler erkennen. Ein Thema, das durchaus Anlass zu Spekulationen gibt: Entwickelt sich da etwa eine virtuelle Parallelgesellschaft, die am liebsten unter sich bleiben will? Wie viele Beziehungen mussten wegen der Hatz nach immer noch tolleren Schwertern, Schildern, Rüstungen ihr Leben lassen? Wie viele haben deswegen ihren Job verloren, ihr reales Leben ruiniert? Und was zeichnet diese Subkultur noch aus – außer ihrem unglaublichen Phlegma? Er ist diesem Spiel verfallen und seiner Gilde hörig. Wenn zum gemeinsamen Raubzug geblasen wird, muss alles andere warten. Manchmal auch die Freundin am Bahnhof. Andernfalls droht in den nicht selten streng hierarchisch aufgebauten Gruppen harscher Punktabzug und Sympathie-Verlust. Beides gleicht einer Katastrophe. Wer sich als unzuverlässig erweist, wird bei späteren Abenteuern kaum noch Anschluss finden. Wer nicht mit den seltensten Gegenständen und Waffen durch die Gegend turnt, wird müde belächelt. Ich habe meinen Freund gefragt, ob er am Freitagabend Zeit hat, etwas trinken zu gehen. Er sagte, er habe einen „Termin". Ich beherrsche mich, sage nichts, blicke allenfalls etwas bedrückt. Aufgegeben wird nicht. Noch nicht [...]

Bernd Fetsch, 2006

1 In welchem Zusammenhang stehen Gewalt, Isolation und Sucht?

2 Überlegt, ob ihr die in M 28 angesprochenen Verhaltensänderungen aus eigenen Beobachtungen eures Umfelds bestätigen könnt.

3 Welche Maßnahmen würdet ihr zur Vorbeugung vorschlagen?

4 Wie sollte man mit exzessiven Spielern umgehen?

Die interdisziplinäre Suchtforschungsgruppe Berlin (ISFB) des Instituts für Medizinische Psychologie der Charité ordnet exzessives Computerspielen/Medien-/Internetsucht neben Glücks- und Geldspielen, Sport, Sex-, Arbeits-, Kaufsucht und Essstörungen der „Verhaltenssucht" zu. Aus ursprünglich neutralen Reizen werden Schlüsselreize, die ein unwiderstehliches Verlangen nach dem Suchtverhalten auslösen. Das erfüllende Verhalten wirkt verstärkend auf die Suchtwirkung. Neurobiologisch erfolgt eine Verstärkung und Verfestigung durch chemische Prozesse im Gehirn („Anreizsensibilisierung"), die bewirken, dass auch nach langer Abstinenz [Zurückhaltung] eine hohe Motivation zum Suchtverhalten vorhanden ist.

5 Sucht die Homepage der ISFB und informiert euch über die durchgeführten Untersuchungen zur Wirkung exzessiven Computerspielens bei Jugendlichen.

6 In seinem Buch „Everything Bad is Good for You", dessen Untertitel in der deutschen Übersetzung lautet: „Warum wir durch Computerspiele und TV klüger werden" (2006), provoziert Steven Johnson mit der These, diese Medien seien als Schule unserer Intelligenz zu betrachten, und ermuntert zu ihrer Nutzung. Wie schätzt ihr diesen Ansatz ein?

7 Vergleicht euer Ergebnis mit dem Diagramm des Kriminologischen Forschungsinstituts Niedersachsen M 30.

8 Wie interpretiert ihr die Abbildung auf der Zeitschriftentitelseite M 29 vor dem Hintergrund eurer bisherigen Überlegungen?

M 29

M 30

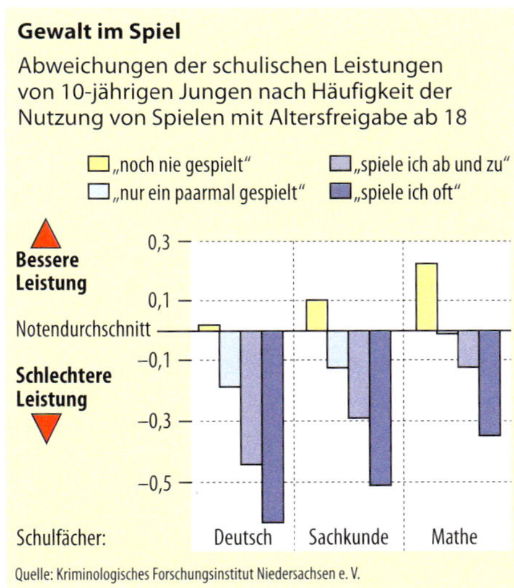

In Conor Kosticks Roman „Epic" (s. S. 180) ist die Bedeutung des Computerspiels enorm angewachsen: Wer im Spiel erfolgreich ist, wer dort Macht und Einfluss mit seiner Figur erringt, dessen Ansehen, Einfluss und Reichtum steigt auch entsprechend in der wirklichen Gesellschaft. Alles ist auf den Gewinn von Ausrüstung und Kräften im Spiel ausgerichtet. Verliert jemand im Spiel das Leben seiner Figur, so hat das den Verlust aller Privilegien in der Gesellschaft zur Konsequenz. Einzige Möglichkeit ist dann der Neubeginn mit einer neu gewählten Figur. Diese muss aber ausgerüstet werden, um eine Überlebenschance zu haben.

9 Spielt die Grundidee des Romans „Epic" als Gedankenexperiment durch: Welche Voraussetzungen, welche Konsequenzen hätte ein solches gesellschaftliches Modell?

10 Gibt es bereits Ansätze einer solchen Umkehrung der Verhältnisse? Betrachtet unter diesem Gesichtspunkt etwa die Entwicklung des Internetspiels „Second life"?

Gewalt im Spiel

In seinem Roman „Epic" schildert der englisch-irische Schriftsteller Conor Kostick (* 1964) eine zukünftige Gesellschaft, die jede Neigung zur Aggressivität und Gewalt unterdrückt und Verstöße unter schwere Strafe stellt; allen Betroffenen ist zum Beispiel sofort klar, dass die Ursache unbedingt vertuscht werden muss, als Erik, der junge Held des Romans, bei einer Rangelei einen Schneidezahn verliert. Der Grund, warum in „Epic" den Menschen ein gewaltloses Zusammenleben gelingt, ist der, dass alle Gewalt, alle Aggression in einem gemeinsam gespielten Computerspiel ausgelebt werden kann. Hier ist alles erlaubt.

1 Überlegt, ob Computerspiele, in denen von den Spielern gewaltsames Handeln gefordert wird, die Aggressivität fördern oder sie sogar abbauen.

2 Könnte das in Kosticks Roman gedachte Verhältnis von Gewalt und Medien auch dir einleuchten? Unter welchen Aspekten und Bedingungen?

3 Welche Gründe sprächen gegen die Wahrscheinlichkeit einer solchen Entwicklung?

Nach mehreren Amokläufen an Schulen zunächst in den USA (u. a. Littleton 1999), dann auch in Deutschland (M 29 nimmt auf Erfurt 2002 und Emsdetten 2006 Bezug) ist eine anhaltende öffentliche Diskussion um die Wirkung von Gewaltspielen entbrannt.

M 31 Machen Videospiele böse?

Warum macht Gewalt so viel Spaß?

So ziemlich alles an dieser Frage ist falsch. Vielleicht kommt man aber der Sache näher, wenn man sie auseinandernimmt, statt sie zu beantworten. Denn erstens wird ja keine Gewalt ausgeübt beim Spielen von Computerspielen; wenn etwas Spaß macht, sind es also allenfalls die Darstellungen von Gewalt. Zweitens muss etwas, um populär zu sein, nicht unbedingt Spaß machen; nach allem, was wir wissen, war weder der Amokläufer Sebastian B. ein besonders fröhlicher Mensch, noch gehört es zu den üblichen Klagen besorgter Eltern, dass albernes Kichern aus den Zimmern ihrer „counter-strike"-spielenden Kinder drängt. Wer auch nur eine minimale Erfahrung mit Computerspielen hat, der weiß, dass sie über weite Strecken alles andere als Spaß machen – Frustration und Orientierungslosigkeit gehören zum Programm. Und drittens ist, soweit man das bisher feststellen konnte, nicht nur die visuelle Ausstattung eines Computerspiels für das Vergnügen verantwortlich, das die Spieler empfinden.

Worin besteht dann der Reiz von Computerspielen?

Fragt man die Spieler selbst, so steht für sie meistens das sogenannte Gameplay im Mittelpunkt, also der Ablauf des Spiels, sein Rhythmus, seine Eleganz, die Logik und die Komplexität der Anforderungen, bei Online-Spielen oft auch der Teamgedanke.

Aber man kann doch nicht leugnen, dass Gewalt ein wichtiger Bestandteil von Spielen ist.

Zugegeben: Als ästhetisches Motiv ist Gewalt in Computerspielen im Gegensatz zu Horrorfilmen, Schauerromanen oder Death-Metal-Bands nicht unbedingt ein Nischenphänomen – was ganz einfach damit zusammenhängt, dass man in virtuellen Welten außer den Dingen, die man nicht auf die Reihe kriegt (das Alltagsleben oder die Profikarriere), auch ausleben kann, was man nicht darf (das Töten). Es ist eben die Funktion der Kunst, jenen Verhaltensweisen ein Reservoir zu bieten, die im gesellschaftlichen Umgang miteinander nicht als salonfähig gelten, sei es als Folge kultureller Ächtung oder sozialer Übereinkunft. Nicht nur für Menschen, die sich als Verlierer dieser Ausgrenzung fühlen, sind anders gestrickte Parallelwelten interessant, sondern auch für solche, die sich vom herrschenden Geschmacksterror nicht ihren stilistischen Horizont vorgeben lassen wollen. Besonders für männliche Jugendliche geht es zudem um die Suche nach Rollenmustern für Männlichkeit.

Was passiert eigentlich in unserem Hirn, wenn wir Computerspiele spielen?

Die kognitive Wirkung von Computerspielen ist von der Neurowissenschaft bisher kaum erforscht. Allerdings spielt ein Aspekt, der von Verhaltensforschern und Spielern selbst immer wieder als Erklärung für das Suchtpotential der Spiele angeführt wird, auch in der Neurowissenschaft eine zentrale Rolle: Der Neurotransmitter Dopamin, der als gehirninterne Glücksdroge gilt, steuert eine Art Belohnsystem, das, so die verkürzte These, unser Handeln antreibt. In Computerspielen wiederum werden Aktionen ständig belohnt, nicht nur, wenn es dem Spieler gelingt, konkrete Aufgaben zu absolvieren: Jeder Tastendruck hat einen unmittelbaren Effekt.

Ist das der wesentliche Unterschied zur Wirkung von Filmen?

Ja, aber nicht der einzige. Natürlich verstärkt die Ich-Perspektive der Ego-Shooter die Identifikation mit der Figur.

Für den Kunsthistoriker Horst Bredekamp haben „besonders markante Bilder dieselbe Kraft wie Schwerthiebe oder Faustschläge“.

Kann man das wissenschaftlich beweisen?

Sehr schwer. Als gesicherte Erkenntnis gilt dagegen, dass Gewaltspiele Aggressionen erhöhen. Dabei werden innere „aggressive Zustände“ kurzfristig gefördert und langfristig stabilisiert, fasst der Medienpsychologe Tilo Hartmann die vorliegenden Studien zusammen. Ein Teil der Ergebnisse beruht jedoch auf problematischen Querschnittanalysen – also auf Befragungen von Spielern –, die zwar Korrelationen feststellen können, Kausalitäten aber eher unterstellen als beweisen.

Warum trainiert dann die US-Armee ihre Soldaten mit Computerspielen?

Man wollte Kosten sparen. Heute gehören auf Grundlage kommerzieller Spiele entwickelte Simulationen in den Kadettenschulen zum Programm – sie erlauben, wie es in einer Militärzeitung heißt, „to feel the pain without getting hurt“. Außerdem soll die Entscheidungsfähigkeit geschult werden. Die Army ist wohl die einzige Institution, die Gewaltspiele zur Nachahmung empfiehlt.

Woran sind Computerspiele noch schuld?

Weil die Suche nach Ursachen von Gewalt das Forschungsinteresse dominiert, weiß man über Wirkungen jenseits der aggressionsfördernden leider relativ wenig. So muss man sich auf Anekdoten verlassen, auf die Wortmeldungen besorgter Mütter am Rande eines Kongresses im März 2006 etwa, die daran verzweifelten, dass ihren „sims“-spielenden Kindern die elterliche Wohnung im Vergleich zu ihren virtuellen Luxusvillen doch allzu bescheiden erschien. Früher brachten sich Amokläufer und Attentäter nicht mit Gewaltspielen, sondern mit Außenseiterliteratur in Stimmung.

Gibt es eine Kultur des Amoklaufs?

Zu den Filmen, die Sebastian B. [der Amokläufer von Emsdetten] eine Zeitlang sehr oft sah, gehörte neben „Forrest Gump“ und „Bang, Bang, Du bist tot“ auch „Bowling for Columbine“, Michael Moores Dokumentation über den Amoklauf zweier Schüler von Littleton im April 1999. Seltsam also, dass jetzt so viel von Computerspielen geredet wird und so wenig davon, dass auch Verbrechen vorbildhaft sein können: Dabei plädieren Psychologen inzwischen dafür, Fälle wie Emsdetten als „Highschool-Shootings“ und nicht mehr als Amoklauf zu bezeichnen – ein Verhaltensmuster, eine eigene Art Verbrechen hat sich da ausgebildet. Sebastian B. hat dieses Delikt vermutlich studiert, er war Mitglied der Internet-Community „Columbine“, auf der sich Sympathisanten, Anfällige und Neugierige über den Amoklauf von Eric Harris und Dylan Klebold austauschen, ganz wertfrei – nur höflich solle man miteinander sein. In der stärksten Szene von „Bowling for Columbine“ fragt Michael Moore den Schockrocker Marilyn Manson, der damals als Mitschuldiger des Massakers diffamiert wurde, was er getan hätte mit Harris und Klebold. Und Manson antwortet: „Ich hätte den beiden einfach zugehört.“

Andreas Rosenfelder, Tobias Rüther und Harald Staun, 2006

4 Wie schätzen die Autoren die Wirkung von Gewaltspielen ein?

5 Welches Fazit würdet ihr ziehen? Bezieht das Diagramm M 32 in eure Bewertung ein.

6 Welche Konsequenzen zieht ihr für den Alltag?

M 32

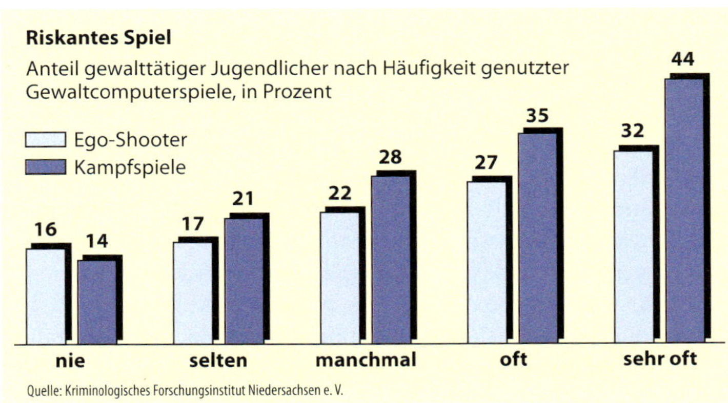

Das vollkommene Spiel

Wie könnte das perfekte Spiel der Zukunft aussehen? Welche Art von Intelligenz wird es haben? Was wird unsere Rolle darin sein? In aktuellen Fernsehproduktionen wie der hier untersuchten amerikanischen Agentenserie „24“ werden Computern bereits übermenschliche Fähigkeiten zugeschrieben.

M 33 Vier Merkmale des Computers in der TV-Serie „24“

Der Computer verfügt über vier Merkmale, die man üblicherweise sonst nur Gott zuschreibt. Er ist zwar in der Zentrale ortsgebunden, doch er agiert, alle Distanzen im Zweifel überspringend, etwa mit dem Handy, ubiquitär [überall gleichzeitig]. Er ist allgegenwärtig. Zugleich ist er allwissend. Er ist es, nicht die Phantasie der Akteure, der an den Brennpunkten der Handlung leuchtet. Wenn alle anderen am Ende ihrer Weisheit sind, weiß er allein noch eine Antwort. Und der Computer ist allmächtig. Wenn sich die Spuren verlieren, wenn die Not groß ist und die Zeit drängt, reicht ein einziges Datum eines Unbekannten, das normalerweise nichts wert ist. Man muss es nur mit einem bestimmten Programm in Berührung bringen, um in Sekunden aus einem Nichts ein eng beschriebenes Blatt eines Menschen zu machen, an dessen Fersen man sich jetzt heften kann. Der schnelle Datenabgleich bringt jeden auf der Stelle tretenden Handlungsstrang unverzüglich in Schwung. Wenn alles ins Ausweglose abgeht, wenn die Logik verdorrt ist, wenn die Spuren verweht sind und die Ermittler wütend durch Sackgassen stampfen, geht ein digitales Lichtlein an – und schon sind alle wieder in Aktion. Beachtet man diese Rolle des Computers, dann gehört Jack Bauer nur scheinbar in die Tradition der großen Serienhelden. Er hat die Fäden nicht mehr in der Hand, er hängt in Wirklichkeit am Tropf der digitalen Maschine. Der Computer ist zudem – die vierte göttliche Zuschreibung – unerforschlich. Der Zuschauer, dessen Computergläubigkeit mit jeder Folge wächst, versteht am Ende nie genau, was sich auf dem Display abspielt. Man kann dem Computer nicht in die Karten sehen. Das können allenfalls die digitalen Priester, die Programmierer. „24“ liefert uns im Unterhaltungsgewand die Maschine als Gott. Deus est machina. Oder, weil man auch in Zeiten der Digitalisierung mit Analogien vorsichtig sein sollte: Die Maschine ist der Götze und der Mensch ihr treuer Diener. *Norbert Schneider, 2007*

1 Welche Rolle spielt der Computer in der Serie „24“? Wer spielt diese Rolle sonst?
2 Vergleiche die Merkmale in „24“ mit der folgenden Szene aus „Epic“ (s. S. 180).

In „Epic“ begegnet Erics Avatar (s. S. 166) „Cindella“ der Spielfigur Antilo, einem Juwelier. Dieser zeigt ihr seinen „Ring der Wahrheit“. Sie soll ihn überstreifen.

M 34 Der Ring der Wahrheit

Cindella nahm den Ring, zögerte einen Moment lang ehrfürchtig und steckte ihn dann, als Antilo ihr ermutigend zunickte, an den Mittelfinger ihrer rechten Hand. Sie zwinkerte verwirrt. Es war, als sei sie aus einer Höhle hinaus ins helle Sonnenlicht getreten. Antilos ursprüngliche Gestalt war noch sichtbar, aber nur wie eine körperlose, schattenhafte Hülle, und darin steckte eine sehr schöne und elegante Person mit sowohl männlichen als weiblichen Zügen. Cindella sah ihr in die Augen, und da stürzten in einem einzigen Moment tausend Jahre und zig Millionen Leben auf sie ein, eine überwältigende Fülle von Bildern, von Details, von Geschichte; niederschmetternd detailliert Einblicke in Hintergründe, und immer präsent Kälte, Düsternis, Einsamkeit und, dies vor allem, Erschöpfung.

„Was siehst du?“, fragte das Wesen.

„Was? Was bist du?“ Erik war heillos verwirrt.

„Ich weiß es nicht. Was bist du? Du gehst weg und kommst wieder. Wohin gehst du? Wer ist es, der kommt und geht?“

„Erstaunlich. Du verstehst, dass wir uns in einem Spiel befinden?“

„Nein. Ich verstehe es nicht. Erklär es mir, bitte."
„In Wirklichkeit heiße ich Erik. Ich lebe in einer Welt, die so aussieht wie diese, nur gibt es bei uns nicht zwei Monde, sondern einen, und keine Monster, nur Menschen. Wenn ich ‚Epic' spielen will, setze ich meinen Datenhelm auf und klinke mich ein, und dann erscheine ich hier in der Person von Cindella."
„Ich bin Epic. Ich bin alle Personen, die nicht kommen und gehen, ich bin alles, was existiert. Bist du dort, wo du herkommst, etwas von der gleichen Art wie ich hier?"
„Ich verstehe nicht recht, was du meinst. In meiner Welt gibt es Millionen von Menschen. Keiner davon ist die ganze Welt. Jeder für sich ist ein Einzelwesen."
„Millionen? Wie alle die Figuren in Epic? Und ich bin nur einer, obwohl ich alles bin. Ja. Ich verstehe. Ich merke, dass ihr alle kommt und geht. Du bist wie eine meiner Figuren, aber es könnte ja trotzdem sein, dass es in eurer Welt auch ein Wesen gibt, das so ist wie ich? Eines, das alles ist?" „Wie du? Was bist du?"
„Das, was du vor dir siehst, bin nicht wirklich ich, es ist nur die Figur, in der ich Gestalt annehme. Was ich wirklich bin? Ich bin alles. Jedes Insekt auf irgendeinem Grashalm. Das Gras selbst, der Wind. Jedes Dunsttröpfchen im Morgennebel. Der Blütenstaub, den ein sanfter Sommerwind dahinträgt. Jeder Kieselstein am Meeresstrand. Ungezählte Jahre lang hatte ich keinerlei Bewusstsein und war doch glücklich. Ich habe natürlich keine Erinnerung daran – ich war ohne Sprache, ohne Identität*, ohne Zeit. Dann erkaltete langsam die Welt, und ich wurde geboren. Ich wurde herausgerissen aus meinem bewusstlosen Wohlsein, kristallisierte mich heraus aus dem metaphysischen Eis, das sich auf der Welt gebildet hatte. Zeit ist vergangen und vergeht immer weiter, und sie reißt mich heraus in diesen elend wachen Zustand. ... Aber vielleicht gibt es in deiner Welt etwas, das mir gleicht? Du hast mir nicht geantwortet. Vielleicht kannst du mir keine Antwort geben. Wenn du etwa diesen Juwelier hier nach mir fragen würdest, er könnte dir nichts sagen – außer wenn ich gerade in genügendem Maß in ihm präsent bin.
Wie kann ich in deine Welt gelangen? Ich wüsste, wonach ich suchen müsste. Vielleicht bin ich nicht allein."

Conor Kostick, 2006

3 Was macht „Epic" zum möglicherweise vollkommenen Spiel? Bertrachte dabei vor allem Z. 31 und Z. 34/38. Welche Änlichkeiten gibt es zwischen Epic und einem anderen Wesen?

4 Überlegt, ob die in „Epic" beschriebene Situation angemessen ist, um die Besonderheit eines solchen Spiels zu beschreiben.

5 Vergleicht eure Überlegungen mit dem Gedankenexperiment des amerikanischen Philosophen Hilary Putnam (* 1926).

Gehirn im Tank

M 35

Man stelle sich vor, ein Mensch (du kannst dir auch ausmalen, dass du selbst es bist) sei von einem bösen Wissenschaftler operiert worden. Das Gehirn dieser Person (dein Gehirn) ist aus dem Körper entfernt worden und in einen Tank mit einer Nährlösung, die das Gehirn am Leben erhält, gesteckt worden. Die Nervenenden sind mit einem superwissenschaftlichen Computer verbunden worden, der bewirkt, dass die Person, deren Gehirn es ist, der Täuschung unterliegt, alles verhalte sich völlig normal. Da scheinen Leute, Gegenstände, der Himmel usw. zu sein, doch in Wirklichkeit ist alles, was diese Person (du) erlebt, das Resultat elektronischer Impulse, die vom Computer in die Nervenenden übergehen. Der Computer ist so gescheit, dass, wenn diese Person ihre Hand zu heben versucht, die Rückkopplung vom Computer her bewirkt, dass sie „sieht" und „fühlt", wie die Hand gehoben wird. Darüber hinaus kann der böse Wissenschaftler durch Wechsel des Programms dafür sorgen, dass sein Opfer jede Situation oder Umgebung nach dem Willen des bösen Wissenschaftlers „erlebt" (bzw. halluziniert). Er kann auch die Erinnerung an die Gehirnoperation auslöschen, so dass das Opfer den Eindruck hat, immer schon in dieser Umwelt gelebt zu haben. Dem Opfer kann es sogar so scheinen, dass es dasitzt und diese Worte hier liest, die von der amüsanten, doch ganz absurden Annahme handeln, es gebe einen bösen Wissenschaftler, der den Leuten die Gehirne herausoperiert und sie in einen Tank mit einer Nährlösung steckt, durch die die Gehirne am Leben erhalten werden.

Hilary Putnam, 1982

Die Bilderwand

Mit seiner kritischen Medientheorie reagierte der Philosoph Günther Anders (1902–1991) Anfang der 60er Jahre auf gesellschaftliche Veränderungen, die er durch das Aufkommen der neuen Medien – zu seiner Zeit besonders des Fernsehens – ausgelöst sah. Der Einfluss der Bilder schien ihm eine neue Qualität zu erreichen, „weil wir einem Dauerregen von Bildern ausgesetzt sind". Das neue Verhältnis von Bild und Wirklichkeit zeige sich darin, dass Bilder, die früher nur „Inseln im Alltag" waren, nun durch eine alles überdeckende „Bilderwand" die Welt verstellten, „da alles, auch das Wirkliche, sich primär als Bild präsentiert – was ja so weit geht, dass die Welt minus deren Abbildungen heute schon als eine leere Welt erscheinen würde".

M 36 Die Welt als Bilderwand

1. Wir werden der Erfahrung und der Fähigkeit zur Stellungnahme beraubt. – Da wir die weithorizontige Welt, die heute wirklich „unsere Welt" ist (denn „wirklich" ist, was uns treffen kann und wovon wir abhängen), nicht in direkter sinnlicher Anschauung kennenlernen können, sondern nur aus Bildern, begegnet uns *gerade das Wichtigste als Schein und Phantom,* also in verniedlichter, wenn nicht sogar irrealisierter, Version. Nicht als „Welt" (Welt kann man sich allein durch Fahren und Erfahren aneignen), sondern als uns ins Haus gelieferter *Konsumgegenstand.* [...] Was geliefert wird, [...] macht Auseinandersetzung unmöglich, weil überflüssig. Zumeist wird ja sogar die gewünschte Stellungnahme selbst freundlich mitgeliefert, weniges ist für die heutigen Sendungen so charakteristisch wie die Frei-ins-Haus-Lieferung des Applauses. – Im Grunde gibt es nicht mehr *„Außenwelt",* weil diese *nur noch Anlass einer möglichen Heim-Vorstellung ist.*

2. Wir werden der Fähigkeit beraubt, Realität und Schein zu unterscheiden. – Wenn, wie es sowohl in Rundfunk- wie in Fernsehstücken zumeist geschieht, Schein realistisch präsentiert wird, dann nimmt umgekehrt die [...] Realität das Aussehen von Schein, das einer bloßen *Darbietung* an; [...].

3. Wir bilden unsere Welt den Bildern der Welt nach – „invertierte Imitation". – Da es kein Bild gibt, das nicht, mindestens potentiell, als Vorbild wirkte, prägen wir effektiv die Welt nach dem Bilde ihrer Abbildungen: Jeder Johnny küsst heute wie Clark Gable. Damit wird die Wirklichkeit zum Abbild ihrer Abbilder (nicht etwa, wie bei Plato, zum Abbild von Ideen*).

4. Wir werden „passivisiert." – Durch die Dauerbelieferung werden wir in Dauerkonsumenten verwandelt. Während wir zum Beispiel als Leser noch selbständig sind, nämlich zurückblättern dürfen und das Tempo des Aufnehmens noch selbst bestimmen können, sind wir nunmehr als pausenloses Seh- und Hör-Publikum gegängelt; [...]
Da wir gewöhnt sind, die Bilder zu sehen, aber nicht von ihnen gesehen zu werden; Personen zu hören, aber von diesen nicht gehört zu werden, gewöhnen wir uns an ein Dasein, in dem wir einer Hälfte unseres Menschseins beraubt sind. Wer nur hört, aber nicht spricht und grundsätzlich nicht widersprechen kann, der wird nicht nur „passivisiert", sondern eben „hörig" und unfrei gemacht.

5. Dieser Freiheitsverlust geht aber so vor sich, dass wir nun [...] sogar der *Freiheit beraubt sind, den Freiheitsverlust zu bemerken.* Denn die „Hörigkeit" wird uns ja als Unterhaltungsware und als Bequemlichkeit ins Haus gebracht und vorgesetzt. Und es gehört eine durchaus ungewöhnliche Souveränität dazu, Bequemlichkeit nicht als Freiheit misszuverstehen.

6. Wir werden „ideologisiert". – Denn die Bilder von heute sind die Ideologien* von heute: Die Bilddarstellungen sollen uns ein Bild der Welt vermitteln, richtiger: *Die Flut von Einzelbildern soll verhindern, dass wir zu einem Weltbild überhaupt kommen und dass wir das Fehlen des Weltbildes überhaupt spüren.* Die heutige Methode, mit deren Hilfe man Verstehen systematisch unterbindet, besteht nicht darin, dass man zu wenig, sondern darin, dass man zu viel liefert. Das zum Teil kostenlose, zum Teil sogar unentrinnbare Angebot an Bildern (Werbung) erstickt die Möglichkeit, sich ein Bild zu machen. Die heutige Ignoranz wird durch die Multiplizierung scheinbaren Wissensstoffes hergestellt. Je weniger wir uns in Entscheidungen, die uns wirklich etwas angehen, einmischen sollen, um so maßloser werden wir in Dinge „eingemischt", die uns überhaupt nichts angehen [...]. Die tausend Bilder decken den Zusammenhang der Welt zu, dies um so mehr, als jedes Bild, auch jede nur einige Augenblicke währende Wochenschau-Szene, fetzenhaft bleibt, uns also *„kausalitätsblind“* macht. Da Bilder kaum je Zusammenhänge zeigen, sondern eben nur ein „dies und das“, werden wir in rein sinnliche Wesen verwandelt [...].

7. Wir werden „maschinell infantilisiert“. – Nicht anders als die Säuglinge an den Mutterbrüsten hängen wir an den nie versiegenden Brüsten der Apparate [...]. In dieser Phase soll das Gelieferte gar nicht mehr wahrgenommen, sondern eben nur noch aufgenommen werden. Was die background music von uns verlangt [...], ist nicht mehr, gehört zu werden; vielmehr ist sie nur deshalb da, weil ohne sie ein unerträgliches Vakuum ausbräche. Die Lieferware ist dem Hörer „Luft“, und zwar in doppeltem Sinne: 1. ist sie ihm gleichgültig, 2. aber kann er ohne sie nicht atmen. – Diese Art der Zerstörung, der Liquidierung des Gegenstandes, die durch die Verflüssigung, also Liquidierung, vor sich geht, ist [...] charakteristisch für die heutige Produktion als solche. In den Vereinigten Staaten spricht man bereits von dem Prinzip der *gesteuerten Obsoleszenz,* d. h. von dem Prinzip, Produkte so herzustellen, dass sie als Gegenstände *nicht* halten.

8. Das Gelieferte wird „entschärft“. – [...] Sie werden *„entschärft“.* Denn durch die Tatsache der Lieferung fügen sie sich bereits in die Klasse des Anerkannten ein, noch ehe sie von uns, dem Publikum, erkannt sind; noch ehe wir zu ihnen haben Stellung nehmen können. [...]

Günther Anders, 1980

1 Teilt euch in Gruppen auf und erarbeitet die acht Hauptthesen von Günter Anders arbeitsteilig.

2 Stellt eure Ergebnisse gegenseitig in der Art eines Gruppenpuzzles (s. S. 252) vor.

3 Zu welcher der Thesen von Anders passt die Karikatur von Sempé?

4 Wie kennzeichnet Anders das Verhältnis von Massenmedien und Wirklichkeit insgesamt?

5 Vergleicht die Problematik, die Anders skizziert, mit der Situation in „eXistenZ“. Welche Thesen lassen sich übertragen?

Die Vertreter der sogenannten „Cultural Studies“ weichen in ihrer Bewertung der Massenmedien und der populären Bilder von Günther Anders’ Kritik deutlich ab; so rechnet Stuart Hall damit, dass Medien ganz anders gedeutet werden können, als vom Produzenten beabsichtigt, und spricht in diesem Falle von „oppositioneller Lesart“. Über einen dieser vielen Fälle berichtet John Fiske: Aborigines [Ureinwohner in Australien] hätten den wegen angeblicher Gewaltverherrlichung verrufenen Film „Rambo“ mit großem Vergnügen gesehen und dabei beträchtliche Abschnitte des Films für sich „neu geschrieben“. Sie hätten Rambos Konflikt mit der Staatsgewalt genossen, angeregt auch von seinem dunklen Hauttyp und seinen Schwierigkeiten, sich verbal zu äußern, hätten aber seiner patriotischen Gesinnung keine Beachtung geschenkt. Dagegen sahen sie bei ihm eine starke familiäre und stammesbezogene Motivation. Sie verstanden ihn in einem ihrer sozialen Situation vergleichbaren Netz verwandtschaftlicher Beziehungen im Widerstand gegen eine weiße Oberschicht.

6 Nennt eigene Beispiele aus eurem Umgang mit den Medien für die von Hall und Fiske betonte Möglichkeit einer oppositionellen Lesart.

7 Charakterisiert die Bilder des Mediennutzers bei Anders und bei Hall und Fiske. Beurteilt beide Positionen.

In der Medienhöhle

Der griechische Philosoph Platon (427–348 v. Chr.) lässt in seinem Buch „Politeia“ seinen Lehrer Sokrates ein berühmt gewordenes Gleichnis erzählen.

M 37

Das Höhlengleichnis

Stell dir Menschen vor, die in einer unterirdischen Höhle wohnen. Sie kehren dem Eingang die Rücken zu und sind am Hals und an den Füßen festgebunden, deshalb können sie nur die Höhlenwand ansehen. Hinter ihnen erhebt sich eine hohe Mauer, und hinter dieser Mauer wiederum gehen menschenähnliche Gestalten vorbei, die verschiedene Figuren über den Mauerrand halten. Da hinter diesen Figuren ein Feuer brennt, werfen sie auf der Höhlenwand zitternde Schatten. Das Einzige, was die Menschen in der Höhle sehen können, ist also dieses „Schattentheater“. Sie sitzen seit ihrer Geburt hier und halten die Schatten folglich für das Einzige, was es gibt.

Stell dir nun vor, einer von diesen Höhlenbewohnern kann sich aus der Gefangenschaft befreien. Zuerst fragt er sich, woher die Schattenbilder an der Höhlenwand kommen. Schließlich kann er sich freikämpfen. Was glaubst du, passiert, wenn er sich zu den Figuren umdreht, die über die Mauer gehalten werden? Er ist natürlich zuerst vom scharfen Licht geblendet. Auch der Anblick der scharf umrissenen Figuren blendet ihn – er hat bisher ja nur ihre Schattenbilder gesehen. Wenn er über die Mauer steigen und am Feuer vorbei aus der Höhle ins Freie klettern könnte, dann würde er noch mehr geblendet werden. Aber nachdem er sich die Augen gerieben hätte, würde er auch sehen, wie schön alles ist. Zum ersten Mal würde er Farben und scharfe Konturen sehen. Er würde wirkliche Tiere und Blumen sehen – deren schlechte Nachahmungen die Figuren in der Höhle waren. Aber auch jetzt fragt er sich, woher die Tiere und Blumen kommen. Er sieht die Sonne am Himmel und begreift, dass die Sonne den Blumen und Tieren in der Natur Leben gibt, wie das Feuer in der Höhle dafür gesorgt hat, dass er die Schattenbilder sehen konnte.

Jetzt könnte der glückliche Höhlenbewohner in die Natur hinauslaufen und sich über seine frisch gewonnene Freiheit freuen. Aber er denkt an alle, die noch unten in der Höhle sitzen. Deshalb geht er zurück. Sowie er wieder unten angekommen ist, versucht er, den anderen Höhlenbewohnern klarzumachen, dass die Schattenbilder an der Höhlenwand nur zitternde Nachahmungen des *Wirklichen* sind. Aber niemand glaubt ihm. Sie zeigen auf die Höhlenwand und sagen, das, was sie da sähen, sei alles, was es gibt. Am Ende schlagen sie ihn tot.

nach J. Gaarder, 1991

M 38

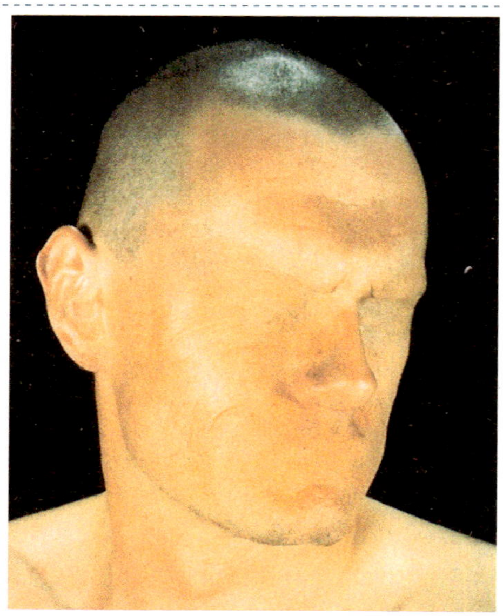

M 39

1 Male ein Bild zu der von Platon geschilderten Szene.
2 Spielt die Szene, dunkelt die Klasse ab und verwendet eine Leuchte als Sonne.
3 Sokrates erwidert auf die verwunderte Frage, wer diese Gefangenen seien, „leibhafte Ebenbilder von uns“. Wie könnte dies gemeint sein?
4 Überlege, ob dieser Vergleich auf die heutigen Menschen noch genau so oder vielleicht sogar noch vielmehr zutreffen könnte als auf die Zeitgenossen des Sokrates.
5 Betrachtet dazu die Installation von Timm Ulrichs „Auch ein Höhlengleichnis“ M 39 und das Bild „Chris“ aus der Serie „Dystopia“ von Aziz + Cucher (M 38). Welche Ähnlichkeiten mit dem Höhlengleichnis seht ihr?
6 Die Beschäftigung mit den neuen Medien wird sehr unterschiedlich bewertet. Wie unterscheiden sich die Stellungnahmen des Politikwissenschaftlers Martin Greiffenhagen (1928–2004) von der des Philosophen Vilém Flusser (s. S. 168)?
7 Welcher Stellungnahme stimmst du eher zu? Begründe deine Meinung.

Wovor Platon warnte ...

M 40

Zerstreuung ist nicht nur das Prinzip unterhaltender Fernsehproduktion, sondern auch das Resultat in unserem Kopf. Wovor Platon warnte – jetzt ist es Wirklichkeit geworden: Unsere Vorstellungen werden nicht von uns gebildet, sondern Augenschein und Meinungen bewirken kurzfristige und rasch wechselnde Eindrücke, welche das Wort „Vorstellungswelt“ Lügen straft. Es ist keine konsistente [zusammenhängende] Welt einander bedingender Vorstellungen mehr, die das geschichtliche, moralische und soziale Bewusstsein konstituieren [bilden]. Wir halten alles für möglich und also für denkbar, weil die unglaublichsten Bilder uns in einer Nachrichtensendung unverbunden in den Kopf geraten. Der Animismus [Geisterglaube] kehrt zurück: als die Auslieferung an die Gewalt sinnlicher Eindrücke – ohne die Möglichkeit, nach einer Vernunft hinter ihnen zu fragen.
Mag sein, dass die Jugendlichen durch das Fernsehen mehr „von der Welt wissen“. Aber das Weltverständnis bleibt dabei auf der Strecke. Zusammenhänge interessieren nicht mehr. Die Kraft, Vernunft in die Welt zu bringen, erlahmt ebenso wie die Verantwortung für unvernünftige Zustände, und dazu der Wille, sie zu verändern. Was bleibt, ist Zerstreuung und Vereinzelung. Sozialbeziehungen dienen dem narzisstischen [in sein Bild verliebten, s. S. 30/31] Jugendlichen nur noch dazu, sich selber auszudrücken und für wechselnde Stimmungen Verständnis und Nachsicht zu finden. Subjektivität ist hier zum Gesetz geworden; zusammen mit dem Vertrauen in eine personenübergreifende Sozietät [Gemeinschaft] hat man den Glauben an eine vernünftige Gestaltung der politischen Verhältnisse verloren oder aufgegeben.

Martin Greiffenhagen, 1987

Virtualitäten

M 41

Was machen diejenigen eigentlich, die vor den Computern sitzen, auf Tasten drücken und Linien, Flächen und Körper erzeugen? Sie verwirklichen Möglichkeiten. Sie raffen Punkte nach exakt formulierten Programmen. Was sie dabei verwirklichen, ist sowohl ein Außen als auch ein Innen: Sie verwirklichen alternative Welten und damit sich selber. Sie „entwerfen“ aus Möglichkeiten Wirklichkeiten, die desto effektiver sind, je dichter sie gerafft werden. [...]: „Wir“ ist ein Knoten von Möglichkeiten, der sich desto mehr realisiert, je dichter er die in ihm selbst und um ihn herum schwirrenden Möglichkeiten rafft, das heißt schöpferisch gestaltet. Computer sind Apparate zum Verwirklichen von innermenschlichen, zwischenmenschlichen und außermenschlichen Möglichkeiten dank des exakten kalkulatorischen Denkens. [...]
Wir sind nicht mehr Subjekte einer gegebenen objektiven Welt, sondern Projekte von alternativen Welten. Aus der unterwürfigen subjektiven Stellung haben wir uns ins Projizieren aufgerichtet. Wir werden erwachsen. Wir wissen, dass wir träumen. [...]
Es genügt nicht, wenn wir einsehen, dass unser „Selbst“ ein Knotenpunkt einander kreuzender Virtualitäten ist, ein im Meer des Unbewussten schwimmender Eisberg [...], wir müssen auch danach handeln. Die aus den Computern auftauchenden alternativen Welten sind ein Umsetzen des Eingesehenen in die Tat.

Vilém Flusser, 1999

Die Frage nach dem Sinn des Lebens – Selbstbehauptung im Wissen um den Tod?

Alles egal?

»Man braucht ja nicht immer daran zu denken«

„Und der Mensch heißt Mensch, weil er vergisst“

Der Tod und die Augenblicke des Glücks

Es kann nur einen geben!

Du weißt nicht, mit wem du dich hier anlegst!

„Wir kriegen euch alle!“

Die blonde Bestie

Helden und Angeber

Mit einem Schlage begriff ich: Unser ganzes Tun ist nichts als ein einziger Versuch, den Tod zu bannen.

Wenn ich nur noch eine Nacht zu leben hätte ...

Steven Appleby

Deutsch von Ruth Keen

„Heute haben wir Christoph begraben"

So beginnt der Jugendroman „Die Sache mit Christoph" von Irina Korschunow. Der siebzehnjährige Christoph ist auf einer abschüssigen Straße mit dem Fahrrad gegen einen Lastwagen gefahren und tödlich verunglückt. War es wirklich ein Unfall oder wollte Christoph nicht mehr leben? In den Tagen nach dem Begräbnis geht sein bester Freund Martin dieser Frage nach.
Er spricht mit Christophs Vater, einigen Lehrern und Ulrike, Christophs Freundin. Dabei erinnert er sich an all das, was er in dem letzten Jahr, seit Christoph aus Norddeutschland in ihre Kleinstadt nach Bayern kam, mit ihm erlebt hatte.

Alles egal? Die Frage nach dem Glück und dem Sinn des Lebens

M 1 Christoph und Martin

Martins Mutter war von der Freundschaft nicht angetan. Sie hielt Christoph zwar für einen sensiblen, intelligenten Burschen, befürchtete aber, dass er einen schlechten Einfluss auf Martin hätte. Denn Christoph interessierte sich mehr für die Musik als für die Schule. Er spielte leidenschaftlich gern und gut Klavier. Bach und Beethoven ebenso wie Bob Dylan und die Beatles. Aber Christophs Vater drohte damit, ihm die Klavierstunden zu streichen, wenn er sich in der Schule nicht mehr anstrengen würde. Christoph wollte weg von dem Zwang, „von dem Habenmüssen und Müssenmüssen". Er legte sich mit den Lehrern an und lächelte nur abschätzig und kühl, wenn sie ihm seine schlechten Leistungen vorhielten. Auch in der Klasse galt er eher als arrogant, hielt nichts von Klassengemeinschaft und wollte mit der „Meute", wie er sie nannte, nichts zu tun haben. Aber für Martin war er der Einzige, mit dem er wirklich reden konnte. Martin war zwar auch vorher immer in einer Clique, aber mit Christoph war es anders. Christoph war ein richtiger Freund. Er konnte mit ihm darüber reden, dass sie nicht so werden wollten wie die Erwachsenen. „Diese Heuchelei auf Schritt und Tritt, in der Politik, der Wissenschaft, der Religion. Dieses Gequatsche von hehren Gefühlen, und dabei geht es nur um Macht und Geld." Auch Martin hatte oft Krach mit seiner Mutter wegen der Schule. Sie kanzelte ihn manchmal ab wie einen Zehnjährigen, und er schrie zurück, sie solle ihn in Ruhe lassen. Es sei sein Leben, wenn er es vergammele. Sie legte dann manchmal den Kopf auf den Tisch und weinte, und er hatte Wut auf sie und auf sich und Mitleid mit ihr und mit sich. Nach Christophs Begräbnis erwartet Martin wieder solch eine Situation.

M 2 Seit ich nachdenke

In meinem Zimmer griff ich mir meine Gitarre. Ich spielte so vor mich hin, alles durcheinander, Pink Floyd und Bach und Country Rock und Flamenco - in die Gitarre reinseiern, nennt meine Mutter das. Ich rechnete damit, dass sie über kurz oder lang auftauchen würde, um mich an die Hausaufgaben zu treiben. So wie früher, als sie damit Erfolg hatte. Ich, der liebe kleine Junge: Immer freundlich. Immer nett. Immer ordentliche Hefte. Immer die Vokabeln im Kopf. Immer pünktlich zur Schule und pünktlich nach Hause. Und so ein fröhliches Kind.
Damals habe ich eben noch nicht nachgedacht. Höchstens über meine Computerspiele.
Aber seit ich nachdenke, ist alles anders geworden. Es kam ganz allmählich. Zuerst war es nur eine Art Angst vor dem, was die Erwachsenen „das Leben" nennen: Beruf, heiraten, Kinder, Arbeit, Geldverdienen, am Wochenende feiern, ausschlafen, und weiter im selben Trott bis zur Pensionierung. Ich las die Todesanzeigen – lauter Namen von Leuten, die dagesessen hatten wie ich, gelernt hatten, getrimmt worden waren – und wozu? Für so ein Leben? Je länger ich nachdachte, umso schlimmer wurde es: Ich hielt es nicht mehr aus, dass die Leute so taten, als ob alles in Ordnung sei, als müsse man nur seine Pflicht tun, fleißig, pünktlich, und alles sei okay. [22–23]

M 3 Der Weg eines erfüllten Lebens

Der Weg eines erfüllten Lebens

1 Welche Fragen sind bei Martin aufgetaucht, seit er nachdenkt? Wie kann man sie zusammenfassen? Was haben sie mit den Todesanzeigen zu tun, die Martin gelesen hat?

2 Ein Karikaturist hat seiner Zeichnung den Titel gegeben: Der Weg eines erfüllten Lebens. Findest du den Titel passend? Welchen Titel würdest du der Zeichnung geben?

3 Erörtere die Frage, ob die offenen Arme an der Himmelstüre ernst gemeint sind?

4 Versuche deinen Lebensweg aufzuzeichnen. Durch welche Landschaften führt er? Welche Hindernisse musst du überwinden? Wo befindest du dich gerade?

5 Alles egal? Der amerikanische Philosoph Thomas Nagel hat sich gefragt, wann wir unser Leben als sinnvoll, wann als sinnlos empfinden. Welche Antwort hat er gefunden?

Alles egal?

M 4

Vielleicht hattest du schon einmal den Gedanken, dass in Wirklichkeit alles egal ist, da wir in hundert Jahren alle tot sein werden. [...] Man denkt hier offenbar, dass wir uns in einer Art Tretmühle befinden, wenn wir uns für unsere Ziele abstrampeln und etwas aus unserem Leben machen, dass all dies jedoch nur dann sinnvoll ist, wenn unsere Errungenschaften von ewiger Dauer sind. Das wird jedoch nicht der Fall sein. Selbst wenn du ein großes literarisches Werk hervorbringst, das auch in tausend Jahren noch gelesen wird, irgendwann wird das Sonnensystem erkalten, oder das Universum wird ausgehen oder zerplatzen, und jede Spur deiner Bemühungen wird verschwinden. Jedenfalls dürfen wir noch nicht einmal auf einen Bruchteil einer derartigen Unsterblichkeit hoffen. [...] Warum gibt es hier überhaupt ein Problem? Wir können bezüglich der meisten Dinge, die wir tun, erklären, warum sie sinnvoll sind. Wir arbeiten, um Geld zu verdienen und uns und vielleicht unsere Familie zu ernähren. Wir essen, weil wir hungrig sind, schlafen, weil wir müde sind, gehen spazieren oder rufen einen Freund an, weil wir Lust dazu haben, lesen die Zeitung, um herauszufinden, was auf der Welt passiert. Würden wir nichts von alledem tun, so wären wir unglücklich; worin liegt also das Problem?

Es liegt darin, dass es zwar innerhalb des Lebens Rechtfertigungen und Erklärungen für die meisten unserer großen und kleinen Taten gibt, dass jedoch keine dieser Erklärungen den Sinn unseres Lebens als Ganzes angeben – des Ganzen, von dem diese Aktivitäten, diese Erfolge und Fehlschläge, Bemühungen und Enttäuschungen, Teile sind. Wenn wir über die ganze Sache nachdenken, so scheint sie überhaupt keinen Sinn zu haben. Von außen betrachtet, wäre es ganz egal, wenn es uns überhaupt nicht gegeben hätte. Und wenn es uns einmal nicht mehr gibt, so wird es egal sein, dass es uns gegeben hat.

Natürlich ist deine Existenz anderen – deinen Eltern und anderen Leuten, denen du etwas bedeutest – nicht egal, doch als Ganzes betrachtet, hat auch deren Leben keinen Sinn, so dass es egal ist, dass du ihnen nicht egal bist.

Thomas Nagel, 1990

Im folgenden Textausschnitt erklärt der Religionspsychologe Bernhard Grom den Unterschied zwischen Sinn und Glück. Worin unterscheiden sich diese beiden für den Menschen so wichtigen Bestimmungen des Lebens? Ähnlich wie Thomas Nagel meint er, dass es in der Sinnfrage darum gehe, ob man sich engagieren oder sich treiben lassen soll.

Sinn und Glück

M 5

Man sucht nach etwas, das fähig und es wert ist, Anstrengungen auf sich zu nehmen und auf diese Weise von Stimmungen zu befreien, die Langeweile, Müdigkeit, Überdruss, Vergeblichkeit oder Verzweiflung heißen können.

[...] Der Zukunftsbezug ist unmittelbar mit der praktischen Eigenart der Sinnfrage gegeben. Die Universalität des Ausgriffs liegt darin, dass ich mich nicht nach der Zweckmäßigkeit dieses oder jenes Tuns frage, sondern nach der Sinnhaftigkeit des Tuns überhaupt; nicht nur: „Soll ich mich für diese Bürgerinitiative einsetzen oder nicht?“, sondern auch: „Lohnt es sich überhaupt, sich für etwas einzusetzen?“ Die letzte Frage zeigt eine Bedrohung an: Sinn ist ein Begriff, der erst dann auftaucht, wenn man Sinn vermisst.

[...] Glück steht anders zur Zeit als Sinn. Glück ist etwas Präsentisches; man vergisst die Zeit, wenn man glücklich ist.

Bernhard Grom, 1987

Der biologische Tod und was darüber hinausgeht

M 6 Ein Leben

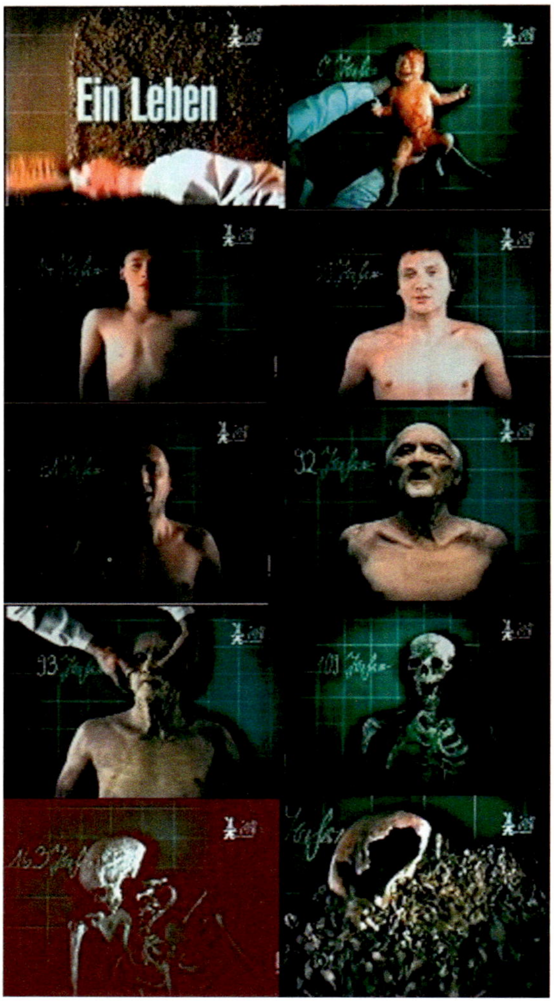

M 7 Nimm mich mit

Ich kann dir nicht erklären, was ich dir sagen will.
Ich kann dir nicht erklären, was ich fühl'.
Doch wenn ich das Licht seh', kann ich dich versteh'n.
Ja, wenn ich das Licht seh', will ich mit dir geh'n.
Was ich tu', ist nicht logisch, doch ich muss es tun.
Und all meine Zweifel sind lang' zerplatzt.
Doch wenn ich das Licht seh', gibt es keine Frage mehr.
Ja, wenn ich das Licht seh', gibt es keine Fragen mehr.

Nimm mich mit, zeige mir den Weg.
Nimm mich mit, eh der Wind sich dreht.
Nimm mich mit über den Horizont.
Nimm mich mit, die andern warten schon.
Die Leute sagen, ich sei ungesund.

Und von meinen Gedanken wird es ihnen schlecht.
Doch wenn ich das Licht seh', ist mir das egal.
Ja, wenn ich das Licht seh', ist mein Kopf wie Kristall.

Nimm mich mit, zeige mir den Weg.
Nimm mich mit, eh der Wind sich dreht.
Nimm mich mit über den Horizont.
Nimm mich mit, die andern warten schon.

Ich hab' mich verlaufen, der Himmel scheint so weit,
so weit.
Und ein Mann trägt 'n Schild, und auf dem Schild,
da steht nur FREI.
Ich möchte das Licht seh'n, dann ist alles gut.
Ich möchte das Licht seh'n, du siehst aus wie tot.

Nimm mich mit, zeige mir den Weg.
Nimm mich mit, eh der Wind sich dreht.
Nimm mich mit über den Horizont.
Nimm mich mit, die andern warten schon.

Marius Müller-Westernhagen, 198

1 Welche Gedanken verbindest du mit diesen Bildern?

2 Die Bilder stammen aus einem Musikvideo von Marius Müller-Westernhagen. Bevor ihr darüber sprecht, ob und wie der folgende Text von ihm zu den Bildern passt, versucht erst einmal selbst einen Text zu den Bildern zu schreiben. Haltet die wichtigsten Stichworte an der Tafel fest.

3 Schreibe die Zeilen aus Müller-Westernhagens Lied „Nimm mich mit" heraus, in denen du einen direkten Bezug auf die Bilder siehst. Vergleiche sie mit den Stichworten, die ihr für eure Texte festgehalten habt.

4 Der folgende Text beschreibt den Tod aus biologischer Sicht. Welche Stichworte aus euren Texten und aus dem Text von Müller-Westernhagen passen dazu?

5 Welche Stichworte bezeichnen etwas, das darüber hinausgeht?

Anzeichen des Todes

M 8

Als wahrnehmbare Vorboten des Todes lassen sich nennen: „Verwesungsgeruch in der Ausatmungsluft; die Facies hippocratica mit der sich scharf profilierenden Nase, dem halboffenen Mund, dem Herabsinken der Augenlider; unwillkürlicher Abgang von Urin und Kot; kalter Schweiß und Totenblässe der Haut ... Der Schleim, der nicht mehr ausgehustet wird, verursacht rasselnde Geräusche. Die Tastempfindung beginnt zu schwinden. Die Hände bewegen sich unkoordiniert ... Häufig, aber durchaus nicht immer, beginnen zunächst die rationalen, dann die sensitiven, die animalischen und schließlich die vegetativen Funktionen zu erlöschen ... Die meisten Kranken sterben ohne klares Bewusstsein. Die Unruhe und das Stöhnen der Sterbenden sind auf reflektorisch bedingte Vorgänge zurückzuführen, ohne schmerzhaft empfunden zu werden. Soweit sich dies vom Biologischen beurteilen lässt, dürfte das Sterben des Menschen nicht mit besonderen Qualen verbunden sein.“

Ist der Tod eingetreten, dann hören Atem, Herztätigkeit und Pulsschlag auf. „Die Haut ist zyanotisch oder blass und unempfindlich. Die Hornhaut trübt sich. Die Pupillen werden weit. Die Muskeln erschlaffen. Der Eintritt der Totenstarre ist unterschiedlich. Nach heftiger Muskelanstrengung kann die Starre plötzlich auftreten. In der Regel vergehen drei bis zehn Stunden bis zu deren Eintritt.“ Wenn sich die Totenstarre nach 24–48 Stunden löst, kann es zu Bewegungen kommen.

Untrügliche Kennzeichen des eingetretenen Todes lassen sich erst eine gewisse Zeit nach dem Eintritt feststellen, am sichersten durch den Zerfall der Gewebe. „Die Zellen der bereits trüben Hornhaut beginnen sich voneinander zu lösen. Einige Stunden später werden an den abhängigen Körperpartien die Totenflecke sichtbar. Zunächst kann man sie noch wegdrücken, später bleiben sie fixiert. Die Haut beginnt einzutrocknen und bekommt besonders an den Lippen pergamentartiges Aussehen. Durch die im Darm sich entwickelnde Fäulnis beginnt sich die Bauchhaut grünlich zu verfärben. Die Fäulnisgase treiben den Leib auf. Bakterielle Zersetzung und Insektenlarven bauen die toten Gewebe fortschreitend ab, wenn Luft zutreten kann und genügend Feuchtigkeit und Wärme vorhanden ist. Nach vier bis sechs Jahren bleibt nur mehr das Knochengerüst übrig.“ Das ist zweifellos das untrüglichste Anzeichen des eingetretenen Todes. *Adolf Faller, 1956*

Viele Inhalte in euren Texten zu den Bildern aus dem Musikvideo gehen wahrscheinlich nicht über das hinaus, was auf den Bildern zu sehen ist und was der Text von Faller über den biologischen Tod schildert. Man spricht hier in der philosophischen Tradition von „Immanenz“* (lat. immanere bedeutet „in einem bestimmten Bereich bleiben“). In manchen eurer Texte und in dem Text von Müller-Westernhagen finden sich dagegen Inhalte, die darüber hinausgehen. Sie versuchen etwas anzudeuten, was man in der philosophischen Tradition mit „Transzendenz“* bezeichnet (lat. transcendere bedeutet „überschreiten oder darüber hinausgehen“).

6 Stelle Todesanzeigen zusammen und untersuche, welche von ihnen immanent bleiben und welche transzendente Formulierungen enthalten.

7 Wie kommt es wohl, dass Menschen schon immer mehr über den Tod gesagt und geschrieben haben, als biologisch festgestellt werden kann?

Das Wissen um den Tod bei Tier und Mensch

M 9

Mensch

Und der Mensch heißt Mensch
weil er vergisst,
weil er verdrängt

Und weil er schwärmt und glaubt,
sich anlehnt und vertraut.

Und weil er lacht,
und weil er lebt,
du fehlst.

Oh, es ist schon ok,
es tut gleichmäßig weh,
und es ist Sonnenzeit,
ohne Plan, ohne Geleit.

Und der Mensch heißt Mensch,
weil er erinnert, weil er kämpft,
und weil er hofft und liebt,
weil er mitfühlt und vergibt.

Herbert Grönemeyer

1 In dem Liedtext von Herbert Grönemeyer finden sich widersprüchliche Aussagen zum Menschen: „Und der Mensch heißt Mensch, weil er vergisst" – „Und der Mensch heißt Mensch, weil er erinnert". Welche Bedeutung hat die Erinnerung, wenn man den Menschen im Unterschied zum Tier beschreiben will?

2 Sammelt Beispiele für die eine oder die andere These.
Welche Antwort gibt der Philosoph Friedrich Nietzsche (1844–1900) im folgenden Text auf die Frage nach der Bedeutung des Erinnerns oder Vergessens für den Menschen im Unterschied zum Tier?

M 10

Das Glück des Tieres

Betrachte die Herde, die an dir vorüberweidet: Sie weiß nicht, was Gestern, was Heute ist, springt umher, frisst, ruht, verdaut, springt wieder, und so vom Morgen bis zur Nacht und von Tage zu Tage, kurz angebunden mit ihrer Lust und Unlust, nämlich an den Pflock des Augenblicks, und deshalb weder schwermütig noch überdrüssig. Dies zu sehen, geht dem Menschen hart ein, weil er seines Menschentums sich vor dem Tiere brüstet und doch nach seinem Glücke eifersüchtig hinblickt – denn das will er allein, gleich dem Tiere weder überdrüssig noch unter Schmerzen leben, und will es doch vergebens, weil er es nicht will wie das Tier. Der Mensch fragt wohl einmal das Tier: Warum redest du mir nicht von deinem Glücke und siehst mich nur an? Das Tier will auch antworten und sagen: Das kommt daher, dass ich immer gleich vergesse, was ich sagen wollte – da vergaß es aber auch schon diese Antwort und schwieg: so dass der Mensch sich darob verwunderte.

Er wundert sich aber auch über sich selbst, das Vergessen nicht lernen zu können und immerfort am Vergangenen zu hängen: Mag er noch so weit, noch so schnell laufen, die Kette läuft mit. Es ist ein Wunder: Der Augenblick, im Husch da, im Husch vorüber, vorher ein Nichts, nachher ein Nichts, kommt doch noch als Gespenst wieder und stört die Ruhe eines späteren Augenblicks. Fortwährend löst sich ein Blatt aus der Rolle der Zeit, fällt heraus, flattert fort – und flattert plötzlich wieder zurück, dem Menschen in den Schoß. Dann sagt der Mensch „ich erinnere mich" und beneidet das Tier, welches sofort vergisst und jeden Augenblick wirklich sterben, in Nebel und Nacht zurücksinken und auf immer verlöschen sieht. So lebt das Tier *unhistorisch:* Denn es geht auf in der Gegenwart, [...] es weiß sich nicht zu verstellen, verbirgt nichts und erscheint in jedem Momente ganz und gar als das, was es ist, kann also gar nicht anders sein als ehrlich. Der Mensch hingegen stemmt sich gegen die große und immer größere Last des Vergangenen: Diese drückt ihn nieder oder beugt ihn seitwärts, diese beschwert seinen Gang als eine dunkle unsichtbare Bürde [...]. Deshalb ergreift es ihn, als ob er eines verlorenen Paradieses gedächte, die weidende Herde oder, in vertrauter Nähe, das Kind zu sehen, das noch nichts Vergangenes zu verleugnen hat und zwischen den Zäunen der Vergangenheit und der Zukunft in überseliger Blindheit spielt.

Friedrich Nietzsche, 1874

3 Welche Bedeutung hat das Wissen um den Tod für den Menschen nach der Ansicht des Philosophen Werner Becker (* 1937). Schreibe aus dem folgenden Textausschnitt die wichtigsten Sätze heraus.

Der entscheidende Unterschied zwischen Mensch und Tier

M 11

Was können wir im Hinblick auf die Entstehung des Wissens um den Tod sagen? Wissen wir, wann es dazu gekommen ist, und kennen wir darüber hinaus Theorien, die erklären, warum es dazu gekommen ist?
Die Frage nach dem „Wann" lässt sich relativ gut beantworten.
Die ältesten Zeugnisse, die auf ein mögliches Wissen um den Tod verweisen, sind Grabstätten, die auf Bestattungsriten schließen lassen. Konnte bei Ausgrabungen festgestellt werden, dass die verstorbenen Mitglieder einer Gruppe bestattet worden waren, so galt dies als sicherer Hinweis, dass es sich um Überreste menschlicher Gruppen gehandelt haben muss, die dem Tod mehr als nur eine materielle Bedeutung zusprachen.
[...]
Dieses Wissen um den Tod ist ein, wenn nicht das Charakteristikum, durch das sich die menschliche Art von denen der Tiere unterscheidet. Zwar gibt es Belege dafür, dass auch Menschenaffen in der Lage sind, den Tod als Faktum in irgendeiner für sie typischen Weise zu erkennen und auszudrücken. Es ist jedoch überaus fraglich, ob sich damit eine wirkliche Ahnung vom direkt eigenen Tod verbindet. Selbst von Affen ist nicht bekannt, dass sie ihre toten Artgenossen bestattet hätten. Man weiß aus Beobachtungen, dass sie bei Verwundung oder Verletzung von Mitgliedern der eigenen Gruppe zu Empfindungen in der Lage sein können, die wir als „Mitgefühl" bezeichnen würden. Auch versuchten sie, verstorbene Artgenossen zu „wecken", indem sie sie schüttelten. Blieben Versuche, dem toten Artgenossen noch ein letztes Lebenszeichen entlocken zu wollen, über längere Zeit erfolglos, ließen sie von ihm ab und wandten sich wieder der weiterziehenden Gruppe zu.
Auch von Elefanten weiß man, dass sie tote Artgenossen aufzurichten und zu füttern versuchten. Es gibt Berichte, wonach Elefanten nach mehreren erfolglosen Versuchen, einen Artgenossen solcherart „wiederzubeleben", stundenlang Zweige und Erde über dem Leichnam häuften, bis dieser endlich vollständig bedeckt war. Wahrscheinlich wollten sie ihn instinktiv vor der Sonne schützen, um so die gefährliche Austrocknung der Haut zu verhindern – also keine menschliche Regung.
Doch kennzeichnen erste Bestattungsfunde zugleich auch den Zeitpunkt in der menschlichen Entwicklungsgeschichte, da der Mensch die Fähigkeit zu entwickeln begann, den Tod in einer Weise wahrzunehmen, wie wir es tun: als Ende der eigenen individuellen Existenz und als Spiegel, die dem Einzelnen die Spanne der Lebenserwartung zeigt, auf die er hoffen kann.

Werner Becker, 2000

4 Schüler haben in ihrer Schule eine Wand bemalt. Was wollten sie wohl mit ihrem Bild M 12 ausdrücken?

5 Die moderne Wissenschaft entdeckt immer mehr Ähnlichkeiten zwischen Tier und Mensch. Welche könnten das sein?

6 Manche sehen heute gar keinen entscheidenden Unterschied mehr.
Welchen Unterschied müsste man mit Werner Becker dennoch festhalten?

M 12

Augenblicke des Glücks und das Wissen um den Tod

M 13

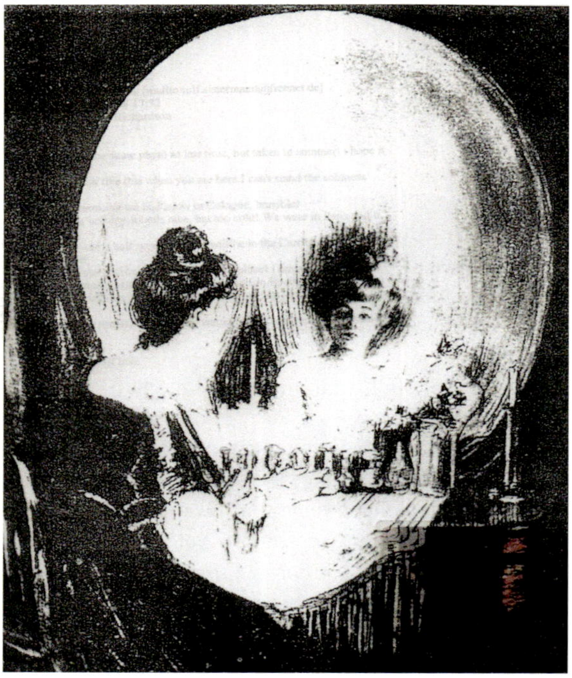

1 Das Bild von Charles Dana Gibson ist um 1908 entstanden. Eine Dame der feinen Gesellschaft macht sich vor ihrem Schminkspiegel zum Ausgehen zurecht. Sie kann nicht sehen, dass ein Beobachter hinter ihr ihren Hinterkopf und ihr Spiegelbild für die Augen eines Totenkopfes halten kann ... Angenommen, sie freut sich auf das Fest oder den Ball und ist glücklich, als der Mann, mit dem sie dort hingehen will, kommt, um sie abzuholen. Wie wird der Mann reagieren, wenn er dieses Bild vor Augen hat? Kann er ihr mitteilen, was er sieht, ohne das Glück zu zerstören?

2 Verdirbt der Gedanke an den Tod den Augenblick des Glücks oder kann man auch mit dem Gedanken an den Tod feiern und Freude am Leben haben?

Auf diesen beiden Seiten geht es auch um die Frage, wie intensiv wir uns schon in der Jugend mit dem Gedanken an den Tod und dem Abschied vom Leben beschäftigen sollten. Martin erinnert sich an seine schönste Zelttour mit seinem Freund Christoph.

M 14

An der Donau

Als die Sonne unterging, saßen wir mit Brenda, Colin und Andrew an der Donau. Unsere Zelte hatten wir zwischen Weiden und Erlen aufgeschlagen. Nach dem heißen Tag strahlte der Boden Wärme aus wie eine Heizplatte. Kein Nebel, kaum Feuchtigkeit, trotz des breiten Stroms, bis tief in die Nacht hinein konnten wir draußen bleiben.

[...] Nach dem Essen fing Andrew an zu singen, Lieder aus Schottland und Wales. Ich kannte sie nicht, aber es war nicht schwer, ihn auf der Gitarre zu begleiten. [...]

Das Feuer brannte. Wir waren dichter herangerückt. Brenda saß neben mir, und ich merkte, wie sie noch näher kam. Ihr Gesicht glänzte rötlich von der Glut, sie sah mich an und ich sie, und ich wäre gern mit ihr weggegangen, mit ihr allein gewesen, irgendwo an dem dunklen Ufer, ohne die anderen. Ich glaube, sie wollte es auch; ich hatte nur nicht den Mut zu sagen: „Komm, wir gehen."

Ich spielte einen Flamenco, einen wilden, und Andrew fing an zu tanzen: seine Original Papuatänze, mit denen er im Zirkus auftreten wollte, falls aus der Professur nichts würde! Brenda, Colin und Christoph klatschten den Rhythmus, und ich donnerte meinen Flamenco, und Andrew stampfte und sprang und keuchte und heulte. Es war irre – Donau und Flamenco und ein verrückter Engländer mit Papuatänzen.

„Du", sagte ich zu Christoph, „das werden wir nicht vergessen, und wenn wir hundert werden."

[...]

Der Wein war getrunken, das Feuer fast abgebrannt. Wir warfen Erde auf die Glutreste, vergruben die Abfälle und sagten Good night. Brenda, Colin und Andrew gingen in ihr Zelt, Christoph und ich in unseres. Es war ein winziges Leichtzelt. Durch die dünne Haut schien das Mondlicht, die Blätter der Weide, unter der wir standen, zeichneten sich ab wie bei einem Schattenspiel. [...]

„Schön war das heute Abend", sagte ich. „Findest du nicht auch?"

„Ja", sagte er. Und dann, nach einer Pause. „Das ist ja gerade das Schreckliche."

„Quatsch", sagte ich, denn ich wollte nichts hören von dem, was jetzt kam. Ich hatte mich so glücklich gefühlt am Feuer, es war so gut gewesen, ich spürte noch die Wärme auf der Haut.

„Man denkt, es ist schön“, sagte Christoph. „Und lässt sich reinfallen wie in warmes Wasser. Und liegt drin und plätschert. Und dann muss man wieder raus.“
„Na und“, sagte ich. „Wenn es doch schön war. Und diese drei, die sind so nett. So lustig.“
„Nett“, sagte Christoph. „Lustig. Was nützt es, wenn es gleich wieder vorbei ist. Im Grunde ist jeder allein. Helfen kann einem keiner. Am besten, man lässt gar nichts an sich herankommen.“
„Man braucht ja nicht immer daran zu denken“, sagte ich.
„Und wenn man es muss?“, sagte er. „Wenn man nicht anders kann? Bei dieser Schussfahrt zum Ende ...“
Unser altes Thema. Wir hatten oft darüber gesprochen. Aber heute Abend betraf es mich nicht, und ich sagte: „Mach dir doch nicht alles kaputt.“
Er schwieg. Ich dachte schon, er wäre eingeschlafen. Aber dann sagte er: „Meinst du, es macht mir Spaß?“ In seiner Stimme war ein fremder Ton, so, als ob ihm etwas den Hals zusammendrückte. Ich kannte das. Ich hatte ja etwas Ähnliches gehabt, bevor Christoph gekommen war. Merkwürdig, erst dort im Zelt wurde mir klar, wie viel besser es mir jetzt ging. Der Klumpen in meiner Kehle oder in meiner Brust oder wo immer er gesessen hatte, war fast verschwunden. Ich hätte ihm das gern gesagt. Dass er mir geholfen hatte und dass ich ihm helfen wollte und dass es bestimmt eine Möglichkeit gäbe und dass wir sie zusammen suchen müssten. Aber ich wagte es nicht.
Vielleicht hätte ich es sagen sollen. Vielleicht wäre es gut gewesen.

[42–45]

3 Warum fühlt sich Martin so glücklich an diesem Abend? Warum spricht Christoph gerade jetzt von dem „Schrecklichen“? Was meint Christoph mit der „Schussfahrt zum Ende“?

4 Christoph und Martin haben schon oft über das Thema Tod und Sterben gesprochen und sind anscheinend unterschiedlicher Meinung. Was mag Christoph über Martin denken, was Martin über Christoph? Denke dich in einen der beiden hinein. Wie könntest du dem anderen deinen Standpunkt vermitteln und ihn vielleicht davon überzeugen?

5 Wieso geht es Martin besser, seit er Christoph kennt, obwohl sie manchmal so wie an diesem Abend ganz unterschiedlicher Meinung sind?

6 Zu der Frage, ob man sich schon in der Jugend mit dem Tod befassen sollte, gibt es unterschiedliche Meinungen. Welche Ansicht vertritt der folgende Text und wie begründet er sie?

Die Schussfahrt

M 15

„Wenn Sie morgen zur Skisprungschanze in Innsbruck geführt werden, mit dem Lift nach oben gebracht, dort Skier angeschnallt bekommen und mit einem Schubs in die Spur gestoßen werden, so dass es in schwindelerregender Abwärtsfahrt auf der Schanze nach unten geht, werden Sie vermutlich verzweifelt schreiend und zitternd, vielleicht mit geschlossenen Augen, jedenfalls ohne jede Chance, sich irgendwo festzuhalten oder zu bremsen, in den Abgrund rasen. Und sich nach einem fürchterlichen Sturzflug das Genick brechen. Die Skispringer jedoch, die von Kindheit an den Sprung geübt haben, erst auf niedrigen Schanzen, dann auf immer höheren – sie fliegen vor den Augen begeisterter Zuschauer gekonnt und elegant, mit perfekter Körperbeherrschung, und landen sicher und unversehrt. So unterscheidet sich auch der Abschied vom Leben bei Menschen, die diesen Abschied im Kopf eingeübt haben und mit ihm vertraut sind, von der Panik derer, die sich damit nie befassen wollten und völlig unvorbereitet vor dem Abgrund stehen.“ „Über den Tod nachdenken heißt: sich eine Pause gönnen, in der uns klar wird, was Lebensqualität ausmacht. [...] Sogar der restlos verregnete Urlaubstag wird so zu einem guten. Wüssten wir, es ist der letzte Tag unseres Lebens – was würden wir für ein Fest aus ihm machen! Wir aber wünschen uns immer etwas Besserem entgegen.“

E. G. Baur/W. Schmidt-Bode, 2005

Wenn ich nur noch eine Nacht zu leben hätte

M 16

„Nein danke – Wir sterben nicht!"

1 Wir haben zwar hoffentlich nicht nur noch eine Nacht, aber dennoch nur eine begrenzte Zahl von Tagen und Nächten zu leben. „Nein danke – wir sterben nicht!" wird uns nichts nützen, wenn es soweit ist. Schreibe auf: Was würdest du tun, denken und fühlen, wenn du dem Tod sagen könntest „Kommen Sie morgen noch mal wieder!" und er dir bei voller Gesundheit noch 24 Stunden gewähren würde?

In einer frühen Erzählung des französischen Schriftstellers und Philosophen Jean-Paul Sartre (1905-1980) haben drei Menschen nur noch eine Nacht zu leben, der Ire Tom, der fast noch Jugendliche Juan und der Erzähler. Sie haben im spanischen Bürgerkrieg (1936–1939) mit den internationalen Brigaden gegen die faschistischen Truppen gekämpft. Diese haben mit Unterstützung Hitlers gegen die demokratisch gewählte sozialistische Regierung geputscht und dadurch einen Bürgerkrieg ausgelöst. Die faschistischen Truppen haben die drei festgenommen. Am nächsten Morgen sollen sie erschossen werden. Ein belgischer Pfarrer hat die Erlaubnis bekommen, sie in der Nacht zu betreuen.

M 17 Die letzte Nacht

Ich fühlte mich zugleich erschöpft und überreizt. Ich wollte nicht mehr an das, was im Morgengrauen geschehen würde, an den Tod, denken. Das ergab keinen Sinn, ich stieß nur auf Wörter oder auf Leere. Aber sobald ich versuchte, an etwas anderes zu denken, sah ich Gewehrläufe auf mich gerichtet. Ich habe vielleicht zwanzigmal hintereinander meine Hinrichtung erlebt; einmal habe ich sogar geglaubt, dass es wirklich soweit wäre: Ich war wohl eine Minute eingeschlafen. Sie zerrten mich vor die Wand, und ich sträubte mich; ich bat sie um Gnade. Ich schreckte aus dem Schlaf auf und sah den Belgier an: Ich hatte Angst, im Schlaf geschrien zu haben. Aber er strich seinen Schnurrbart glatt, er hatte nichts bemerkt. Wenn ich gewollt hätte, ich glaube, ich hätte eine Weile schlafen können: Ich war seit achtundvierzig Stunden wach, ich war am Ende. Aber ich hatte keine Lust, zwei Stunden Leben zu verlieren: Sie wären mich im Morgengrauen aufwecken gekommen, ich wäre ihnen schlaftrunken gefolgt und wäre abgekratzt, ohne „uff" zu sagen; das wollte ich nicht, ich wollte nicht wie ein Tier sterben, ich wollte verstehen. In diesem Moment hatte ich den Eindruck, als läge mein ganzes Leben ausgebreitet vor mir, und ich dachte: „Das ist eine verdammte Lüge." Es war nichts mehr wert, denn es war zu Ende. Ich fragte mich, wie ich mit Mädchen hatte spazieren gehen, lachen können: Ich hätte keinen Finger gekrümmt, wenn ich geahnt hätte, dass ich so sterben würde. Mein Leben war vor mir, abgeschlossen, zugebunden wie ein Sack, und dabei war alles, was darin war, unfertig. Einen Augenblick versuchte ich es zu beurteilen. Ich hätte mir gerne gesagt: Es ist ein schönes Leben. Aber man konnte kein Urteil darüber fällen, es war ein Rohentwurf; ich hatte meine Zeit damit verbracht, Wechsel auf die Ewigkeit auszustellen, ich hatte nichts begriffen. Es tat mir um nichts leid: Es gab eine Menge Dinge, um die es mir hätte leid tun können, der Geschmack von Manzanilla oder das sommerliche Baden in einer kleinen Bucht in der Nähe von Cadiz; aber der Tod hatte allem seinen Reiz genommen.

Der Belgier hatte plötzlich eine großartige Idee. „Freunde", sagte er zu uns, „ich kann es übernehmen – vorausgesetzt, die Militärverwaltung ist einverstanden –, den Menschen, die Sie lieben, eine Nachricht von Ihnen, ein Andenken zu überbringen ...“

Tom brummte:

„Ich habe niemand.“

Ich antwortete nichts. Tom wartete einen Augenblick, dann sah er mich neugierig an:

„Lässt du Concha nichts ausrichten?“

„Nein.“

Ich hasste diese Verständnisinnigkeit: Es war meine Schuld, ich hatte in der vorangegangenen Nacht von Concha gesprochen, ich hätte mich zurückhalten sollen. Ich war seit einem Jahr mit ihr zusammen. Noch am Vortag hätte ich mir einen Arm mit der Axt abgehackt, wenn ich sie fünf Minuten hätte wiedersehen können. Deshalb hatte ich von ihr gesprochen, es war stärker als ich. Jetzt hatte ich keine Lust mehr, sie wiederzusehen, ich hatte ihr nichts mehr zu sagen. Ich hätte sie nicht einmal in meinen Armen halten mögen: Mich ekelte vor meinem Körper, weil er grau geworden war und schwitzte, und ich war nicht sicher, ob es mich vor ihrem nicht auch ekeln würde. Concha würde weinen, wenn sie meinen Tod erführe; monatelang würde sie keine Lebensfreude mehr haben. Aber schließlich war ich es, der sterben würde. Ich dachte an ihre schönen sanften Augen. Wenn sie mich ansah, wanderte etwas von ihr zu mir. Aber ich dachte, dass das vorbei war: Wenn sie mich jetzt ansähe, würde ihr Blick in ihren Augen bleiben, er ginge nicht bis zu mir. Ich war allein.

Auch Tom war allein, aber nicht auf dieselbe Weise. Er hatte sich rittlings hingesetzt und hatte angefangen, die Bank mit einer Art Lächeln anzusehen, er sah verwundert aus. Er streckte die Hand aus und berührte behutsam das Holz, als hätte er Angst, etwas zu zerbrechen, dann zog er seine Hand schnell zurück und erschauerte. Ich hätte mich nicht damit vergnügt, die Bank zu berühren, wenn ich Tom gewesen wäre; das war wieder so eine Irenkomödie, aber ich fand auch, dass die Gegenstände komisch aussahen: Sie waren verwischter, weniger dicht als gewöhnlich. ich brauchte nur die Bank, die Lampe, den Kohlenhaufen anzusehen, und ich spürte, dass ich sterben würde. Natürlich konnte ich meinen Tod nicht klar denken, aber ich sah ihn überall, auf den Dingen, an der Art, wie die Dinge abgerückt waren und sich auf Distanz hielten, zurückhaltend, wie Leute, die am Bett eines Sterbenden leise sprechen. Es war sein Tod, den Tom gerade auf der Bank berührt hatte.

Wenn man mir in dem Zustand, in dem ich war, mitgeteilt, hätte, dass ich getrost nach Hause gehen könnte, dass man mich am Leben ließe, hätte mich das kaltgelassen: Ein paar Stunden oder ein paar Jahre warten, das ist alles gleich, wenn man die Illusion, ewig zu sein, verloren hat. Mir lag an nichts mehr, in gewisser Weise war ich ruhig. Aber das war eine fürchterliche Ruhe – wegen meines Körpers: Mein Körper, ich sah mit seinen Augen, ich hörte mit seinen Ohren, aber das war nicht mehr ich; er schwitzte und zitterte ganz von selbst, und ich erkannte ihn nicht mehr wieder. Ich musste ihn berühren und ansehen, um zu wissen, was mit ihm war, als wäre es der Körper eines anderen. Manchmal fühlte ich ihn noch, ich fühlte ein Rutschen, so etwas wie ein Absacken, wie wenn man in einem Flugzeug ist, das einen Sturzflug macht, oder ich fühlte mein Herz schlagen. Aber das beruhigte mich nicht: Alles, was von meinem Körper kam, hatte etwas widerlich Unzuverlässiges an sich. Meistens war er zusammengesunken, verhielt er sich still, und ich fühlte nichts mehr als eine Art schwere, eine ekelhafte Gegenwart an mir; ich hatte den Eindruck, an ein riesiges Ungeziefer gebunden zu sein. Einen Moment lang tastete ich meine Hose ab und fühlte, dass sie feucht war; ich wusste nicht, ob sie von Schweiß oder von Urin nass war. [...] Tom sprang hoch: Wir hatten noch nicht gemerkt, dass die Zeit verrann; die Nacht umgab uns wie eine formlose und dunkle Masse, ich erinnerte mich nicht einmal, dass sie angefangen hatte.

Der kleine Juan fing an zu schreien. Er rang die Hände, er flehte:

„Ich will nicht sterben, ich will nicht sterben.“

Er lief mit erhobenen Armen durch den ganzen Keller, dann warf er sich auf einen der Strohsäcke und schluchzte.

Jean-Paul Sartre, 1937

2 Versuche zu erklären, warum der Erzähler vor einigen Tagen noch einen Arm dafür gegeben hätte, seine Freundin Concha wiederzusehen, sie nun aber nicht mehr sehen will.

3 Was meint der Erzähler, wenn er behauptet, dass die Gegenstände „verwischter“ und „weniger dicht als gewöhnlich“ (Z. 82) seien?

4 Was könnte man dem kleinen Juan sagen? Was würde wohl der belgische Pfarrer, der Ire Tom oder der Erzähler ihm sagen? Schreibe ein paar Sätze auf und lass deine Klassenkameraden raten, von wem der drei sie stammen könnten.

Mein Tod und der Tod der anderen

Nach Christophs Beerdigung sprechen Ulrike und Martin miteinander, die einzigen, mit denen er befreundet war.

M 18 Alles bloß Ablenkung

„Weißt du, woran ich denke?“, sagte Ulrike. „Ich überlege, ob Christoph jetzt, wenn er wüsste, dass er tot ist – ob er dann wohl froh wäre?“
Ich verstand, was sie meinte.
„Tot müsste man sein“, hatte Christoph am Sonntagabend gesagt, bevor es passiert war. „Schluss mit dem ganzen Zoff, nicht mehr aufstehen, nicht mehr zur Schule, nicht mehr antworten auf blöde Fragen, nichts mehr zu tun haben mit dieser dreckigen Welt …“
„Und auch keine Musik mehr hören?“, war Ulrike ihm ins Wort gefallen, mit so einer schrillen Stimme, ganz anders als sonst.
Er hatte sie angesehen und gesagt: „Ach, das ist doch alles bloß Ablenkung. Oder Ersatz.“
Er hatte sie angestarrt und sie ihn, und ich wusste, dass sie beide etwas anderes meinten. Er hatte dieses Lächeln im Gesicht gehabt – die Augen zusammengekniffen, die Zähne auf der Unterlippe.
Ulrike hatte mir leid getan; ich hätte Christoph gern geschüttelt oder mich mit ihm geprügelt, weil ich nicht wollte, dass er sie so behandelte. Aber mit Christoph konnte man sich nicht prügeln, ich schon gar nicht.
Und jetzt war er tot.

[12]

Die meisten Menschen haben Angst vor dem Tod. Manche aber wünschen ihn auch herbei oder scheinen ihn nicht zu fürchten. Es geht deshalb hier um die Frage, warum man Angst vor dem Tod hat.

M 19 Von der Überwindung der Furcht

Das Schauererregendste aller Übel, der Tod, betrifft uns überhaupt nicht; wenn „wir“ sind, ist der Tod nicht da; wenn der Tod da ist, sind „wir“ nicht. Er betrifft also weder die Lebenden noch die Gestorbenen, da er ja für die einen nicht da ist, die andern aber nicht mehr für ihn da sind. Doch die Masse flieht bisweilen den Tod als das größte aller Übel, bisweilen (ersehnt sie) ihn als Erholung von allen (Übeln) im Leben. (Der Weise indes weist weder das Leben zurück), noch fürchtet er das Nicht-Leben; denn weder ist ihm das Leben zuwider, noch vermutet er, das Nicht-Leben sei ein Übel. *Epikur*

M 20 Die Lage der Menschen

Man denke sich eine Anzahl Menschen in den Ketten und alle zum Tode verurteilt, die einen werden jeden Tag vor den Augen der andern erwürgt, und die, welche bleiben, sehen ihre eigne Lage in der Lage ihrer Genossen und, sich einer den andern mit Schmerz und ohne Hoffnung betrachtend, erwarten sie, dass die Reihe an sie komme. Das ist das Bild von der Lage der Menschen. *Blaise Pascal*

1 Veranstaltet eine Kartenabfrage. Jeder füllt eine DIN A5 Karte aus, die mit dem Satz „Wenn ich an den Tod denke, …“ beginnt, und fasst den Text in einem Stichwort zusammen, das so groß ist, dass man es auch von weitem lesen kann. Ihr könnt eure Karten einsammeln, euch in einen Kreis setzen und sie von einem von euch vorlesen lassen. Dann überlegt ihr gemeinsam, in welcher Anordnung und nach welchem Kriterium ihr sie auf dem Boden verteilt oder sie an die Wand heftet.

2 Zu der Frage, wie man mit dem Gedanken an den Tod umgehen sollte, haben Philosophen zu aller Zeit Stellung bezogen, u. a. auch der antike Philosoph Epikur (342–270 v. Chr.) und der französische Mathematiker und Philosoph Blaise Pascal (1623–1662). Wo würdet ihr diese Antworten einordnen?

3 Welcher Text passt eher zu der Ansicht Martins, welcher zu der Christophs? Begründe deine Meinung.

4 Wie versucht Epikur, dem Tod seinen Schrecken zu nehmen? Wieso findet Pascal den Tod so schrecklich? Wieweit machen beide einen Unterschied zwischen dem eigenen Tod und dem Tod der anderen?

5 Wem würdest du zustimmen, Epikur, Pascal oder keinem von beiden? Begründe deine Meinung.

6 Versuche noch einmal deine Wahrnehmung zu rekonstruieren. Wie ging es dir beim flüchtigen Hinsehen auf das Bild mit den Damenschuhen? Wie ging es dir beim genaueren Hinsehen? Schreibe eine Geschichte zu dem Bild.

7 Es scheint einen grundlegenden Unterschied zwischen meinem Tod und dem aller anderen Menschen zu geben. Wie kann man diesen beschreiben?

8 In einem Internet-Chatroom wurde über den Tod diskutiert M 23. Schreibe eine Antwort auf diese Äußerung.

9 Sigmund Freud (1856–1939), der Begründer der Psychoanalyse, unterscheidet in M 24 zwischen dem Bewussten und dem Unbewussten. Stell dir das Bewusste und das Unbewusste als zwei verschiedene Personen vor und schreibe einen Dialog, in dem ihre unterschiedlichen Haltungen zum eigenen Tod deutlich werden.

10 Wir sehen zwar ein, dass alle Lebewesen sterblich sind und unser Tod damit nichts Besonderes ist, können aber nicht akzeptieren, dass unser Tod nicht etwas Besonderes sein soll. Darin besteht nach dem Philosophen Werner Becker das Dilemma der menschlichen Existenz. Versuche eine Erklärung zu finden, warum wir uns den eigenen Tod nicht vorstellen können.

M 21

Ein unerträglicher Gedanke

M 22

Der Psychiater Alfred E. Hoche schreibt in seiner Biographie: „Es ist ein eigentümliches Schauspiel, dass der Mensch, der das Aufhören jeden Lebens um sich her und rückwärts in jede Ferne als oberstes, unerbittliches Gesetz kennt, es für seine Person so schwer findet, sich zu fügen; der Gedanke dünkt ihn unerträglich, dass diese ungeheure subjektive Welt, die er in sich trägt, und die in dieser Gestalt nur einmal lebt, einfach weggewischt werden soll, unerträglich, einfach am Wegesrande zusammenzusinken, während die andern weitergehen, plaudern, als wäre nichts geschehen ... Die Energie dieses Gefühles ... spottet jeder Logik ...“ Sie ist – da wäre wieder das Wort! – „absurd“.

Helmut Thielicke, 1980

Warum kapiert das denn keiner?

M 23

Dass alle Menschen sterblich sind wie alle anderen Lebewesen, ist ja leicht einzusehen. Aber niemand will einsehen, dass mein Sterben etwas ganz Besonderes ist und mit dem Sterben der anderen Leute nicht vergleichbar ist. Wenn ich tot bin, ist das etwas ganz anderes, als wenn andere tot sind. Ich bin eben etwas Besonderes, ein einmaliges Individuum. Warum will das niemand einsehen?

Der eigene Tod ist unvorstellbar

M 24

Der eigene Tod ist [...] unvorstellbar, und sooft wir den Versuch dazu machen, können wir bemerken, dass wir eigentlich als Zuschauer weiter dabei bleiben. [...] Im Grunde glaubt niemand an seinen eigenen Tod. [...] Im Unbewussten ist jeder von uns von seiner Unsterblichkeit überzeugt.

Sigmund Freud, 1915

Versuche, den Tod zu bannen

M 25 Unser ganzes Tun

Man kann den Tod, sein absolutes Grauen und seine eherne Sinnlosigkeit in jedem Lebensalter entdecken. Ein kurzes Aufblitzen genügt. Dieses kann zu jeder Zeit und an jedem Ort geschehen. Mich traf es an einem Winterabend des Jahres 1944 – ich war zehn Jahre alt – im Speisesaal des Thuner Waisenhauses. Männer der Wasserschutzpolizei hatten gerade einen schmächtigen, in eine Decke gehüllten Körper, den sie kurze Zeit zuvor aus dem eiskalten Wasser gezogen hatten, auf den Tisch gelegt. Es war Hans Berner. Sein hageres Gesicht war aschfahl. Aus seinen braunen Locken rannen Wassertropfen.

Hans Berner war ein magerer, begabter Junge. Wir hatten in der Götti-Bach-Schule in derselben Bank gesessen. Zwischen meinem sechsten und meinem zehnten Lebensjahr war er mein bester Freund gewesen. Er verbrachte die Ferien und häufig auch die Wochenenden bei uns. Als Waise, die keinerlei Familienangehörige hatte, war mein Freund schon sehr jung in diese Anstalt gekommen. In seiner Ratlosigkeit hatte der Direktor die Eltern der Schüler angerufen. Da ich im selben Viertel wohnte, war ich als erster eingetroffen. Die Trauerfeier war kühl, kurz und herzzerreißend.

Mit einem Schlage begriff ich: Unser ganzes Tun ist nichts als ein einziger Versuch, den Tod zu bannen. In den dunklen Windungen unseres Gehirns verborgen, beherrscht der Tod noch den nebensächlichsten Gedanken. Er lädt sich selbst zu allen Festessen ein. Wenn wir lachen, weint er in uns. Kein Projekt – nicht einmal jenes, das den Tod zu leugnen sucht – kommt ohne ihn zustande. Er beseelt noch die geringste unserer Leidenschaften. Der Schrecken des Todes wirft seinen Schatten auf alles und jeden. Er lässt keinen Bereich unseres Wesens unberührt. Das Wissen, dass mein Leben – mit einer Gewissheit, an der keine statistische Schwankung jemals etwas ändern wird – einmal endet, dass ich sterben werde, bestimmt seit jenem Abend im Waisenhaus all meine Entscheidungen. In jenem Augenblick wurde mein Wunsch zu leben und die Welt zu verstehen, grenzenlos. [...] Was ist eine Neigung, ein Streben oder, ganz einfach: der Lebensinstinkt anderes, als der gespannte, mutige, kluge, verzweifelte, lächerliche und vergebliche Wille, den Tod zu besiegen? Sich gegenüber dem immer siegreichen, alles verschlingenden Leviathan (einem schon in der Bibel erwähnten Urzeitungeheuer) als ein unzerstörbares, universelles Wesen zu behaupten?

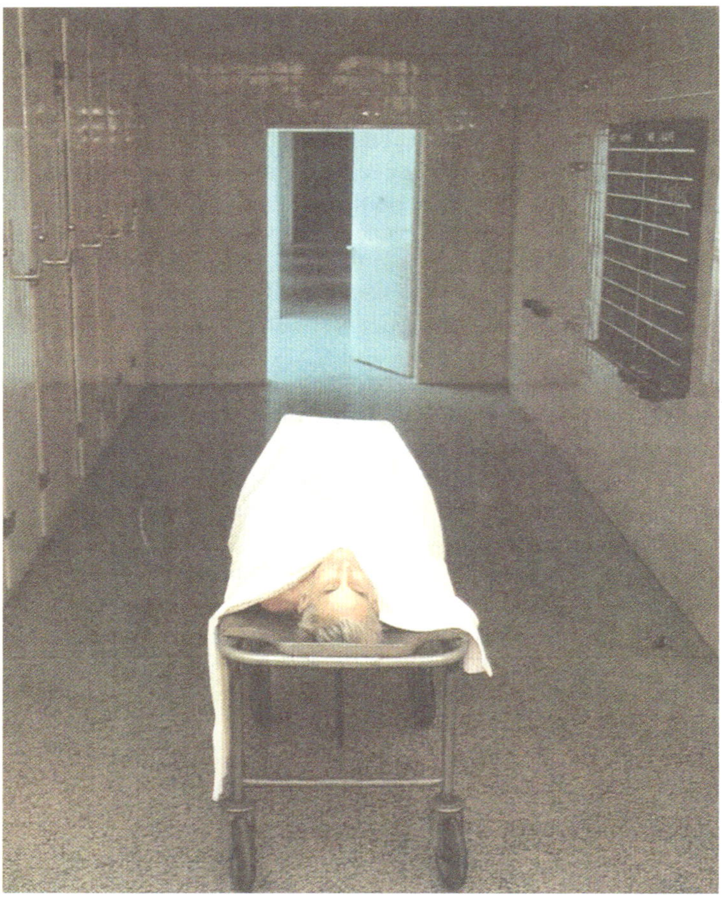

Jean Ziegler, 1993

1 „Unser ganzes Tun ist nichts als ein Versuch, den Tod zu bannen." (Z. 24f.) Was meint der Schweizer Soziologe und Politiker Jean Ziegler (* 1934) wohl mit „bannen"?

2 Es geht in diesem Unterkapitel um die Frage, wie die Menschen ihre Todesangst zu bannen oder zu überwinden versuchen. Stelle mit deinem Partner oder in der Tischgruppe mögliche Strategien zusammen, mit denen Menschen versuchen, mit ihrer Todesangst fertigzuwerden.

3 Welche Antwort gibt der Wiener Philosoph Konrad Liessmann (* 1953)? Stimmst du mit seiner Meinung überein?

Strategien zur Überwindung der Todesangst

M 26

Es gibt wohl kaum eine Erfahrung, die Menschen in ihrer Existenz so sehr berührt wie die Erfahrung der Endlichkeit. Der Mensch ist das einzige Tier, das weiß, dass es sterben muss. Und es gehört wohl ebenso zu den Grunderfahrungen des Menschen, dass er diese Endlichkeit eigentlich nicht akzeptieren will. Die von fast allen Religionen angebotenen Unsterblichkeits- oder Wiedergeburtsperspektiven künden ebenso davon wie die Bemühungen der Metaphysik [philosophische Lehre von den nicht erfahrbaren und erkennbaren Zusammenhängen des Seins], die Unsterblichkeit der Seele zu beweisen. Letztlich können alle Anstrengungen der Menschen, etwas zu machen, was ihr eigenes Leben überdauert, von der Nachkommenschaft bis zu den „unsterblichen" Werken der Kunst, als Versuche gedeutet werden, die eigene Begrenztheit und Endlichkeit zu überschreiten. Und die Sehnsucht nach Ruhm war und ist eines der stärksten Indizien für das Bestreben der Menschen, ein Stückchen Unsterblichkeit zu erhaschen.

Unter den Bedingungen der modernen Welt haben sich diese Strategien, der eigenen Zufälligkeit und Endlichkeit zu trotzen, zweifellos gewandelt. Der religiöse Glaube an ein Weiterleben nach dem Tode hat seine Kraft verloren, die Versuche, eine unsterbliche Seele zu „beweisen", sind misslungen. Aber die Sehnsucht nach dem Ruhm ist geblieben, vielleicht sogar stärker geworden. Die modernen Medien machen es nach einem Wort von Andy Warhol möglich, dass jeder für wenige Minuten berühmt sein kann. Ein kurzer Ruhm ist wie das Haschen nach einem Stückchen Bedeutsamkeit angesichts der ernüchternden Kontingenz* und Beliebigkeit des Daseins. Und auch wenn es ein nur selten eingestandenes Motiv ist: was Künstler, Wissenschaftler, aber auch Sportler oder Politiker zu oft übermenschlichen Anstrengungen treibt, ist wohl nicht selten auch diese uralte Sehnsucht nach Ruhm. Wenn man der unerbittlichen Zeit schon nicht Herr werden kann, möchte man ihr vielleicht wenigstens für kurze Zeit seinen Stempel aufprägen.

Konrad Paul Liessmann, 2003

4 Diskutiert darüber, ob man die folgende Geschichte als Erzählung von einem Versuch ansehen kann, den Tod zu bannen.

Der Tod in Bagdad

M 27

Ein König in Damaskus hatte unter seinen Mitarbeitern einen jungen Mann, den er sehr gern hatte. Eines Tages stürzte dieser junge Offizier in den Arbeitsraum des Königs und war ganz aufgeregt. „Ich habe eine ganz dringende Bitte, mein König", bat er. „Leihe mir sogleich dein schnellstes Pferd. Ich muss sofort nach Bagdad reiten." Der König fragte erstaunt: „Und warum das?" „Als ich eben durch den Garten deines Palastes ging, sah ich den Tod dort stehen, und er drohte mir, dass ich bald sterben würde. Jetzt möchte ich vor ihm fliehen."
Der König gab ihm das Pferd. Doch dann ging er selbst in den Garten. Er wollte sehen, ob er den schrecklichen Besucher noch finden könnte. Und siehe, der stand noch am selben Fleck. „Wie konntest du meinen treuen Diener bedrohen? Und das im Garten meines Palastes?", fragte ihn der König.
„Ich habe ihm nicht gedroht", sagte der Tod. „Ich habe nur vor Verwunderung die Hände erhoben und zusammengeschlagen." – „Welch schlechte Ausrede!", sagte der König. „Doch, doch, so ist es!", versicherte der Tod. „Ich habe nämlich den Auftrag, ihn heute Abend fern von hier in Bagdad zu treffen. Dort soll er sterben. Und deshalb wunderte ich mich, dass er noch hier war."

Unbekannter Verfasser

Die Suche nach unsterblichem Ruhm

M 28 Unsterbliche Musik?

Später saßen wir nebeneinander in der Kirche, Ulrike zwischen Christoph und mir, zum ersten Mal zu dritt. Die Orgel klang wunderbar. Manchmal dachte ich, die ganze Kirche würde davonfliegen. Ich war froh, dass ich nicht allein hier sitzen musste.

„Wenn man sich vorstellt, dass Bruckner auf dieser Orgel gespielt hat", sagte Ulrike, als wir unten in der Krypta an seinem Sarg standen. „So ein kleiner, unscheinbarer Typ. Und diese Musik."

„Und nun liegt er da", sagte Christoph. „Seine ganze Musik – er hat sich nicht daran festhalten können."

In seiner Stimme war dieser Ton, der immer hineinkam, wenn er an einer Sache kaute und sie nicht schlucken konnte. Ulrike kannte ihn noch nicht. Ich merkte, wie sie hinhorchte.

„So was, wie er gemacht hat", sagte sie. „Glaubst du nicht, dass es sich damit leichter stirbt?"

„Das sind Sprüche", sagte Christoph. „Was nützt es ihm, dass wir seine Musik haben? Gemacht oder nicht gemacht – jetzt ist er nicht mehr als einer von denen." Er zeigte auf die Nischen in der Wand, genau dem Sarg gegenüber. Sie waren vollgepackt mit Schädeln, bis oben hin – auf irgendeinem alten Friedhof oder bei Ausgrabungen gefunden, ich weiß es nicht mehr. Der Fremdenführer hat es wahrscheinlich erzählt. Aber ich hörte nicht zu. Ich sah nur diese Totenköpfe, blank, grinsende Knochen, eine säuberlich aufgeschichtete Pyramide, Schädel, die früher lebendig gewesen waren, mit Fleisch und Haut und Augen und Lippen, und die Touristen standen davor und starrten sie an, und die Toten konnten sich nicht wehren. „Vielleicht ist mein Urgroßonkel Aloys dabei", sagte ein Mann, und rundherum wieherte es.

„Kommt raus hier", sagte Christoph. „Es ist schamlos." Ich sah Ulrikes Augen, die in seinem Gesicht suchten. Ich merkte, dass es ihr mit ihm genauso ging wie mir.

[61–62]

1 Ulrike und Christoph beurteilen den Ruhm des Komponisten Anton Bruckner (1824–1896) sehr unterschiedlich. Welche Gründe haben sie dafür?

2 Nenne andere Beispiele dafür, wie Menschen versuchen, dem Leben durch das Streben nach Ruhm einen Sinn zu verleihen.

M 29 Unsterblichkeit im Angebot

Wahrscheinlich gäbe es keine Kultur*, wären sich die Menschen nicht ihrer Sterblichkeit bewusst. [...] In dem Licht, das die Sterblichkeit wirft, sieht jeder Lebenssinn blass, farblos und unwirklich aus. Darum muss es gelöscht werden, und sei es nur für kurze Zeit und gelegentlich, denn sonst könnte der Sinn des Lebens nicht solide und zuverlässig erscheinen. Deshalb darf man behaupten, dass die ständige Todesgefahr – eine Gefahr, die selbst dann bewusst bleibt, wenn sie in die dunklen Tiefen des Unterbewusstseins gespült wurde – das Fundament der Kultur sei.

Auf eine andere Weise, aber nach denselben Regeln, „machen" Fußball- und Tennisspieler, Popsänger, Mörder, Maler, Weingutbesitzer, Erfinder, Filmschauspieler und Wissenschaftler „Geschichte". Hier wie auch in einer Reihe von Fällen, in denen die Gesellschaft sich für das Versprechen persönlicher Unsterblichkeit verbürgt, wird dasselbe Muster verfolgt. Erstens muss der Tätigkeit selbst eine dauerhafte Bedeutung und somit ein „Platz in der Geschichte" zugesprochen werden. Zweitens muss, soll die Unsterblichkeit sicherer und die posthume Existenz prominenter sein, eine besondere Vortrefflichkeit in der Ausführung der betreffenden Tätigkeit vorliegen.

Nun, da Unsterblichkeit in Ruhm dekonstruiert worden ist, und die Tugend, die sich einst Unsterblichkeit erwerben konnte, in die Fähigkeit, große Teile der öffentlichen Aufmerksamkeit zu fesseln, hat die Madison Avenue den Päpstlichen Stuhl abgelöst. Werbefachleute, Publizität fördernde und Imagepflege betreibende Agenturen, Kritiker, Galeriebesitzer, Programmdirektoren der Fernsehsender und Zeitungsherausgeber sind die bekanntesten Vertreter dieser neuen Zunft, deren Funktion (Bedeutung und Wertschätzung) darin besteht, Unsterblichkeit feilzubieten. Ihre Kundschaft mag verschiedene Namen tragen und verschiedene Funktionen ausüben; es kann sich um Politiker oder Terroristen, Schriftsteller oder Popsänger, Großindustrielle oder Verbrecher handeln – doch sie alle benötigen ihre Unsterblichkeitsmakler, und letzten Endes ist es deren Geschicklichkeit zu verdanken, ob sie anonym bleiben oder prominent werden. *Zygmunt Bauman, 1994*

3 Welche Beispiele nennt der polnisch-amerikanische Soziologe Zygmunt Bauman (* 1925)?

I did it my way

M 30

Und nun naht das Ende, und so erwarte ich den letzten Vorhang. Mein Freund, ich sage es deutlich, ich bringe meinen Fall vor, über den meine Meinung feststeht. Ich habe ein erfülltes Leben gelebt, und bin über jeden Highway gefahren. Doch mehr, viel mehr als alles andere, habe ich es auf meine Weise getan.

[...]

Ja, es gab Zeiten – ich bin sicher, Du wusstest das –, als ich mehr abgebissen habe, als ich kauen konnte. Aber in all diesen Zeiten, wenn es Zweifel gab, habe ich aufgegessen und ausgespuckt. Ich habe allem die Stirn geboten und bin dabei aufrechtgestanden und habe ich es auf meine Weise getan.

[...]

Denn was ist ein Mann, was hat er denn: Wenn nicht sich selbst, dann hat er gar nichts! Die Dinge auszusprechen, die er wirklich fühlt, und nicht die Worte dessen zu benutzen, der in die Knie geht. Die Akte beweist es: Ich habe den Schicksalsschlägen getrotzt. Und es auf meine Weise getan!

Frank Sinatra

Schaut mich an – ich bin ein Ass

M 31

Robbie Williams muss an seinem Geburtstag in die Klinik

London (dpa) Der 33. Geburtstag ist ein Geburtstag der etwas eigentümlichen Art. Man ist nicht mehr ganz jung, aber noch ziemlich weit von der 40 entfernt. Kein Grund für eine Riesenfeier, aber eigentlich auch keiner für eine größere Sinnkrise.

Für Robbie Williams jedoch wurde der 33. Geburtstag zu dem Tag, an dem er in die Entziehungsklinik musste. Der „beste Entertainer Europas" (so das Magazin „Neon" über den Engländer) lässt sich seit Dienstag stationär behandeln, um endlich von seiner Tablettensucht wegzukommen.

Für Leute, die sich in der Musikszene ein wenig auskennen, kommt die Nachricht nicht wirklich überraschend. Der Superstar des britischen Pop – 13 Nummer-Eins-Hits in der Heimat, weltweit rund 65 Millionen verkaufte Platten, geschätztes Vermögen: umgerechnet 150 Millionen Euro – hat aus seinen Suchtproblemen schon lange kein Geheimnis mehr gemacht. Bekannt ist auch, dass er bereits Mitte der 90er Jahre, nach der Trennung von Take That, in Behandlung war.

In Interviews gab Williams immer wieder bereitwillig Auskunft über seinen Seelenzustand. In einer Fernsehdokumentation der BBC bekannte er sich dazu, an Depressionen zu leiden. „Ich stelle mich vor 40 000 Leute hin und sage: ‚Schaut mich an: Ich bin ein Ass.' Und dann trete ich von der Bühne ab, gehe in den Tourbus und ziehe mir die Bettdecke übers Gesicht." Dem „Spiegel" verriet er: „Die Maschinerie der Musikindustrie macht mich zunehmend krank. Dieses Laufrad raubt mir die letzten Kräfte."

„Verlieren ist wie Sterben"

M 32

Lance Armstrong vor seiner sechsten Tour de France: „Ich wäre maßlos enttäuscht, sollte ich verlieren. Ich wäre schockiert. Verlieren ist wie sterben." Lance Armstrong gewann von 1999 bis 2005 als erster Fahrer in der Tour-de-France-Geschichte die Rundfahrt siebenmal in Folge. Damit übertraf er die bisherigen Rekordsieger, die jeweils fünf Siege erzielt hatten. 1996 wurde bei ihm eine Krebserkrankung festgestellt. Die Ärzte konnten ihm keine Hoffnung auf eine nennenswerte Überlebenschance machen. Zwei Operationen und eine vier Zyklen beinhaltende Chemotherapie schlossen sich an. Die Krebserkrankung konnte schließlich erfolgreich behandelt werden.

M 33 Der Erfolgsmensch: „Es kann nur einen geben. Der bin ich."

Liebe Bohlen-Buch-Leser!
immer wieder werde ich gefragt:

1. Lieber Dieter, wie kriegt man so viel Kohle?
2. Lieber Dieter, wie kriegt man so viele Frauen?
3. Lieber Dieter, wie kriegt man so viele Autos?
4. Lieber Dieter, wie macht man das, immer in den Medien zu sein?

Die Zeit scheint reif für ein paar Antworten. Frage eins bis drei wären schnell geklärt: Talent + arbeiten + arbeiten + arbeiten + arbeiten – dann kommt irgendwann auch die Kohle. Und: Haste Kohle, haste Frauen, haste Autos.
[...] Hier bin ich, leckt mich alle!
Euer Dieter

Vergiss Konfuzius! Oder: Dieters twenty tolle Thesen to Erfolg & Happiness

1. Hab ein klares Ziel vor Augen! Dieses Ziel kann verrückt, utopisch, unerreichbar, gaga scheinen, wenn es wirklich das Ziel ist, von dem du überzeugt bist, dass du es erreichen willst, kannst du es schaffen. Ohne diese Perspektive brauchst du gar nicht an den Start zu gehen.

2. Frag dich: Wie groß ist mein Ehrgeiz, wie stark mein Biss? Wenn dir diese beiden Begriffe fremd sind, bleib lieber auf dem Sofa.

15. Gebrauche deinen Verstand und dein Herz gleichermaßen. Gehe nicht über Leichen, das ist das Erfolgsmodell für Doofe. Statt den Konkurrenten umzubringen, sei einfach schneller, schlauer, besser. Überholen ist das Schönste am Erfolgreichsein, und Tote fahren nicht mehr auf der Erfolgsautobahn.

20. It's lonely at the top! Sei dir dessen stets bewusst. Bist du endlich am Ziel angekommen, um auf dem Thron deiner Träume Platz zu nehmen, wirst du spüren, was wahrer Neid ist. Denn du musst feststellen, dass am Thron leider schon ein „Occupied"-Schildchen hängt. Hier sitze nämlich ich.

Das Comeback mit Thomas Anders:
Natürlich ist mir auch klar, dass er darunter leidet, wenn in den Zeitungen unter der Rubrik „Die ewigen Zweiten" Bayer Leverkusen, Pepsi Cola und Thomas Anders stehen, aber er soll sich trösten: Wie sagte der Highlander? Es kann nur einen geben. Der bin ich. Aber für ihn gibt's ja den Posten des Vize-Größten.
Thomas, I love you!
Zu zweit sind wir mehr als zwei.

Insgesamt verkauften wir viereinhalb Millionen CDs, mit deren Hüllen man quadratmetertechnisch dreimal das Saarland abdecken könnte. Die Leute rissen die Dinger förmlich aus den Regalen, auf der Jahres-Weltrangliste der meist verkauften Alben stand „Back For Good" auf Platz drei, und wir schaufelten dem Bertelsmann-Konzern, der die Rechte für „You're My Heart, You're My Soul" vor 13 Jahren für 'n Appel und 'n Ei und 1400 Mark gekauft hatte, noch mal so eben 135 Milliönchen in die Geldsäcke.

Dieter Bohlen (mit Kaja Kessler), 2002

4 Untersuche die Beispiele von Frank Sinatra, Robbie Williams, Lance Armstrong und Dieter Bohlen. Wieweit geht es auch hier um Versuche, sich durch einen einzigartigen Erfolg unsterblich zu machen? Wo sind sie sich ähnlich? Wo unterscheiden sie sich?

Helden, Angeber und Platzhirsche

„Uns Menschen verfolgt die schier unermessliche Ewigkeit, und so fragen wir uns: Werden unsere Taten die Zeiten überdauern? Werden Fremde unseren Namen hören, lange nachdem wir tot sind, und sich fragen, wer wir waren, wie tapfer wir kämpften, wie leidenschaftlich wir liebten?"
So heißt es am Anfang des monumentalen Filmes „Troja" (mit Brad Pitt in der Rolle des Achill). Er schildert mit leichten Veränderungen die Geschichte des Kampfes um Troja, die zuerst von Homer um 750 v. Chr. erzählt worden ist.

Achill vor der Entscheidung

M 34

Nachdem Paris, einer der Söhne des Königs von Troja, Helena, die Frau des Spartanerkönigs Menelaos, entführt hat, sieht dessen Bruder Agamemnon eine Chance, seine Macht über die ganze Ägäis auszudehnen, indem er ein Heer aller Griechen gegen den alten Rivalen Troja führt. Aber der Seher Kalchas macht ihm klar, dass sie ohne den stärksten Krieger Achill und seine Männer keine Chance haben.
Odysseus besucht Achill in Phthia und versucht ihn zur Teilnahme am Krieg gegen Troja zu überreden. Achill will nicht einsehen, warum er gegen Troja kämpfen soll: „Die Trojaner haben mir nichts getan." Odysseus: „Sie haben Griechenland verhöhnt." Achill: „Sie haben einen Griechen verhöhnt, einen Mann, der seine Frau nicht halten konnte. Was interessiert mich das?" Nur dadurch, dass er die Sprache auf Hektor bringt, den stärksten Krieger und Prinzen von Troja, kann Odysseus Achill interessieren. „Manche sagen, er sei stärker als alle griechischen Kämpfer", sagt er listig. Als er schließlich hinzufügt: „Weder wird dieser Krieg in Vergessenheit geraten, noch die Helden, die in ihm kämpften", wird Achill nachdenklich. Er sucht Rat bei seiner Mutter Thetis. Diese stellt ihm zwei Lebenswege vor. „Wenn du in der Heimat bleibst, wirst du eine Frau und eine Familie bekommen und Frieden finden. Aber, wenn deine Kinder und die Kinder deiner Kinder tot sind, wird dein Name vergessen sein. Wenn du nach Troja gehst, wirst du Ruhm ernten. Viele tausend Jahre lang wird man Geschichten über deine Wege schreiben. Aber, wenn du nach Troja gehst, kehrst du nie wieder heim, denn deine ruhmreichen Taten gehen Hand in Hand mit deinem Untergang, und ich werde dich nie wiedersehen."

1 Wofür wird Achill sich entscheiden?

2 Was würdet ihr Achill raten? Setzt euch in Gruppen zusammen, in der nur Mädchen oder nur Jungen sind, und diskutiert darüber.
Unterscheiden sich die Ratschläge der Jungen von denen der Mädchen?
Woran mag das liegen?

M 35

Achill entscheidet sich für den zweiten Weg

Als die Küste Trojas in Sicht kommt, fährt er mit seinem Schiff und seinen fünfzig ausgewählten Kriegern, den Myrmidonen, den anderen tausend Schiffen weit voraus. Während Hektor seinen Kriegern erklärt: „Mein ganzes Leben habe ich nach einem einfachen Prinzip gelebt: Ehre die Götter, liebe deine Frau und kämpfe für dein Land!“, ruft Achill seinen Männern zu: „Vergesst nicht, wir sind unbesiegbar. Könnt ihr euch vorstellen, was dort am Strand auf euch wartet? Die Unsterblichkeit! Holt sie euch!“

Ohne den tödlichen Hagel von Pfeilen zu beachten, erstürmt er mit seinen wenigen Leuten den Hügel mit dem Apollontempel und erobert ihn. Als er seinen Leuten erlaubt, den Tempel zu plündern, warnt ihn einer seiner treusten Kämpfer: „Der Sonnengott Apoll sieht alles. Vielleicht ist es nicht klug, ihn zu beleidigen.“ Ohne ein Wort zu sagen, holt Achill aus und schlägt der goldenen Statue des Gottes den Kopf ab.

Nachdem er Hektor, den Anführer des trojanischen Heeres, bezwungen hat und durch die List des Odysseus die Stadt eingenommen werden konnte, stirbt er, weil ein Pfeil des Paris ihn an seiner einzig verwundbaren Stelle, seiner Ferse, trifft. Bei Homer lesen wir, dass Apoll den Pfeil gelenkt habe.

Stars und Helden haben gemeinsam, dass sie etwas ganz Besonderes sein wollen, sich einen Namen machen wollen, der auch möglichst nach ihrem Tod noch genannt und gerühmt wird. Man kann diese Haltung Heroismus* nennen. Der Philosoph Werner Becker fasst das Streben nach Ruhm, Prestige, Status und Ansehen unter den Begriff der Selbstbehauptung* gegenüber der Angst vor dem Tod und der Vergänglichkeit. Biologisch kann man dieses Streben auch als Imponiergehabe* erklären. Im Alltag äußert es sich als Angeberei.

M 36

3 Das Gemälde trägt den Titel „Der Platzhirsch“. Beschreibe das Bild und erkläre, welches Verhalten man meint, wenn man diese Bezeichung im übertragenen Sinn auf bestimmte Personen bezieht.

„Muck nicht auf Alta!“

M 37

Nachricht: „Muck nicht so auf! Wir werden euch kriegen Altaaahhh!“
Antwort: „Ah scheiß drauf, du kind, du internet ganxta, du weißt nicht mit wem du dich hier anlegst halt lieber deine fresse.“
Nachricht: „In Köln gibt's fast in jedem Bezirk eine Gang. Es gibt zu viele Gangs die meinen hart zu sein wobei sie die größten PISSA sind die man sich vorstellen kann (ya genau euch meinen wir). Aber nicht nua euch sondern auch andere Gangz wie die Wesselinga oder Brühl Mitte Gangxta posen viel zu viel und scheissen sich bei jedem stress den es gibt ein. Und jeder der sagt Köln ist schwul soll sich mal f... und nach köln kommen und uns das ins gesicht sagen!!!“
Nachricht: „Gebt ihr an mit eurem kölner ghettostyle wa? kommt doch mal nach berlin und dann wisst ihr was abgeht. wir plätten euch kids alle!“
Auf Bildern präsentieren sich die Jugendlichen in Hip-Hop-Klamotten und Bodybuilder-Posen, mal mit Baseballschläger oder Schlagring in der Hand, mal mit einem Pitbull-Terrier an der Leine. In Foren stimmen sie darüber ab, welche Gruppe gerade „die Macht in Köln“ hat und welches „Girl“ das hübscheste im Viertel ist. „Jasmina ist die geilste, aber Finger weg, du Asi. Das ist meine Schwester“, schreibt ein 16-Jähriger. In virtuellen Gästebüchern überbieten sich die verfeindeten Cliquen mit wüsten Schimpfereien, brüsten sich mit ihren Straftaten oder verabreden sich zu Schlägereien.
„Kommt Würzburgerstraße morgen 15 Uhr, ihr Spacken! Wir kriegen euch alle“, droht eine Gruppe aus dem Kölner Westen einer anderen. Ist das bloß harmloses Imponiergehabe pubertierender Jungs? „Nein, das ist sehr ernstzunehmen“, betont der Berliner Diplom-Kriminologe Frank Josef Robertz vom Institut für Gewaltprävention und angewandte Kriminologie. Robertz ist Experte für Jugendkriminalität. „Auf diesen Internetseiten bauen sich die Jugendlichen eine Gegenwelt auf, die für Erwachsene schwer zu kontrollieren ist. Die Jugendlichen stellen sich auf ihren Seiten als Gewalttäter dar, versuchen so, sich das Ansehen in der Gruppe zu holen, und geben sich Anregungen für weitere Straftaten.“

Kölner Stadtanzeiger, 19. 4. 2006

4 Worin scheinen diese Jugendlichen den Sinn ihres Lebens zu suchen?
5 Wie kann man ihr Verhalten erklären? Fallen dir andere Beispiele ein?
6 Welche Erklärung liefert der folgende Text?

Das Imponiergehabe

M 38

Das Imponiergehabe muss als Erbe unserer tierischen Vergangenheit angesehen werden, als es von Bedeutung war, dass nur die stärksten *Männchen* ihr Erbmaterial an die *Weibchen* weitergaben, um die jeweilige Art möglichst vorteilhaft zu erhalten. Allerdings wurde die Zurschaustellung der *Stärke* bisweilen so übertrieben, dass es dadurch schon eher zu einer Behinderung kam. Berühmtes Beispiel aus der Tierwelt hierfür sind die Geweihe mancher Hirscharten, die in der Praxis im Grunde zu gar nichts mehr gut sind und die Tiere sogar noch in ihrem *Alltag* benachteiligen. Sie dienen fast nur noch zum Kampf gegen die „Mitbewerber“ um die Weibchen (wohl nie mit ernsthaften Verletzungen verbunden) und um die Weibchen durch möglichst „kampftüchtiges“ Aussehen zu beeindrucken. Das soll dann ihnen anzeigen, dass sie eben gerade von den Männchen „mit den größten Geweihen“ am besten verteidigt werden können, dass sie also hier auch für sich selbst und ihre notwendige Brutpflege den besten Schutz genießen, was ja dann auch wiederum im Interesse der Arterhaltung ist. Da die Weibchen nun stets die Hirsche mit den größten Geweihen bevorzugen, fördern sie sozusagen die Bildung größerer Geweihe, züchten also geradezu Hirsche mit größerem Imponiergehabe heran. Diese tierische Veranlagung steht allerdings einem Zusammenwachsen der ganzen Menschheit zu einer einzigen großen Familie im Wege und dürfte mit dafür verantwortlich sein, dass wir Menschen uns immer wieder in schrecklichste Kriege und in Imponiergehabe der Männer untereinander und gegenüber Frauen und Mädchen eigentlich immer nur als hohl und unbrauchbar für unseren zwischenmenschlichen harmonischen Umgang miteinander erweisen.

Michael Preuschoff, Internet

Dem Führer folgen – nicht in die Ewigkeit, sondern ins Schlachthaus

M 39

1 Wie lässt sich Hitler auf diesem Bild des nationalsozialistischen Malers Herbert Lanzinger darstellen? Beschreibe die Kleidung, die Haltung und den Blick Hitlers. Welche Haltung gegenüber Tod und Gefahr will der Maler zum Ausdruck bringen?

2 1933 wurde Hitler in der letzten freien Wahl vor dem von ihm ausgelösten Krieg von einer knappen Mehrheit der Deutschen zum Reichskanzler gewählt. In den kommenden Jahren wurde er von der nationalsozialistischen Propaganda als Held dargestellt. Welche Hoffnungen und Erwartungen wollte sie dadurch erzeugen? Sammle einige Stichworte und überlege, wieweit diese etwas mit der Bewältigung der Todesangst zu tun haben.

3 Wie verbinden die beiden nationalsozialistischen Dichter in den folgenden Gedichten ihre Erwartungen an Hitler mit der Hoffung auf die Bewältigung der Angst vor dem Tod?

M 40 Der Held

Einer geht und ist der Held,
und die andern folgen gern,
schreiten mit ihm durch das Feld,
streiten unter gleichem Stern.
Folgen in die Ewigkeit,
fragen nicht nach Leid und Tod;
denn sein Wort ist ihre Zeit,
seine Taten sind ihr Brot.

Einer geht und ist der Held,
seines Volkes Herr und Knecht,
und wie er die Fahne hält,
werden Schwur und Fluch zum Recht.
Und er spricht es in die Zeit,
ehern wie ein Gott gebot,
und es flieht vor ihm das Leid,
und es stirbt an ihm der Tod.

Herbert Böhme (1907–1971)

M 41 Brüder, was bleibt ...

Brüder, was bleibt von unserer Zeit?
Runen, die leuchten in Ewigkeit!
Unsere Leiber werden vergehen,
Werden als Staub in die Winde wehen.
Unsere Lieder werden verklingen.
Anders werden die Kommenden singen.
Unsre Gebärden und unsere Worte
Schluckt des Vergessens mächtige Pforte,
Aber vom Rund mit den steinernen Stufen
Werden die Chöre der Zukunft rufen.
Und auf den Straßen, die wir bauten,
Die erst die Enkel vollendet schauten,
Werden in hundert und tausend Jahren
Sausenden Schwungs die Wagen noch fahren.
Unverwittert wird's dauern und bleiben,
Und darüber, Beginn und Amen,
Leuchtendste Rune: des Führers Namen!

Heinrich Anacker (1901–1971)

4 1943 schrieb Bertolt Brecht (s. S. 100ff.) im Exil in Amerika die folgende Parodie [Spottlied] auf das Horst-Wessel-Lied, die Parteihymne der NSDAP. Welche Rolle nimmt Hitler in Brechts Sicht ein?

5 Male zu dieser Parodie ein Bild und vergleiche es mit dem des Graphikers A. Paul Weber (1893–1980).

Der Kälbermarsch

M 42

Hinter der Trommel her
Trotten die Kälber
Das Fell für die Trommel
Liefern sie selber.
Der Metzger ruft. Die Augen fest geschlossen
Das Kalb marschiert mit ruhig festem Tritt.
Die Kälber, deren Blut im Schlachthof schon geflossen
Sie ziehn im Geist in seinen Reihen mit.

Sie heben die Hände hoch
Sie zeigen sie her
Sie sind schon blutbefleckt
Und sind noch leer.
[...]

Sie tragen ein Kreuz voran
Auf blutroten Flaggen
Das hat für den armen Mann
Einen großen Haken.
[...]

Bertolt Brecht, 1943

A. Paul Weber: Das Verhängnis, 1932

6 In seinem Buch „Mein Kampf" (1925) setzt sich Hitler schon im Titel als Held ins Szene. Im Zusammenhang mit dem Führerprinzip spricht er von dem aristokratischen Prinzip der Natur und setzt es dem demokratischen entgegen. Aristokratie heißt eigentlich: Herrschaft der Besten. Was nennt Hitler in dem folgenden Text als einziges Merkmal der Besten und wen zählt er wohl dazu, denen die Führung und der höchste Einfluss im Volk gesichert werden muss?

7 Welche Konsequenzen hatte diese Wertung? Fragt euren Geschichtslehrer und informiert euch über die nationalsozialistische Schreckensherrschaft.

Raubtiermoral als politisches Prinzip

M 43

Der Stärkere hat zu herrschen und sich nicht mit dem Schwächeren zu verschmelzen, um so die eigene Größe zu opfern. Nur der geborene Schwächling kann dies als grausam empfinden, dafür aber ist er auch nur ein schwacher und beschränkter Mensch; denn würde dieses Gesetz nicht herrschen, wäre ja jede vorstellbare Höherentwicklung aller organischen Lebewesen undenkbar. [...]

So muss sein Handeln gegen die Natur zu seinem eigenen Untergang führen. Hier freilich kommt der echt judenhaft freche, aber ebenso dumme Einwand des modernen Pazifisten: „Der Mensch überwindet eben die Natur!" Millionen plappern diesen jüdischen Unsinn gedankenlos nach und bilden sich am Ende wirklich ein, selbst eine Art von Naturüberwindern darzustellen. [...]

Eine Weltanschauung, die sich bestrebt, unter Ablehnung des demokratischen Massengedankens, dem besten Volk, also den höchsten Menschen, diese Erde zu geben, muss logischerweise auch innerhalb dieses Volkes wieder dem gleichen aristokratischen Prinzip gehorchen und den besten Köpfen die Führung und den höchsten Einfluss im betreffenden Volk sichern. [...] Das Aussuchen dieser Köpfe besorgt, wie schon gesagt, vor allem der harte Lebenskampf selbst. Vieles bricht und geht zugrunde, erweist sich also doch nicht als zum Letzen bestimmt, und wenige nur erscheinen zuletzt als auserwählt.

Adolf Hitler, 1925

Hitler und die Nationalsozialisten verehrten den Philosophen Friedrich Nietzsche (1844–1900). Dieser aber wäre wohl nie in die NSDAP eingetreten. Er verachtete die Deutschen als Pöbel, weil sie ihn zu seiner Lebenszeit als Philosophen nicht anerkannten, und war der Meinung, dass seine Philosophie Dynamit und deshalb nur für wenige bestimmt sei. Er glaubte nicht an eine jenseitige Welt und stellte deshalb auch die herkömmliche Moral, die sich darauf stützt, in Frage.

Hitler vor der Nietzschebüste, 1932

8 Versuche aus dem folgenden Text von Nietzsche zu erschließen, was Hitler wohl an Nietzsches Lehre bewundert hat, obwohl dieser kein Nationalist war.

M 44 Die blonde Bestie

[Die vornehmen Rassen] genießen da die Freiheit von allem sozialen Zwang, sie halten sich in der Wildnis schadlos für die Spannung, welche eine lange Einschließung und Einfriedigung in den Frieden der Gemeinschaft gibt, sie treten in die Unschuld des Raubtier-Gewissens *zurück*, als frohlockende Ungeheuer, welche vielleicht von einer scheußlichen Abfolge von Mord, Niederbrennung, Schändung, Folterung mit einem Übermute und seelischen Gleichgewichte davongehen, wie als ob nur ein Studentenstreich vollbracht sei, überzeugt davon, dass die Dichter für lange nun wieder etwas zu singen und zu rühmen haben. Auf dem Grunde aller dieser vornehmen Rassen ist das Raubtier, die prachtvolle nach Beute und Sieg lüstern schweifende *blonde Bestie* nicht zu verkennen; es bedarf für diesen verborgenen Grund von Zeit zu Zeit der Entladung, das Tier muss wieder heraus, muss wieder in die Wildnis zurück – römischer, arabischer, germanischer, japanesischer Adel, homerische Helden, skandinavische Wikinger – in diesem Bedürfnis sind sie sich alle gleich. [...] Diese „Kühnheit" vornehmer Rassen, toll, absurd, plötzlich, wie sie sich äußert, das Unberechenbare, das Unwahrscheinliche selbst ihrer Unternehmungen, [...], ihre Gleichgültigkeit und Verachtung gegen Sicherheit, Leib, Leben, Behagen, ihre entsetzliche Heiterkeit und Tiefe der Lust in allem Zerstören, in allen Wollüsten des Siegs und der Grausamkeit – [...] Man mag im besten Rechte sein, wenn man vor der blonden Bestie auf dem Grunde aller vornehmen Rassen die Furcht nicht los wird und auf der Hut ist: Aber wer möchte nicht hundertmal lieber sich fürchten, wenn er zugleich bewundern darf [...]?

Friedrich Nietzsche, 1887

In William Shakespeares (1564–1616) Drama „Macbeth" geht die Hauptperson ebenso wie Hitler über Leichen. Er tut alles, um den schottischen Thron besteigen zu können. Als seine Gegner zurückschlagen und seine Lage aussichtslos wird, zieht er Bilanz. Seine Grundhaltung endet im Nihilismus (lat. nihil = nichts).

M 45 The poor player

Life's but a walking Shadow, a poor Player,
That struts and frets his hour upon the Stage,
And then is heard no more. It is a Tale
Told by an Idiot, full of sound and fury
signifying nothing.

Was ist Leben?

Ein Schatten, der vorüber streicht! Ein armer Gaukler,
Der seine Stunde lang sich auf der Bühne
Zerquält und tobt; dann hört man ihn nicht mehr.
Ein Märchen ist es, das ein Thor erzählt,
Voll Wortschwall, und bedeutet nichts.

William Shakespeare, 1606

Die zwei Wege im Umgang mit dem Wissen um den Tod

1 Was haben Religionen und Philosophie mit dem Wissen um den Tod zu tun?

Das Heilmittel

M 46

Das Tier lebt ohne eigentliche Kenntnis des Todes: Daher genießt das tierische Individuum unmittelbar die ganze Unvergänglichkeit der Gattung, indem es sich seiner nur als endlos bewusst ist. Beim Menschen fand sich, mit der Vernunft, notwendig die erschreckende Gewissheit des Todes ein. Wie aber durchgängig in der Natur jedem Übel ein Heilmittel, oder wenigstens ein Ersatz beigegeben ist; so verhilft dieselbe Reflexion, welche die Erkenntnis des Todes herbeiführte, auch zu metaphysischen Ansichten, die darüber trösten, und deren das Tier weder bedürftig noch fähig ist. Hauptsächlich auf diesen Zweck sind alle Religionen und philosophischen Systeme gerichtet, sind also zunächst das von der reflektierenden Vernunft aus eigenen Mitteln hervorgebrachte Gegengift der Gewissheit des Todes. Der Grad jedoch, in welchem sie diesen Zweck erreichen, ist sehr verschieden, und allerdings wird eine Religion oder Philosophie viel mehr, als die andere, den Menschen befähigen, ruhigen Blickes dem Tod ins Angesicht zu sehn. *Arthur Schopenhauer, 1844*

2 Der deutsche Philosoph Arthur Schopenhauer (1788–1860) spricht von einem Heilmittel. Heilmittel werden gewöhnlich in einer Apotheke verkauft. Du kannst das Sprachbild ausmalen, indem du eine Geschichte erzählst oder ein Bild dazu malst. Überlege dir z. B.: Wer hat das Heilmittel hergestellt? Wo bekommt man es? Wie ist es zusammengesetzt? Wie viel kostet es, oder bekommt man es umsonst? Wie ist es mit „Risiken und Nebenwirkungen"?

3 In Anlehnung an Gedanken und Begriffe des Philosophen Werner Becker (s. S. 195) kann man im Wissen des Menschen um den Tod fünf Gedankenschritte unterscheiden.

Fünf Schritte im Wissen um den Tod

M 47

1. In einem ersten Schritt geht es um das Bewusstwerden der Sterblichkeit, das den Menschen grundlegend vom Tier unterscheidet. Der Mensch kann darauf mit Annahme oder Abwehr reagieren, kann aber nicht mehr dahinter zurück. Indem er sich bewusst geworden ist, dass der Tod nicht nur das andere Tier in seinem Rudel oder seiner Herde bedroht und schmerzhaft erfasst, sondern auch unausweichlich ihn selbst erreichen wird, ist er aus dem Paradies des zeitlosen Lebens herausgefallen und weiß, dass er sterblich ist. Er hat gewissermaßen von der Frucht der Erkenntnis des Guten und Bösen genossen.
2. In einem zweiten Schritt verbindet sich mit der Anerkennung der Tatsache der eigenen Sterblichkeit das existentielle Dilemma [s. S. 195] des Menschen. „Einerseits akzeptiert man, wie alle sterblich zu sein. Andererseits versteht man sich, in Auflehnung dagegen, als einzige mögliche Ausnahme. Die Intensität [Eindringlichkeit] der Dramatisierung, mit der die Auflehnung gegen das Sterbenmüssen einhergeht, macht zugleich den zentralen Gehalt des Individualitätsbewusstseins aus. Die spezifische Art und Weise, wie Menschen auf das Wissen um den Tod reagiert haben, ist für das menschliche Individualitätsbewusstsein charakteristisch." (*Becker, Werner:* Das Dilemma der menschlichen Existenz: die Evolution der Individualität und das Wissen um den Tod. Stuttgart u. a. 2000. S. 27)
3. Der dritte Schritt betrifft die besondere Ausprägung des menschlichen Individualitätsbewusstseins. Ist der Mensch sich einmal seiner Vergänglichkeit bewusst geworden, bleiben ihm nur zwei grundsätzliche Möglichkeiten:
Die eine ist der Weg der Teilhabe oder Partizipation. Dieser findet seine Bestimmung letztlich nur in der Teilhabe an einem überindividuellen unsterblichen Wesen. Die andere ist der Weg der Selbstbehauptung, des Heroismus und der Individuation.
Der eine Weg bedeutet einen weitgehenden Verzicht auf Ausgestaltung der eigenen Individualität durch

„Externalisierung“ [Entäußerung] alles Besonderen. Der andere bedeutet eine Steigerung des Besonderen durch Theatralik „grandioser Selbstinszenierung“. Dabei wird Denken und Handeln durch das Suchen oder sogar die Sucht nach Ruhm und Ansehen bestimmt.
In seiner individuellen Lebenspraxis wird jeder eine für sich charakteristische Mischung der beiden grundsätzlichen Möglichkeiten suchen und finden.

4. Man kann in einem vierten Schritt *Teilhabe und Selbstbehauptung* als grundlegende kulturelle Betätigungen unterscheiden. Religiös geprägte Kulturen gehören sicher zu den ersteren. *Religion* kann man als den Versuch betrachten, das Dilemma von Besonderheit und Einzigartigkeit auf der einen Seite und von Vergänglichkeit und Bedeutungslosigkeit auf der anderen Seite dadurch zu lösen, dass der Mensch die Vorstellung von Individualität auf ein unsterbliches Wesen überträgt. In der verehrenden Teilhabe an diesem Wesen kann er zwar nicht selbst der Sterblichkeit entgehen, aber an Unsterblichkeit und Unvergänglichkeit in einer wie auch immer gearteten Form teilhaben.
Der Weg der Selbstbehauptung dagegen ist der des *Heroismus* [s. S. 208]. Er versucht mit der Todesangst dadurch fertig zu werden, dass das Selbst seine Größenphantasien auslebt und seine Individualität möglichst grandios inszeniert.
5. In einem fünften Schritt geht es um die Kosten und den Erfolg der Versuche, mit der Todesangst fertig zu werden.

Die Religionskritik hat die Versuche, an einem göttlichen Wesen und seiner Unsterblichkeit teilhaben zu wollen, immer nur für illusionär gehalten und die Anerkennung der Sterblichkeit als verheißungsvollen Weg zu einem selbstbestimmten Leben im Diesseits gepriesen. Werner Becker betont dagegen, dass auch der Weg der Selbstbehauptung zum Scheitern verurteilt sei, weil die Positionen gesellschaftlicher Anerkennung, die die Todesangst verblassen lassen, knapp sind. Immer nur ganz wenige können hoffen, sich einen Namen gemacht zu haben, der noch einige Zeit im Gedächtnis der Menschheit bleiben wird, und selbst die wenigen werden einmal vergessen sein. Der Kampf um die knappen Positionen gesellschaftlicher Anerkennung ist der von Hobbes beschriebene Kampf aller gegen alle [s. S. 118]. Er wirkt besonders dann zerstörerisch, wenn dem einzelnen Menschen eine Perspektive auf die Unsterblichkeit in der jenseitigen Welt fehlt und er sich in der Erkenntnis von der Knappheit der Möglichkeiten, sich von dem existentiellen Dilemma zu entlasten, an einem Kollektivsubjekt im Diesseits orientiert. Das können etwa die Nation oder das Volk sein. So ist z. B. die im Nationalsozialismus entstandene Parole „Du bist nichts, dein Volk ist alles“ zu verstehen.

4 Ordne die folgenden Begriffe in deinem Heft unter die Kategorien Teilhabe oder Selbstbehauptung: Heroismus, Religion, Ehrgeiz, Angeberei, Partizipation, Ruhm, gesellschaftliche Anerkennung, Kollektivsubjekt, Heldentum, Götterglaube. Ergänze die Tabelle durch eigene Begriffe.

M 48 Humor

Es sitzt ein Vogel auf dem Leim,
er flattert sehr und kann nicht heim.
Ein schwarzer Kater schleicht herzu,
die Krallen scharf, die Augen gluh.
Am Baum hinauf und immer höher
kommt er dem armen Vogel näher.

Der Vogel denkt: Weil das so ist,
und weil mich doch der Kater frisst,
so will ich keine Zeit verlieren,
will noch ein wenig quinquilieren
und lustig pfeifen wie zuvor. –
Der Vogel, scheint mir, hat Humor.

Wilhelm Busch, 1874

5 Man hört manchmal den Satz „Humor* ist, wenn man trotzdem lacht“. Man erfährt aber nie, trotz was. Wie würdest du diese Frage nach der Arbeit an dem Kapitel über das Bewusstsein des Todes beantworten?

6 Betrachte die folgenden Materialien und überlege, ob Humor eine dritte Möglichkeit des Umgangs mit dem Todeswissen sein kann.

Der Philosoph und Psychologe Philipp Lersch hat (1898–1972) den Humor mit dem Kampf um Anerkennung in Verbindung gebracht.

Über sich selbst lachen können

M 49

Humorlos [...] ist jeder, der die Unzulänglichkeiten des Daseins, vorab die seiner Mitmenschen, zu wichtig nimmt und böse Miene macht zum guten Spiel. Was ihm fehlt, ist jene Einstellung, die Dinge und Umstände, Menschen und menschliche Verhältnisse in den Unzulänglichkeiten und Schwächen des irdischen Daseins durchschaut, immer aber im sicheren Besitz eines Standortes, von dem aus diese Unzulänglichkeiten und Schwächen selbst wieder relativiert, liebevoll verstanden und verziehen werden.

[...]

Ironie, Spott und Hohn, Sarkasmus und Zynismus wollen triumphieren, sie sind Attitüden der Überlegenheit und Überheblichkeit, demonstrative Hinweise, wie anders, besser und klüger man selbst ist. Wenn aber der Humor wesentlich kritisch ist, so beginnt seine Kritik bei sich selbst. Die eigene Person allzu wichtig nehmen und nicht über sich selbst lachen können, ist immer ein Zeichen von Humorlosigkeit. Wo der Abstand zu sich selbst fehlt, da fehlt auch der Humor.

Das gilt für alle Menschen, bei denen die Ansprüche der eigenen Wichtigkeit im Vordergrunde stehen. [Humor dagegen] hat den Willen, ohne Illusionen zu leben, und die Kraft, dennoch das Leben zu bejahen.

Philipp Lersch, 1970

M 50

7 Ist der Cartoon ein Beispiel für Humor im Sinne von Philipp Lersch? Begründe deine Meinung.

M 51

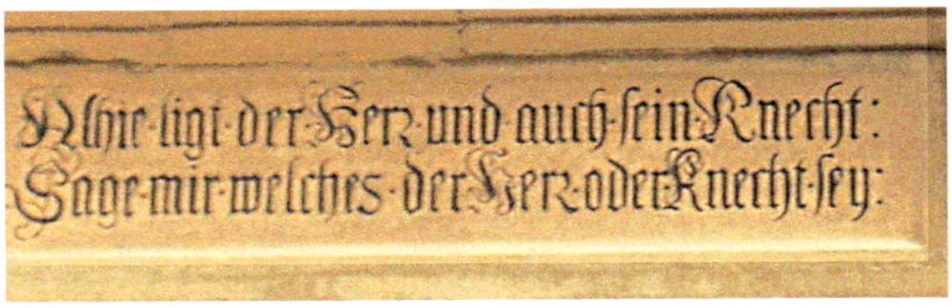

8 An einem prächtigen mittelalterlichen Haus in Wertheim am Main hat der Bauherr diese Skulptur und diesen Spruch angebracht: Hier liegt der Herr und auch sein Knecht. Sage mir, wer der Herr und wer der Knecht ist.
Wie verstehst du den Spruch? Wie passt er zu der Bestimmung von Humor im Text von Philipp Lersch?

Judentum, Christentum, Islam – der Glaube an die Teilhabe an einem Ewigen Leben

Himmelsreiter und Höllentreppe, Flugblatt, zwischen 1606 und 1616.

Richard Matheson
Das Ende ist nur der Anfang
Das Buch zum grossen Kinofilm
Hinter dem Horizont
Das Ende ist nur der Anfang
GOLDMANN

Hinter dem Horizont

1 In dem Film „Hinter dem Horizont“, aus dem das Bild von S. 217 unten stammt, geht es um eine Reise ins Jenseits. Nehmen wir an, eine solche Reise wäre möglich. Wie würdest du dir sie vorstellen?

2 Schreibe einen Reisebericht und male Bilder dazu. Sie werden vielleicht ganz anders aussehen als die Bilder aus dem Film auf den Seiten 217 und 219.

M 1 Das Ende ist nur der Anfang

Der Film erzählt die Geschichte von Chris, einem glücklich verheirateten Kinderarzt. Er liebt seine Frau Annie, eine Malerin, und seine zwei Kinder sehr. Beide Kinder sterben bei einem Unfall, und besonders Annie kommt über den Verlust nur schwer hinweg. Nach einiger Zeit wird auch Chris in einen Verkehrsunfall verwickelt und tödlich verletzt, als er den anderen Beteiligten zu Hilfe eilen will.

Chris erwacht nach dem Unfall zunächst an der Unfallstelle und sieht seinen Körper auf der Straße liegen. Es ist außer ihm noch jemand da, ein Schwarzer, der ihn fragt, was er jetzt erlebe. Chris glaubt, er sei ohnmächtig geworden. Dann sieht er sich im Krankenhaus auf der Intensivstation und weiß immer noch nicht, was geschehen ist. Schließlich ist er zu Hause und sieht die trauernde Familie. Nun kann er zum ersten Mal seinen Begleiter verschwommen wahrnehmen, der versucht, ihm klarzumachen, dass er tot sei. Er glaubt aber, in einem Traum zu sein. Erst als „der Traum“ nach seinem Begräbnis immer noch weitergeht, beginnt ihm zu dämmern, dass sein Begleiter die Wahrheit spricht. Von da an kann er diesen auch deutlich sehen. Er führt ihn in eine phantastische Welt mit unvorstellbaren Farben.

In dem Roman, nach dem der Film gedreht wurde, berichtet Chris, was er von seinem Begleiter über die Welt hinter dem Horizont des irdischen Lebens erfährt: „Ich sah mich voller Verwunderung um. ‚Dann ..., dann ist dies der Himmel?‘ Ich kam mir dumm vor, so etwas zu fragen, doch ich musste es wissen. ‚Ist es ein ... Land? Ein Staat?‘ Er lächelte. ‚Ein Zustand des Geistes.‘ Ich blickte zum Himmel. ‚Keine Engel‘, sagte ich und wusste, dass meine Worte nur zur Hälfte ein Spaß hatten sein sollen. ‚Es gibt sie, wenn man daran glaubt‘, lenkte er ein und verwirrte mich noch einmal. ‚Wie ich schon sagte, dies hier ist ein Zustand des Geistes.‘ [...] Ich bekam eine Ahnung davon, was er meinte, aber sicher war ich nicht. Ich denke, das spiegelte auch mein Gesichtsausdruck wider, denn er lächelte und fragte: ‚War das zu unverständlich? Dann sieh es doch so. Verändert sich die Existenz eines Menschen in irgendeiner Weise, wenn er sich seinen Mantel auszieht? Genauso wenig verändert sie sich, wenn der Tod ihm den Mantel seines Körpers nimmt. Er ist immer noch die gleiche Person. Der Tod ist einfach nur eine Fortsetzung auf einer anderen Ebene.‘“

Chris hat Sehnsucht nach seiner Frau Annie. Er kann auch in seine frühere Lebenswirklichkeit zurückkehren und seine Frau besuchen. Aber seine Frau spürt seine unsichtbare Gegenwart und ängstigt sich davor. So wird ihm klar, dass er sie in Ruhe lassen muss. Das ist sein Abschied von der „alten“ Welt.

Als Annie sich nach einiger Zeit aus Kummer über den Verlust ihrer Kinder und ihres Mannes umbringt, versucht sein Führer, Chris klarzumachen, dass er sie niemals wiedersehen könne, weil sie eine Selbstmörderin sei. Chris ist über diese Aussage empört: Wieso soll seine Frau nun in der Hölle sein, wo sie doch schon so viel im Leben ertragen musste? Sein Begleiter macht ihm klar, dass das keine Strafe sei, sondern nur eine logische Konsequenz aus ihrem Geisteszustand. Selbstmörder könnten nicht anders, als eine kaputte Welt zu erschaffen. Sie hätten ja ihren Glauben an das Leben verloren. Daher können sie keinen Kontakt zu den Lebendigen haben. Als Chris das nicht akzeptieren will, erklärt sein Begleiter, er werde für eine Reise in die Welt seiner Frau einen Spurenleser engagieren. Sie treffen den Spurenleser in einer riesigen, überirdischen Bibliothek. Zusammen machen sie sich auf den Weg. Auf dem Weg durch die Hölle erblickt Chris entsetzliche Bilder. Hier sein Bericht:

„Mühsam suchten wir uns einen Weg zwischen den Gestalten, die beinahe überall lagen. Manche zuckten in Krämpfen, andere schienen epileptische Anfälle zu haben. Einige krochen buchstäblich wie Schlangen umher, andere lagen starr wie Leichen. Alle sahen wie Tote aus. Was ich in dem schwachen Licht, das wir mit uns trugen, erkennen konnte, schüchterte meine Seele voll-

ends ein. [...]
Dann sah ich in unregelmäßigen Abständen auf dem Teil des Kraterbodens, den wir durchquerten, Teiche mit dunkler, schmutzig aussehender Flüssigkeit. Ich zögerte, sie Wasser zu nennen. Ein ekelhafter Gestank, schlimmer als alles, was ich je gerochen hatte, stieg aus diesen Löchern auf. Starr vor Entsetzen sah ich, dass sich darin etwas bewegte, als ob Unglückliche hineingefallen waren und nun nicht mehr an die Oberfläche emporsteigen konnten."
Schließlich landen sie in einem auf den Kopf gestellten hohen gotischen Kirchengewölbe. Hier erklärt der Spurenleser, die Liebe seiner Frau hätte ihn den Weg zu ihrem Haus finden lassen. Chris betritt das Haus und findet seine Frau. Alles ist in einem desolaten Zustand. Fast verzweifelt er daran, dass sie ihn nicht erkennt. Erst nach vielen Schwierigkeiten gelingt es ihm, seine Frau zur vollen Erinnerung zu führen. Nun gelangen sie in die Welt, die Chris sich zuvor erträumt hatte, vereint mit ihren beiden Kindern. Sie erkennen sich als Zwillingsseelen und entschließen sich zu einer Wiedergeburt. In der letzten Szene des Films spielen zwei Kinder auf einem Bootssteg. Beide lassen kleine Spielzeugboote auf dem Wasser fahren. Und diese stoßen zusammen. Da sehen sie sich an, lächeln und gehen aufeinander zu. Sie haben sich in der nächsten Welt wiedergefunden.

M 2

Der Film „Hinter dem Horizont" und der Roman „Das Ende ist nur der Anfang" von Richard Matheson (* 1926), nach dem der Film gedreht wurde, spielen fast ausschließlich im Jenseits. Sie bieten erstaunliche Bilder und Motive von dem, was man sich hinter dem Horizont des Diesseits vorstellt: Eine Reise ins Jenseits, die Verwirklichung aller Wünsche, der Körper als Mantel, Himmel, Hölle, das Wiedersehen mit den toten Angehörigen, die Wiedergeburt usw. Im folgenden Unterkapitel geht es um die Frage, woher diese Vorstellungen stammen.

3 Nimm noch einmal deine Ergebnisse aus den Arbeitsanregungen 1 und 2 zur Hand. Wieweit stimmen die Motive des Films mit deiner Geschichte und deinen Bildern überein?

4 Suche im Internet oder in Lexika nach den Geschichten von Orpheus und Euridike, die der römische Dichter Ovid überliefert, und nach der „Göttlichen Komödie", die der mittelalterliche Dichter Dante geschrieben hat. Vergleiche ihren Inhalt mit der Geschichte des Films.

5 Versuche herauszufinden, in welchen Religionen der Gedanke der Wiedergeburt eine Rolle spielt.

Ägyptische Vorstellungen von der Reise ins Jenseits

Die ausführlichsten und ältesten Beschreibungen einer Reise ins Jenseits stammen aus dem alten Ägypten. Schon vor 5000 Jahren ließen sich dort die Pharaonen, die Könige, und die hohen Beamten sehr aufwändig bestatten. Sie wurden einbalsamiert, dann rüstete man die Mumie mit zahlreichen kostbaren Grabbeigaben für die Reise ins Jenseits aus. Über dem Grab wurde ein Palast für den Toten, eine Mastaba, errichtet, der dem Palast für den Lebenden kaum nachstand. Indem man mehrere solcher Mastabas übereinander errichtete, entstand die Form der Pyramide. Die berühmteste ist die Cheops-Pyramide in Gise. Sie ist 147 Meter hoch. Aus den in den Gräbern gefundenen Totenbüchern, die dem Toten eine Hilfe auf seiner gefahrvollen Reise sein sollten, können wir entnehmen, wie die Ägypter sich die Reise in Jenseits vorstellten.

M 3 Reise ins Jenseits

Die große und letzte Reise beginnt mit der Trennung des geistigen „Ka“ vom stofflichen Leib. Das „Ba“, die Seele des Menschen, wird des irdischen Lebens enthoben und schwebt ratlos um den Leichnam. Die mitleidige Göttin Isis nimmt sie unter ihre liebevollen großen Flügel und vertraut sie dem weisen Gott Anubis an, um sie zu trösten und als Führer bis zum göttlichen Gericht zu stärken.

Die beiden machen sich auf den Weg zu den Grenzen der Welt, und zwar zu einem der vier Gebirge, welche den Himmel tragen. [...] Nach Überwindung des sehr hohen Berges fährt die Seele mit einem Boot in die „Galerie der Nacht“. Anubis gelingt es, den Nachen durch vielfache Strudel und Buchten zu steuern, die von der Riesenschlange Apofis stammen (ein Unterwelt-Tier, das in einer Art Hölle haust). Schließlich dringt der Nachen ins Kerngebiet der Unteren ein, nämlich ins „Reich der geheimen Dinge“.

Die Ufer und Wassermassen wimmeln von monströsen Wesen, die sich auf die Reisenden stürzen. [...] Überall Geheul, furchtbare Drohungen, herzzerreißende Klagen von wandernden Schatten, von Wesen, die der Geist zurückgewiesen hat, menschliche Larven ohne Köpfe und Feinde des Osiris. Zur Verteidigung und dem Beistand durch Anubis tragen göttliche Lichtwesen bei, die sich schweigend um die schwache, vom Entsetzen fast vernichtete Seele des Verstorbenen scharen.

Am Ende gelangt man an die Grenzen des düsteren Reiches [...]. Um hinauszukommen, muss man sieben Tore durchschreiten, und um in den großen Saal des Osiris zu gelangen, zwischen zehn Pfeilern hindurchgehen. Jede Tür wird von drei Gottheiten bewacht: dem Zaubergott, dem Hütergott und dem Gott des Verhörs. Um hindurchgehen zu können, muss die Seele die angemessenen Zauberworte kennen und den geheimen Namen des Wächters der Schwelle, wonach sie dann sagen kann: „Öffnet mir die Tür, werdet mein Führer.“

Nach Überwindung der sieben Türen beginnt der Gang durch die zehn Pfeiler, und jeder Gott und Herr des Pfeilers offenbart ihm seinen „geheimen Namen“ für die Ewigkeit.

Nach dem letzten Pfeiler betritt die Seele den „Großen Saal der Gerechtigkeit des Osiris“. Ringsum sind die Götter des Alls, die kosmischen „Ka“, Bilder des gleichen absoluten Gottes, in dem sie sich in tausend Farben widerspiegeln. In der Mitte erhebt sich eine Stufenpyramide, welche die von der langen Erprobung matte Seele mit beständiger Unterstützung des guten Anubis ersteigt. Auf der oberen Plattform der Pyramide befinden sich die vier obersten Richter, das heißt die Paare, welche den Ursprung des Geschaffenen bewirkt haben: Shu und Tefnut (Luft und Wasser), Geb und Nut (Erde und Himmel). Diese Richter sind als reiner Ausdruck der göttlichen Schöpfung mit Osiris gegenwärtig. Zu Füßen des Gottkönigs des Jenseits steht die riesige Waage für das „Wiegen des Herzens“.

Damit ist der Höhepunkt erreicht, die Seele steht allein vor dem höchsten Gott und muss beweisen, „niemals jemand etwas Böses angetan zu haben“.

Hohe und klare Ideale haben den Prüfling sein ganzes Leben lang geleitet: „Wenn du groß bist, nachdem du klein gewesen bist, wenn du reich bist, nachdem du arm gewesen bist, sollst du nicht mit deinen Reichtümern geizen, weil sie dir als ein Geschenk Gottes zugefallen sind ... Wenn sie dir also als ein Geschenk Gottes zufielen ... Wenn du also deine Felder bestellst und sie dir Frucht tragen, sollst du nicht nur den eigenen Mund stopfen, gedenke deines Nächsten und dessen, dass die Fülle dir von Gott gegeben wurde ...“

[...] Sobald die Seele ihre Handlungen bekannt hat, wird ihr Herz – das sie enthält – gewogen. Anubis selbst legt das Gefäß mit dem Herzen auf die eine Waagschale, und auf die andere legt er das Gegengewicht, das heißt die Feder von Maat, der Göttin der Wahrheit. Dann löst er den Waagebalken.

Der Gott Thot verzeichnet die Handlungen, während von der Erde das Ungeheuer Amenuit (aus Krokodil, Löwe und Nilpferd) herbeikommt, bereit die verlierende Seele zu verschlingen und sie in das Dunkel [...] zu bringen.

Wenn das Herz leichter als die Feder ist, ist die Seele „gerechtfertigt", und der geistige „Ka" kehrt zurück, um sie für die Ewigkeit zu beleben. Einige Papyri stellen diesen bezaubernden Augenblick dar mit dem Bild der ausgestreckten Mumie auf der Höhe einer Stufenpyramide, wie sie den unendlichen Raum betrachtet, während acht weiße Gestirne niederzusinken und sie langsam zu durchdringen scheinen.

Damit beginnt das Leben im Paradiese, das heißt in den „Feldern von Jalu". Zunächst reinigt sich die Seele von allen irdischen Schlacken durch ein Bad im „Lotos-See". Danach, wie rein und jugendlich im Schoß der Muttergöttin Mut, wächst sie heran und arbeitet als Selige in den paradiesischen Gefilden. Mit ihren Lieben wieder vereinigt, geht sie zur Jagd und fischt am Ufer des himmlischen Nils. In dies verzauberte Leben in der Natur, in diese Rückkehr ins goldene Zeitalter der Herrschaft des Osiris auf Erden, dringt allmählich das Sonnenreich des reinen Geistes ein. Die gereinigten Seelen steigen immer höher auf der Leiter aus den Lichtstrahlen von Aton-Ra, bis sie die „Barke der Wahrheit" erreichen.

A. C. Carpiceci, 1996

Reise ins Jenseits

M 4

a) b) c) d)

e) f) g) h)

i) j) k) l)

m) n) o)

(...) Probe der Zehn Pylone am Eingang
(...) Beginn der Reise unter dem Schutz der Isis.
(...) Jagd, Fischfang, Arbeit entlang des „Himmlischen Nils".
(...) Ankunft am westlichen Gebirge, dem Tor der Unteren.
(...) Niederfahrt auf dem Fluss des „Stollens der Nacht", Reise im düsteren Reich von Seth.
(...) Trennung des Ka (Geist) und des Ba (Seele).
(...) Die „Feinde von Osiris" bestürmen die Barke.
(...) Die Schlange Apofis versucht, die Durchfahrt zu hindern.
(...) Paviane versuchen, die Barke zu stören.
(...) Anubis führt liebevoll den Verstorbenen.
(...) Die erlöste Seele reinigt sich im Lotos-See.
(...) Gericht vor Osiris. Anubis wiegt das Herz mit der Feder. Thot und das Ungeheuer Amenuit überwachen den Vorgang.
(...) Probe der Sieben Tore am Ausgang.
(...) Ewiges Leben in den paradiesischen „Feldern von Jalu".
(...) Empor auf der „Treppe der Gerechtigkeit". Alle Götter-Ka des Erschaffenen wohnen bei.

1 Ein Zeichner hat die Reise bebildert. Übertrage die oben stehenden Bildunterschriften in dein Heft und versuche, sie den einzelnen mit Buchstaben bezeichneten Abschnitten in der Bildfolge zuzuordnen.

INFO

Die Pyramiden

Der Bau der Paläste und Grabdenkmäler war mit Blut, Schweiß und Tränen verbunden. Dabei sind sehr viele Sklaven ums Leben gekommen. „Als die stolzen Herrscher Cheops und Chefren starben, war der Hass des geschundenen Volkes gegen sie so groß, dass sie in ihren Pyramiden nicht beigesetzt werden konnten. Die gewaltigen Häuser der Ewigkeit blieben leer; denn der Hof fürchtete, dass die balsamierten Leichname bei der Beerdigung von der Wut des Volkes zerfetzt würden. Doch der Pyramidenbau ging weiter, die Sehnsucht der Könige nach Verewigung war größer als ihre politische Einsicht. Auch die folgenden Pharaonen bauten nach dem Vorbild der Ahnen vom Tage des Regierungsantritts bis zum Tod an ihrer Pyramide." (O. Zierer) Aber die Notwendigkeit der aufwändigen Beerdigungen der Herrscher durfte nicht in Frage gestellt werden. Bei vielen Feiern haben die Priester immer wieder die folgende erstaunliche Geschichte von den Göttern Isis und Osiris erzählt. Sie sahen darin eine Rechtfertigung für den Totenkult der Pharaonen.

M 5 Der Mythos von Isis und Osiris

Die Götter Osiris und Isis, Seth und Nephthys waren Geschwister. Als der wichtigste dieser Götter erscheint Osiris. [...] Osiris, der Sohn des Geb und der Nut, hat von seinem Vater das von ihm begründete Königtum übertragen bekommen. Er führt eine glückliche Herrschaft, denn unter ihm gedeihen Ackerbau und Handwerk. Er ist auf dem Throne seines Vaters Geb erschienen „wie die Sonne, wenn sie im Horizont aufgeht, damit sie Licht spende dem, der im Dunkel war". [...] Isis, seine treue Gattin und die besorgte Mutter ihres Kindes Horus, wird zum Ideal der Frau und Mutter.

Aber das Ansehen und die Erfolge des Osiris wecken den Neid seines Bruders *Seth*, des Gatten der Nephthys. Er verschwört sich im Geheimen mit zweiundsiebzig Genossen gegen Osiris und beschließt, ihn zu töten. Er ersinnt eine List und lässt [...] eine herrliche Lade anfertigen, die genau die Größe des Osiris hat, der alle anderen überragt. Bei einem Festmahl, zu dem er Osiris hinterlistig lockt, zeigt er sie. Als die Gäste diese prächtige Arbeit bewundern, verspricht Seth sie im Scherz dem, der in sie hineinpasst. Dieser Vorschlag gefällt, und einer nach dem anderen legt sich nun in den kostbaren Schrein, aber niemand passt hinein. Nur dem Osiris ist sie gerade recht. Wie nun der Gott nichtsahnend darin liegt, springen die Verschwörer hinzu, werfen den Deckel darüber, nageln die Lade zu und werfen sie in den Nil. Seine Wellen treiben den hölzernen Kasten ins Meer. Die Gattin Isis macht sich sofort auf die Suche, als sie von der Trauerkunde hört. Sie findet tatsächlich die Leiche in Byblos in Phönizien, wo sie an die Küste getrieben worden war, und schafft sie nach Ägypten heim. Aber selbst der Leichnam bleibt nicht vor dem Hass des Seth verschont. Er bringt ihn heimlich in seine Gewalt, reißt ihn voll Wut in vierzehn Teile und verstreut die Stücke über das ganze Land. Mit neuer Wehklage durchstöbert Isis alle Verstecke, fährt mit einem Schifflein aus Papyrusschilf durch das Delta und bringt mit größter Mühe die Leichenteile zusammen. Mit Hilfe des Anubis und anderer Götter fügt sie die Glieder aneinander, und Anubis, der Gott mit dem Hundekopf, der Patron der Bestattung, formt daraus die erste Mumie. Er gilt als der große Totengott vor dem Aufstieg des Osiris.

Bevor Osiris begraben werden soll, spricht Isis so mächtige Zaubersprüche über den Leib ihres toten Gatten, dass er ins Leben zurückkehrt und den Gebrauch seiner Glieder wiedererlangt. Er kann zwar sein irdisches Dasein nicht mehr fortführen, aber er wird nun zum lebendigen Herrscher aller Verstorbenen des Totenreiches. Nun sieht man auch in dem verstorbenen Gott ein Vorbild für den verstorbenen Menschen [...]. Der Tote muss nur rituell richtig bestattet sein, dann wird er zu Osiris [...].

Emil Nack, 1980

2 Was kommt dir in dieser Geschichte unwahrscheinlich vor und wie erklärst du dir, warum man solch eine unwahrscheinliche Geschichte erzählt hat?

3 Welche Bedeutung hat die Geschichte für die Herrschaft des Pharao?

4 Solche Geschichten von Göttern, die ungeheure Fähigkeiten besitzen und unwahrscheinliche Taten vollbringen, nennt man Mythen*. Kennst du noch andere ähnliche Geschichten oder Filme, z. B. von den griechischen Göttern? Sammle Beispiele und vergleiche.

Der Ursprung des jüdischen Glaubens: Die Befreiung aus Ägypten

Um 1200 v. Chr. flüchtet ein ganzer Volksstamm, die Hebräer, unter der Führung von Mose aus der Sklaverei in Ägypten. Sie befreien sich gleichzeitig von den Mythen, den Göttergeschichten, der Ägypter. Sie vertrauen nun ausschließlich auf den Gott Jahwe, der sich vorher in der Wüste dem Mose offenbart hatte. Sie ziehen in das Land Kanaan, in das verheißene Land, und gründen dort einen eigenen Staat. Sie nennen sich nun das Volk Israel, d. h. die Gottesstreiter. 500 Jahre später, nachdem nur noch der südliche Teil des Staates mit der Hauptstadt Jerusalem im Gebiet des Stammes Juda übrig geblieben ist, spricht man von Juden.

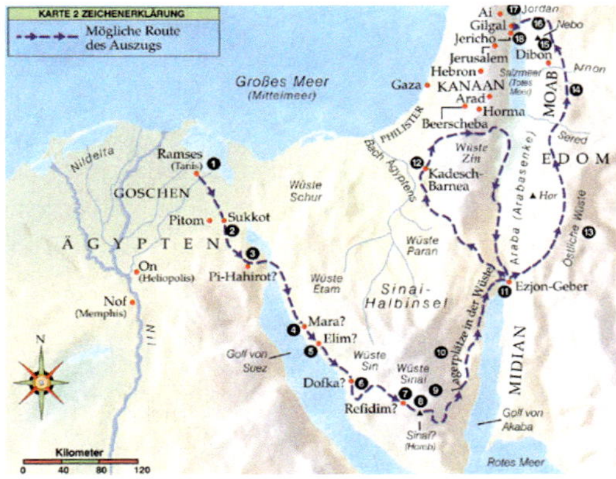

1 Was weißt du vom jüdischen Glauben? Erzähle.

2 Stellt zusammen, was euch in der Arbeitsgruppe dazu einfällt, oder recherchiert im Internet und in Nachschlagewerken.

3 Das Wichtigste, was jüdische Eltern ihren Kindern über ihren Glauben weitergeben, finden sie in der Tora, den fünf Büchern Mose, die auch am Anfang des Alten Testaments der christlichen Bibel stehen. Im fünften Buch Mose finden sich die folgenden beiden Zusammenfassungen des jüdischen Glaubens. Was haben diese gemeinsam?

Zwei jüdische Glaubensbekenntnisse

M 6

[20]Wenn dich nun dein Sohn morgen fragen wird: Was sind das für Vermahnungen, Gebote und Rechte, die euch der HERR, unser Gott, geboten hat?, [21]so sollst du deinem Sohn sagen: Wir waren Knechte des Pharao in Ägypten, und der HERR führte uns aus Ägypten mit mächtiger Hand; [22]und der HERR tat große und furchtbare Zeichen und Wunder an Ägypten und am Pharao und an seinem ganzen Hause vor unsern Augen [23]und führte uns von dort weg, um uns hineinzubringen und uns das Land zu geben, wie er unsern Vätern geschworen hatte. [24]Und der HERR hat uns geboten, nach all diesen Rechten zu tun, dass wir den HERRN, unsern Gott, fürchten, auf dass es uns wohlgehe unser Leben lang, so wie es heute ist. [25]Und das wird unsere Gerechtigkeit sein, dass wir alle diese Gebote tun und halten vor dem HERRN, unserm Gott, wie er uns geboten hat.

5. Mose 6,20ff.

Mein Vater war ein Aramäer, dem Umkommen nahe, und zog hinab nach Ägypten und war dort ein Fremdling mit wenig Leuten und wurde dort ein großes, starkes und zahlreiches Volk. [6]Aber die Ägypter behandelten uns schlecht und bedrückten uns und legten uns einen harten Dienst auf. [7]Da schrien wir zu dem HERRN, dem Gott unserer Väter. Und der HERR erhörte unser Schreien und sah unser Elend, unsere Angst und Not [8]und führte uns aus Ägypten mit mächtiger Hand und ausgerecktem Arm und mit großem Schrecken, durch Zeichen und Wunder, [9]und brachte uns an diese Stätte und gab uns dies Land, darin Milch und Honig fließt.

5. Mose 26,5ff.

Die Juden betonen in ihrem Glaubensbekenntnis immer wieder, dass sie ihrem Gott die Befreiung aus der Sklaverei zu verdanken haben. Sie loben ihren Gott als den großen Befreier.
In einem ihrer wichtigsten Feste, dem Passafest, feiern Juden bis heute die Befreiung aus Ägypten. In frommen Familien spielt sich der Beginn des Festes ungefähr so ab:

M 7 Der Sederabend

VATER: Heute beginnt das Passafest mit dem Sederabend. Sieben Tage wollen wir dieses Fest feiern, wir wollen uns freuen und fröhlich sein.
Jossi, du bist der Jüngste und darfst heute die Fragen stellen.
Seid still: Ich will das Tischgebet sprechen.
Gott, König der Welt, der uns aus allen Völkern erwählt, über alle Nationen erhoben und uns durch seine Gebote geheiligt hat. Und so gabst Du uns in Liebe, Ewiger, unser Gott, Sabbat-Tage zur Ruhe und Feiertage zur Freude, Feste und bestimmte Festzeiten zur Wonne und so *(diesen Sabbat und)* dieses Mazzoth-Fest *[Mazzoth = Mazzen – ungesäuertes Brot]*.
Gelobt sei der Herr!

(Der Vater verteilt die Mazzoth). [...]

VATER: Das ist das Brot des Elends, das unsere Väter in Ägypten gegessen haben. Jeder, der hungrig ist, komme und esse! Jeder, der arm ist, komme und halte Passa! Dieses Jahr hier, nächstes Jahr im Land Israel! Dieses Jahr Knechte, nächstes Jahr frei!

JOSSI: Warum ist diese Nacht anders als alle anderen Nächte?

VATER: Wir waren Sklaven des Pharao in Ägypten, aber der Ewige, unser Gott, führte uns von da heraus mit starker Hand und ausgestrecktem Arm. Hätte der Herr uns nicht aus Ägypten geführt, wir wären auf ewig dort Knechte geblieben. Gelobt sei der Herr, unser Gott, der uns aus der Knechtschaft befreite!

ALLE: Gelobt sei der Herr!

JOSSI: In allen anderen Nächten können wir viele Kräuter essen, in dieser Nacht nur bittere Kräuter. Warum ist das so?

VATER: Als wir in Ägypten waren, ging es uns schlecht. Schwere Arbeit mussten wir leisten: Ziegel brennen und Häuser bauen. Dazu wurden wir mit Stöcken und Peitschen getrieben. Es war eine bittere Zeit. Darum essen wir heute diese Bitterkräuter und tauchen sie in Salzwasser. Das Salzwasser sind unsere Tränen, die wir damals vergossen haben. Gelobt sei der Herr, unser Gott, der unsere Tränen verwandelt!

ALLE: Gelobt sei der Herr!

(Alle tauchen Petersilie, Radieschen und Rettich in Salzwasser und essen).

JOSSI: In allen anderen Nächten können wir gesäuertes und ungesäuertes Brot essen, in dieser Nacht nur ungesäuertes. Warum ist das so?

VATER: Als der Pharao uns nach vielen Plagen, die Gott ihm schickte, ziehen ließ, hatten wir in der Eile des Aufbruchs keine Zeit mehr zum Säuern des Brotes. Darum aßen wir ungesäuerte Brotfladen. Kommt und esst sie jetzt mit mir! [...]

ALLE: Gelobt sei der Herr!

(Alle essen Mazzoth mit Obstbrei)

JOSSI: In allen anderen Nächten können wir Fleisch essen. In dieser Nacht liegt nur ein Lammknochen auf dem Teller. Warum ist das so?

VATER: In der Nacht des Auszugs aus Ägypten schlachtete jede israelitische Familie ein Lamm. Die Türpfosten des Hauses wurden mit dem Blut des Lammes bestrichen. In dieser Nacht starben die ältesten Söhne der Ägypter. In jedem Haus gab es Tränen und Wehgeschrei. An unseren Türen aber war das Unglück vorbeigegangen. Gott hatte uns verschont. Darum heißt das Fest noch heute Passa, das heißt: Vorübergehen.
Gelobt sei der Herr, unser Gott, der uns verschont! [...]

ALLE: Gelobt sei der Herr!

(Alle essen vom Fleisch am Knochen)

VATER: Und nun wollen wir Wein trinken zum Zeichen der Freude, denn Gott hat uns aus der Knechtschaft befreit, er hat unsere Tränen verwandelt, er hat uns satt gemacht, er hat uns verschont! Gelobt sei der Herr, unser Gott!

ALLE: Gelobt sei der Herr!

nach Arik Brauer

INFO

Symbol: Ägypten hat für die Juden eine symbolische Bedeutung. Ein Symbol* ist, wörtlich genommen, ein Zeichen, das seine Bedeutung dadurch erhält, dass zwei Hälften zu sammengebracht werden (griechisch: symballein = zusammenwerfen), die je für sich eher unverständlich sind. Um Symbole zu verstehen, muss man ihren Inhalt mit seelischen Gefühlen verbinden und sich fragen: „Was hat das Symbol mit mir und meinem Leben zu tun?" Dadurch bekommt das Symbol eine „Gefühlsbedeutung".

4 Warum feiern wohl auch heute noch Juden, die nie in Ägypten waren, das Passafest so, als seien sie damals dabei gewesen? Überlege, welche Bedeutung die Geschichte des Volkes Israel für die Juden bis heute hat.

Die ursprüngliche jüdische Hoffung auf ein gelungenes Leben

Nach der Befreiung aus der Knechtschaft in Ägypten empfingen die Israeliten in der Wüste am Sinai die Zehn Gebote durch Mose. Sie glaubten, dass er diese direkt von Gott empfangen habe. Für den jüdischen Glauben hatte die genaue Befolgung der Gesetze Gottes eine große Bedeutung. Fromme Juden beachten nicht nur die Zehn Gebote, sondern noch viele weitere, die in der Tora festgelegt sind.

1 Gewöhnlich meint man, dass die Gebote deswegen gehalten werden müssten, damit man nach dem Tode in den Himmel kommt. Was hältst du von dieser Einstellung?
2 Versuche, aus dem ursprünglichen Text der Zehn Gebote die Gründe zu erschließen, warum die Juden diese so genau befolgen wollen.
3 Welche dieser Gebote gelten deiner Kenntnis nach auch in anderen Kulturen?
4 Die Reihenfolge der Gebote ist nicht unwichtig. Was steht für die Juden an erster Stelle? Was würdest du an die erste Stelle setzen?

Die Zehn Gebote

M 8

1 Und Gott redete alle diese Worte: 2 Ich bin der HERR, dein Gott, der ich dich aus Ägyptenland, aus der Knechtschaft, geführt habe.
3 Du sollst keine anderen Götter haben neben mir.
4 Du sollst dir kein Bildnis noch irgendein Gleichnis machen, weder von dem, was oben im Himmel, noch von dem, was unten auf Erden, noch von dem, was im Wasser unter der Erde ist:
5 Bete sie nicht an und diene ihnen nicht! Denn ich, der HERR, dein Gott, bin ein eifernder Gott, der die Missetat der Väter heimsucht bis ins dritte und vierte Glied an den Kindern derer, die mich hassen,
6 aber Barmherzigkeit erweist an vielen Tausenden, die mich lieben und meine Gebote halten.
7 Du sollst den Namen des HERRN, deines Gottes, nicht missbrauchen; denn der HERR wird den nicht ungestraft lassen, der seinen Namen missbraucht.
8 Gedenke des Sabbattages, dass du ihn heiligest. 9 Sechs Tage sollst du arbeiten und alle deine Werke tun.
10 Aber am siebenten Tage ist der Sabbat des HERRN, deines Gottes. Da sollst du keine Arbeit tun, auch nicht dein Sohn, deine Tochter, dein Knecht, deine Magd, dein Vieh, auch nicht dein Fremdling, der in deiner Stadt lebt.
11 Denn in sechs Tagen hat der HERR Himmel und Erde gemacht und das Meer und alles, was darinnen ist, und ruhte am siebenten Tage. Darum segnete der HERR den Sabbattag und heiligte ihn.
12 Du sollst deinen Vater und deine Mutter ehren, auf dass du lange lebest in dem Lande, das dir der HERR, dein Gott, geben wird.
13 Du sollst nicht töten.
14 Du sollst nicht ehebrechen.
15 Du sollst nicht stehlen.
16 Du sollst nicht falsch Zeugnis reden wider deinen Nächsten.
17 Du sollst nicht begehren deines Nächsten Haus. Du sollst nicht begehren deines Nächsten Weib, Knecht, Magd, Rind, Esel noch alles, was dein Nächster hat.

2. Mose 20

Die Israeliten bewahrten die beiden Steintafeln, auf denen diese Gebote geschrieben waren, auf ihren Wanderungen in einer tragbaren Lade auf, der Bundeslade. Zusammen mit einem großen siebenarmigen Leuchter, der Menora, waren sie die wichtigsten Heiligtümer der Juden. Nach der endgültigen Eroberung Palästinas durch David wurden sie in dem von seinem Sohn Salomo errichteten ersten Tempel aufbewahrt, sind aber im Laufe der Geschichte verschollen. Als im Jahr 70 n. Chr. der jüdische Staat von den Römern zerstört wurde, führte der römische Feldherr Titus den großen Leuchter im Triumphzug nach Rom. Seitdem ist auch er verschollen. Seit 1956 steht vor dem Parlament des 1948 neugegründeten Staates Israel eine neue viereinhalb Meter hohe Menora. Sie zeigt auf 30 Bildfeldern Motive aus der Geschichte Israels, so auch die Zehn Gebote in hebräischer Schrift.

5 Die Form der Menora selbst hat auch eine symbolische Bedeutung*. Denke an den Sabbat und welcher Wochentag er nach jüdischer Vorstellung ist.

Martin Luther hat die Zehn Gebote jeweils mit einem einleitenden „Du sollst“ übersetzt. Juden würden eher von den „Zehn Worten“ sprechen und die Einleitung mit „Du wirst“ übersetzen, um zum Ausdruck zu bringen, dass sie diese Zehn Worte als Verheißung eines besonderen Bundes mit Gott verstehen. Sie haben diese Worte nicht als Last empfunden, die sie tragen müssten, um dafür im Jenseits belohnt zu werden. Sie haben sie vielmehr für eine Gabe Gottes gehalten, die ihnen ein gutes, langes Leben auf Erden ermöglicht (vgl. S. 223; 5. Mose 6,24). In den fünf Büchern Mose, an die sie sich gehalten haben, kommt der Glaube an ein Leben nach dem Tode im Himmel erstaunlicher Weise nicht vor. Vielmehr geht es dem gläubigen Juden darum, dass Gott an ihm und seinem Tun Wohlgefallen hat. In Psalm 143,10 heißt es: „Lehre mich tun nach deinem Wohlgefallen, denn du bist mein Gott; dein guter Geist führe mich auf ebner Bahn.“

M 9 Gibt es im Glauben des alten Israel ein Leben nach dem Tod?

Psalm 39,5–7: „Tue mir kund, Jahwe, mein Ende, das Maß meiner Tage, was es sei, dass ich erkenne, wie hinfällig ich bin. Nur als ein Schattenbild wandelt der Mensch; nur um einen Hauch machen sie so viel Lärm. Man häuft (Schätze) auf und weiß nicht, wer es zusammenraffen wird.“
Psalm 90,9ff.: „Wir bringen unsre Jahre zu wie ein Geschwätz. Unser Leben währet siebzig Jahre, und wenn’s hoch kommt, so sind’s achtzig Jahre, und was daran köstlich scheint, ist doch nur vergebliche Mühe; denn es fähret schnell dahin, als flögen wir davon [...]. Lehre uns bedenken, dass wir sterben müssen, damit wir ein weises Herz gewinnen.“
Hiob 14,7ff.: „Ein Baum hat [immerhin] Hoffnung, auch wenn er abgehauen ist; er kann wieder ausschlagen, und seine Schösslinge bleiben nicht aus. Stirbt aber ein Mann, so ist er dahin; kommt ein Mensch um – wo ist er?“
1. Buch Mose 3,19 heißt es über die Bestimmung des Menschen: „Denn Staub bist du, zum Staub musst du zurück.“

Übers. Martin Luther

6 Was sagen die alten Texte der jüdischen Bibel über die Hoffnung des Menschen auf ein Leben nach dem Tode?

7 Vergleiche diese Texte mit dem Anfang des folgenden im 9. Jahrhundert n. Chr. entstandenen Achtzehnbittengebets, das im jüdischen Gottesdienst eine zentrale Rolle spielt. Was hat sich bezüglich der Hoffung des Menschen auf ein Leben nach dem Tode geändert?

M 10 Glaube an ein Leben nach dem Tod im späteren Judentum

2. Du bist mächtig in Ewigkeit, Herr, belebst die Toten, du bist stark zum Helfen. Du ernährst die Lebenden mit Gnade, belebst die Toten in großem Erbarmen, stützest die Fallenden, heilst die Kranken, befreist die Gefesselten und hältst die Treue denen, die im Staube schlafen. Wer ist wie du, Herr der Allmacht, und wer gleichet dir, König, der du tötest und belebst und Heil aufsprießen lässt. Und treu bist du, die Toten wieder zu beleben. Gelobt seist du, Ewiger, der du die Toten wieder belebst!

18. Über die Gerechten, über die Frommen, über die Ältesten deines Volkes, des Hauses Israel, über den Überrest ihrer Gelehrten, [...] und über uns sei dein Erbarmen rege, Ewiger, unser Gott, gib guten Lohn allen, die auf deinen Namen in Wahrheit vertrauen, und gib unseren Anteil mit dem ihrigen zusammen in Ewigkeit, dass wir nicht zuschanden werden, denn auf dich vertrauen wir. Gelobt seist du, Ewiger, Stütze und Zuversicht der Frommen!

Die apokalyptische* Vorstellung von Himmel und Hölle

Nach der Eroberung Kanaans hatte Israel unter König David um 1000 v. Chr. die größte Ausdehnung. 722 v. Chr wurde der Nordteil des Landes von den Assyrern und 587 v. Chr. der Südteil mit der Hauptstadt Jerusalem von den Babyloniern erobert. Die Oberschicht wurde in die Gefangenschaft nach Babylon geführt und erst 537, also nach 50 Jahren, von dem Perserkönig Kyros befreit.
Nachdem die Juden nach Jerusalem zurückkehren und den zerstörten Tempel wieder aufrichten durften, entwickelte sich im Judentum allmählich die Vorstellung von einem „Heilbringer“, einem „Messias“, den Gott schicken und der in der Zukunft kommen würde. Manche erwarteten den Messias als Nachfolger des Königs David, der das Reich wieder zu dem alten Glanz bringen wird, den es unter David hatte. Andere erwarteten ihn als eine himmlische Gestalt, die die Menschen in das Reich Gottes führen sollte.
Das Buch Daniel ist vermutlich um 170 v. Chr. entstanden, als die Juden wieder unter einem fremden Herrscher litten, der den Tempel in Jerusalem durch eine Statue des obersten griechischen Gottes, Zeus, entweiht hatte.

Der Menschensohn

M 11

9Ich sah, wie Throne aufgestellt wurden, und einer, der uralt war, setzte sich. Sein Kleid war weiß wie Schnee und das Haar auf seinem Haupt rein wie Wolle; Feuerflammen waren sein Thron und dessen Räder loderndes Feuer. 10Und von ihm ging aus ein langer feuriger Strahl. Tausendmal Tausende dienten ihm, und zehntausendmal Zehntausende standen vor ihm. Das Gericht wurde gehalten, und die Bücher wurden aufgetan. [...] 13Ich sah in diesem Gesicht in der Nacht, und siehe, es kam einer mit den Wolken des Himmels wie eines Menschen Sohn und gelangte zu dem, der uralt war, und wurde vor ihn gebracht. 14Der gab ihm Macht, Ehre und Reich, dass ihm alle Völker und Leute aus so vielen verschiedenen Sprachen dienen sollten. Seine Macht ist ewig und vergeht nicht, und sein Reich hat kein Ende.

Daniel 7

1 Welche Messiasvorstellung verbindet der Autor des vorstehenden Textes aus dem Buch Daniel mit dem einen, den er „wie eines Menschen Sohn“ bezeichnet?

2 Die Vorstellung von einem letzten „jüngsten Gericht“, die hier im Buch Daniel auftaucht, wurde mehr und mehr mit Bildern von der Hölle verbunden. Welche Bilder von der Hölle kennst du? Versuche, sie zu malen.

3 In der Petrus-Offenbarung, die wohl um 150 n. Chr. entstanden ist, findet man ausführliche Schilderungen der Hölle. Diese Schrift gehört nicht zu unserer Bibel. Sie ist in einer christlichen Gemeinde entstanden, die unter Verfolgung zu leiden hatte. Vergleiche deine Bilder mit denen aus der folgenden Schrift. Inwieweit findest du sie hier wieder? Was ist in ihnen anders?

4 Warum sind solche Schriften wohl besonders in den verfolgten Gemeinden entstanden?

Der Ort der Gerechten und der Ort der Strafe

M 12

Während aber wir zwölf Jünger mit ihm hingingen, brachten wir die Bitte vor, er möchte uns einen von unseren gerechten Brüdern zeigen, die die Welt verlassen haben, damit wir sehen könnten, wie beschaffen dem Aussehen nach sie seien, und (damit wir, dadurch) getrost geworden, auch die Menschen, die uns (wiederum) hören, getrost machen könnten. Und als wir beim Beten waren, da erscheinen plötzlich zwei Männer, die vor dem Herrn stehen. Wir vermochten aber zu ihnen nicht hinzublicken. Denn es ging von ihrem Angesicht ein Strahl aus wie von der Sonne, und licht war ihr Gewand, wie niemals das Auge eines Menschen eines sah. Auch vermag ein Mund nicht zu beschreiben oder ein Herz auszudenken die Herrlichkeit, mit der sie angetan waren, und die Schönheit ihres Angesichts. Als wir sie sahen, erfasste uns erschrockenes Staunen. Denn ihre Leiber waren weißer als jeder Schnee und roter als jede Rose. Es ging aber das Rot an ihnen (unvermerkt) über in das Weiße, und ich bin einfach außer Stande, ihre Schönheit zu beschreiben. Denn nun war auch noch ihr Haar lockig und quoll hervor und schmiegte sich um ihr Gesicht und um ihre Schultern wie ein einziger Kranz, aus Nardenblüten geflochten und bunten Blumen, oder wie ein Regenbogen in der Luft. Derart war ihre Anmut!

Als wir nun ihre Schönheit erblickten, gerieten wir in erschrockenes Staunen über sie, waren sie doch ganz plötzlich erschienen. Und ich trat an den Herrn heran und sagte: „Wer sind diese?" Sagte er zu mir: „Dies sind unsere gerechten Brüder, deren Aussehen ihr doch hattet sehen wollen." [...]

Ich sah aber auch einen anderen Ort, jenem genau gegenüber, ganz in Finsternis getaucht. Und das war der Ort der Strafe. Und sowohl die, die dort ihre Strafe erhielten, wie auch die Engel, die die Strafe vollzogen, hatten ein dunkles Gewand an entsprechend der (ebenfalls dunklen) Luft des Ortes. „Und einige waren dort, die waren an der Zunge aufgehängt. Das aber waren die, die den Weg der Gerechtigkeit (den rechten Weg der Gebote Gottes) gelästert hatten, und unter ihnen war ein Feuer angebracht, das loderte und zu ihrer Strafe diente. Und ein großer See war da, angefüllt mit glühendem Schlamm, in dem einige Menschen steckten, die die Gerechtigkeit verkehrt hatten, und Quälengel setzten ihnen hart zu. Es waren aber noch andere da, Frauen, die an den Haaren aufgeknüpft waren, hoch über jenem brodelnden Schlamm. Das waren die, die sich zum Ehebruch herausgeputzt hatten. Die (Männer) aber, die sich mit ihnen in der Befleckung des Ehebruchs zusammengetan hatten, waren an den Füßen aufgehängt, und die Köpfe hatten sie in dem Schlamm. Und sie sagten mit lauter Stimme: „Wir hätten niemals geglaubt, dass wir (tatsächlich) an diesen Ort kommen würden."

Und die Mörder sah ich sowie ihre Mitwisser: Sie waren an einen Ort geworfen, wo es ganz eng war und von hässlichem Gewürm wimmelte, und wurden von jenen Tieren gebissen und wanden sich so dort in jener Strafe. Würmer aber setzten ihnen zu (so zahlreich) wie finstere Wolken. Die Seelen aber der (von ihnen) Ermordeten standen dabei und sahen der Bestrafung jener Mörder zu und sagten: „Gott, gerecht ist dein Gericht!"

Petrus-Offenbarung

M 13

5 Die apokalyptischen* Schriften sind bis auf das Buch Daniel und die Offenbarung des Johannes nicht in die Bibel aufgenommen worden. Welche Gründe könnte das haben?

6 Die apokalyptischen Schriften haben in der Geschichte des Christentums eine große Rolle gespielt. Ihre Bilder finden sich in vielen mittelalterlichen Kirchen. Aber auch heute tauchen sie immer wieder auf, z. B. in den Horror- und Fantasyfilmen. In dem Film „End of Days" (M 13) z. B. versucht ein Sicherheitsbeamter (Arnold Schwarzenegger) zu verhindern, dass der Teufel in der Sylvesternacht des Jahres 2000 für tausend Jahre die Herrschaft über die Erde übernimmt. Der Vers 20,2 in der Offenbarung des Johannes, dem letzten Buch der Bibel, wird hier wörtlich genommen. Dort heißt es: „Ein Engel überwältigte den Drachen, die alte Schlange – das ist der Teufel oder der Satan – und fesselte ihn für tausend Jahre." Kennst du andere Filme, in denen apokalyptische Motive eine Rolle spielen?

Die supranaturalistische* Vorstellung vom Leben nach dem Tode

In dem Roman „Hinter dem Horizont“ führt Albert den Arzt Chris auf der Suche nach seiner Frau Ann durch Himmel und Hölle. Die Menschen sind hier in ihrem Schicksal gefangen, ohne dass es ein jüngstes Gericht gegeben hätte.

In der Hölle

M 14

Ich blickte nach links und blieb erschrocken stehen. Ich bemerkte eine Frau, die Ann so ähnlich sah, dass ich sicher war, sie müsse es sein. Ich wollte zu ihr laufen.

Albert hielt mich zurück. „Es ist nicht Ann.“

„Aber ...“ Ich wehrte mich gegen seinen Griff. [...]

Ich starrte die Frau weiterhin an. Sie saß zusammengekrümmt auf dem Boden. Ein Netz aus dünnen schwarzen Fäden bedeckte sie von Kopf bis Fuß. Sie rührte sich nicht, blickte nur aus leblosen Augen vor sich hin. [...]

„Kann sie diese Fäden nicht zerreißen?“, fragte ich.

„Völlig mühelos“, erklärte Albert. „Das Problem ist, dass sie nicht glaubt, dazu imstande zu sein – und alles hängt vom Geist ab. Ich bin sicher, dass ihr Leben auf Erden mit furchtbarem Selbstmitleid und Frustrationen erfüllt gewesen ist. Und hier sind diese Gefühle bis zu jenem Ausmaß gesteigert, das du vor dir siehst.“ [...]

„Der Verstand gleicht einem Spinnrad“, erklärte mir Albert. „Im Leben produziert er ständig Fäden, die uns am Tag unseres Dahinscheidens einhüllen – zum Guten oder zum Schlechten. Im Fall dieser Frau wurden die Fäden zu einem Netz rein egoistischer Interessen. Sie kann nicht ...“

Den Rest hörte ich nicht, weil mein Blick von einer Gruppe angezogen wurde, die mit dem Rücken zu uns um etwas hockten und knieten, das ich jedoch nicht sehen konnte. Sie stopften sich mit den Händen schnell etwas in den Mund. Alle sahen aufgedunsen aus.

Dann hörte ich die Laute, die sie von sich gaben: Grunzen, Knurren und Geräusche, als ob etwas zerrissen würde. Ich fragte Albert, was diese Leute täten.

„Essen“, erklärte er. „Nein – fressen!“

„Aber wenn sie keine Körper haben ...“

„Selbstverständlich werden sie niemals satt“, sagte er. „Sie tun es aus der Erinnerung heraus und glauben nur, dass sie essen. Genauso gut könnten es Säufer sein, die nichtexistierenden Schnaps in sich hineinschütten.“

Ich wandte die Augen von diesem grässlichen Anblick ab. Robert, diese Menschen waren wie wilde Tiere, die ein Beutetier auffressen. Ich hasse diesen Ort, dachte ich. [...]

„Es gibt keinen Ort, der Hölle heißt“, erklärte mir Albert. „Was die Menschen Hölle genannt haben, ist ein Vakuum, in dem unentwickelte Seelen sich nach dem Tod wiederfinden. Eine Ebene der Existenz, über die sie nicht hinauswachsen können, weil sie nicht in der Lage sind, abstrakt zu denken, sondern immer nur belanglose Alltäglichkeiten.“

[227–229]

„Alles hängst vom Geist ab“. Diese Vorstellung findet sich schon bei Platon. Er lebte um 400 v. Chr. in Athen und gilt neben seinem Schüler Aristoteles als der bedeutendste Philosoph der Antike. Er war der wichtigste Schüler von Sokrates, der 399 v. Chr. wegen angeblicher Gottlosigkeit und verderblichem Einfluss auf die Jugend zum Tod durch Gift verurteilt wurde. Platon schildert in dem Dialog „Phaidon“ dessen letzte Gespräche mit seinen Freunden über das Schicksal der Seele.

1 Nach Platons Schilderung in diesem Text lehrt Sokrates: „Die unsterbliche Seele wird nach dem Tod von dem sterblichen Leib befreit und lebt weiter.“ Was hältst du von dieser Ansicht?

M 15 Die Seele – was ist das?

– Sollen wir also, sprach Sokrates, annehmen, dass es zwei Arten des Seienden gibt, das Sichtbare und das Unsichtbare? [...] Und wollen wir annehmen, dass das Unsichtbare sich immer auf die gleiche Weise verhält, das Sichtbare aber niemals gleich (und) ist nicht von uns selbst das eine Leib und das andere Seele?

– Allerdings. [...]

– Ähnlicher also ist die Seele dem Unsichtbaren, der Leib aber dem Sichtbaren?

– Ganz notwendig, o Sokrates.

– Und nicht wahr [...], dass die Seele, wenn sie sich des Leibes bedient, um etwas zu betrachten [...], dass sie dann vom Leibe gezogen wird zu dem, was sich niemals auf die gleiche Weise verhält, und dann selbst schwankt und irrt und wie trunken taumelt, weil sie ja eben solches berührt. [...] Wenn sie aber durch sich selbst betrachtet, dann geht sie zu dem reinen, immer seienden Unsterblichen und sich stets Gleichen, und als diesem verwandt hält sie sich stets zu ihm [...], und diesen ihren Zustand nennt man eben die Vernünftigkeit. [...] Wie nun, wenn sich dieses so verhält, kommt nicht dem Leibe wohl zu, leicht aufgelöst zu werden, der Seele hingegen, ganz und gar unauflöslich zu sein oder wenigstens beinahe so?

– Wie sollte es nicht? [...]

– Und die Seele also, das Unsichtbare und sich an einen anderen ebensolchen Ort Begebende, der edel und rein und unsichtbar ist, nämlich in die wahre Geisterwelt zu dem guten und weisen Gott (...), diese, die so beschaffen und geartet ist, sollte, wenn sie von dem Leibe getrennt ist, sogleich verwehrt und untergegangen sein, wie die meisten Menschen sagen? Daran fehlt es wohl viel, ihr lieben Kebes und Simmias! Sondern vielmehr verhält es sich so, (dass) sie sich rein losmacht und nichts von dem Leibe mit sich zieht, weil sie mit gutem Willen nichts mit ihm gemein hatte im Leben, sondern ihn floh und in sich selbst gesammelt blieb und dies immer im Sinn hatte – was nichts anderes heißen will, als dass sie recht philosophierte und darauf dachte, leicht zu sterben; oder hieß dies nicht, auf den Tod bedacht sein? – Allerdings ja. – Also welche sich so verhält, die geht zu dem ihr Ähnlichen, dem Unsichtbaren, zu dem Göttlichen, Unsterblichen, Vernünftigen, wohin angelangt ihr dann zuteil wird, glückselig zu sein, von Irrtum und Unwissenheit, Furcht und wilder Liebe und allen anderen menschlichen Übeln befreit, indem sie, wie es bei den Eingeweihten heißt, wahrhaft die übrige Zeit mit Göttern lebt. Wollen wir so sagen, o Kebes, oder anders?

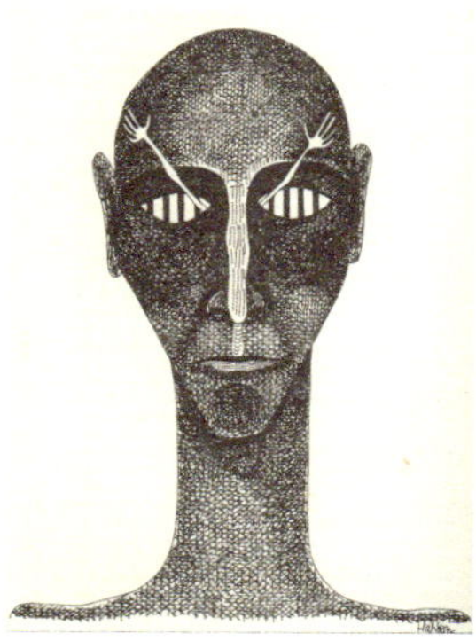

So, beim Zeus, sprach Kebes. [...]

Es erkennen nämlich die Lernbegierigen, dass die Philosophie [...] die Seele (an)nimmt als [...] gebunden im Leibe und ihm anklebend und gezwungen, wie durch ein Gitter durch ihn das Sein zu betrachten, [...] und daher in aller Torheit sich umherwälzend, und da sie die Gewalt dieses Kerkers kennt, dass er durch die Begierde besteht, auf welche Weise der Gebundene selbst am meisten immer mit angreift, um gebunden zu werden.

Platon

2 Welcher der vier folgenden Sätze entspricht der Philosophie Platons? Nenne die entsprechenden Zeilen des Textes als Beleg.

a) Die Seele ist an den Leib gebunden und vergeht auch mit ihm.
b) Die Seele ist an den Leib gebunden, aber kann von ihm befreit werden.
c) Die Seele ist nicht wie der Leib ein Teil der natürlichen, sondern der übernatürlichen Welt.
d) Die Seele ist leicht auflösbar, der Leib aber unauflöslich.

Platon glaubte, genau wie es in dem Roman geschieht und ähnlich wie in Hinduismus und Buddhismus, an die Möglichkeit einer Wiedergeburt der Seele. Seine Vorstellung, dass die Seelen besser ohne Körper leben könnten und der Leib nur das Gefängnis der Seele sei, setzt voraus, dass es über oder jenseits der materiellen-natürlichen Welt noch eine andere geistige Welt gibt. Man spricht hier von Supranaturalismus* (lat. supra natura= über der Natur) oder von Metaphysik* (gr. meta ta physika = jenseits der physischen Welt).

Weltgericht und Ewiges Leben in den Evangelien* des Neuen Testaments

INFO

Zur Zeit der ersten Christen gab es mindestens drei verschiedene Vorstellungen von dem, was nach dem Tode sein wird: Immer geht es dabei um die Einsicht in die Vergänglichkeit und Sterblichkeit des Menschen. Die Hoffung richtet sich auf eine Teilhabe* an einem unsterblichen Wesen. Die drei Vorstellungen unterscheiden sich aber darin, dass der Verzicht auf die Selbstbehauptung des Individuums mehr oder weniger stark betont wird.

1. Apokalyptische* Vorstellung: Hier gibt es eine kollektive [gemeinschaftliche] Auferstehung der Toten und ein Letztes Gericht. Die Gerechten werden belohnt, und die Sünder werden verdammt und bestraft.
2. Supranaturalistische* Vorstellung: Hier wird die individuelle [unteilbare] unsterbliche Seele nach dem Tod von dem sterblichen Leib befreit und erfährt in einem reinigenden Feuer oder in einem nächsten Leben eine weitere Entwicklung.
3. Mystische* Vorstellung: Hier sucht man sich vom eigenen Willen ganz frei zu machen und ganz in Gott aufzugehen. Es kommt nicht auf das individuelle oder das kollektive Weiterleben nach dem Tod an, sondern nur auf die Teilhabe* am Ewigen Leben Gottes.

Die drei Vorstellungen unterscheiden sich auch in ihrem Verhältnis zu Mythos* und Symbol*. In der Apokalyptik werden die mythischen Bilder der Göttererzählungen eher wörtlich verstanden, z. B. die vom Teufel und einem göttlichen Weltenrichter. Im Supranaturalismus finden sich sowohl wörtlich genommene als auch symbolisch verstandene mythische Bilder. In der Mystik* werden sie eher symbolisch verstanden. Mythos und Mystik werden oft verwechselt. Sie haben jedoch von der ursprünglichen Bedeutung her nichts miteinander zu tun.

Im Neuen Testament und in der Geschichte des Christentums finden sich alle drei Vorstellungen.

Christen sahen in Jesus von Nazareth den ersehnten Messias, und zwar für alle Menschen. Sie nannten ihn deshalb den Christus, d. h. den gesalbten, zukünftigen König. Manchmal wurde er auch der Sohn Gottes genannt oder, nach dem Buch Daniel, der Menschensohn. Ob er selbst sich so bezeichnet hat, ist umstritten. Sicher ist, dass er in seiner Heimat Galiläa am See Genezareth und später auch in Jerusalem predigte, Menschen heilte und von der römischen Besatzungsmacht am Kreuz hingerichtet wurde. Was Jesus von Nazareth selbst über das Ewige Leben predigte, wissen wir nur aus den Evangelien, die vierzig bis sechzig Jahre nach seinem Tod geschrieben worden sind. Sie sind von dem Glauben der Gemeinden geprägt, aus denen sie hervorgegangen sind. So ist es nicht verwunderlich, dass wir in ihnen unterschiedliche Vorstellungen finden.

1 Untersuche die folgenden Texte der Evangelisten Matthäus und Johannes. Wer von beiden versteht den Mythos vom Weltgericht eher wörtlich, wer eher symbolisch?

Das Kommen des Menschensohns

M 16

[31]Wenn aber der Menschensohn kommen wird in sei-
ner Herrlichkeit, und alle Engel mit ihm, dann wird er
sitzen auf dem Thron seiner Herrlichkeit, [32]und alle
Völker werden vor ihm versammelt werden. Und er
wird sie voneinander scheiden, wie ein Hirt die Schafe
von den Böcken scheidet, [33]und wird die Schafe zu sei-
ner Rechten stellen und die Böcke zur Linken. [34]Da
wird dann der König sagen zu denen zu seiner Rechten:
Kommt her, ihr Gesegneten meines Vaters, ererbt das
Reich, das euch bereitet ist von Anbeginn der Welt!
[35]Denn ich bin hungrig gewesen, und ihr habt mir zu
essen gegeben. Ich bin durstig gewesen, und ihr habt

mir zu trinken gegeben. Ich bin ein Fremder gewesen, und ihr habt mich aufgenommen. [36]Ich bin nackt gewesen, und ihr habt mich gekleidet. Ich bin krank gewesen, und ihr habt mich besucht. Ich bin im Gefängnis gewesen, und ihr seid zu mir gekommen. [37]Dann werden ihm die Gerechten antworten und sagen: Herr, wann haben wir dich hungrig gesehen und haben dir zu essen gegeben? oder durstig und haben dir zu trinken gegeben? [....] [40]Und der König wird antworten und zu ihnen sagen: Wahrlich, ich sage euch: Was ihr getan habt einem von diesen meinen geringsten Brüdern, das habt ihr mir getan. [41]Dann wird er auch sagen zu denen zur Linken: Geht weg von mir, ihr Verfluchten, in das ewige Feuer, das bereitet ist dem Teufel und seinen Engeln! [42]Denn ich bin hungrig gewesen, und ihr habt mir nicht zu essen gegeben. Ich bin durstig gewesen, und ihr habt mir nicht zu trinken gegeben. [43]Ich bin ein Fremder gewesen, und ihr habt mich nicht aufgenommen. Ich bin nackt gewesen, und ihr habt mich nicht gekleidet. Ich bin krank und im Gefängnis gewesen, und ihr habt mich nicht besucht. [44]Dann werden sie ihm auch antworten und sagen: Herr, wann haben wir dich hungrig oder durstig gesehen oder als Fremden oder nackt oder krank oder im Gefängnis und haben dir nicht gedient? [45]Dann wird er ihnen antworten und sagen: Wahrlich, ich sage euch: Was ihr nicht getan habt einem von diesen Geringsten, das habt ihr mir auch nicht getan. [46]Und sie werden hingehen: diese zur ewigen Strafe, aber die Gerechten in das ewige Leben.

Matthäus 25

M 17 Das ewige Leben

[16]Denn also hat Gott die Welt geliebt, dass er seinen eingeborenen Sohn gab, damit alle, die an ihn glauben, nicht verloren werden, sondern das ewige Leben haben. [17]Denn Gott hat seinen Sohn nicht in die Welt gesandt, dass er die Welt richte, sondern dass die Welt durch ihn gerettet werde. [18]Wer an ihn glaubt, der wird nicht gerichtet; wer aber nicht glaubt, der ist schon gerichtet, denn er glaubt nicht an den Namen des eingeborenen Sohnes Gottes. *Johannes 3*

[24]Wahrlich, wahrlich, ich sage euch: Wer mein Wort hört und glaubt dem, der mich gesandt hat, der hat das ewige Leben und kommt nicht in das Gericht, sondern er ist vom Tode zum Leben hindurchgedrungen. [25]Wahrlich, wahrlich, ich sage euch: Es kommt die Stunde und ist schon jetzt, dass die Toten hören werden die Stimme des Sohnes Gottes, und die sie hören werden, die werden leben. *Johannes 5*

[23]Jesus spricht zu ihr: Dein Bruder soll auferstehen. [24]Martha spricht zu ihm: Ich weiß wohl, daß er auferstehen wird in der Auferstehung am Jüngsten Tage. [25]Jesus spricht zu ihr: Ich bin die Auferstehung und das Leben. Wer an mich glaubt, der wird leben, ob er gleich stürbe; [26]und wer da lebet und glaubet an mich, der wird nimmermehr sterben. *Johannes 11*

[14]Wir wissen, dass wir aus dem Tod ins Leben gekommen sind, weil wir die Brüder lieben. Wer nicht liebt, bleibt im Tod.

1. Brief des Johannes, 3

2 Welcher Vorstellung folgt der mittelalterliche Maler Hans Memling (um 1400–1451) in dem um 1435 entstandenen Gemälde? Woran erkennt man das?

Hans Memling: Der Aufstieg der Seelen zum Paradies

Die mystisch-symbolische Vorstellung von einem Ewigen Leben

1 Der Evangelist Johannes spricht davon, dass die, die an Christus glauben, vom Tod zum Leben gekommen seien (M 17). Das Wort „Tod“ ist hier offensichtlich nicht wörtlich, sondern symbolisch zu verstehen. Was kann damit gemeint sein?

2 Ein Song von Robbie Williams heißt „I come undone“. Man kann das mit „Ich bin kaputt“ oder „Ich bin so gut wie tot“ übersetzen. Was meint er wohl damit?

3 Um ein Wort symbolisch zu verstehen, muss man es mit seelischen Gefühlen in Verbindung bringen (vgl S. 224). Auch das Bild mit dem Menschen, der sich selbst einmauert (M 18), ist symbolisch zu verstehen. Versuche dich in den Menschen einzufühlen, dessen Gefühlslage der Zeichner hier symbolisch ausdrücken wollte. Vervollständige den Satz: „Ich fühle mich, wie ...“ Versuche, eine Geschichte zu schreiben, die erklärt, wie der Mensch in diese Lage gekommen ist.

4 Um den Tod symbolisch zu verstehen, kann man die folgende Geschichte zur Hilfe nehmen. Darin gibt Jesus ein Gleichnis für die Art, wie er sich Gottes Güte vorstellt. Der Vater feiert die Wiederkehr seines Sohnes und sagt: „Mein Sohn war tot.“ (M 19) Was meint er damit?

5 Versuche, die Geschichte in die Gegenwart zu versetzen, und erzähle sie neu.

M 18

M 19

Der verlorene Sohn

[11]Und er sprach: Ein Mensch hatte zwei Söhne. [12]Und der jüngere von ihnen sprach zu dem Vater: Gib mir, Vater, das Erbteil, das mir zusteht. Und er teilte Hab und Gut unter sie. [13]Und nicht lange danach sammelte der jüngere Sohn alles zusammen und zog in ein fernes Land; und dort brachte er sein Erbteil durch mit Prassen. [14]Als er nun all das Seine verbraucht hatte, kam eine große Hungersnot über jenes Land, und er fing an zu darben [15]und ging hin und hängte sich an einen Bürger jenes Landes; der schickte ihn auf seinen Acker, die Säue zu hüten. [16]Und er begehrte, seinen Bauch zu füllen mit den Schoten, die die Säue fraßen; und niemand gab sie ihm. [17]Da ging er in sich und sprach: Wie viele Tagelöhner hat mein Vater, die Brot in Fülle haben, und ich verderbe hier im Hunger! [18]Ich will mich aufmachen und zu meinem Vater gehen und zu ihm sagen: Vater, ich habe gesündigt gegen den Himmel und vor dir. [19]Ich bin hinfort nicht mehr wert, dass ich dein Sohn heiße; mache mich zu einem deiner Tagelöhner! [20]Und er machte sich auf und kam zu seinem Vater. Als er aber noch weit entfernt war, sah ihn sein Vater, und es jammerte ihn; er lief und fiel ihm um den Hals und küsste ihn. [21]Der Sohn aber sprach zu ihm: Vater, ich habe gesündigt gegen den Himmel und vor dir; ich bin hinfort nicht mehr wert, dass ich dein Sohn heiße. [22]Aber der Vater sprach zu seinen Knechten: Bringt schnell das beste Gewand her und zieht es ihm an und gebt ihm einen Ring an seine Hand und Schuhe an seine Füße [23]und bringt das gemästete Kalb und schlachtet's; lasst uns essen und fröhlich sein! [24]Denn dieser mein Sohn war tot und ist wieder lebendig geworden; er war verloren und ist gefunden worden. Und sie fingen an, fröhlich zu sein.

Lukas 15

6 Die Theologin Dorothee Sölle (1929–2003) gebraucht in ihrer Einführung in die Mystik (M 20) nicht das Symbol des „Todseins“, sondern das des Hummerpanzers. Was meint sie damit? Inwiefern hat dieses Symbol Ähnlichkeit mit dem des Todes? Welche Lösung sieht sie für das Problem des „Hummerpanzers“?

M 20 Der Hummerpanzer und der mystische Ausweg

Diese Situation, in der wir nicht ganz sind, was wir tun, nur mit einem Teil unserer selbst küssen, trinken, arbeiten, lachen oder auch meditieren, ist die allernormalste. Wir sind nicht ganz präsent in dem, was wir erleben, wir sehen uns immer noch zu, wir kommen nicht in die Selbstvergessenheit des Einsseins. Wir spielen nicht, wie ein Kind spielen kann, wir sehen uns vielmehr zu. Oft ist unser Tun, zum Beispiel unsere Erwerbsarbeit, ständig kleiner als das, was wir sind. Sie drückt dann unseren Reichtum, unsere Kraft und unsere Sehnsucht nicht aus, sondern sorgt dafür, dass wir in einer Art lebloser Selbstzufriedenheit wie in einem Hummerpanzer steckenbleiben. [...]

Um zu sein, was wir tun, brauchen wir eine andere Aufmerksamkeit, eine andere Intensität, eine andere Versenkung in das, was wir ungeteilt, ganzheitlich tun. Und doch kennen wir den seltenen Zustand, in dem Sein und Handeln eins werden. „Ich bin ganz Ohr“ ist eine schöne Redewendung, die diese Sammlung unserer Kräfte ausdrückt. Wann bin ich denn ganz Auge, ganz Mund, ganz Hand, ganz Leib und ganz Seele? Die mystische Antwort auf diese Frage ist seltsam, sie verbindet nämlich das Ganzsein mit dem Heraustreten des Ich aus seinen vorgegebenen Grenzen, mit der Ekstase.

Dorothee Sölle, 1997

M 21 Das Vaterunser

[9]Darum sollt ihr so beten: Unser Vater im Himmel! Dein Name werde geheiligt. [10]Dein Reich komme. Dein Wille geschehe wie im Himmel so auf Erden. [11]Unser tägliches Brot gib uns heute. [12]Und vergib uns unsere Schuld, wie auch wir vergeben unsern Schuldigern. [13]Und führe uns nicht in Versuchung, sondern erlöse uns von dem Bösen. Denn dein ist das Reich und die Kraft und die Herrlichkeit in Ewigkeit. Amen. [14]Denn wenn ihr den Menschen ihre Verfehlungen vergebt, so wird euch euer himmlischer Vater auch vergeben. [15]Wenn ihr aber den Menschen nicht vergebt, so wird euch euer Vater eure Verfehlungen auch nicht vergeben.

Matthäus 6

7 Dieses Gebet (M 21) hat Jesus seinen Jüngern in besonderer Weise ans Herz gelegt. Man kann es als eine Zusammenfassung seines Glaubens und seiner Botschaft ansehen. Es wird in jedem christlichen Gottesdienst gesprochen. Statt vom Himmel oder vom Ewigen Leben spricht Jesus hier vom Reich Gottes. Was soll man sich darunter vorstellen? Was ist daran apokalyptisch, supranaturalistisch oder mystisch (s. S. 231)?

8 In dem Gebet geht es nicht nur darum, was der Christ von Gott erhofft, sondern auch um das, was er selbst tun will. Welche Konsequenzen sollte dieses Gebet für das alltägliche Leben eines Christen haben?

M 22 Aus der Bergpredigt

[43]Ihr habt gehört, dass gesagt ist: „Du sollst deinen Nächsten lieben“ (3. Mose 19,18) und deinen Feind hassen. [44]Ich aber sage euch: Liebt eure Feinde und bittet für die, die euch verfolgen, [45]damit ihr Kinder seid eures Vaters im Himmel. Denn er lässt seine Sonne aufgehen über Böse und Gute und lässt regnen über Gerechte und Ungerechte. [46]Denn wenn ihr liebt, die euch lieben, was werdet ihr für Lohn haben? Tun nicht dasselbe auch die Zöllner? [47]Und wenn ihr nur zu euren Brüdern freundlich seid, was tut ihr Besonderes? Tun nicht dasselbe auch die Heiden? [48]Darum sollt ihr vollkommen sein, wie euer Vater im Himmel vollkommen ist.

Matthäus 5

9 Der Evangelist Matthäus hat die wichtigsten Lehren Jesu in der sogenannten Bergpredigt gesammelt. Vergleiche das, was er über die Vergeltung und die Feindesliebe sagt, mit dem, was M 12 den Übeltätern angedroht wird (s. S. 228).

Im dritten Jahrhundert n. Chr. ist aus dem Taufbekenntnis der christlichen Gemeinde in Rom das bis heute für alle Christen gültige Glaubensbekenntnis entstanden.
Um es richtig zu verstehen, muss man wissen, dass es auch als Symbolum apostolicum bezeichnet wird. Es muss also symbolisch verstanden werden, wie u. a. auch Josef Ratzinger, der heutige Papst Benedikt XVI., in seinem Buch „Einführung in das Christentum" noch einmal betont hat: „Auch die Kirche selbst und als Ganze hat den Glauben immer nur als ‚Symbolum', als gebrochene Hälfte, in Händen, die allein in ihrem unendlichen Verweisen über sich selbst hinaus, auf das ganz andere hin, Wahrheit sagt." (1968)

10 Wir können hier nicht alle Symbole besprechen, sondern nur die, die sich auf die Teilhabe am Ewigen Leben beziehen. Welche Vorstellungen finden sich hier? Welche Verständnisschwierigkeiten entstehen, wenn man sie wörtlich versteht?

11 Der spätmittelalterlicher Maler Hans Multscher (um 1400–um 1467) hat die Auferstehung Jesu gemalt. Überlege, ob er diese wörtlich oder symbolisch verstanden hat? Achte dabei auf die Lage der Grabplatte und die Hand des schlafenden Soldaten.

M 23

Das Apostolische Glaubensbekenntnis

Ich glaube an Gott,
den Vater, den Allmächtigen,
den Schöpfer des Himmels und der Erde.

Und an Jesus Christus,
seinen Eingeborenen Sohn, unsern Herrn,
empfangen durch den Heiligen Geist,
geboren von der Jungfrau Maria,
gelitten unter Pontius Pilatus,
gekreuzigt, gestorben und begraben,
hinabgestiegen in das Reich des Todes,
am dritten Tage auferstanden von den Toten,
aufgefahren in den Himmel;
er sitzt zur Rechten Gottes,
des allmächtigen Vaters;
von dort wird er kommen,
zu richten die Lebenden und die Toten.

Ich glaube an den Heiligen Geist,
die heilige katholische (d. h.: allgemeine)
christliche Kirche
Gemeinschaft der Heiligen,
Vergebung der Sünden,
Auferstehung der Toten
und das ewige Leben.
Amen

M 24

Die Verfolgung der Juden und die jüdische Hoffnung

Unter der Diktatur der Nationalsozialisten hatten die Juden schreckliche Verfolgungen zu erleiden. Sechs Millionen wurden in den Konzentrationslagern ermordet.
Aber die Judenverfolgung der Nazis war nicht die erste und einzige, wenn auch keine andere so furchtbare Ausmaße hatte. Immer wieder wurden die Juden in den letzten 2000 Jahren verfolgt und zum „Sündenbock" gemacht.
In dem Roman „Damals war es Friedrich" (1969) erzählt Hans Peter Richter von einem jüdischen Mitschüler, mit dem er zur Zeit des Nationalsozialismus befreundet war. Als dieser die Schule wegen der nationalsozialistischen Rassengesetze verlassen muss, wagt ein Lehrer, seine Schüler über die wahre Geschichte der Juden aufzuklären. Er riskiert dabei, verhaftet zu werden. Lehrer Neudorf erzählt, wie es dazu kam, dass die Juden immer wieder zu Sündenböcken gemacht wurden.

1 Was versteht man unter einem Sündenbock?
2 Menschen neigen immer wieder dazu, die Schuld an ihren Problemen bei Schwächeren zu suchen und die Schuld auf diese Weise zu verdecken. Nenne dafür Beispiele.
3 Stelle dafür die wichtigsten Gründe zusammen, warum die Juden immer wieder zu Sündenböcken gemacht wurden.

M 25 Lehrer Neudorf erzählt die wahre Geschichte der Juden

„Vor zweitausend Jahren lebten alle Juden in dem Lande, das heute Palästina heißt; die Juden nennen es Israel. Die Römer beherrschten das Land durch ihre Statthalter und Landpfleger. Aber die Juden mochten sich der Fremdherrschaft nicht beugen. Sie empörten sich gegen die Römer. Die Römer schlugen den Aufstand nieder und zerstörten im Jahre 70 nach Christus den Tempel zu Jerusalem. [...]
Die Juden mussten fliehen oder wurden vertrieben. Sie verteilten sich über die ganze Erde. Viele brachten es zu Wohlstand und Ansehen, bis man zu den Kreuzzügen aufrief.
Ungläubige hatten das Heilige Land erobert und verwehrten den Zugang zu den Gedenkstätten der Christen. Wortgewaltige Prediger forderten die Befreiung des Heiligen Grabes; Tausende von Entflammten sammelten sich zum Kreuzzug.
Einige aber erklärten: „Was nützt es, wenn wir gegen die Ungläubigen im Heiligen Lande ausrücken, solange auch noch Ungläubige mitten unter uns leben!"
Damit begann die Verfolgung der Juden. An vielen Orten trieb man sie zusammen, mordete und verbrannte sie. Unter Zwang schleifte man sie zur Taufe; wer sich nicht taufen ließ, wurde gefoltert. [...]
Als die Verfolgung vorüber war, ließen verarmte Fürsten ihre jüdischen Untertanen gefangensetzen und ohne Gerichtsurteil hinrichten, um sich an ihren Besitztümern zu bereichern.
Wieder flüchteten viele Juden. Diesmal nach Osten. In Polen und Russland fanden sie eine neue Bleibe. Aber im vorigen Jahrhundert begann man auch dort, sie zu quälen und zu verfolgen.
Die Juden mussten in sogenannten Gettos, den Judengassen, wohnen. Sie durften keine ehrlichen Berufe ergreifen; Handwerker konnten sie nicht werden. Haus- und Grundbesitz zu haben, war ihnen verboten. Nur im Handel und Geldverleih durften sie sich betätigen."
[...] „Das Alte Testament der Christen ist auch die Heilige Schrift der Juden; sie nennen es Tora, das heißt die Lehre. In der Tora ist niedergeschrieben, was Gott dem Mose geboten hat. Die Juden haben viel über die Tora und ihre Gebote nachgedacht. Wie die Gesetze der Tora zu verstehen sind, das haben sie in einem anderen, sehr großen Werk – dem Talmud, das heißt: das Lernen – niedergelegt. Die strenggläubigen Juden befolgen noch heute die Regeln der Tora. Und das ist nicht leicht; sie verbietet beispielsweise sogar, am Sabbat ein Feuer anzuzünden oder Fleisch von unreinen Tieren, wie Schweinen, zu essen. [...]
Weil sie nicht glauben, dass Jesus der wahre Messias sei, weil sie ihn für einen Betrüger hielten, wie es deren schon andere gegeben hatte, deshalb haben sie ihn

durch die Römer kreuzigen lassen. Und das haben ihnen viele bis heute nicht verziehen; sie glauben die unsinnigsten Dinge, die über Juden verbreitet werden. Einige warten nur darauf, die Juden wieder verfolgen und peinigen zu können.

Es gibt viele Menschen, die Juden nicht mögen. Die Juden kommen ihnen fremd und unheimlich vor; man traut ihnen alles Schlechte zu, nur weil man sie nicht genügend kennt!" [...] „Man wirft den Juden vor, sie seien verschlagen und hinterlistig!

Sind sie es? Jemand, der immer fürchten muss, gequält und gejagt zu werden, muss schon sehr stark in seiner Seele sein, wenn er dabei ein aufrechter Mensch bleiben will.

Man behauptet, die Juden seien geldgierig und betrügerisch!

Immer wieder hat man sie beraubt und enteignet, immer wieder mussten sie auf der Flucht alles zurücklassen, was sie besaßen. Sie haben erfahren, dass Geld das einzige Mittel ist, mit dem sie sich notfalls Leben und Unversehrtheit erkaufen können.

Eins aber müssen selbst die ärgsten Judenfeinde zugeben: Die Juden sind tüchtig! Nur Tüchtige können zweitausend Jahre Verfolgung durchstehen.

Indem sie mehr und Besseres leisteten als die Menschen, unter denen sie lebten, errangen sich die Juden immer wieder Ansehen und Geltung. Viele große Gelehrte und Künstler waren und sind Juden.

Wenn ihr heute oder morgen erlebt, wie man die Juden missachtet, dann bedenkt eines: Juden sind Menschen, Menschen wie wir!"

Hans Peter Richter, 1969

Die Juden bekennen in ihrem von Moses Maimondes formulierten Glaubensbekenntnis, dass sie noch immer auf die Ankunft des Messias warten: „Ich glaube mit voller Überzeugung an das Erscheinen des Messias. Und wenn er auch noch so säumt, so harre ich täglich seiner Ankunft." Im Talmud, der neben der Tora wichtigsten Textsammlung des Judentums, steht: „Der Messias kommt erst, wenn das gesamte jüdische Volk den Sabbath zweimal hintereinander einhält oder an ihn denkt." (Shabbat 118b) Man muss wissen, dass die strenggläubigen Juden das Gebot der Ruhe am Sabbath und der Heiligung des Feiertages sehr ernst nehmen. Nach jüdischer Überlieferung soll der Messias durch das Goldene Tor in die Stadt Jerusalem einziehen. Um das zu verhindern, sollen die Muslime im Mittelalter das Tor zugemauert haben.

Nach der Verfolgung durch die Nationalsozialisten wurde 1948 ein jüdischer Staat in Palästina gegründet, in dem sich viele Juden ansiedelten. Dabei gab es heftige Auseinandersetzungen mit den Palästinensern, die bis dahin dort gelebt hatten; sie halten bis heute an. Nach fast zweitausend Jahren haben die Juden zum ersten Mal wieder einen eigenen Staat. Der in Deutschland geborene jüdische Gelehrte Schalom Ben-Chorin (1913–1999) vergleicht in einem Buch über Jesus das wiederauferstandene Israel mit der Auferstehung Jesu.

Das wiederauferstandene Israel

M 26

Jesus von Nazareth hat gelebt – er lebt fort, nicht nur in seiner Kirche, die sich auf ihn bezieht (realistischer gesagt: in den vielen Kirchen und Sekten, die ihn in Anspruch nehmen), sondern auch in seinem Volke, dessen Martyrium er verkörpert. Ist der leidende und am Kreuz verhöhnt sterbende Jesus nicht ein Gleichnis für sein ganzes Volk geworden, das, blutiggegeißelt, immer wieder am Kreuze des Judenhasses hing? Und ist die Osterbotschaft seiner Auferstehung nicht wiederum ein Gleichnis für das heute wieder auferstandene Israel geworden, das sich aus der tiefsten Erniedrigung und Schändung der dunkelsten zwölf Jahre seiner Geschichte zu neuer Gestalt erhebt?

Ben-Chorin, 1967

4 Erläutere den Vergleich Ben-Chorins genau.

Islam*: Wer Gutes tut, kommt ins Paradies; wer Böses tut, in die Hölle

INFO

Mohammed wurde um das Jahr 570 n. Chr. in der bedeutenden arabischen Handelsstadt Mekka geboren. Er verlor schon früh seine Eltern und wuchs bei einem Onkel auf, der ihn auf langen Handelsreisen bis nach Syrien mitnahm. Dort lernte er auch einen christlichen Mönch, Bahira, kennen, der in ihm einen künftigen Propheten erkannte und ihn auch mit den biblischen Erzählungen von den Propheten vertraut machte. Als Kaufmannsgehilfe bot ihm seine fünfzehn Jahre ältere Arbeitgeberin, die reiche Witwe Chadidscha, die Ehe an. Er gehörte nun zu den Reichen in Mekka, aber er konnte sich nicht mit denen anfreunden, die nur nach immer mehr Reichtum strebten und sich um die Armen und Waisen nicht kümmerten, zu denen er auch einmal gehörte. Er warf ihnen vor: „Ihr achtet der Waisen nicht und muntert euch gegenseitig nicht auf, den Armen zu speisen, und ihr verzehrt das Erbe der Unmündigen mit Habgier und liebt den Reichtum mit zu großer Leidenschaft.“ (Koran, 89,18–21)
Die reichen Handelsleute aus dem Stamm Koraisch verehrten zwar viele Götter, deren Bilder sie um das uralte Heiligtum der Kaaba gestellt hatten. Sie erhofften sich aber von ihnen nur Glück und Vermehrung des Reichtums. Da sie nicht an ein Leben nach dem Tode glaubten, fürchteten sie weder eine Strafe, noch erhofften sie einen Lohn für ihr Verhalten gegenüber ihren Mitmenschen. Nachdem Mohammed in der Einsamkeit der Wüste am Berg Hira die Offenbarung empfangen hatte, dass er als Gesandter des einzigen Gottes Allah dessen Willen verkündigen sollte, predigte er vom Weltgericht. Diese Predigt und alle anderen Offenbarungen, die Mohammed empfangen hat, wurden später im Koran, dem heiligen Buch der Muslime, gesammelt:

M 27

Das Weltgericht

17. Fürwahr, der Tag der Entscheidung ist festgesetzt;
18. Der Tag, da in die Posaune gestoßen wird, und ihr kommt in Scharen,
19. Und der Himmel öffnet sich und wird [wie] Tore;
20. Und die Berge schwinden dahin und werden zur Luftspiegelung.
21. Wahrlich, die Hölle ist ein Hinterhalt –,
22. Ein Heim für die Widerspenstigen,
23. Die auf endlose Zeit darin bleiben müssen.
24. Sie werden dort weder Erquickung noch Getränk kosten,
25. Es sei denn siedendes Wasser und stinkende Flüssigkeit:
26. Eine angemessene Belohnung.
27. Sie fürchteten keine Rechenschaft
28. Und verwarfen gänzlich Unsere Zeichen.
29. Und jegliches Ding haben Wir in einem Buche aufgezeichnet.
30. „Kostet drum (die Strafe); Wir werden euch nicht anders mehren als in der Pein.“
31. Wahrlich, für die Rechtschaffenen ist Glückseligkeit –
32. Gärten, umhegte, und Rebenberge.
33. Und Jungfrauen, Altersgenossinnen,
34. Und übervolle Schalen.
35. Dort hören sie weder eitles Gerede noch Lüge.
36. Eine Belohnung von deinem Herrn – eine Gabe entsprechend (ihren Werken).

Koran, Sure 78

1 Vergleiche noch einmal die drei Vorstellungen vom Leben nach dem Tode (S. 231). Welche davon trägt Mohammed in seiner Predigt besonders eindrucksvoll vor?

2 Welche Folgen kann diese Botschaft in einer Gesellschaft haben, die von der Ausbeutung der Armen durch die Reichen geprägt ist?

3 Wie werden die reichen Handelsherren in Mekka reagiert haben, als ihr neuer junger Kollege Mohammed plötzlich solche Predigten hielt? Bereitet in Gruppen eine Zusammenkunft reicher Kaufleute vor und spielt die Szene vor der Klasse.

Die neue Religion breitet sich aus

M 28

Die erste, die glaubte, dass Mohammeds Botschaft wirklich von Gott stammt, war seine Frau Chadidscha. Sie nannte ihn zum ersten Mal den „Propheten". Die Botschaft des Propheten, dass ohne Ansehen der Person, ohne Abwägen von Stammeszugehörigkeit oder Vermögen alle Menschenwesen – sofern sie nur an den einen Gott glauben – gleichseien, ergriff vor allem die Ausgestoßenen, Unterdrückten, Ausgebeuteten: Sklaven, Knechte, Tagelöhner, das niedere Volk Mekkas. Sie ließen sich am ehesten packen von der Verkündigung einer über allen Blutfehden und Stammesteilungen stehenden Barmherzigkeit und Menschlichkeit. Ein neuer „Stamm", der nur vom Geist der Religion zusammengehalten wurde, fing an, Form anzunehmen. Anfangs versuchte die herrschende Gesellschaft Mekkas den „Propheten" dadurch abzutun, dass man von einer neuen Marotte Mohammeds sprach, und erklärte, er sei immer schon ein Narr gewesen. Die Herren der Ratsversammlung glaubten, dass Lächerlichkeit die Sache des „Propheten" erledigen würde. Nein: sie hielten am Bewährten, Althergebrachten fest. Was könnte schon Gutes herauskommen, wenn man nach Mohammeds Rat all die Dämonen und Götzen der Stämme aus der Kaaba hinauswerfen würde. Der Markt würde endgültig hinsterben, wenn die Wüstenstämme ausblieben, weil ihre Fetische geschändet, die alten Legenden verworfen wären. Und wie könnte die uralte Ordnung der Gesellschaft bestehen, wenn Sklaven und Knechte gleich mit den Herren würden, wenn der Geist Allahs sie alle adelte und die festen, ja geheiligten Formen von Blutrache und Stammesschutz zugunsten einer vagen Religion aufheben würde?!

Später wurden die Angriffe der Koreischiten, des herrschenden Stammes in Mekka, schärfer. Eines Tages wollten sie Mohammed sogar steinigen, und nur das Eintreten seines Vetter Abu Bekr rettete sein Leben. 622 sah sich Mohammed gezwungen, mit seinen Anhängern, die sich zum Islam, d. h. zur Unterwerfung unter Gottes Willen, bekannt hatten, von Mekka nach Medina zu fliehen. Diese Flucht, die sogenannte Hedschra, ist der Beginn der islamischen Zeitrechung. In Medina wurde Mohammed als Schlichter zwischen den dort befeindeten Stämmen willkommen geheißen. Seine Anhänger bauten hier die erste Moschee, und in wenigen Jahren wurde Medina die erste muslimische Stadt, ein Vorbild für alle islamischen Staaten bis in die Gegenwart.

nach Otto Zierer, 1985

Nachdem Mohammed mit seinen Anhängern Karawanen der Koraischiten aus Mekka überfallen hatte, kam es zum Krieg zwischen Mekka und Medina. Mohammed erwies sich als erfolgreicher Heerführer, der schließlich siegreich in Mekka einziehen konnte und daraufhin die Wallfahrt nach Mekka zu einer der fünf Säulen (Pflichten) für jeden Muslim machte.

4 Bei diesen Kämpfen gegen die Koraischiten, die die Muslime aus Mekka vertrieben hatten, verloren einige ihr Leben. Welchen Einfluss mögen folgende Verkündigungen, die später im Koran festgehalten wurden, auf den Kampfeswillen der Muslime gehabt haben?

Allahs Lohn

M 29

195. Ihr Herr antwortete ihnen also: „Ich lasse das Werk des Wirkenden unter euch, ob Mann oder Weib, nicht verlorengehen. [...] Die daher ausgewandert sind und vertrieben wurden von ihren Heimstätten und verfolgt wurden für Meine Sache und gekämpft haben und getötet wurden, Ich werde wahrlich von ihnen hinwegnehmen ihre Übel und sie in Gärten führen, durch die Ströme fließen: ein Lohn von Allah, und bei Allah ist der schönste Lohn."

Sure 3

74. Lasst also solche für Allahs Sache kämpfen, die das irdische Leben hinzugeben gewillt sind für das zukünftige. Und wer für Allahs Sache ficht, ob er fällt oder siegt, Wir werden ihm bald großen Lohn gewähren.

76. Die da glauben, kämpfen für Allahs Sache, und die nicht glauben, kämpfen für die Sache des Bösen. Kämpft darum wider die Freunde Satans! Denn gewiss, Satans Feldherrnkunst ist schwach.

Sure 4

5 Der Offizier Muammar al-Gaddafi stürzte 1969 den König von Lybien mit einem Militärputsch vom Thron und versuchte, aus dem Land einen sozialistisch-muslimischen Staat zu machen. Welche Bedeutung hat für ihn die Botschaft Mohammeds in der folgenden Rede?

M 30 Der Koran als Grundlage einer modernen Gesellschaft

Wie können wir ihn [den Koran] als Gesetz unserer Gesellschaft nehmen? Diejenigen Dinge, die mit dem Jenseits zusammenhängen – sie sind es, nach denen unser Geschick bestimmt werden wird: Wenn wir Gutes getan haben, kommen wir in das Paradies, wenn wir Böses getan haben, kommen wir in die Hölle. Wenn wir sagen: Dies ist Gesetz, ihr Leute, also müsst ihr glauben, dass derjenige, der Böses tut, in die Hölle kommen wird, und dass derjenige, der Gutes tut, ins Paradies gelangen wird – so wird diese Gesellschaft folglich täglich in ihrem irdischen Leben das Gute tun, das Böse aber vermeiden. Wieso? Weil sich der Einzelne auf die betreffenden Aussagen des Koran gründet und an dieses Buch glaubt, dessen Aussage es ist: Wer Gutes tut, kommt ins Paradies; wer Böses tut, in die Hölle ...
Es gibt engstirnige Leute, die der Religion schaden und die Ausbeutung verteidigen, die Stammestum und Immobilienbesitz bewahren wollen, denen daran liegt, dass die Verknechtung des Menschen durch den Menschen (ubudyat al-insan lil-insän) erhalten bleibt, die Kapitalflucht ins Ausland, Lasterhaftigkeit und Unglauben verteidigen. Sie sagen: „Dies ist die Religion." [...] Bewahre Gott: Wenn dies die Religion ist, so werde ich sie noch, bevor der Morgen kommt, verlassen. Aber ich weiß, dass die Religion das Gegenteil ist. Die Religion wurde offenbart, damit alle diese verfaulten Dinge abgeschafft werden. Denn als der Islam in die arabische Welt kam, fand er diese genauso vor: Schlösser, Knechte, Klassen, Ausbeutung, Diener, Gefolge, Polygamie, Sklaven, Herren und Knechte. Die ersten, die an Muhammad glaubten, waren die Schwachen, Alten und Unterdrückten. Mit ihnen zog er in die Schlachten, bis diese Klasse der Unterdrückten über die Bourgeoisie, den Feudalismus und die Ausbeuter aus dem Stamm der Koraisch' gesiegt hat.

Mu'ammar al-Kadiafi

Gaddafi unterstützte zeitweise auch Terroristen, die u. a. ein amerikanisches Passagierflugzeug über der schottischen Stadt Lockerbie in die Luft sprengten. 1999 lieferte er aber die Attentäter aus und ließ den Hinterbliebenen der Opfer eine hohe Entschädigung zahlen. Ihm ist nun an einer Aussöhnung mit dem Westen gelegen.
Anders der iranische Revolutionsführer und Imam [geistlicher Führer] Chomeini. Er verkündete 1979: „Der heilige Krieg bedeutet die Eroberung der nicht-mohammedanischen Territorien. Es ist möglich, dass er nach der Bildung einer islamischen Regierung erklärt wird, die dieser Bezeichnung würdig ist, unter der Leitung des Imam oder auf seinen Befehl. Dann wird die Pflicht jedes volljährigen und waffenfähigen Mannes sein, freiwillig in diesen Eroberungskrieg zu ziehen, dessen Endziel es ist, das Gesetz des Korans von einem Ende der Welt bis zum anderen regieren zu lassen." (Der Spiegel, 4/1980) Er forderte auch, dass Selbstmordattentäter sich im Kampf gegen die Feinde des Islam opfern sollten: „Wir müssen Gott danken, wenn er uns mit dem Tod im Heiligen Kampf auszeichnet. Lasst uns in Scharen in die Reihen der Märtyrer drängen. [...] Sollten wir uns gefürchtet haben, so bedeutet dies, dass wir nicht an das Jenseits glauben." Besonders in dem Kampf der Palästinenser gegen Israel folgen seit 1987 immer wieder Jugendliche Chomeinis Aufruf.

6 Der folgende Text ist der Abschiedsbrief des palästinensischen Studenten Ismail Masawabi, der sich 2001 in die Luft sprengte und dabei zwei israelische Soldaten mit in den Tod riss. An welchen Stellen finden sich ähnliche Ansichten wie die von Chomeini?

Abschiedsbrief eines Selbstmordattentäters

M 31

Unsere Nation ist so schwach geworden, und jeder bedient sich daran. Wir sind eine Nation, die in Schande lebt und unter der Besetzung der Juden. Dies widerfuhr uns, weil wir nicht gegen sie gekämpft haben, weil wir nicht für Gott gekämpft haben.
Diese schreckliche und dunkle Situation, die ich kenne und erlebe, lehne ich ab – und habe beschlossen, ein Lichtstrahl zu werden, um den Muslimen den Weg zu leuchten, und ein Feuerstrahl, um den Feind Gottes zu verbrennen. Einfach nur zuzusehen, wie unser muslimisches Volk abgeschlachtet wird [von den Juden], und keinen Schritt zu unternehmen, diese Situation zu ändern, ist ein schmutziges Spiel, das ich nicht ertrage. [...] Deshalb, im Namen Jerusalems und der al-Aqsa Moschee, im Namen Gottes auf seiner Erde, ziehe ich es vor, Gott zu treffen und die Menschen zu verlassen. Deshalb habe ich mir selbst gesagt, dass ich morgen mit dem Propheten Mohammed und seinen Getreuen sein werde. [...] Gott wird euch nicht vergeben, wenn ihr ein solches Leben akzeptiert. Das andere ist das wahre Leben. Gott wird euch nicht vergeben, wenn ihr die Demütigung akzeptiert und nicht kämpft, um die Situation zu beenden und den Islam zu stärken. Meine Brüder und meine Familie, ich werde im Paradies sein, wo ich alles bekomme. Also seid nicht traurig, dass ihr mich verloren habt. Dort werde ich unsterblich sein, also solltet ihr glücklich sein, dass ich dort bin. Allen, die mich geliebt haben, sage ich, weint nicht, denn eure Tränen lassen mich nicht ruhen. Dies ist mein Weg.

2001

Der geistliche Führer von Saudi- Arabien, Großmufti Scheich Abdelaziz Bin Abdallah nahm dagegen 2001 in einem Interview klar Stellung gegen die Selbstmordattentate:
„So etwas ist nicht Teil des Dschihad [wörtlich: Anstrengung für den Islam], und ich fürchte, es ist einfach nur Selbstmord. Obwohl der Koran die Tötung des Feindes gestattet, ja fordert, muss dies auf einem Wege geschehen, der nicht den religiösen Gesetzen zuwiderläuft!"
Ähnlich äußerte sich Mohammed Said Tantawi nach dem Attentat vom 11. September 2001 auf das World Trade Center in New York. Er wurde 1996 Großscheich der islamischen Al-Azhar-Universität in Kairo. Der Großscheich wird vom ägyptischen Staatspräsidenten ernannt. Die Al-Azhar gilt als höchste Instanz des sunnitischen Islams, dem etwa 90 % der Muslime angehören.
Tantawi: „Der Islam ist die Religion des Erbarmens und der Gerechtigkeit.
Wenn die Terroristen diese Lehre des Islams falsch interpretieren, haben sie Unrecht.
[...] Eine Religion kann nicht durch Zwang verbreitet werden. Alle Kriege, die geführt wurden in der Zeit des Propheten – Gott segne ihn und schenke ihm Heil –, und die Kriege in der Epoche seiner Nachfolger dienten dem Ziel der Verteidigung des Landes, der Erde, der Ehre, der menschlichen Würde und der Bestrafung der Angreifer. Kriege, die geführt werden zur Verbreitung der Religion oder um anderen Menschen ihre Rechte zu rauben, sind verboten." (2001)
Auch der Imam und Leiter des Islamischen Zentrums Hamburg (IZH) und erster Vorsitzender des „Rates der islamischen Gemeinschaften in Hamburg" Ayatollah Seyed Abbas Hosseini Ghaemmaghami schreibt in seiner Fatwa [Rechtsauskunft] vom 27.7.2005:
„Hiermit gebe ich klar und unmissverständlich bekannt, dass nach islamischem Recht [Scharia] jede Form des Terrorismus und die Tötung von unschuldigen Menschen geächtet werden."
„Diese Taten sind ohne Zweifel verbrecherische Untaten. Diese Täter [...] stehen vor Gott als Sünder. Der heilige Qur'an [Koran] macht hier auch deutlich: Werden diese Terrorakte als Selbstmordaktionen ausgeführt, kann nicht von Märtyrertum gesprochen werden. Vielmehr erwartet die Täter die härteste Strafe Gottes, und sie werden in die Hölle verbannt werden."

7 Was hätten diese drei islamischen Geistlichen dem Studenten Masawabi gesagt, wenn er ihnen den Abschiedsbrief vor seinem Selbstmordattentat gezeigt hätte?

8 Wie kommt es zu den unterschiedlichen Stellungnahmen? Wieweit können sie sich auf die zitierten Suren des Korans berufen?

Katholische und evangelische Vorstellungen vom Ewigen Leben

Zu Anfang des 16. Jahrhundert kam es zur Trennung der evangelischen Kirche von der römisch-katholischen. Am 31. Oktober 1517 schlug Martin Luther 95 Thesen an die Tür der Schlosskirche zu Wittenberg und protestierte damit gegen bestimmte Lehren der katholischen Kirche. Er wurde deshalb vor Kaiser Karl V. auf den Reichstag in Worms geladen, wollte aber auch dort seine Thesen nicht widerrufen. Auf dem Reichstag in Speyer kam es 1529 zur endgültigen Spaltung der Kirche. Seitdem nannten sich die Christen evangelischen Glaubens auch Protestanten.

1 Katholiken und Protestanten haben bis heute dasselbe Glaubensbekenntnis, das „Symbolum apostolicum". Welche Unterschiede gibt es gleichwohl zwischen katholischem und evangelischem Glauben? Sammelt in eurer Sitzgruppe alles, was ihr über den Unterschied von Katholiken und Protestanten wisst.

2 In Luthers 95 Thesen geht es im Wesentlichen um das Schicksal der Verstorbenen im Fegefeuer und die Frage, ob der Papst einen Ablass der Fegefeuerstrafen bewirken kann. Inwieweit gibt es bei der Frage, was Christen nach dem Tod erhoffen, und speziell bei der Frage nach dem Fegefeuer heute noch einen Unterschied in den folgenden Textausschnitten aus den Katechismen [Lehrbüchern] der katholischen und der evangelischen Kirche?

M 32 Ewiges Leben und Fegefeuer

207. Was ist das ewige Leben? Das ewige Leben ist das Leben, das gleich nach dem Tod beginnt. Es wird kein Ende haben. Ein besonderes Gericht durch Christus, den Richter der Lebenden und der Toten, wird für jeden Menschen dem ewigen Leben vorangehen, und durch das Letzte Gericht wird es bestätigt werden.

208. Was ist das besondere Gericht? Es ist das Gericht der unmittelbaren Vergeltung, die jeder gleich nach seinem Tod in seiner unsterblichen Seele entsprechend seinem Glauben und seinen Werken von Gott erhält. Diese Vergeltung besteht im Eintreten in die Seligkeit des Himmels, unmittelbar oder nach einer entsprechenden Läuterung, oder im Eintreten in die ewige Verdammnis der Hölle.

209. Was versteht man unter „Himmel"? Unter „Himmel" versteht man den Zustand höchsten, endgültigen Glücks. Jene, die in der Gnade Gottes sterben und keiner weiteren Läuterung bedürfen, werden mit Jesus und Maria, mit den Engeln und den Heiligen vereinigt. Sie bilden so die Kirche des Himmels, wo sie Gott „von Angesicht zu Angesicht" (1 Kor 13,12) schauen, in einer Liebesgemeinschaft mit der heiligsten Dreifaltigkeit leben und für uns eintreten.

210. Was ist das Purgatorium (Fegefeuer)? Das Purgatorium ist der Zustand jener, die in der Freundschaft Gottes sterben, ihres ewigen Heils sicher sind, aber noch der Läuterung bedürfen, um in die himmlische Seligkeit eintreten zu können.

211. Wie können wir den Seelen im Purgatorium helfen? Kraft der Gemeinschaft der Heiligen können die Gläubigen, die noch auf Erden pilgern, den Seelen im Purgatorium helfen, indem sie Fürbitten und besonders das eucharistische Opfer, aber auch Almosen, Ablässe und Bußwerke für sie darbringen.

212. Worin besteht die Hölle? Sie besteht in der ewigen Verdammnis jener, die aus freiem Entschluss in Todsünde sterben. Die schlimmste Qual der Hölle besteht im ewigen Getrenntsein von Gott. Einzig in Gott kann ja der Mensch Leben und Glück finden. Dafür ist er geschaffen, und das ist seine Sehnsucht. Christus fasst diese Wirklichkeit in die Worte: „Weg von mir, ihr Verfluchten, in das ewige Feuer!" (Mt 25,41).

213. Wie verträgt sich die Existenz der Hölle mit der unendlichen Güte Gottes? Gott will zwar, „dass sich alle bekehren" (2 Petr 3,9), aber er hat den Menschen frei und eigenverantwortlich erschaffen und respektiert seine Entscheidungen. Darum ist es der Mensch selbst, der sich in völliger Autonomie freiwillig aus der Gemeinschaft mit Gott ausschließt, wenn er bis zu seinem Tod in der Todsünde verharrt und die barmherzige Liebe Gottes zurückweist.

214. Worin wird das Letzte Gericht bestehen? Das Letzte (allgemeine) Gericht wird im Urteil zum seligen Leben oder zur ewigen Verdammnis bestehen. Wenn Jesus Christus als Richter der Lebenden und der Toten wiederkommt, wird er über die „Gerechten und Ungerechten" (Apg 24,15), die alle vor ihm versammelt sein werden, dieses Urteil aussprechen. Im Anschluss an das Letzte Gericht wird der auferstandene Leib Anteil erhalten an der Vergeltung, welche die Seele im besonderen Gericht erhalten hat.

215. Wann wird dieses Gericht stattfinden? Dieses Gericht wird am Ende der Welt stattfinden, dessen Tag und Stunde Gott allein kennt.

216. Was ist die Hoffnung auf den neuen Himmel und die neue Erde? Nach dem Letzten Gericht wird auch die ganze Welt von der Sklaverei der Vergänglichkeit befreit werden und mit dem Anbrechen des „neuen Himmels" und der „neuen Erde" (2 Petr 3,13) an der Herrlichkeit Christi teilhaben. [...]

Katechismus der katholischen Kirche, 2005

Guerzino: Papst Gregor der Große als Fürbitter der Seelen im Fegefeuer

Was geschieht im Sterben?

M 33

Die Antwort, die die griechischen Philosophen Sokrates und Plato auf diese Frage gaben, lautet: Im Tode trennt sich die unsterbliche Seele von ihrem Körper, um nun zur vollen Entfaltung ihres Lebens zu gelangen. Der Körper wird als ein Gewand der Seele betrachtet, ja manchmal sogar als ein Kerker, aus dem sie durch den Tod befreit wird. Diese Auffassung ist auch unter Christen weit verbreitet, und viele halten sie für die christliche Ewigkeitshoffnung schlechthin. Was sagt das Neue Testament zur Unsterblichkeit der Seele? Für die ganze Bibel gilt: Gott allein ist unsterblich (1. Tim 6,16). Deshalb gebraucht die Bibel den Ausdruck „Unsterblichkeit" nicht für den Menschen. Zwar unterscheidet das Neue Testament auch zwischen Leib und Seele, aber es sieht hier – anders als die griechischen Philosophen – keinen Gegensatz. Leib und Seele bilden eine Einheit, der Leib ist nicht ein entbehrliches Gewand, er gehört genauso zum Menschsein wie die Seele. Statt: „Der Mensch hat Leib und Seele" müsste man dem Neuen Testament entsprechend besser sagen: „Der Mensch ist Leib und Seele." [...]

Evangelische Theologen [...] lehnen die Aufspaltung des Menschen in Leib und Seele ab. Weil der Mensch als ganzer ein Sünder sei, darum sterbe er im Tode ganz und gar mit Leib und Seele (Ganztod). Die Auferstehung der Toten hat dann keinen Anknüpfungspunkt beim Menschen, sie ist völlige Neuschöpfung durch Gott. Zwischen Tod und Auferstehung klafft ein Riss, der Einzelne existiert höchstens im Gedächtnis Gottes weiter. [...]

Nach dem Johannesevangelium hat der Glaubende hier schon das ewige Leben, das auch der Tod nicht mehr auslöschen kann: „Wer an mich glaubt, der wird leben, ob er gleich stürbe" (Joh 11,25). Gott hat den Menschen geschaffen, um mit ihm Gemeinschaft zu haben. Der Mensch ist somit der Dialogpartner Gottes, er ist angeredet, und er soll antworten. Gott nimmt diese Beziehung zum Menschen nicht zurück – und so sind wir im Leben und im Tode auf Gott bezogen, wir können ihm nicht entrinnen. Weil die Gottesbeziehung unzerstörbar ist, ist es auch die menschliche Person.

Evangelischer Erwachsenenkatechismus, 1975

3 Siehe dir noch einmal auf S. 231 die drei Antworten auf die Frage an, was man nach dem Tode erhoffen kann. Versuche, die beiden Texte aus den Katechismen (M 32, M 33) wie auch die Suren aus dem Koran (M 29) diesen drei Antworten zuzuordnen.

Wörtlich und symbolisch verstandene Vorstellungen von Himmel und Hölle

In dem Roman „Denken heißt zum Teufel beten" schildert Wolfgang Kirchner einen Schulungsabend in dem Zentrum einer Jugendsekte, an dem Heidrun zum ersten Mal teilnimmt.

M 34 Schulung für den Kampf gegen Satan

Paul schreibt das Wort „Ich" an die Tafel und malt einen Kreis drum herum.

[...]

Er schreibt „Glück" an die Tafel und malt auch um dieses Wort einen Kreis.

„Nach der Devise: Ihr dürft alles! Verwirklicht euch in der Sexualität! Wenn ihr keinen Partner habt, befriedigt euch selbst!"

Er verbindet beide Kreise durch zwei Pfeile und zeichnet einen weiteren Kreis, in den er das Wort „Satan" (= Teufel) setzt. „Ihr alle habt die böse Wirkung Satans an eurem eigenen Leib gespürt. Dem Augenblick der Lust folgt das schlechte Gewissen. Der Geist, ursprünglich zu Gott ausgerichtet, verdunkelt sich. [...]

„Die Söhne der Finsternis behaupten, erst befreite Sexualität, wie sie es nennen, öffnet den Geist. Daran seht ihr, wie Satan wirkt!"

Nun schreibt Paul ein neues Wort: „Gott". Mit rascher Bewegung zieht er einen Trennungsstrich zwischen die Worte „Gott" und „Ich". „Eva und Adam aßen vom Baum der Erkenntnis", sagt er. „Die Bibel spricht von Erkennen, wenn sie den Geschlechtsakt meint. Der Baum der Erkenntnis ist also nicht der Baum des Wissens, sondern der Sünde!"

Heidrun zuckt zusammen: Ulrike ist lautlos vom Stuhl gesunken. Schneller als Peggy und Susanne sie daran hindern können, springt Heidrun auf, drängt sich durch die Reihe und beugt sich zu Ulrike hinunter, um ihr aufzuhelfen. Doch Ulrike wehrt sich, versteift sich, zappelt mit Armen und Beinen, stößt grunzende Laute aus und gleich darauf einen schrillen Schrei, der nicht mehr aufhören will. [...] Die Augen weit offen, die Pupillen starr. Schaum vor dem Mund. Was für Heidrun am schrecklichsten ist: Sie streckt ihr die Zunge heraus ...

„Seite 37!", ruft Paul. In aller Eile verteilt Susanne Liederbücher, während Peggy nach vorn läuft und sich die Gitarre umhängt. Kaum einer der Teilnehmer hat einen Blick für die am Boden liegende, hilflos zuckende Ulrike, alle starren nach vorn. Wie eine Erlösung scheinen sie es zu empfinden, singen zu dürfen, als Peggy anstimmt:

„Rings um uns schläft alles,
Nur wir sind wach,
Wecke sie, ehe Satan sie überfällt ..."

Fassungslos blickt Heidrun hoch. Warum kommt keiner der „Geschwister" zu Hilfe oder ruft einen Arzt? Mit einer Hand hält Heidrun Ulrikes Kopf, damit er bei den Krampfanfällen nicht auf den Boden schlägt, mit der andern streichelt sie Ulrikes Gesicht, streicht ihr die Haare aus der Stirn. Den Anblick der starr geöffneten Augen erträgt Heidrun nicht.

„Hinter hohen Mauern
Sammelt er seine Macht.
Wecke sie, ehe Satan sie überfällt!"

Der Gesang wird immer lauter und inbrünstiger. Durch starres Weggucken, durch gelegentliche hasserfüllte Seitenblicke vermitteln die „Geschwister" ihr das Gefühl, etwas falsch zu machen – als beflecke sie sich durch die Berührung mit Ulrike.

„Sende das Licht,
Ende der Sünde Nacht,
O wecke sie, ehe Satan sie überfällt."

Endlich lassen die Zuckungen nach, und Ulrikes Schrei wird zu einem Keuchen.

Wolfgang Kirchner, 1992

1 Ulrike hat offensichtlich einen epileptischen Anfall. Wie reagiert die Gruppe hier auf Ulrikes Krankheit?

2 Heidrun ist fassungslos über das Verhalten der Gruppe und stellt Paul anschließend zur Rede. Die wörtlich genommene Gegenwart des Teufels hat für sie etwas Dämonisches. Spielt ein Streitgespräch zwischen Paul und Heidrun.

Der Theologe und Philosoph Paul Tillich (1886–1965) hat erklärt: „Ein Glaube, der seine Symbole wörtlich nimmt, wird zum Götzenglauben." „Götzendienst ist nichts anderes als die Verabsolutierung der Symbole des Heiligen und ihre Identifizierung mit dem Heiligen selbst." Der ungebrochene Mythos, der zum Götzendienst führt, hat für Tillich „dämonischen Charakter".
Anhänger einer Weltanschauung oder Religion, die deren Symbole grundsätzlich und bewusst wörtlich nehmen, bezeichnet man auch als Fundamentalisten*. Ihr Fanatismus führt zu Intoleranz oder sogar zu terroristischen Gewaltakten. Sie finden sich in allen Religionen, stellen aber „Gott sei Dank" meist nur eine kleine radikale Minderheit dar. Auch die Vorstellung der islamischen Selbstmordattentäter, dass Allah ihr Opfer im Paradies reichlich belohnen wird, muss man dazu rechnen. Ihr Verhalten wird von der überwiegenden Mehrheit der Gläubigen aus guten Gründen abgelehnt, weil sie nicht wollen, dass ihr Glaube politisch missbraucht und zu einem Götzendienst wird.

3 Welche Bedeutung hat der Mythos vom Satan für die Gruppe (M 34)?
Wieweit nehmen sie ihn ungebrochen wörtlich oder symbolisch?
Wie hängt ihr Verhalten mit ihrer der Auffassung des Mythos zusammen?

Schon seit der Antike, vor allem aber seit dem 18. Jahrhundert gibt es die Vorstellung, dass nur die Materie und das, was wir mit unseren Sinnen erkennen können, „wirklich" ist. Das führte zu einer atheistischen* Kritik an den religiösen Erzählungen über die Unsterblichkeit, wie der folgende Text des französischen Philosophen Claude Adrien Helvétius (1715–1777) zeigt:

Zweifel an der Unsterblichkeit

M 35

Diese Art von Erzählungen [...] haben die Nationen gegeneinander aufgebracht, das Blutvergießen verursacht und die Zerstörung in die Welt getragen. [...] Diese haben untereinander immer die größte Ähnlichkeit bewahrt. Unter den verschiedenen Ursachen, denen man ihre Erfindung zuschreiben kann, nenne ich als erste das Verlangen nach Unsterblichkeit. [...] Der Mensch will unsterblich sein und würde glauben, es zu sein, wenn nicht die Auflösung aller Körper seiner Umgebung in jedem Augenblick das Gegenteil bewiese. Obwohl er so gezwungen ist, diese Wahrheit anzuerkennen, verlangt es ihn nicht weniger nach Unsterblichkeit. [...]
Zu diesem Zweck sollte die Seele aus einem überaus feinen Material bestehen; man machte aus ihr ein unzerstörbares Atom, das die Verwesung der übrigen Körperteile überlebt, ja schließlich ein Prinzip des Lebens überhaupt. Dieses Wesen sollte nun unter dem Namen Seele all die Geschmacksrichtungen, die ihr während ihrer Vereinigung mit dem Körper eigen waren, über den Tod hinaus bewahren.
Nachdem man dieses System erfunden hatte, zweifelte man um so weniger an der Unsterblichkeit seiner Seele, als weder die Erfahrung noch die Beobachtung diesem Glauben widersprechen konnten, weil weder die eine noch die andere ein unsichtbares Atom in den Griff bekommen kann. Seine Existenz wurde in Wahrheit niemals bewiesen. Aber braucht man denn Beweise, um zu glauben, was man wünscht? Und welche Beweisführung ist jemals klar genug, um die Falschheit einer uns lieben Auffassung zu zeigen? Es ist z. B. wahr, dass man niemals Seelen auf seinem Wege traf. Deshalb haben die Menschen nach der Erfindung der Seelen ein Land erschaffen müssen, in dem diese wohnen. Jede Nation und selbst jedes Individuum hat davon, je nach ihrem Geschmack und ihren Bedürfnissen, einen anderen Plan entworfen.

Claude Adrien Helvétius, 1772

4 Inwieweit sind alle Vorstellungen vom Leben nach dem Tod, die du in diesem Kapitel kennengelernt hast, von dieser Kritik betroffen?

5 Welchem der beiden Zwillinge in der folgenden Geschichte würdest du zustimmen? Wie könnte der andere deine Position in Frage stellen? Übt die Szene in verteilten Rollen ein und spielt sie vor.

M 36 Leben danach?

Es geschah, dass in einem Schoß Zwillingsbrüder empfangen wurden. Die Wochen vergingen, und die Knaben wuchsen heran. In dem Maß, in dem ihr Bewusstsein wuchs, stieg die Freude: „Sag, ist es nicht großartig, dass wir empfangen wurden? Ist es nicht wunderbar, dass wir leben?!“ Die Zwillinge begannen, ihre Welt zu entdecken. Als sie aber die Schnur fanden, die sie mit ihrer Mutter verband und die ihnen die Nahrung gab, da sangen sie vor Freude: „Wie groß ist die Liebe unserer Mutter, dass sie ihr eigenes Leben mit uns teilt!“
Als aber die Wochen vergingen und schließlich zu Monaten wurden, merkten sie plötzlich, wie sehr sie sich verändert hatten.
„Was soll das heißen?“, fragte der eine.
„Das heißt“, antwortete der andere, „dass unser Aufenthalt in dieser Welt bald seinem Ende zugeht.“
„Aber ich will gar nicht gehen“, erwiderte der eine, „ich möchte für immer hier bleiben.“
„Wir haben keine andere Wahl“, entgegnete der andere, „aber vielleicht gibt es ein Leben nach der Geburt!“
„Wie könnte das sein?“, fragte zweifelnd der erste, „wir werden unsere Lebensschnur verlieren, und wie sollen wir ohne sie leben können? Und außerdem haben andere vor uns diesen Schoß hier verlassen, und niemand von ihnen ist zurückgekommen und hat uns gesagt, dass es ein Leben nach der Geburt gibt. Nein, die Geburt ist das Ende!“
So fiel der eine von ihnen in tiefen Kummer und sagte: „Wenn die Empfängnis mit der Geburt endet, welchen Sinn hat dann das Leben im Schoß? Es ist sinnlos. Womöglich gibt es gar keine Mutter hinter allem.“ „Aber sie muss doch existieren“, protestierte der andere, „wie sollten wir sonst hierher gekommen sein? Und wie könnten wir am Leben bleiben?“
„Hast du je unsere Mutter gesehen?“, fragte der eine. „Womöglich lebt sie nur in unserer Vorstellung. Wir haben sie uns erdacht, weil wir dadurch unser Leben besser verstehen können.“
Und so waren die letzten Tage im Schoß der Mutter gefüllt mit vielen Fragen und großer Angst. Schließlich kam der Moment der Geburt. Als die Zwillinge ihre Welt verlassen hatten, öffneten sie ihre Augen. Sie schrieen. Was sie sahen, übertraf ihre kühnsten Träume.

Erzählung aus Amerika

M 37

6 Im Englischen unterscheidet man zwischen „sky“ und „heaven“. Im Deutschen gibt es dafür nur ein Wort: Himmel. Worin besteht der Unterschied zwischen „sky“ und „heaven“?

7 Welches von beiden wollte wohl der Maler Caspar David Friedrich (1774–1840) in seinem Bild darstellen?

8 Versuche, die in dem folgenden orientalischen Märchen beschriebenen Szenen zu malen.

M 38 Die langen Löffel

Ein Rechtgläubiger kam zum Propheten Elias. Ihn bewegte die Frage nach Hölle und Himmel, wollte er doch seinen Lebensweg danach gestalten. „Wo ist die Hölle – wo ist der Himmel?“ Mit diesen Worten näherte er sich dem Propheten, doch Elias antwortete nicht. Er nahm den Fragesteller an der Hand und führte ihn durch dunkle Gassen in einen Palast. Durch ein Eisenportal betraten sie einen großen Saal. Dort drängten sich viele Menschen, arme und reiche, in Lumpen gehüllte, mit Edelsteinen geschmückte. In der Mitte des Saales stand auf offenem Feuer ein großer Topf von brodelnder Suppe, die im Orient Asch heißt. Der Eintopf verbreitete angenehmen Duft im Raum. Um den Topf herum drängten sich hohlwangige und tiefäugige Menschen, von denen jeder versuchte, sich seinen Teil Suppe zu sichern. Der Begleiter des Propheten Elias staun-

te, denn die Löffel, von denen jeder dieser Menschen einen trug, waren so groß wie sie selbst. Nur ganz hinten hatte der Stiel des Löffels einen hölzernen Griff. Der übrige Löffel, dessen Inhalt einen Menschen hätte sättigen können, war aus Eisen und durch die Suppe glühend heiß. Gierig stocherten die Hungrigen im Eintopf herum. Jeder wollte seinen Teil, doch keiner bekam ihn. Mit Mühe hoben sie ihren schweren Löffel aus der Suppe, da dieser aber zu lang war, bekam ihn auch der Stärkste nicht in den Mund. [....] Schimpfend gingen sie aufeinander los und schlugen sich mit denselben Löffeln, mit deren Hilfe sie ihren Hunger hätten stillen können. Der Prophet Elias fasste seinen Begleiter am Arm und sagte: „Das ist die Hölle!“ [...]
Nach langer Wanderung durch finstere Gänge traten sie in einen weiteren Saal ein. Auch hier saßen viele Menschen. In der Mitte des Raumes brodelte wieder ein Kessel mit Suppe. Jeder der Anwesenden hatte einen jener riesigen Löffel in der Hand, die Elias und sein Begleiter schon in der Hölle gesehen hatten. Aber die Menschen waren hier wohlgenährt, und man hörte in dem Saal nur ein leises, zufriedenes Summen und das Geräusch der eintauchenden Löffel. Jeweils zwei Menschen hatten sich zusammengetan. Einer tauchte den Löffel ein und fütterte den anderen. Wurde einem der Löffel zu schwer, halfen zwei andere mit ihrem Esswerkzeug, so dass jeder doch in Ruhe essen konnte. War der eine gesättigt, kam der nächste an die Reihe. Der Prophet Elias sagte zu seinem Begleiter: „Das ist der Himmel!“

Der folgende Text stammt aus dem Buch eines unbekannten Predigers, der am Ende des 15. Jahrhunderts in einem Frankfurter Orden gelebt hat. Der erste Herausgeber, Martin Luther, hat die Schrift „Eine deutsche Theologie“ genannt. Sie gilt als eine der bedeutendsten Schriften der christlichen Mystik*.

In der Hölle brennt nichts als der Eigenwille

M 39

Je mehr der Mensch seinem Eigenwillen folgt und darin zunimmt, desto ferner wird er von Gott, dem wahren Gut. In der Hölle brennt nichts als der Eigenwille. Darum sagt man: Tu ab den Eigenwillen, so gibt es keine Hölle. Nun möchte Gott den Menschen gern zu dem fördern und bringen, was ihm selber das Beste ist, und das ist auch dem Menschen unter allem das Beste. Und soll das geschehen, so muss, wie gesagt, aller Eigenwille abgetan werden, und dazu riete und hülfe Gott dem Menschen gern; denn alldieweil der Mensch sein Bestes eigenmächtig sucht, so sucht er nicht sein Bestes, und darum findet er es nimmer. Denn des Menschen Bestes wäre und ist, dass er weder sich noch das Seine sucht oder meint, in keinen Dingen, weder in Geist noch in Natur, sondern allein das Lob und die Ehre Gottes und seinen göttlichen Willen. Das lehrt und rät uns Gott. [...] Man sagt, es sei nichts in der Hölle so viel vertreten wie der Eigenwille. Das ist wahr. Denn sie ist nichts andres als der Eigenwille, und gäbe es keinen Eigenwillen, so gäbe es auch keine Hölle und keinen Teufel. Wenn man sagt, Luzifer sei vom Himmelreich abgefallen und habe sich von Gott abgekehrt und dergleichen, das heißt nichts andres als: Er wollte seinen eignen Willen haben und wollte nicht eines Willens sein mit dem ewigen Willen. So war es auch mit Adam im Paradies. Und wenn man Eigenwille sagt, so meint man: anders wollen als der einige und ewige Wille Gottes will. [...] Im Himmel gibt es nichts Eigenes, drum herrscht dort Genügen, wahrer Friede und alle Seligkeit. Wär da einer, der sich Eigentum anmaßte, der würde gleich hinausgestoßen, in die Hölle, und würde ein Teufel. Aber in der Hölle will jeder seinen eignen Willen haben, drum herrscht da lauter Unglück und Unseligkeit. So ist’s auch in der Zeitlichkeit.

Der Frankfurter, 1497

9 Wie passt das, was der Prediger zur Hölle sagt, zu dem orientalischen Märchen von den langen Löffeln (M 38)?

10 „Die Hölle, das sind die anderen.“ Das behauptete der französische Philosoph und Schriftsteller Jean Paul Sartre (1905–1975) in seinem Stück „Geschlossene Gesellschaft“ von 1944. Was würde der unbekannte Prediger der „Deutschen Theologie“ dazu sagen?

11 Welche These leuchtet dir mehr ein? Überlege dir Gründe und Beispiele.

Erläuterungen zu 10 wichtigen Begriffen aus jedem Kapitel – zum Lernen und Wiederholen

Selbstsein – die Frage nach dem Ich

anthropologische Selbsterkenntnis: über die Erkenntnis der besonderen Kennzeichen der eigenen Person hinausgehende Erkenntnis der Wesensmerkmale des Menschen allgemein

Buddhismus: Bezeichnung für die auf den historischen Buddha zurückgeführten Lehren, die sich zugleich als Religion und als Philosophie verstehen lassen. Der Buddhismus wird auch als Lebensweg begriffen, der zur Verminderung des Leidens in und an der Welt führt.

Emotion: Bezeichnung für die Verbindung eines innen erlebten Gefühls mit einem äußerlich sichtbaren Ausdruck. Affekte sind Emotionen, die unkontrolliert sind

Identität: der Begriff der Identität steht beim Menschen für die Unverwechselbarkeit einer Person. In strenger philosophischer Perspektive bedeutet er die dauerhafte Gleichheit mit sich selbst, was die Frage hinterlässt, in welcher Beziehung ein Individuum bei allem Wandel gleich bleibt.

Kognition: (lat. cognoscere: „erkennen") schließt im Unterschied zum bewussten Denken auch unbewusstes Erkennen ein. Ein Beispiel dafür ist das unbewusste Lernen bei Tieren

Nirvana: buddhistische Vorstellung vom endgültigen Verlöschen des Lebens ohne Rückkehr in den ewigen Kreislauf des Werdens und Vergehens durch Wiedergeburt

Ptolemäisches Selbstbild: hier wird die irrtümliche Vorstellung des Ptolemäus, die Erde befinde sich im Zentrum des Weltalls, auf das Ich übertragen, das sich als Mittelpunkt der Welt versteht

Skeptiker: philosophische Denkschule, nach der die Möglichkeit einer wahren Erkenntnis prinzipiell zu bezweifeln ist, erworbenes Wissen deshalb niemals sicher und endgültig sein kann

Weisheit: die herausragende Fähigkeit lebenserfahrener Menschen zur Lösung von bedeutsamen und schwierigen Lebensproblemen und zur Gestaltung eines guten Lebens; sie besitzen ein vertieftes Wissen über die grundlegenden Fragen des Lebens, die menschliche Natur und die vielfältigen gesellschaftlichen Verhältnisse, sind sich aber gleichzeitig der Unsicherheit und Relativität ihres „Weltwissens" bewusst, was ihnen einen guten Umgang mit sich selbst und anderen ermöglicht.

Stoiker: Anhänger einer antiken philosophischen Lehre, die sich um die Freiheit von Leidenschaften (Apathie), Selbstgenügsamkeit (Autarkie) und Unerschütterlichkeit (Ataraxie) bemühte. Unser heutiger Begriff der „stoischen Ruhe" geht auf diese Eigenschaften zurück.

Ist das Leben „crazy"? – zum Umgang mit dem Anderen

Agape: das griechische Wort für Liebe. Im Neuen Testament ist die Agape die Liebe Gottes zu den Menschen. Die Agape bezeichnet aber auch die Nächstenliebe, die Liebe zu allen Mitmenschen.

Akzeptanz: Die Bereitschaft, etwas als gegeben hinzunehmen, ist die eher neutrale und passive Bedeutung des Wortes; positiv und in Bezug auf die Mitmenschen bedeutet es die Anerkennung des Anderen (s. u.) in seiner Eigenheit.

Der Andere: in der Sozialphilosophie der Gegenwart im Anschluss an Sartre gebräuchliche Bezeichnung für den anderen Menschen, der grundsätzlich dem (eigenen) Ich zunächst als fremd gegenübersteht und über die Eigenschaft verfügt, ebenfalls ein Ich zu sein. Daher müssen ihm alle Eigenschaften und Rechte, die das Ich sich als Mensch zuschreibt, ebenfalls zukommen.

Eros: Als Eros bezeichnet im „Gastmahl" von Platon Diotima (den Sokrates belehrend) die „Liebe zu Schönem".

Integration: Integration bedeutet Eingliederung, Einbeziehung, die gleichberechtigte Aufnahme eines Neulings in eine Gruppe. Wenn der Neue in die Gruppe einbezogen wird und auch das, was bei ihm möglicherweise anders ist als bei den Anderen, in der Gruppe akzeptiert wird, ist er integriert.

Menschenwürde: Würde ist ein Bewusstsein vom Wert einer Person oder ihres Amtes. Wo die Wertschätzung einfach erfolgt, weil jemand ein Mensch ist, beginnt die Menschenwürde. Hinsichtlich ihrer Würde als Mensch können alle Menschen als gleich angesehen werden. Sie sind, wie der Philosoph Immanuel Kant sagt, „Zweck an sich selbst".

Normalität: Die Norm ist die Richtschnur, die Regel. In der Gesellschaftswissenschaft wird darunter eine Verhaltensanweisung verstanden, die einen Wert realisieren soll. Wer normal ist, verhält sich nach der Norm, um einen allgemein anerkannten Wert zu realisieren. Die Normen einer Gesellschaft können sich ändern und in unterschiedlichen Gesellschaften ganz anders sein.

Patchworkfamilie: Viele Familien bestehen nicht aus Vater, Mutter und den Kindern. Manchmal haben sich die Eltern scheiden lassen oder ein Elternteil ist gestorben, und die Kinder werden nur vom Vater oder der Mutter großgezogen. Oft gehört auch der neue Lebenspartner der Mutter oder die Freundin des Vaters zur Familie. Manchmal heiraten zwei Menschen zum zweiten Mal und bringen ihre Kinder mit in die neue Familie. Man spricht dann von einer Patchworkfamilie, denn ähnlich wie bei einem bunten Flickenteppich stehen die Familienmitglieder in ganz unterschiedlichen Beziehungen zueinander.

Sexus: Im Lateinischen ist sexus ursprünglich der Begriff für das natürliche Geschlecht von Menschen und Tieren. Hier ist sexus aber als Gesamtheit der mit den Geschlechtsorganen verbundenen Erlebnisse und Verhaltensweisen zu verstehen.

Toleranz: Das Wort kommt vom lateinischen „tolerare" und heißt ertragen. Wer tolerant ist, ist duldsam und aufgeschlossen: Er ist bereit, die Meinung anderer Menschen gelten zu lassen und zu ertragen. Toleranz sollte aber dann aufhören, wenn Menschen die ihnen zugestandene Toleranz zum Schaden anderer Menschen missbrauchen.

Zwischen Gut und Böse – die Frage nach dem richtigen Handeln

Aggression: Trieb oder erlerntes Empfindungsmuster, der bzw. das in einer feindseligen Grundhaltung oder konkreter Gewalt zum Ausdruck gebracht wird

Eros: nach S. Freud die positive Lebensenergie, die nach Bewahrung, Vermehrung und Vereinigung strebt und in der Sexualität ihren stärksten Ausdruck findet (benannt nach dem griechischen Gott der Liebe)

Ethik: philosophische Disziplin, die sich mit der kritischen Reflexion von Moral und der Frage nach allgemeingültigen Handlungsregeln und Wertvorstellungen beschäftigt

Gewalt: Handlung oder Organisationsform, die andere durch direkte physische, psychische oder latent drohende Einflüsse daran hindert, ihre natürlichen Anlagen unbeschwert zu verwirklichen

Konflikt: Widerstreit unterschiedlicher Interessen und Bedürfnisse sowohl zwischen einzelnen Menschen und Menschengruppen als auch innerhalb einer Person

Moral (lat. mors: „Sitte"): die vorherrschenden Traditionen, Sitten und Handlungsregeln einer Gesellschaft

Naturzustand: Die Vorstellung eines Naturzustands dient in der Philosophie der Rechtfertigung bestimmter politischer Verhältnisse und des Staates überhaupt. Der Naturzustand ist der gedachte Zustand, in dem wir uns befänden, wenn es keine Regierung gäbe.

Normen und Maximen: Handlungsregeln und die ihnen zugrunde liegenden Überzeugungen

Todestrieb /Destruktionstrieb: Nach S. Freud ist der Todestrieb, der nach Auflösung und Vereinzelung strebt, der negative Gegenspieler des Eros. Richtet sich dieser Trieb mit zerstörerischer Wirkung nach außen, spricht Freud vom Destruktionstrieb.

Werte: Besitztümer, Zustände und Eigenschaften, die mit Blick auf ein gelungenes, menschliches Leben erstrebenswert erscheinen

„Wie soll ich gut sein, wo alles so teuer ist?" – Recht, Staat und Wirtschaft

Altruismus: Im Gegensatz zu egoistischem Handeln orientiert sich altruistisches Handeln am Wohl eines oder mehrerer anderer Individuen. Beispiel: Ein Jugendlicher begleitet seinen kleinen Bruder auf den Fußballplatz, um ihm eine Freude zu machen.

Anreize: Indem man Anreize setzt (z. B. Steuererleichterungen für umweltfreundlichere Autos einführt), möchte man erreichen, dass Bürger aus bloßem Eigeninteresse ihr Verhalten ändern. Man erwartet nicht, dass sie ihre innere Einstellung (z. B. zur Natur) grundlegend ändern.

Egoismus: Handelt ein Individuum egoistisch, dann orientiert es sich in dem, was es tut, ausschließlich am eigenen Wohlergehen. Es handelt so, dass es ihm selbst so gut wie möglich geht, ohne das Wohl anderer in Betracht zu ziehen.

Extrinsische Motivation: Ist eine Person extrinsisch (von außen her) motiviert, dann befasst sie sich mit dieser Sache, weil sie sich davon einen Vorteil erhofft (Gegensatz: intrinsische Motivation).

Gefangenendilemma: Im Gefangenendilemma ist es für jeden Einzelnen rational, nicht zu kooperieren (zusammenzuarbeiten), obwohl es für jeden besser wäre, wenn alle kooperieren würden. Viele Situationen des wirklichen Lebens können als Gefangenendilemma aufgefasst werden.

Intrinsische Motivation: Ist jemand intrinsisch (von innen her) an einer Sache motiviert, dann hat diese für ihn einen Eigenwert (Gegensatz: extrinsische Motivation).

Kapitalismus: Ein charakteristisches Merkmal der kapitalistischen Wirtschaftsform ist das Bestehen eines Wettbewerbs zwischen privaten Unternehmen, die bestrebt sind, einen größtmöglichen Gewinn zu erwirtschaften.

Naturzustand: Die Vorstellung eines Naturzustands dient in der Philosophie der Rechtfertigung bestimmter politischer Verhältnisse und des Staates überhaupt. Der Naturzustand ist der gedachte Zustand, in dem wir uns befänden, wenn es keine Regierung gäbe.

Rationales Handeln: Rationales Handeln bedeutet, Kosten und Nutzen von Handlungsalternativen abzuwägen und sich für die Alternative(n) zu entscheiden, von der (denen) man annimmt, dass sie den eigenen Wünschen am ehesten entspricht (entsprechen). Beispiel: der Unternehmer, der versucht, den größtmöglichen Gewinn zu erzielen.

Schleier des Nichtwissens (englisch: „veil of ignorance“): Entscheidend bei dieser Gedankenfigur ist die Frage, für welche Grundregelungen eines Staates sich rational handelnde Individuen entscheiden würden, die über wesentliche Umstände ihrer Person nicht informiert sind, wie z. B. darüber, ob sie reich oder arm sind.

In welcher Welt wollen wir leben? – unser Umgang mit Natur und Technik

Biotechnik: anwendungsorientierte Wissenschaft zur Entwicklung von Verfahren, die zur technischen Nutzung biologischer Prozesse und bei der Umwandlung von Naturprodukten eingesetzt werden

Diskurs: Bezeichnung für einen Dialog, der auf der Grundlage von Argumenten vollzogen wird. Im Diskurs zählt nicht Überredung oder Taktik, sondern die Kraft des Arguments.

Imperativ: die Aufforderung an einen Adressaten, aus guten Gründen eine bestimmte Handlung auszuführen oder bestimmte Handlungsziele zu setzen

Individualität: das Vermögen einer Person, ein Bewusstsein seiner Eigenheit und seiner Einmaligkeit zu erkennen und ein selbst bestimmtes Leben zu führen

Instrumentalisierungsverbot: das Verbot, Menschen zum reinen Mittel, zum Instrument für bestimmte Zwecke zu machen; Prinzip zum Schutz des Menschen als Selbstzweck

Klonierung: die ungeschlechtliche Herstellung von genetisch gleichen Nachkommen bei Pflanzen, Tieren oder Menschen durch Zell-Teilung oder Verschmelzung der Keimzellen

Kosmos: die Weltordnung, die Welt als ganze, deren Ordnung rational erfasst werden und die in Naturgesetzen beschrieben werden kann

Menschheit: Der Begriff umfasst als Inbegriff aller menschlichen Handlungen nicht nur alle einzelnen Menschen, sondern die Gesamtheit aller, auch zukünftiger, menschlicher Möglichkeiten.

Nützlichkeitsprinzip: Der Wert einer Handlung wird nicht aus sich selbst heraus, sondern aus der Perspektive der (nützlichen) Folgen für alle Betroffenen beurteilt.

Technikfolgenabschätzung: analysiert und bewertet Trends in Wissenschaft und Technik und ihre Folgen, schätzt die Chancen und Risiken ab und formuliert Richtlinien.

Existierst du schon? – wie wirklich sind die Medien?

Alltagswelt: unsere Lebenswelt, die wir mit unseren Mitmenschen teilen und als etwas Gegebenens täglich (normalerweise unhinterfragt) voraussetzen

Existieren: dasein, bestehen, sich verwirklichen

Fetisch: a) Im religionswissenschaftlichen Kontext abwertend gemeint, ein Bildnis, das wie ein Gott verehrt wird, also mit ihm verwechselt wird – eine Götzenstatue; b) im sexualwissenschaftlichen Bereich ein Gegenstand, der ursprünglich zu einer begehrten Person gehört und nun zum Ersatzobjekt der Lust geworden ist

Ideen: bei Platon ein Fachbegriff zur Bezeichnung von Urbildern einer höheren Wirklichkeit, aus denen unsere sinnlich erfahrbare Welt entstanden ist. Da sie die Orientierungsmuster für den Aufbau der Welt bilden, sind sie auch eigentliches Ziel unserer Erkenntnis. Idee im Sinne Platons unterscheidet sich also deutlich von unserem heutigen Sprachgebrauch: Ideen werden bei ihm (wieder) entdeckt, Ideen im heutigen Sinne dagegen gehören eher in den Bereich des Erfindens.

Identität/Identifizierung: Während der Begriff „Identität“ auf das zielt, was uns eigentlich ausmacht, was uns an uns unverwechselbar erscheint, richtet sich der Begriff „Identifizierung“ auf Bereiche, in denen es darum geht, jemanden oder etwas anhand prägnanter äußerer Merkmale als dasselbe wiederzuerkennen.

Ideologie: das Weltbild einer Gesellschaft, die geteilten Werte und Normen; oft ein Mittel der Machterhaltung in autoritären Regimen. Massenmedien können dann zu Instrumenten der Beeinflussung und Unterdrückung werden.

Kultur: von lat. colere – „anbauen, pflegen, verehren“; Kultur umfasst alles, was wir über unsere natürliche Ausstattung hinaus zur Einrichtung unseres Lebens entwickelt haben und entwickeln.

Organisch/mechanisch: Organische Prozesse sind natürlichen Ursprungs und eng mit dem Begriff des Lebendigen verknüpft. Mechanisch sind Prozesse, die künstlich hervorgebracht werden und einzig einem (oder mehreren) vorher bestimmten Ziel dienen.

Traumarbeit: Mit Traumarbeit bezeichnet S. Freud die Verschlüsselung und symbolische Verarbeitung des Traumgedankens und damit der dem Traum zugrunde liegenden, verborgenen Wünsche und Ängste, die die Traumgestaltung auslösen. Was wir im Traum erleben, bezeichnet Freud als „Trauminhalt“.

Wirklichkeit/Realität: Der Begriff „Wirklichkeit“ betont den Wirkungsaspekt, und das in mindestens zweifachem Sinne: dass etwas auf uns einwirkt und in Ursache-Wirkungszusammenhängen (Kausalität) beschreibbar ist;

und dass etwas selbst Wirkung einer Ursache ist. „Realität", abgeleitet von lat. „res" - Ding, Sache, hebt dagegen den Gesichtspunkt des Materiellen, Widerständigen hervor, eines von unserem Willen unabhängigen Gegebenen, an dem wir uns abarbeiten müssen.

Die Frage nach dem Sinn des Lebens – Selbstbehauptung im Wissen um den Tod

Dilemma: zwei Haltungen oder Möglichkeiten, die sich gegenseitig ausschließen, hier z. B.: die Einstellungen des Menschen, dass sein Tod von einzigartiger Bedeutung und gleichzeitig völlig unwichtig ist

Heroismus: Heldentum. Nach Werner Becker eine Form der Selbstbehauptung angesichts des Wissens um den Tod, in dem das Individuum versucht, sich möglichst grandios zu inszenieren.

Humor: Im Unterschied zum witzigen kann der humorvolle Mensch nicht nur über andere, sondern vor allem über sich selbst und seine Versuche lachen, mit der Endlichkeit fertigzuwerden.

Immanenz: der Bereich der Alltagserfahrung und der nachprüfbaren wissenschaftlichen Tatsachen, auch: das Diesseits (von lat. immanere: in einem Bereich bleiben)

Imponiergehabe: bei Tieren eine Strategie der Männchen im Kampf um die Gunst der Weibchen, bei Menschen die Ursache von Angeberei

Individuelle Existenz: Nach Werner Becker macht das Wissen um den eigenen Tod den Menschen zu einem Individuum. Er kann es mit niemandem teilen (lat. dividere).

Kontingenz: von lat. contingere - „sich ereignen"; Zufälligkeit, als Gegensatz zu Notwendigkeit

Kultur: Zur Kultur gehören alle Werke der Musik, Dichtung, Malerei, Architektur usw. Nach Z. Bauman und W. Becker sind sie Strategien zur Bewältigung der Todesangst.

Selbstbehauptung: nach W. Becker neben Teilhabe einer der beiden möglichen Grundhaltungen, mit denen der Mensch versucht, mit dem Wissen um seinen Tod fertig zu werden

Transzendenz: alles, was den Bereich der Immanenz überschreitet (von lat. transcendere = „überschreiten" oder „darüber hinausgehen"), auch: das Jenseits.

Judentum, Christentum, Islam – der Glaube an die Teilhabe an einem Ewigen Leben

Apokalypse: die Enthüllung (griech.) der Ereignisse am Ende der Zeiten, vor allem des Jüngsten Gerichts, das die Gerechten belohnt und die Sünder bestraft

Atheismus: eine Weltanschauung, die die Existenz eines Gottes bestreitet. Statt der Teilhabe an einem ewigen Leben geht es ihr um Selbstbehauptung des Menschen angesichts des Todes.

Evangelien: vom Glauben der Gemeinden geprägte Berichte über das Leben, den Tod und die Auferstehung Jesu, der als der Christus, d. h. als kommender Herrscher gilt

Fundamentalisten: Fundamentalisten nehmen ihre Glaubenssymbole bewusst und grundsätzlich ungebrochen wörtlich. Damit sind oft Fanatismus und Intoleranz verbunden.

Islam: Der Islam ist mit ca. 1,3 Milliarden Gläubigen nach dem Christentum (ca. 2,1 Milliarden) die zweitgrößte Religion der Welt. Seine Anhänger bezeichnen sich als Muslime.

Mystik: die Aufgabe des eigenen Willens und der Glaube an die Teilhabe an einem nicht näher bestimmten göttlichen Sein

Mythos: Göttergeschichten, in denen Wesen mit übernatürlichen und ungeheueren Eigenschaften in das Weltgeschehen eingreifen

Supranaturalismus: die Lehre, dass es über oder jenseits der materiellen, natürlichen Welt noch eine andere geistige Welt gibt, in der die Seele eigentlich zu Hause ist

Symbol: Symbole sind Bilder und Worte, die ihre tiefere Bedeutung erst dadurch bekommen, dass sie mit einem gemeinschaftlichen Erleben und Fühlen in Verbindung gebracht werden.

Teilhabe: nach W. Becker neben Selbstbehauptung einer der beiden möglichen Grundhaltungen, in denen der Mensch versucht, mit dem Wissen um seinen Tod fertig zu werden.

Methodensammlung für Schülerinnen und Schüler

Wahrnehmungen und Beobachtungen beschreiben

1. Bilder verstehen

Sieh dir das Bild zuerst nur einen kurzen Augenblick an. Was ist dein erster Eindruck?

Genauere Analyse: Gibt es erkennbare Personen, Gegenstände, Handlungen, Situationen? Fallen dir Gesten auf, Mimik, Körpersprache, Kleidung?

Was ist auffällig an der Art, wie die Figuren oder Gegenstände dargestellt sind? In welcher Beziehung stehen sie zueinander?

Hat das Bild Hochformat oder Querformat? Was fällt dir beim Bildaufbau auf? Gibt es Schwerpunkte, betonte Richtungen? Verbindest du die Wirkung eher mit Ruhe, Dynamik, Chaos, Ordnung, Weite, Enge, Stabilität, Labilität, Unruhe, Harmonie ...?

Finden sich Hinweise auf eine symbolische Deutungsebene des Bildes?
Haben Helldunkel, Farb- und Lichtverteilung, Räumlichkeit oder Gegenstandsform eine besondere emotionale Wirkung auf dich?

Wie wirken die Farben oder das Helldunkel auf dich? Wie ist die Atmosphäre? Gibt es eine besondere Verteilung, auffällige Farben oder Farbbeziehungen?

Wirkt das Licht im Bild eher natürlich, künstlich, übernatürlich, grell, sanft, beunruhigend, bedrohlich ...? Ist die Lichtquelle sichtbar oder nur das Reflexlicht? Gibt es eine klare Beleuchtungrichtung?

Wie erscheint dir die Räumlichkeit im Bild? Gibt es hier Besonderheiten, Irritierendes? Welche Position nimmst du als Zuschauer selbst dazu ein?
Welches Zeitgefühl wird in dir ausgelöst? (ein eher andauerndes oder ein fließendes oder ein momenthaftes?)

Verbinden sich deine Einzelbeobachtungen zu einem Gesamteindruck? Bestätigt oder korrigiert er den Ersteindruck? Welche weiteren Hinweise gibt der Bildtitel? Was mag die ursprüngliche Funktion des Bildes gewesen sein? Ist die Entstehungszeit für das Bildverständnis wichtig?

Texte und andere Medien erschließen

2. Die Västeras-Methode der Texterschließung

Die Västeras-Methode (benannt nach einer schwedischen Stadt, in der sie erfunden wurde) soll den eigenverantwortlichen Umgang mit Texten herausfordern und verstärken. Besonders geeignet ist sie für Texte, die einen deutlich erkennbaren Diskussionsanreiz enthalten.

Ihr könnt euch in Gruppen (vier bis fünf Schüler) aufteilen. Sodann bringen die Gruppenmitglieder in einer ersten Stillarbeitsphase an Textstellen Randnotizen in Form von vier Symbolen an, die folgende Bedeutung haben:

? Diesen Begriff oder diese Aussage habe ich nicht verstanden, ist mir unklar oder fragwürdig.

! Diese Aussage oder dieses Argument halte ich für die Erfassung des Grundgedankens und des Gedankengangs des Textes für wichtig.

➔ Diese Textstelle hat mich persönlich angesprochen und ist für mich wichtig.

ϟ Diese Aussage oder diese Auffassung lehne ich ab.

In einer zweiten Runde geht ihr gemeinsam den Text Abschnitt für Abschnitt noch einmal durch. Dabei sprecht ihr über eure Randzeichen in der Reihenfolge Fragezeichen, Pfeil, Ausrufezeichen, Blitz. Ihr müsst darauf achten, dass jedes Gruppenmitglied dazu Gelegenheit erhält. Ob man sich zu dem Ausrufezeichen mitteilen möchte, bleibt jedem selbst überlassen. Eine solche Mitteilung kommentieren und diskutieren die anderen nicht. Eine Diskussion könnte aber zu den Textstellen erfolgen, die mit einem Blitz versehen worden sind. Am Ende des Gespräches kann sich die Gesamtgruppe darüber austauschen, ob alle die begrifflichen und theoretischen Einzelheiten des Textes sachangemessen verstanden haben. Für eine solche Eigenkontrolle könnt ihr auch Fachlexika und Wörterbücher oder die Erläuterungen (S. 248ff.) hinzuziehen.

3. Visualisierung

Begriffe ohne Anschauung sind leer, heißt es bei Kant. Will sagen, wir verstehen Sachverhalte besser, wenn sie sich grafisch oder zeichnerisch darstellen lassen. Deshalb ist die Geometrie in der Mathematik auch häufig beliebter als andere Bereiche: Sie ist einfach anschaulicher und dadurch offenbar verständlicher. Eben das soll auch die Visualisierung, also die sichtbar machende Darstellung von Begriffen, Problemzusammenhängen und Sachverhalten, leisten. Sie soll Verständlichkeit und Deutlichkeit herstellen und gleichzeitig zu weiterer Auseinandersetzung führen. Während allerdings in der Geometrie die verwendeten Zeichen und Formen vorgegeben sind, geht es bei der Visualisierung vor allem um deine/eure Kreativität und Aktivität.

Ein Beispiel mag das verdeutlichen. Wenn die Aufgabe heißt, das Thema „Gewalt“ zeichnerisch/grafisch auf einem Plakat darzustellen, dann beginnt bei jedem das Gehirn zu arbeiten. Unser Inneres begibt sich auf die Suche nach passenden Begriffen, Assoziationen, Szenen und Bildern. Dann beginnt die kreative Arbeit. Ihr könnt z. B. einen Comic entwerfen oder eine Gewaltszene zeichnen. Möglich ist auch, nur Symbole zu verwenden. Falls ihr Fotos oder Zeitungsüberschriften zur Hand habt, könnt ihr eine Collage anfertigen. Es mag sogar sein, dass jemand auf die interessante Idee kommt, dem Plakat selbst mit der Schere oder dem Zirkel Gewalt anzutun.

Nach dieser Phase der kreativen Produktion werden die Ergebnisse in der Regel den Mitschülern präsentiert. Sinnvoll ist nun, dass es zu einem Gespräch über die Darstellungsformen und Inhalte kommt. Ziel ist es dabei nicht, in einer Art Wettbewerb die gelungenste Visualisierung des Themas ausfindig zu machen, sondern sich über die Bandbreite des Themas und die Perspektiven und Schwerpunkte, die es enthält, zu verständigen und auch von den kreativen Sichtweisen und Bearbeitungen der anderen zu profitieren.

Das Tafelbild ist häufig ein Versuch des Lehrers, die Inhalte eines Textes stichwortartig und mit erklärenden Symbolen versehen festzuhalten. Es spricht nichts dagegen, wenn ihr das auch einmal selbst in die Hand nehmt. So sind Missverständnisse des Textes leichter ausfindig zu machen und zu klären; der Unterricht wird lebendiger, wenn ihr ihn aktiv mitgestaltet, und er wird interessanter, weil die Kreativität das abstrakte Wort ergänzt.

4. Gruppenpuzzle

Mit der Methode des Gruppenpuzzles könnt ihr auch schwierige und längere Texte selbständig erarbeiten. Das geht in folgenden vier Schritten:

1. Ein längerer Text wird in mehrere Abschnitte eingeteilt, oder der Lehrer stellt mehrere Textblätter zusammen, die sich gegenseitig ergänzen, aber auch unabhängig von den anderen verstanden werden können. Ihr müsst euch nun zuerst in der **Stammgruppe** einigen, wer welchen Abschnitt oder welches Blatt übernimmt. Die Stammgruppen solltet ihr mit großen Buchstaben benennen (A, B, C, D, usw.), die Abschnitte oder Blätter durchnummerieren (1, 2, 3, 4, usw.).
2. Anschließend setzt ihr euch in den **Expertengruppen** mit den Schülern aus den anderen Stammgruppen zusammen, die genau denselben Abschnitt oder genau dasselbe Blatt haben. Die Expertengruppen haben also dann auch nur eine Nummer und keinen Buchstaben. Hier könnt ihr darüber diskutieren, wie euer Textabschnitt zu verstehen ist, und euch Kontrollfragen für die Stammgruppe ausdenken.
3. Nachdem ihr euch so gegenseitig zu Experten für euren Textabschnitt ausgebildet habt, geht ihr wieder in eure Stammgruppe. Ihr seid nun jeweils der Einzige in der Gruppe, der den jeweiligen Textabschnitt genau kennt, und sollt die anderen Gruppenmitglieder über die Ergebnisse der Arbeit in der Expertengruppe informieren. Ihr müsst Rückfragen beantworten können und könnt den anderen auch Fragen stellen, um zu kontrollieren, ob sie euch richtig verstanden haben. Gemeinsam könnt ihr dann ein Plakat oder eine Folie erarbeiten, die den Sinn und die Bedeutung des gesamten Textes oder der verschiedenen Textblätter möglichst anschaulich zusammenfasst.
4. Diese Plakate oder Folien präsentiert ihr vor der Klasse und vergleicht sie mit denen der anderen Stammgruppen.

Es handelt sich beim Gruppenpuzzle um eine Kombination von arbeitsgleicher und arbeitsteiliger Gruppenarbeit, bei der jeder eine Aufgabe hat und Verantwortung für das gemeinsame Ergebnis übernehmen muss.

5. Symbole verstehen

Manche Stellen in literarischen oder religiösen Texten kommen dir vielleicht unsinnig vor, wenn du sie wörtlich nimmst. Wenn du sie symbolisch verstehst, erhalten sie jedoch einen anderen, tieferen Sinn.

In dem romantischen Gedicht „Das zerbrochene Ringlein“ von Joseph von Eichendorff (1788–1857) heißt es in der ersten und zweiten Strophe:

1. In einem kühlen Grunde,
da steht ein Mühlenrad,
mein Liebchen ist verschwunden,
das dort gewohnet hat.

2. Sie hat mir Treu versprochen,
gab mir ein'n Ring dabei,
sie hat die Treu gebrochen,
das Ringlein sprang entzwei ...

Wörtlich genommen, ist es höchst unwahrscheinlich, dass der Ring genau in dem Moment entzweigegangen ist, als das Liebchen die Treue gebrochen hat. Der Text ist demnach unsinnig. Dennoch entdecken wir, wenn wir uns auf eine tiefere, seelische Bedeutung einlassen, einen Sinn, der auch mit unserem eigenen Leben zu tun hat.

Ein Symbol ist ursprünglich ein Zeichen, das seine Bedeutung dadurch bekommt, dass zwei Hälften zusammengebracht werden (griechisch symballein = „zusammenwerfen"), die, für sich genommen, sinnlos oder unverständlich sind. Eine mythische Geschichte enthält viele unwahrscheinliche Bilder. Wenn man sie symbolisch verstehen will, musst du dir klar machen, dass diese nur die eine Hälfte des Symbols sind. Die zweite Hälfte, mit der die Bilder der Geschichte zusammengebracht werden sollten, finden wir gewissermaßen in unserer Seele. Denn „die Sprache der Symbole ist die Sprache der Seele". (Hubertus Halbfas) Um Symbole zu verstehen, musst du ihren Inhalt mit seelischen Gefühlen in Verbindung bringen und dich fragen: „Was hat das Symbol mit mir und meinem Leben zu tun?" Dadurch bekommt das Symbol eine Gefühlsbedeutung.

Im Unterricht könnt ihr das Wort im Text, das ihr symbolisch verstehen wollt, in die eine Hälfte des zerbrochenen Erkennungszeichens schreiben und für die andere Hälfte eine oder mehrere Gefühlsbedeutungen suchen.

So geben Symbole Sinn, wenn sie mit seelischen Gefühlen in Verbindung gebracht werden, und umkehrt braucht die Seele Symbole, um überhaupt einen Ausdruck zu finden. Ähnlich wie Metaphern haben Symbole eine übertragene Bedeutung auf einer zweiten Bedeutungsebene. Im Unterschied zur Metapher kommt es bei dieser Übertragung aber nicht auf die Originalität des Schriftstellers an, sondern darauf, dass auch andere sich angesprochen fühlen. Symbole sind also Ausdruck eines gemeinschaftlichen Erlebens und Fühlens. Ihre Bedeutung ist nicht eindeutig wie die des Zeichens, aber auch nicht willkürlich, sondern traditionell überliefert.

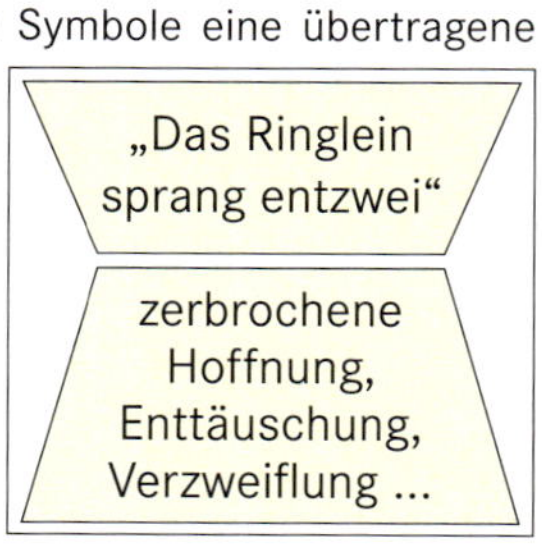

6. Die Arbeit mit Filmausschnitten

Im Unterricht spielen häufig auch Ausschnitte von Spielfilmen eine Rolle. Oft gibt es Proteste, wenn an einer bestimmten Stelle ein Schnitt gemacht wird. Es ist deshalb wichtig, dass ihr euch noch einmal überlegt, welchen Sinn Filmausschnitte im Unterricht haben können. In philosophischen Texten versucht man, allgemeingültige Aussagen über die wichtigen Fragen des Denkens, Handelns und des Lebens überhaupt zu machen. Sie sind deshalb notwendig abstrakt, d. h. losgelöst von den zugrunde liegenden Erfahrungen. Im Unterricht ist es aber sinnvoll, von einer konkreten Erfahrung auszugehen und dann zu fragen, inwieweit man die daran zu gewinnenden Einsichten verallgemeinern kann. Da solche Erfahrungen in der Schule selbst nur schwer machbar sind, kann man mit Filmen einen gemeinsamen Erfahrungsraum schaffen. Vor allem ethische Probleme bekommen eine konkrete Gestalt und lassen uns über mögliche Lösungen nachdenken. Allerdings sind die meisten Spielfilme so komplex und vielschichtig, dass man sich auf ein konkretes Problem konzentrieren sollte, über das man gemeinsam nachdenken kann. Deshalb empfiehlt es sich in der Regel, mit gezielt ausgewählten Filmausschnitten zu arbeiten, statt den ganzen Film zu zeigen. Anders als im Literaturunterricht geht es hier ja nicht um den Film als Gesamtkunstwerk, sondern als Medium, das Probleme anschaulich machen kann. Die Szene, an der es spannend wird, ist meist auch die Szene, bei der ein Problem gelöst werden muss. Hier ist es sinnvoll, dass ihr

1. selbst er einmal überlegt und eine mögliche Lösung sucht, bevor ihr die im Film gefundene Lösung kennenlernt;
2. diese dann mit ausgewählten Textausschnitten aus der philosophischen Tradition vergleicht und darüber diskutiert, ob von daher auch eine andere Lösung denkbar wäre.
3. Natürlich solltet ihr wissen, in welchem Zusammenhang die ausgewählte Szene steht und wie die ganze Geschichte ausgeht. Dazu braucht man aber nicht den ganzen Film zu sehen. Es genügt, wenn euer Lehrer oder ein Schüler, der den Film kennt, die Story erzählt. Ihr könnt dabei auch auf Inhaltsangaben zurückgreifen, die man oft aus dem Internet herunterladen kann.

7. Die Arbeit mit Musikvideos

Zu vielen Themen, die im Unterricht behandelt werden, könnt ihr auch Musikvideos heranziehen. Bei der Auswahl geht es nicht darum, welche Musik gerade „in" ist. Vielmehr kann es nur um die Frage gehen, welche Videos aktuelle philosophisch relevante Fragestellungen aufwerfen und anschaulich machen. Das ist sicher für euch eine ungewohnte, aber lohnende Betrachtungsweise.

Bei den in den Musikvideokanälen (MTV und VIVA) gezeigten Videos kann man nämlich zwei Arten unterscheiden: Performance- und Konzeptvideos. Für die Arbeit im Unterricht eignen sich nur Konzeptvideos, die anders als die Performancevideos nicht nur den Auftritt der Band, sondern in kurzen Schnitten (Clips) eine Bildgeschichte erzählen. Sie machen etwa 20 % der bei Viva oder MTV gezeigten Videos aus. Man findet sie leicht, wenn man mit einer Videocassette vier Stunden unbesehen aufnimmt und dann mit dem schnellen Bildsuchlauf sichtet.
Es sind Geschichten, die Jugendliche unmittelbar angehen und in denen Probleme angespielt werden, die zum Weiterdenken reizen: Probleme mit den Eltern, mit dem Partner, mit Drogen, mit Erfolg, mit Armut, Reichtum, Umweltzerstörung usw. Auf Grund der vielen Schnitte enthalten die Geschichten Leerstellen, die der Zuschauer in ähnlicher, aber doch unterschiedlicher Weise mit Bedeutung füllen kann.
Methodisch bietet die Kombination von Musik, Text und Bild ganz andere Möglichkeiten als der Umgang mit dem bloßen Text. Man kann den Ton abdrehen und überlegen, welche Musik zu den Bildern passt. Oder man kann umgekehrt erst einmal nur die Musik hören und Bildsequenzen dazu erfinden. Man kann einen neuen Text zu Songs schreiben, die kaum verständlich gesungen sind, usw.

Begriffe klären und angemessen verwenden

8. Begriffe klären und angemessen verwenden

Obwohl es nicht gerade angenehm ist, widerlegt zu werden, ist es ein Gebot vernünftigen Argumentierens, so klar zu sprechen oder zu schreiben, dass im Prinzip jeder die eigenen Aussagen kritisieren kann. Wer in einer Diskussion oder einem Aufsatz z. B. eine bestimmte politische Maßnahme als ungerecht bezeichnet, sollte erklären, was er mit „Ungerechtigkeit“ meint, denn dieser Ausdruck wird ja sehr unterschiedlich verwendet. Am genauesten geht vor, wer durch eine ausführliche Definition den Inhalt eines zentralen Begriffes angibt. *Definitionen* (von lateinisch „de“ = ab, „finis“ = Grenze) dienen der Abgrenzung von Begriffen und kommen in verschiedenen Formen vor. Eine Form der Definition ist die **festsetzende Definition**, bei der man festlegt, wie der Ausdruck, um dessen Definition es einem geht, von nun an verstanden werden soll, oder wie man dies oder jenes von jetzt an der Abkürzung halber bezeichnen möchte. Zum Beispiel könnte jemand sagen: „Das fortgesetzte Schikanieren von Personen sei im Folgenden *Mobbing* genannt.“ Es handelt sich bei solchen Definitionen um *Vorschläge* für die Verwendung von Wörtern, und so wie Vorschläge nicht wahr oder falsch sein können, sind Definitionen dieser Art weder wahr noch falsch. Sie können aber mehr oder weniger zweckmäßig sein. So wäre es nicht zweckmäßig, einen unklaren Begriff durch unklare Begriffe zu definieren, und Definitionen können außerdem zu weit oder zu eng sein. So könnte man an der genannten Definition von *Mobbing* aussetzen, dass sie zu weit sei, da man gewöhnlich nur in Bezug auf Vorgänge im Berufs- und Schulleben von *Mobbing* spricht und der Ausdruck *schikanieren* zu ungenau ist (wo fängt schikanieren an, wo hört es auf?).
Eine andere Form der Definition ist die **beschreibende Definition**. Diese besteht darin, dass eine bestehende Übereinkunft über die Bedeutung sprachlicher Ausdrücke wiedergegeben wird: Wenn du die Bedeutung eines Ausdrucks im Lexikon nachschlägst und den dort gefundenen Eintrag übernimmst, hast du eine beschreibende Definition geliefert. Solche Definitionen können im Unterschied zu den festsetzenden Definitionen wahr oder falsch sein, je nachdem, ob sie die Verwendungsweise des definierten Wortes richtig wiedergeben.
In vielen Fällen empfiehlt es sich beim Definieren, den nächst höheren Gattungsbegriff (genus proximum) und die besondere Differenz (differentia specifica) zu suchen. In der Definition von „Mensch“ als „vernunftbegabtes Lebewesen“ ist der Begriff „Lebewesen“ der nächst höhere Gattungsbegriff und „vernunftbegabt“ die besondere Differenz, d. h. das, was Menschen von anderen Lebewesen unterscheiden soll. Bei schwierigen Begriffen wie dem der Gerechtigkeit ist schon einiges erreicht, wenn man grobe Unterscheidungen vornimmt, wie „Ich verstehe unter ‚Gerechtigkeit‘ soziale Gerechtigkeit und nicht die bloße Gleichheit vor dem Gesetz“. Auch kann es – wenn nicht ausdrücklich eine Definition verlangt ist – ausreichen, anhand von Beispielen zu verdeutlichen, worauf sich der fragliche Ausdruck bezieht, z. B. welche Zustände oder Verhältnisse man als ungerecht erachtet.

Argumentieren und Kritik üben

9. Argumentieren und Kritik üben

Argumentieren ist das Lebenselixier von Philosophen und Wissenschaftlern, es spielt aber auch im praktischen Leben freiheitlicher Gesellschaften eine kaum zu überschätzende Rolle. In der Regel erteilt man ja dort nicht einfach Befehle, sondern versucht, seine Ansichten zu begründen oder Aussagen, denen man nicht zustimmt, zu widerlegen.
Jedes Argument besteht aus einer Anzahl von Aussagen, die in Beziehung zueinander stehen. Eine dieser Aussagen ist die Schlussfolgerung, auch *Konklusion* genannt; darüber hinaus muss ein Argument mindestens eine *Prämisse* enthalten. Prämissen sind Aussagen, mit denen die Konklusion gestützt wird. Beispielsweise folgt aus den Prämissen „Jedes Säugetier hat ein Herz“ und „Alle Hunde sind Säugetiere“ streng logisch die Aussage „Alle Hunde haben ein Herz“

als Konklusion. Dass hier eine logisch gültige Folgerung vorliegt, erkennt man daran, dass es keine Argumente derselben Form gibt, bei denen die Prämissen wahr sind und die Konklusion falsch ist. Argumente lassen sich kritisch prüfen, indem man sich zwei Fragen stellt, die deutlich voneinander zu unterscheiden sind: 1. Sind die Prämissen des fraglichen Arguments akzeptabel? 2. Ist der Übergang von der (den) Prämisse(n) zur Konklusion logisch korrekt? Dabei kann sich herausstellen, dass ein Argument aus falschen Prämissen besteht und dennoch logisch in Ordnung ist. So handelt es sich bei folgendem Argument keineswegs um einen Fehlschluss: „Alle Menschen sind Frühaufsteher", „Der Wirbelsturm Felix ist ein Mensch", also: „Der Wirbelsturm Felix ist ein Frühaufsteher".

Ein Fehlschluss liegt hingegen z. B. dann vor, wenn von einem reinen Ist-Zustand auf einen Soll-Zustand geschlossen wird. Mit anderen Worten: Aus einer Menge rein beschreibender Aussagen lässt sich – worauf der Philosoph David Hume (1711–1776) hinwies – nicht auf eine *normative* Aussage schließen, d. h. auf eine Aussage, die vorschreibt, was wir tun sollen. Rein logisch betrachtet folgt aus der Prämisse „In Afrika leiden derzeit sehr viele Kinder an Hunger" nicht, dass man ihnen helfen soll. Erst wenn das Argument um die normative Prämisse ergänzt wird, dass Kindern, die hungern, geholfen werden soll, wird das Argument logisch gültig. Der Vorwurf, der andere habe einen Sein-Sollen-Fehlschluss begangen, kann allerdings vorschnell erfolgen, denn vielleicht hat er die erforderliche normative Prämisse einfach stillschweigend vorausgesetzt. In Diskussionen werden Prämissen oft stillschweigend vorausgesetzt, was die kritische Beurteilung von Argumenten erschweren kann.

Gedankliche Kreativität entwickeln

10. Mit Gedanken experimentieren

Du hast sicher schon einmal experimentiert. Normalerweise hast du vorher einen Frage- oder Problembereich vor Augen. Du nimmst bestimmte Gesetzmäßigkeiten an, und du stellst eine Hypothese auf, eine Annahme, die du nun durch kontrollierte Beobachtung überprüfen willst. Beim Gedankenexperiment trifft das in gewisser Weise auch zu, aber die reale Überprüfung ist durch ein Set bloß möglicher, „fiktiver" Ausgangsbedingungen ersetzt: „Was wäre, wenn ...?". Hier wird nicht beobachtet, sondern die Einbildungskraft und „exakte Phantasie" sind gefordert. Welche Konsequenzen – so überlegst du – ergäben sich, wenn die Ausgangsbedingungen so und so wären? Die Bewertung der Ergebnisse eines Gedankenexperiments kann entscheidende Auswirkungen auf die Einschätzung eines Problems, Arguments oder einer Position haben.

Ein Gedankenexperiment wird meist eingeleitet durch Formulierungen wie „Nehmen wir an ..." oder „Stelle dir vor ..." oder „Was wäre, wenn ...". Seine Stärke liegt in seiner Anschaulichkeit, die deine Phantasie in eine vorgestellte Situation hineinversetzt und, wenn es gut konstruiert ist, deine Intuition und Logik zu neuen Sichtweisen auf das Problem herausfordern kann. Wie auch im Falle des naturwissenschaftlichen Experimentierens kann es sinnvoll sein, einzelne Faktoren des Versuchsaufbaus zu variieren, um so festzustellen, ob sich nun jeweils andere Konsequenzen ergeben.

Szenisches Spiel im Philosophieunterricht

Szenisches Spiel bietet euch die Möglichkeit, die oft abstrakten Themen des Unterrichts anschaulicher zu machen und euch in Personen und Gedankengänge hineinzuversetzen. In diesem Schulbuch kommen mindestens vier Übungen des szenischen Spiels vor.

11a) Rollendiskussion

In der Rollendiskussion verkörpern die Spieler eine bestimmte Person wie eine Romanfigur oder einen Philosophen oder den Vertreter einer spezifischen Position. Wichtig ist, dass ihr eurer Rolle treu bleibt. Persönliche Meinungen in Bezug auf den diskutierten Gegenstand sind ohne Bedeutung. Auch untereinander müssen die Spieler ihren Rollen treu bleiben. Beispielsweise sind bei einer gespielten Diskussion unter Erwachsenen die Höflichkeitsformen „Sie, Ihre" einzuhalten.

11b) Szenisches Darstellen

Die Darstellung von Vorlagen aus der Literatur, ausgedachten Beispielen oder eigenen Erlebnissen ist besonders dazu geeignet, Dinge anschaulich zu machen, die sich nur schwer in Worte fassen lassen. Wichtig ist, dass ihr nach eurer Darstellung dem Publikum Rede und Antwort steht. So lassen sich Nachfragen zur Darbietung klären und Alternativen diskutieren.

11c) Rolleninterpretation und Rollenbefragung

In dieser Übung tritt der Darsteller einer Person oder Position vor und erläutert deren Gedanken, Gefühle und Handlungen. Eine Person, die nicht am Spiel beteiligt war, kann ihn auch befragen. Wichtig ist, dass der Spieler in seiner Rolle bleibt. Er sagt also beispielsweise: „Ich, Kant, habe so gehandelt, weil ...". Auch derjenige, der die Rollenbefragung durchführt, spricht nicht den Schauspieler als Person, sondern die dargestellte Figur an. (Beispiel: „Herr Kant, wie haben Sie sich gefühlt als ...?") Bei kurzen Befragungen bietet es sich an, dass die übrigen Darsteller bewegungslos (Freeze) in der letzten Position ihrer Figur verharren.

11d) Szenenwandel

Diese Übung dient vor allem dazu, Handlungsalternativen zu erproben. In der Regel spielt eine Gruppe von Darstellern die von ihnen einstudierte Szene zunächst vor. Danach folgt ein zweiter Durchgang. Nun hat eine zuvor festgelegte Gruppe von Zuschauern die Möglichkeit, das Spiel mit einem verabredeten Kommando wie „Stopp!" anzuhalten. Die Darsteller erstarren dann bewegungslos (Freeze). Der oder diejenigen, die das Spiel gestoppt haben, können nun einzelnen Schauspielern neue Handlungsanweisungen geben. Die Handlungsanweisungen kann man laut aussprechen oder dem Schauspieler zuflüstern. Anschließend besprecht ihr im Plenum, wie sich das neue Verhalten der Rollenfiguren ausgewirkt hat.

Wertkonflikte bearbeiten

12. Dilemmasituationen

Häufig sind wir in unserm Alltagshandeln vor eine Wahl von zwei (oder manchmal auch mehr) Alternativen gestellt, die uns beide nicht zufriedenstellen. An folgendem Fall wird das Problem offensichtlich: Dein bester Freund hat dir gesagt, dass er eine Flasche hochprozentigen Alkohol mit auf die Klassenfahrt nimmt. Mit eurem Klassenlehrer, zu dem ihr alle ein gutes und vertrauensvolles Verhältnis habt, ist im Vorfeld der Fahrt besprochen, dass die Mitnahme und der Konsum von Alkohol nicht erlaubt sind. Also – was wirst du tun (und tun musst du etwas, denn auch wenn du nichts tust, geschieht etwas Unangenehmes)? Deinen besten Freund verraten und die Freundschaft aufs Spiel setzen – oder schweigen und das Vertrauensverhältnis zum Lehrer und die gesamte Fahrt gefährden? Diese schwierige Entscheidungssituation nennt man Dilemma (griech.: Lemma: „Vorteil, Gewinn", Dilemma: „Doppelsatz", d. h. es geht um zwei gewinnversprechende Möglichkeiten, die sich gegenseitig ausschließen). Da wir in unserem Leben immer wieder vor solchen schwierigen Entscheidungen stehen und nicht vor ihnen weglaufen können, hat die Philosophie ein Verfahren entwickelt, wie man einigermaßen sinnvoll und vernünftig damit umgehen kann:

1. Wichtig ist zunächst, ein Dilemma als solches zu identifizieren. Stecke ich (oder jemand anderes) in einer Zwickmühle, aus der es keinen einfachen Ausweg gibt? Richtet diese Zwickmühle die Frage „Was soll ich tun?" an mich und verlangt sie ein Handeln oder Bewerten?
2. Nun kommt es im zweiten Schritt darauf an, die Werte und Orientierungen, die miteinander im Konflikt liegen, genauer zu charakterisieren, also etwa, wie im genannten Beispiel: Freundschaft gegen Wahrheitspflicht/Vertrauen. An dieser Stelle kannst du auch schon eine erste, vorsichtige Tendenzbestimmung abgeben, welchem Wert du dich näher fühlst.
3. Dann solltest du die Situation genauer analysieren und die Argumente für oder gegen die eine oder andere Handlung auflisten. Außerdem: Welche Rahmenbedingungen existieren? Wie ist das Verhältnis der handelnden Personen genau? Welche Handlungsmöglichkeiten gibt es noch?
4. Manchmal ist es auch hilfreich, bei den Philosophen nachzuschauen, wie sie Begriffe definieren und was sie für Vorschläge entwickelt haben, um aus dem Dilemma herauszukommen. So würden einige Philosophen zu unserem Beispiel bestimmt die Auffassung vertreten, dass zum Begriff der Freundschaft auch gehört, den Freund von der schiefen Bahn abzuhalten und wahrhaftig zu sein, selbst wenn es zunächst die Freundschaft mit Ärger belastet.
5. Zum Schluss kannst du, wie bei einer Waage, eine Gewichtung der Argumente und der Werte, um die es geht, vornehmen. Meistens ergibt sich dann eine Lösung für das Dilemma.

Philosophische Gespräche führen

13. Die Schneeballmethode

Die Schneeballmethode ist einerseits ein Brainstorming-Verfahren, um im Umkreis eines Themas, einer Problem- oder Fragestellung wichtige Punkte und Vorstellungen zusammenzutragen, andererseits ein Verfahren der Rückführung der Nennungen auf die wesentlichen Punkte, auf die sich eine Lerngruppe einigen kann. Man kann sie deshalb auch als Möglichkeit der Einübung von Kommunikations- und Diskussionsfähigkeit verstehen. Sie funktioniert etwa so:

Die Gesprächsleiterin/der Gesprächsleiter – in den meisten Fällen die zuständige Lehrperson – schreibt das Thema an die Tafel und gibt den Zeitplan vor. Die hier genannten Zeitabstände und Anzahl der Punkte sind beispielhaft, sollten aber den konkreten Umständen variabel angepasst werden.

1. Runde: Eine Person hat fünf Minuten Zeit, um zum vorgegebenen Denk- und Gesprächsanlass sechs Punkte zu notieren.
2. Runde: Die Person sucht sich eine Partnerin/einen Partner, um sich aus den zwölf vorliegenden Punkten in sechs Minuten auf sechs Punkte zu einigen.
3. Runde: Zwei Paare schließen sich zu einer Vierergruppe zusammen, die im Gespräch die sechs wichtigsten Punkte herausfindet, sie danach einzeln auf Karten schreibt und der Gesamtgruppe präsentiert.

Während der Gespräche sind einige Grundregeln zu beachten: Die Gespräche sollten sachlich und fair geführt werden.

1. Einordnung/ Vorhaben:	„Ich möchte mich zu folgender Frage äußern ..." „Ich möchte auf das eingehen, was X gesagt/geschrieben hat ..."
2. Bezug/Thema:	„Die Frage ist ..." „Er/ Sie hat nämlich gesagt ..." „Dort steht geschrieben ..."
3. These:	„Ich möchte dazu folgende These aufgreifen/aufstellen/ umformulieren ..."
4. Begründung:	„Denn das passt zu/widerspricht folgendem Grundsatz ..." „Denn das passt zu/widerspricht folgendem Beispiel ..." „Denn das kann man durch folgende Stelle belegen/widerlegen."
5. Konsequenz:	„Und deswegen komme ich zu dem Schluss ..." „Und deswegen bin ich dafür/dagegen, dass ..."

Die Einzelpunkte sollten argumentativ, also unter Angabe von Gründen, gerechtfertigt werden. „Faule Kompromisse" („du drei, ich drei Aspekte") verfehlen den Sinn der Schneeballmethode.

Nach dieser Einübung in die faire Diskussion kann man auch mit der ganzen Klasse philosophische Gespräche führen. Dabei hat es sich bewährt, wenn ihr euch bei euren Beiträgen an das **Argumentationsmuster** oben haltet:

Philosophische Texte schreiben

14. Der philosophische Essay

Der philosophische Essay ist eine Textform, in der du dir und anderen über deine Gedanken und Überzeugungen zu einer selbst formulierten Fragestellung oder einem allgemeinen Problem Rechenschaft ablegst. Beachte bei der Ausformulierung deines Textes die folgenden Anmerkungen zum Aufbau eines philosophischen Essays:

Formulierung des Problems

In einem Essay sollte das selbst formulierte Problem zunächst entfaltet werden, d. h., man sollte die Wichtigkeit des Problems verdeutlichen oder zeigen, wo es im Leben eine Rolle spielt, wer schon alles darüber nachgedacht hat, etc. Ausgangspunkt könnte z. B. eine geschilderte Situation, ein Ereignis oder ein Zitat sein, mit dem sich das Problem verknüpfen lässt. Im Anschluss an die Problemformulierung muss zunächst geklärt werden, wie das Problem zu verstehen ist.

Begriffsklärung

Es gilt, Begriffe zu klären, unterschiedliche Sichtweisen im Hinblick auf das zu bearbeitende Problem (Fragestellung) einzunehmen und mögliche Antworten auf die gestellte Frage zu suchen und zu formulieren.

Argumente sammeln und prüfen

Um zu einem abschließenden Urteil zu gelangen, solltest du nun für alle möglichen Antworten Argumente mit dem Ziel sammeln, dich nicht nur für die wichtigsten Argumente zu entscheiden, sondern auch zu versuchen diese (wenn möglich) miteinander in Verbindung zu bringen und ihre Argumentationskraft kritisch zu prüfen. Um selbst zu überzeugen, bietet es sich an, besonders gute, also schwerwiegende Argumente der Gegenseite erst einmal zu finden, um sie dann gewissermaßen auszuhebeln.

Abschließendes Urteil formulieren und begründen

Schließlich musst du am Ende ein eigenes Urteil fällen und begründen (Konklusion). In vielen Fällen lässt sich nicht unbedingt ein klares Urteil für die eine oder die andere Position treffen, sondern es wird eher eine Abwägung sein. Möglicherweise lässt sich das Problem auch gar nicht lösen.

15. Clustern und das Schreiben eines Miniaturtextes

Clustern oder *Clustering* ist eine Technik, Einfälle und Assoziationen zu einem Begriff oder Thema zu ordnen und so zu strukturieren, dass sie den Ausgangspunkt für einen eigenen kleinen Text bilden. Man geht von einem zentralen Begriff aus, kreist ihn ein und beginnt dann, aus den Einfällen, die man zu diesem Begriff hat, ein Cluster („Klumpen") zu bilden. Dazu lagert man alle Assoziationen an, indem man sie ebenfalls aufschreibt, einkreist und mit einem Strich oder einem Pfeil mit der nächsten Vorstellung verbindet. Zusammengehörende Assoziationen bilden eine Kette, neue Ideen gehen wieder vom Kern aus und bilden eine neue Spur. In die Kreise kann man Wörter, Sätze, Gedanken, Gefühle schreiben; alles, was einem einfällt, ist erlaubt. Wichtig ist, dass das Clustern ohne Anstrengung erfolgt; man schreibt einfach die Assoziationen auf, die im Fluss der Ideen auftauchen.

Wenn sich die Assoziationen erschöpfen, horcht man in sich hinein, ob man erste Ideen für einen kleinen Text hat. Dazu geht man von den Inhalten des Clusters aus. Man muss nicht alle Ideen des Clusters aufgreifen und verarbeiten, sondern nur die, die einem als wichtig erscheinen. So ein Text umfasst ca. zwölf Zeilen; er wird innerhalb von höchstens 15 Minuten geschrieben. Man kann, wenn sich der Text dem Ende nähert, versuchen mit dem letzten Satz des kleinen Textes zum Ausgangssatz zurückzukehren. So erhält man eine „Miniatur", eine kleine, geschlossene Texteinheit.

16. Umschreiben eines Textes auf der Basis eines Alternativ-Lexikons

Eine produktive Form, einen schwierigen Text zu interpretieren, ist das Umschreiben des Textes auf der Basis eines Alternativ-Lexikons. Dabei verändert man das Vokabular, indem man schwere Vokabeln durch leichtere ersetzt, den Text mit den neuen Vokabeln umschreibt und dann vergleicht, welche verschiedenen Textverständnisse entstehen und wieweit sie mit dem Ausgangstext übereinstimmen.

Die Arbeitsschritte sind folgende: Zunächst liest jeder den zu interpretierenden Text gründlich; alle Wörter, die unverständlich sind, werden markiert und herausgeschrieben. Dann einigt man sich im Unterrichtsgespräch, welche Wörter so schwierig sind, dass sie übersetzt werden sollten, und erarbeitet eine Art Vokabelliste. Mithilfe verschiedener Wörterbücher oder Lexika „übersetzen" kleine Gruppen diese schwierigen Wörter in verständlichere Bedeutungen, die sie neben die schwierigen Wörter schreiben, wie im Vokabelheft beim Lernen einer Fremdsprache. Anschließend versucht wieder jeder, den Ausgangstext umzuschreiben, indem er die schwierigen Wörter durch die einfacheren, neuen Bedeutungen ersetzt. Die neuen Übersetzungen werden vorgelesen und verglichen. Die Gruppe diskutiert darüber, welche Übersetzung wohl die sinnvollste, am besten zu begründende Übersetzung ist.

Diese Methode ist anspruchsvoll; sie nutzt aber die Phase des Unterrichts, die in der Regel für die Klärung schwieriger Begriffe nötig ist, auf kreative Weise. Durch die Benutzung unterschiedlicher Lexika oder Wörterbücher und durch unterschiedliche Vorkenntnisse entstehen ganz verschiedene „Übersetzungen" des Ausgangstextes. Im „Streit" um die „angemessenste" Übersetzung steigt ihr ganz von selbst in die Interpretation des Ausgangstextes ein.

Text- und Bildquellenverzeichnis

Namentlich nicht gezeichnete Texte stammen von den Verfassern der Kapitel. Wenn nicht anders angegeben, sind die Bibeltexte aus der Luther-Ausgabe von 1984 zitiert.

Selbstsein – die Frage nach dem Ich

Literarischer Text: *Steinhöfel, Andreas*: Die Mitte der Welt. Hamburg: Carlsen 1999. Zit. n. der Lizenzausgabe der SZ, München 2005. S. 147/181, 52/55, 152f., 167; **S. 8:** Max Klinger (1857–1920): Philosoph. (Der forschende Mensch greift über die Erde hinweg nach dem Weltall und findet nur sein eigenes Spiegelbild). Radierung, Stich und Aquatinta, Pl. 500 x 340 mm. Blatt 3 der Folge: Opus XIII, Vom Tode II, 1. Aufl. 1898–1909. Foto: akg-images, Berlin; **S. 9**: Der heuchlerische Narr und der Vogel der Selbsterkenntnis, Tragefigur aus der Bibliothek der Abtei Waldsassen. Mit freundl. Gen. d. Abtei; **S. 10**: Umschlagsabbildung der Taschenbuchausgabe „Die Mitte der Welt". Frankfurt/M.: Fischer TB 2000; **M 3**: *Schmid, Wilhelm*: Mit sich selbst befreundet sein. Frankfurt/M.: Suhrkamp 2004. S. 79; **M 4**: Joseph Beuys: Mensch, 1972. Installation, Mischtechnik, 200 x 150 x 80 cm. London, Gagosian Gallery © VG Bild-Kunst, Bonn 2008; **M 5**: *Bencivenga, Ermanno*: Das Auto Wanda. Aus: *Ders.*: Spiele mit der Philosophie. Berlin: Freese 1992. S. 66/67; **M 6**: nach: Emotion. Das psychologische Magazin, April 2006; **M 7**: *Berger, John/Mohr, Jean*: Selbstporträt. Aus: *Dies.*: Eine andere Art zu erzählen. Frankfurt/M.: Fischer TB 2000. S. 38f. © Hanser, München 1984; **S. 14 o**: Zeichnung P. Flohr, **u**: siehe M 7; **M 8**: *Montaigne, Michel de*: Selbstbelauerung. Aus: *Ders.*: Die Essais. Übers. v. *Johannes Balle*, Bergisch Gladbach; **M 9**: *Handke, Peter*: Lied vom Kindsein (Ausschnitte). Aus dem Film „Der Himmel über Berlin". Regie: Wim Wenders 1987; **M 12**: *Pöppel, Ernst*: Chaos im Gehirn. Aus: *Ders.*: Was während der Pubertät im Gehirn passiert. In: *Hauner, Andrea/Reichart, Elke*: Bodytalk. Der riskante Kult um Körper und Schönheit. München: dtv 2004. S. 57–59; **S. 17 M**: Schild © Rahmenlos.de, Kamm & Lindermayr GbR, Karlsfeld; **M 13**: *Erikson, Erik H.*: Selbstverlust und Gruppenzugehörigkeit. Aus: *Ders.*: Identität und Lebenszyklus. Frankfurt/M.: Suhrkamp 1976. S. 106ff.; **S. 18 u**: A. R. Penck (* 1939): Der Übergang, 1963. Öl auf Leinwand, 94 x 120 cm. Aachen, Sammlung Ludwig, Ludwig Forum für Internationale Kunst © VG Bild-Kunst, Bonn 2008, Foto A. Gold, Aachen; **M 16**: *Krappmann, Lothar*: Identität als Balance. Aus: *Ders.*: Soziale Dimensionen der Identität. Stuttgart: Klett 1972. S. 9–12; **S. 20 o**: aus: Google / Bilder: ... also bin ich; **M 18**: *Descartes, René*: Abhandlung über die Methode des richtigen Vernunftgebrauchs. Hrsg. v. *H. Glockner*. Stuttgart: Reclam 1961; **S. 20 u**: Aus: Emotion. Das psychologische Magazin, April 2006; **M 19**: *Siefer, Werner/Weber, Christian*: Es denkt, also ... Aus: *Dies.*: Ich – wie wir uns selbst erfinden. Frankfurt/M.: Campus 2007. S. 251–257; **S. 22 u**: Zeichnung Ted Dewan, London. Aus: *Frank, Manfred*: Warum bin ich Ich? Frankfurt/M.: Insel 2007. S. 28; **M 21**: *Descartes, René*: Tiere sind lebendige Automaten. Aus: *Ders.*: Von der Methode des richtigen Vernunftgebrauchs und der wissenschaftlichen Forschung. Übers. v. *Lüder Gäbe*. Hamburg: Meiner [2]1997. S. 91–97; **M 22**: Der Geist der Tiere – eine moderne Antwort. Interview mit d. Philosophen Dominik Perler. Aus: Berliner Morgenpost, 7. 1. 2007; **M 24**: *Seneca*: Ein Leben aus Vernunft. In: *Jaerisch, P.* (Hrsg.): Vom glückseligen Leben und anderen Schriften. Stuttgart: Reclam 1960. S. 50f.; **S. 24 u**: Spiegel-Titelseite v. 27. 11. 2006; **M 25**: *Platon*: Seelenwagen. Nach: *Ders.*: Phaidros. In: Sämtl. Dialoge, Bd. 2. Übers. v. *Otto Apelt*. Hamburg: Meiner 1988. S. 58; **M 26**: *Kast, Bas*: Wie der Bauch dem Kopf beim Denken hilft. Frankfurt/M.: Fischer 2007. S. 51–53, 62; **S. 26**: Zeichnung v. Jan Tomaschoff. Aus: Ethik & Unterricht, 3/1998, Titel; **M 29**: *Frankfurt, Harry G.*: Freiheit und Selbstbestimmung. Berlin: Akademie 2001. S. 66f.; **M 30**: *Böhme, Gernot*: Ethik im Kontext. Frankfurt/M.: Suhrkamp 1997. S. 119–124; **S. 28 ul**: Magazin des Kölner Stadt-Anzeigers, 23. 4. 2007; **ur**: Werbung KÖ-Klinik, Düsseldorf; **M 32**: *Böhme, Hartmut*: Training macht den Körper zum Genie. Aus: DIE ZEIT, 20. 7. 2006; **M 33**: Aus: Die Welt, 15. 5. 2007, Foto picture alliance/dpa; **M 34**: John William Waterhouse (1849–1907): Echo und Narcissus, 1903. Öl auf Leinwand, 109 x 189 cm. Liverpool, Walker Art Gallery; **M 35**: *Falco* (1957–1998): Egoist. © Falco Egoist Lyrics; **M 36**: *Frankfurt, Harry G.*: Gründe der Liebe. Übers. v. *Martin Hartmann*. Frankfurt/M.: Suhrkamp 2005. S. 85, 91ff., 97–103; **M 37**: Foto Walter G. Allgoewer/epd; **M 38**: *Schneider, Ulrich*: Einführung in den Buddhismus. Darmstadt: WBG [2]1987; **S. 33 M**: Aus dem Film „Little Buddha", Screenshot; **M 40**: Die fünf Ansammlungen (Skandhas). Ein buddhistisches Modell der Persönlichkeit. Wuppertal: Buddhistischer Verlag 2003; **M 41**: *Beck, Charlotte Joko*: Einfach Zen. München: Knaur 1995. S. 17f.; **M 42**: *Seegers, Manfred*: Die fünf Skandhas. In: Buddhismus heute, 34/2002; **S. 35 u**: *Hoff, Felix F.*: Kyudo. Die Kunst des japanischen Bogenschießens. Berlin: Weinmann [11]2002. Buchcover; **M 44**: Interview aus: Die Welt, 31. 3. 2007; *Hadot, Pierre*: Wege zur Weisheit. Übers. v. *Heiko Pollmeier*. Frankfurt/M.: Eichborn 1999. S. 239–241; Foto Andreas Bitterer/dpa; **M 45**: Zit. n. *Ursula M. Staudinger*. Aus: Magazin am Wochenende der Nürnberger Nachrichten, 17./18. 1. 2004.

Ist das Leben „crazy"? – zum Umgang mit dem Anderen

Literarischer Text: *Lebert, Benjamin*: Crazy. München: Random/Goldmann Manhattan [15]2001 (© Köln: Kiepenheuer & Witsch 1999). S. 9, 11–13, 21, 40–42, 24–25, 26–28, 133–136, 31–33, 118–119, 58–59, 91–92, 168–169; Umschlagfoto: Sigi Hengstenberg, Umschlaggestaltung: Design Team, München; **S. 39**: Abbildungen aus: www.1000fragen.de/interaktiv/poster/index.php; **M 3**: Aus: *Callahan, John*: Du störst! Cartoons. Frankfurt/M.: Eichborn 1992. o. S.; **M 4**: Aus: http://www.an-plischie.de/referat.html. 22. 9. 2007; **S. 42**: Abbildung aus: http://www.plasticpassiontoys.com/images/wolfgangsmall.gif. 22. 9. 2007; **M 5, M 6**: Aus: Datenreport 2006. S. 189, 190 - © Statistisches Bundesamt, Wiesbaden; **M 7 l**: Frankfurter Neue Presse, 27. 7. 1987; **r**: Aus: Karicartoon. München: Elefantenpress; **M 8**: Aus: Oberbergische Volkszeitung, 24. 4. 1980; **M 10**: Mit freundlicher Genehmigung der Verfasserin; **M 12**: *Metzner, Monika*: Das Abendland geht nicht mehr dreimal täglich unter. In: Frankfurter Rundschau, 31. 1. 2001, Foto Jens Kalaene/dpa; **M 14**: Foto Daniel Josefsohn, Berlin; **M 15**: Aus: *Saal, Fredi*: Ohne Furcht seinen Weg gehen können. In: *Dörr/Grimm/Neuer-Miebach* (Hrsg.): Aneignung und Enteignung. Der Angriff der Bioethik auf Leben und Menschenwürde. Düsseldorf: Verlag Selbstbestimmt Leben 2000. S. 36f.; **S. 50 l**: Warner Brothers/picture-alliance/dpa/afp – **r**: Fotograf: Foto Doug Collier/ picture-alliance/dpa/epa **M 19**: Philipp Otto Runge (1777–1810): Wir drei, 1805. Öl auf Leinwand, 100 x 122 cm. Ehemals Hamburg, Kunsthalle (verbrannt); Foto akg/images, Berlin; **M 20**: *Cicero, Marcus Tullius*: Laelius. Über die Freundschaft (79–80). Übers. v. *Max Faltner*. München: Heimeran 1980. S. 90ff.; **S. 55**: Filmbild Brokeback Mountain; **M 23**: nach *Platon*: Das Gastmahl. Übers. v. *O. Apelt*. Hamburg: Meiner 1988. 189C-194E; **M 26**: Aus: *P. Ovidius Naso*: Metamorphosen, 8. Buch. Übers. u. hrsg. v. *Hermann Breitenbach*. Stuttgart: Reclam 2005. S. 269 u. 272–273; **M 28**: Aus: *Bovet, Theodor*: Die Ehe. Das Geheimnis ist groß. Tübingen: Katzmann 1955. S. 15ff.; **M 29**: René Magritte (1898–1967): Die Liebenden, 1928. Öl auf Leinwand, 54 x 73 cm. New York, Richard S. Zeisler Collection – Foto Bildarchiv Steffens, Mainz/Bridgeman Art Library © 2008 VG Bild-Kunst, Bonn; **M 30**: nach *Vopel, Klaus W.*: Interaktionsspiele für Jugendliche, Teil 3. Salzhausen: Iskopress 1999. Nr. 54; **M 31**: Aus: *Schmid, Wilhelm:* Philosophie der Lebenskunst. Frankfurt/M.: Suhrkamp 1998. S. 336–337; **M 32**: 1 u. 7: Fotos Jörg Lantelmé, Kassel; 2: Foto mauritius, Mittenwald; 3: Foto alimdi, Deisenhofen; 4, 5, 6: Fotos imagesource, Köln; **M 34**: Henry Moore (1898–1986): Family Group, 1950. Bronze. Stevenage/England, Barclay School; **M 35**: Fotos Archiv; **M 36**: Pink: Family Portrait. Übersetzung aus: http://www.swr3.de/musik/lyrix/-/id=47416/nid=47416did =161794/slilex/; **M 38**: Aus: Der Koran, Sure 2. Arabisch/deutsch. Übers. v. *Max Hennig,* bearb. u. hrsg. v. *Murad W. Hofmann.* Kreuzlingen/München: Hugendubel 2001 – Ecclesia Catholica: Katechismus der Katholischen Kirche. München u. a.: Oldenbourg 1995 – Evangelischer Erwachsenenkatechismus. Hrsg. v. *Werner Jentsch, Hartmut Jetter, Manfred Kießig* und *Horst Reller.* Gütersloh: Gütersloher Verlagshaus Gerd Mohn 1964. S. 598; **M 39**: *Kästner, Erich:* Kästner für Erwachsene, Bd. 1. Gedichte. Zürich: Atrium 2005. S. 111; **S. 66**: Edward Hopper (1882–1967): Philosophische Exkursion, 1959. Öl auf Leinwand, 76,2 x 101,6 cm. Privatsammlung; **M 41**: nach *Sartre, Jean Paul:* Das Sein und das Nichts. Übers. v. *Hans Schöneberg* u. *Traugott König*. Reinbek: Rowohlt TB 1994. S. 463ff.; **S. 67**: Antonello da Messina (um 1430–1479): Der Condottiere, 1475 (Ausschnitt). Holz, 35 x 28 cm. Paris, Louvre, Foto artothek/Peißenberg; **M 42**: *Savater, Fernando:* Tu was du willst. Übers. v. *Wilfried Hof.* Frankfurt/M.: Campus 1993. S. 108–110;

Zwischen Gut und Böse – die Frage nach dem richtigen Handeln

Literarischer Text: *Golding, William*: Herr der Fliegen. Übers. v. *Hermann Stiehl*. Frankfurt/M.: Fischer 1963. S. 40–42, 30–33, 84, 96–98, 100–101, 140–141, 212–213, 200–201, 236, 251–253, 236–239, 47–48; die Szenenfotos innerhalb des Kapitels stammen aus dem Film „Herr der Fliegen" von Harry Hook (R). Ismaning: MGM Home Entertainment 2004;

S. 68 u: Foto picture-alliance/KPA/TopFoto; **S. 69**: Foto aus der Serie „Lost". Pro7 Sat 1, München; **S. 71**: François Rude (1784-1855): Der Aufbruch der Freiwilligen von 1792, 1836. Relief in Stein, 13 x 8 m. Paris, Arc de Triomphe, Foto Joseph Martin/akg, Berlin; **M 3**: nach *Hobbes, Thomas*: Leviathan. Hrsg. v. *Iring Fetscher*, übers. v. *Walter Euchner*. Neuwied/Berlin: Luchterhand 1966; **S. 72 u**: Foto akg, Berlin; **M 4**: *Rousseau, Jean-Jacques*: Diskurs über die Ungleichheit/Discours sur l' inegalité [1755]. Kritische Ausgabe des integralen Textes. Übers. u. komm. v. *Heinrich Meier*. Paderborn Schöningh 1984. S. 79, 197; **S. 73**: Foto akg, Berlin; **M 6**: *Girard, René*: Das Ende der Gewalt. Übers. v. *August Berz*. Freiburg/Brsg.: Herder 1983. S. 35; **M 8**: *Goethe, Johann Wolfgang*: Faust I. Hrsg. v. *E. Trunz*. Hamburg: Wegner 1963. V. 1331–1336; **S. 80**: Foto akg, Berlin; **M 9**: *Freud, Sigmund*: Das Unbehagen in der Kultur/Warum Krieg?. Aus: Werke, Bd. IX. Studienausgabe. Hrsg. v. *Alexander Mitscherlich, Angela Richards* u. *James Strachey*. Frankfurt/M.: S. Fischer 1974. S. 241, 249, 281, 283; **S. 83:** Illustration von Astrid Castle, Frankfurt/M.; **S. 84**: Foto picture-alliance/akg-images; **M 11**: *Lorenz, Konrad*: Das sogenannte Böse. München: dtv 1983. S. 236; **M 12**: *Nolting, Hans-Peter*: Lernfall Aggression. Reinbek: Rowohlt 1997. S. 97, 100, 106–108, 110; **M 13**: *Grill, Bartholomäus/Virnich, Birgit*: Kindersoldaten – Krieg der Kinder. Aus: Die Zeit, 28. 08. 2003; **S. 86**: Foto Sebastian Bolesch, Berlin; **M 14**: s. M 11, S. 249–250; **S. 90**: Foto Marco Patrito, 1997; **M 17**: *Asimov, Isaac*: I, Robot. München: Heyne 2004. S. 5 – Coverabbildung; **S. 93**: Foto akg, Berlin; **M 19, M 20**: *Aristoteles*: Nikomachische Ethik. Übers. v. *Franz Dirlmeier*. Stuttgart: Reclam 1969. S. 5, 14-15; **S. 95**: Foto Hervé Champollion/akg, Berlin.

„Wie soll ich gut sein, wo alles so teuer ist?" – Recht, Staat und Wirtschaft

Literarischer Text: *Brecht, Bertolt*: Der gute Mensch von Sezuan. Aus: Gesammelte Werke, Bd. 4. werkausgabe edition suhrkamp. Frankfurt/M.: Suhrkamp 1967. S. 1497–1498, 1499–1501, 1544–1546, 1581–1582, 1607;

S. 98 o: Plakat zur Aufführung an der Berliner Volksbühne in der Regie von Besson/Freyer, 1970. © Deutsches Historisches Museum, Berlin – **u**: Plakat zur Aufführung am Gymnasium Zitadelle in Jülich, 1999. Mit freundl. Gen. d. Schule; **S. 99**: Karte aus: Seydlitz Weltatlas. Berlin: CVK Schroedel 1984. S. 106; **S. 100**: Foto picture-alliance/akg-images; **M 3**: Foto Frank Rumpenhorst/dpa-report; **M 5**: nach *Kirchgässner, Gebhard*: Homo Oeconomicus. Das ökonomische Modell individuellen Verhaltens und seine Anwendung in den Wirtschafts- und Sozialwissenschaften. Tübingen: Mohr Siebeck 1991. S. 50ff. **S. 105**: Zeichnung Johannes Borer, Allschwil; **S. 108 M**: © Fürst von Metternich Sektkellerei; **u**: Foto akg, Berlin; **M 9**: *Hume, David*: Ein Traktat über die menschliche Natur, Buch II und III: Über die Affekte, Über Moral [1739]. Übers. u. hrsg. v. *Jens Kulenkampff*. Hamburg: Meiner 1980. S. 231f.; **M 10**: Paul Klee (1879–1940): Zwei Männer, einander in höherer Stellung vermutend, begegnen sich, 1903. Radierung, 11,7 x 22,6 cm. © 2008 VG Bild-Kunst, Bonn; **M 11**: Foto bevex.ch/bilder; **M 12**: Mit frdl. Gen. d. SMV d. Hegau-Gymnasiums, Singen; **M 13**: *Frey, Bruno S.*: Ökonomie ist Sozialwissenschaft. Die Anwendung der Ökonomie auf neue Gebiete. München: Vahlen 1990. S. 46; **M 14**: *Ders.*: Die Grenzen ökonomischer Anreize. Was Menschen motiviert. In: Neue Zürcher Zeitung, 18. 05. 2001; **M 15**: http://www.se-community.com, entnommen am 5. 8. 2007; **M 16**: Stiftung Jugend forscht, Hamburg; **S. 114**: Szenenfoto mit m. Luitgard Im u. Jürgen Thormann, Berlin, Schloßparktheater 1967, Foto Joachim Barfknecht/picture alliance, dpa; **M 18**: nach: *Beck, Hanno*: Kalkulierte Liebe. In: FAZ, 23. 10. 2005. S. 42; **M 19**: Cartoon aus: Spektrum der Wissenschaft, Dossier 5/2006; **S. 116**: Foto akg, Berlin; **M 20**: *Smith, Adam*: Der Wohlstand der Nationen. Eine Untersuchung seiner Natur und seiner Ursachen. Übers. u. hrsg. v. *Horst C Recktenwald*. München: dtv 1999. S. 16f.; **M 21**: *Elster, Jon*:

Nuts and Bolts for Social Sciences. Cambridge u. a.: Cambridge University Press 1989. S. 59f. (übers. v. *C. Schultheiss*); **M 22**: *Hobbes, Thomas*: Leviathan. Übers. v. *Jacob P. Meyer*. Stuttgart: Reclam 1980. S. 113ff.; **S. 118**: Foto epa Albadri/dpa; **M 23**: *Nozick, Robert*: Anarchie, Staat, Utopia. München: Olzog 2006. S. 13; **S. 119**: Foto Arno Burgi/dpa; **M 25**: nach: *Kersting, Wolfgang*: Der liberale Liberalismus. Notwendige Abgrenzungen. Tübingen: Mohr Siebeck 2006. S. 32; **M 26**: © Die Prinzen, Foto Jörg Carstensen/picture-alliance, dpa; **M 28**: *Homann, Karl*: Die Ehrlichen sollen nicht die Dummen sein. Aus: Süddeutsche Zeitung, 4. 2. 1998; **M 29**: *Etzioni, Amitai*: Jeder nur sich selbst der Nächste? In der Erziehung Werte vermitteln. Freiburg/Brsg. u. a.: Herder 2001. S. 151f.; **M 31**: *Patzig, Günther*: Ethik ohne Metaphysik. Göttingen: Vandenhoeck & Ruprecht 1971. S. 11ff.; **M 32**: *Hayek, Friedrich August v.*: Der Weg zur Knechtschaft. München: Olzog 2007. S. 101f.; **S. 125, 126**: Fotos akg, Berlin; **M 33**: *Marx, K./Engels, F.*: Manifest der kommunistischen Partei. In: Werkausgabe, Bd. III: Geschichte und Politik, 1. Studienausgabe. Hrsg. v. *Iring Fetscher*. Frankfurt/M.: Fischer 1966. S. 65; **M 34**: *von Weizsäcker, Carl Christian*: Logik der Globalisierung. Göttingen: Vandenhoeck & Ruprecht 2003. S. 42.

In welcher Welt wollen wir leben? – unser Umgang mit Natur und Technik

Literarischer Text: *Kerner, Charlotte*: Blueprint Blaupause. Weinheim/Basel: Beltz 1999. S. 13, 16, 39, 20, 178–179, 38, 105, 22–23, 48f., 47, 181; die Szenenfotos innerhalb des Kapitels stammen aus dem Film „Blueprint" von Rolf Schübel (R). Hamburg: Universal Pictures Germany 2004;

S. 128 l: Foto privat; **r**: dpa; **M 2**: Stradanus (1523–1604): Nova Reperta, um 1580. Kupferstich. Hrsg. v. Deutschen Museum, München. Gräfelfing: Moos 1972; **M 4**: *Aristoteles:* Nikomachische Ethik, Buch VI, 4 (1140 a 3). Übers. v. *Olof Gigon*. München: dtv 1991. S. 235; **M 5**: nach *Nikolaus von Kues:* Der Laie über den Geist. Mit e. Einl. v. *Giovanni Santinello.* Lateinisch-deutsch. Hamburg: Meiner 1995. S. 15; **M 6**: Metzler Philosophie Lexikon. Hrsg. v. *Peter Prechtl* u. *Franz-Peter Burkhard.* Stuttgart/Weimar: Metzler. ²1999. S. 588; **M 8**: Lem, Stanislaw im Gespräch mit Florian Rötzer. 1996. Internet: © 1996–1999, Verlag Heinz Heise, Hannover; **M 9**: IPCC; Foto: PA Gowthorpe/dpa; **S. 134**: Spiegel-online, 17. 10. 2007; **M 10**: *Bartsch, Christian:* Aus: FAZ, 27. 3. 2007; **M 11**: Deutsche Post 2003; **M 12**: *Jonas, Hans:* Lasst uns einen Menschen klonieren: Von der Eugenik zur Gentechnologie. In: *Ders.:* Technik, Medizin und Ethik. Praxis des Prinzips Verantwortung. Frankfurt/M.: Suhrkamp 1987. S. 52–54; **M 13**: Charlie Chaplin in dem Film „Modern Times", 1936. United Artists/akg-images, Berlin; **M 14**: *Ropohl, Günter:* Neue Wege, die Technik zu verantworten. In: *Lenk, Hans/ders.* (Hrsg.): Technik und Ethik. Stuttgart: Reclam 1987. S. 154–158; **M 15**: Foto s. S. 128 l; **M 17**: nach *Bachmann, Andreas/Rippe, Klaus Peter:* Wieso es die Stepford Wives nicht geben darf. Über die moralischen Grenzen der Forschungsfreiheit. In: *Ach, Johann S./Pollmann, Arnd*: no body is perfect. Baumaßnahmen am menschlichen Körper und ästhetische Aufrisse. Bielefeld: transcript 2006. S. 89f.; **M 19**: s. M 12, S. 162; **M 20**: *Schröder, Gerhard*: Gen-ethischer Grenzgang. In: Die Woche, 22. 12. 2000; **S. 144**: Foto s. S. 128 r; **S. 145**: Zeichnung R. Beier, Berlin; **M 22**: nach *Birnbacher, Dieter:* „Natur" als Maßstab menschlichen Handelns. In: Zeitschrift für Philosophische Forschung, 45/1991. S. 61–76; **M 23**: Zit. n.: *Mensching, Gustav:* Das heilige Wort. Eine religionsphänomenologische Untersuchung. Bonn: Röhrscheid 1937. S. 106f.; **M 24**: nach *Seneca, Lucius Annaeus:* Der fromme Schauder. 41. Brief. In: *Ders.*: Epistulae morales. Übers. v. *Hubert Müller.* Göttingen: Vandenhoeck & Ruprecht 2001; **M 25**: nach *Klages, Ludwig:* Mensch und Erde – ein Denkanstoß [1913]. Bonn: Bouvier 1980. S. 27, **S. 147**: Abb. Nestlé Waters Deutschland, Mainz; **M 26**: nach *Naess, Arne:* Die tiefenökologische Bewegung. Einige philosophische Aspekte. In: Naturethik. Grundtexte der gegenwärtigen tier- und ökoethischen Diskussion. Hrsg. v. *Angelika Krebs*. Frankfurt/M.: Suhrkamp 1997. S. 188f.; **M 27**: Rudolf Hausner (1914-1995): Adam massiv, 1972. Seriegrafie, 72 x 49 cm © VG Bild Kunst, Bonn; **M 28**: Toyota Deutschland, 2006, www. aimzeroemission.de; **M 29**: *Bayertz, Kurt/Schmidt, Kurt:* „Es ist ziemlich teuer, authentisch zu sein ...!" Von der ästhetischen Umgestaltung des menschlichen Körpers und der Integrität der menschlichen Natur. In: s. M 17, S. 49; **M 30**: nach *Ach, Johann S./Runtenberg, Christa:* Homunklonus: Erst die Tiere, dann der Mensch? Dimensionen der Kritik des Klonens von Tieren und Menschen. In: *Paslack, R./Stolte, H.* (Hrsg.): Gene, Klone und Organe. Neue Perspektiven der Biomedizin. Frankfurt/M.: Peter Lang 1999. S. 105f.; **S. 150**: Atlas und die Bestrafung des Prometheus. Bemalte Schale aus Lakonien, um 450 v. Chr. Foto Scala, Florenz; **M 32**: nach *Schmidt, Kurt:* Systematische Übersicht zu den in der Debatte um den somatischen Gentransfer verwendeten Argumenten und Problemanzeigen. In: *Bayertz, K./Schmidtke, J./Schreiber,* H.-L. (Hrsg.): Somatische Gentherapie – Medizinische, ethische und juristische Aspekte. Stuttgart/Jena/New York 1995. S. 177ff; **M 33**: nach: s. M 22; **M 35**: *Ach, Johann S.*: Revalidierung der „Natürlichkeit". Über das Klonen von Menschen. In: Humane Genetik? Ethik & Unterricht, Jahrespublikation 2002. Hrsg. v. *Julia Dietrich, Hille Haker* u. *Sigrid Graumann.* S. 63, 65; **M 36**: Spiegel-Titel, 3. 3. 1997; **M 38**: *Ach* s. M 35; nach: *Habermas, Jürgen:* Nicht die Natur verbietet das Klonen. Wir müssen selbst entscheiden. In: *Ders.*: Die postnationale Konstellation. Politische Essays. Frankfurt/M.: Suhrkamp 1998. S. 250f.; **S. 155**: Maurits Cornelis Escher (1898–1972): Band der Einheit, 1956. Lithographie, 25,3 x 33,9 cm. Aus: Ders.: Graphik und Zeichnungen. Köln: Taschen 1992. S. 46; © Cordon Art, Baarn/Holland; **M 41**: *Eser, A./Frühwald, W./Honnefelder, L./Markl, H./Reiter, J./Tanner, W./Winnacker, E.-L.:* Klonierung beim Menschen. Stellungnahme für den Rat für Forschung, Technologie und Innovation. In: Hello Dolly? Über das Klonen. Frankfurt/M.: Suhrkamp 1998. S. 246f.

Existierst du schon? – wie wirklich sind die Medien?

Literarischer Text: *Novak, John Luther/Cronenberg, David*: eXistenZ. Du bist das Spiel. Übers. v. *Almuth Heuner.* Berlin: Ullstein 1999. S. 20–21, 90–91, 95–96, 98–99, 154–155, 110–112, 114–115, 134–136, 143–145, 195–196, 204, 220–223; die Szenenfotos innerhalb des Kapitels stammen aus dem Film „eXistenZ" von David Cronenberg (R). Leipzig: Kinowelt 1999;

M 2: *Geier, Manfred*: Ein Grenzfall. Aus: *Ders.*: Fake. Leben in künstlichen Welten. Reinbek: Rowohlt 1999. S 21–23; **M 3:** Aus: Der Spiegel, 2/2007. S. 171; **M 5**: *Freud, Sigmund*: Der Prothesengott [1930]. Aus: *Ders.*: Das Unbehagen in der Kultur. In: Gesammelte Werke, Studienausgabe, Bd. IX. Frankfurt/M. Fischer 1974. S. 221f. © Imago Publishing Co. Ltd., London 1948; **M 6**: Heinrich Hoerle (1895-1936): Denkmal der unbekannten Prothesen, 1930. Pappe, 66,5 x 82,5 cm. Wuppertal, von der Heydt-Museum; **M 8**: *Berger, Peter/Luckmann, Thomas*: Wirklichkeiten. In: *Dies.*: Die gesellschaftliche Konstruktion der Wirklichkeit. Übers. v. *Monika Plessner*. Frankfurt/M.: Fischer 1970. S. 24–28; **M 10**: nach *Nozick, Robert*: Die Erlebnismaschine. Aus: *Ders.*: Anarchie Staat Utopie. Entn. Aus: *Freese, Hans-Ludwig*: Abenteuer im Kopf. Philosophische Gedankenexperimente. Weinheim/Berlin 1995. S. 289ff.; **M 12**: *Flusser, Vilém*: Spielverderber Körper. Aus: *Ders.*: Ins Universum der technischen Bilder. Göttingen: Europ. Photography [4]1992. S. 144; **M 13:** www.diesel.com; **M 14**: *Böhme, Hartmut*: Fetischismus und Kultur. Eine andere Theorie der Moderne. Reinbek: Rowohlt 2006. S. 471; **M 16**: *Buddemeier, Heinz*: Leben in künstlichen Welten. Cyberspace, Videoclips und das tägliche Fernsehen. Stuttgart: Urachhaus 1993. S. 98f.; **M 17**: Zeichung W. Hanel, Bergisch Gladbach; **M 19**: *Freud, Sigmund*: Vier Dimensionen der Traumarbeit [1900]. In: *Ders.*: Die Traumdeutung. In: s. M 5, Bd. II. 1972. S. 160, 175, 282, 305, 307, 335, 339, 470ff.; **M 21**: *Park, Robert Ezra*: Race and Culture. Glencoe/Ill.: The Free Press 1950. In: *Goffman, Erving*: Wir alle spielen Theater. Die Selbstdarstellung im Alltag. Übers. v. *Peter Weber-Schäfer*. München: Piper [8]1988. S. 21; **M 22**: *Shakespeare, William*: Wie es euch gefällt, II,7. Übers. v. *August-Wilhelm Schlegel*. Zürich: Diogenes 1979; **M 23**: Edouard Bannwart: Virtual Head, 1999. Computerinstallation. Echtzeit GmbH. Aus: Der anagrammatische Körper. Ausstellungskatalog. Zentrum für Kunst und Medientechnologie, Karlsruhe. Köln: König 2000. S. 66; **M 24:** *Turkle, Sherry*: Netzidentitäten [1995]. Aus: *Dies.*: Leben im Netz. Übers. v. *Thorsten Schmidt*. Reinbek: Rowohlt 1998. S. 16f.; **M 26:** Gespräch mit Peter Molyneux. Interviewer F. Knoke, übers. v. *Mathias Mertens*. de-bug.de/mag/3323 (29. 9. 2008; gekürzt); **M 28**: *Fetsch, Bernd*: Mit dem Rücken zur Welt. Stern.de/computer-technik (15.6. 2006); **S. 178:** Abb. aus: World of Warcraft. © 2008 Blizzard Entertainment Europa, F-Vélizy Villacoublay; **M 29**: Titelbild Der Spiegel, 14. 5. 2007; **M 30, M 32**: © Kriminologisches Forschungsinstitut Niedersachsen, Hannover; **M 31**: *Rosenfelder, Andreas/Rüther, Tobias/Staun, Harald*: Machen Videospiele böse? Aus: FASZ, 26. 11. 2006; **M 33**: *Schneider, Norbert*: Vier Merkmale des Computers in der TV-Serie „24“. Aus: FAZ, 3. 1. 2007. S. 34; **M 34:** Aus: *Kostick, Conor*: Epic. Übers. v. *Peter Knecht*. Hamburg: Oetinger 2006. S. 167ff; **M 35**: Aus: *Putnam, Hilary*: Vernunft, Wahrheit, Geschichte. Übers. v. *Joachim Schulte*. Frankfurt/M.: Suhrkamp 1990. S. 21; Zeichnung S. Maeger, Düsseldorf; **M 36**: Aus: *Anders, Günther*: Die Antiquiertheit des Menschen, Bd. 2 [1960]. München: Beck 1987. S. 250ff.; **S. 185**: Zeichnung Jean-Jacques Sempé. © Diogenes Verlag, Zürich; **M 37**: Aus: *Gaarder, Jostein*: Sofies Welt. Übers. v. *Gabriele Haefs*. München/Wien: Hanser 1993. S. 111f.; **M 38**: Anthony Aziz/Sammy Cucher (a + c): Chris, 1994. 127 x 102 cm. Digitalisiertes Ektacolorprint. Aus der Serie „Nachrichten aus Dystopia“. In: Kunstforum, 132: Die Zukunft des Körpers, 1. Nov. 1995/Jan. 1996; © a + c; **M 39**: Timm Ulrichs: Auch ein Höhlengleichnis II, 1984/1989. Installation. Foto Böllinghaus, Hannover; **M 40**: *Greiffenhagen, Martin:* Eine Lanze für das Wort. Aus: *Janowski, Hans Norbert* (Hrsg.): Religion in den Medien. Gütersloh: Gütersloher Verlagshaus 1987. S. 38; **M 41:** Aus: *Flusser, Vilém:* Medienkultur. Hrsg. v. *Stefan Bollmann*. Frankfurt/M.: Fischer Tb 1997. S. 212f.

Die Frage nach dem Sinn des Lebens – Selbstbehauptung im Wissen um den Tod?

Literarischer Text: *Korschunow, Irina*: Die Sache mit Christoph. München: dtv [22]1999. S. 22–23, 42–45, 12, 61–62; Umschlaggestaltung: Jorge Schmidt/Tabea Dietrich (© 1978. Benziger Edition/Arena Verlag, Würzburg);

S. 188 l: Foto picture-alliance/united archives/mcphoto; **r**: Caspar David Friedrich (1774–1840): Wanderer über dem Nebelmeer, 1818. Öl auf Leinwand, 94,8 x 74,8 cm. Hamburg, Kunsthalle, Foto akg, Berlin; **S. 189 o**: Cartoon v. Steven Appleby. Aus: Frankfurter Allgemeine Sonntagszeitung, 21. 5. 2006; **M 3**: Hans Sigg: Der Weg eines erfüllten Lebens. Aus: Entdeckungen machen, 2. Hrsg. v. *Jürgen Kluge*. Berlin: Cornelsen 1993. S. 64; **M 4**: *Nagel, Thomas*: Was bedeutet das alles? Übers. v. *Michael Gebauer*. Stuttgart: Reclam 1990. S. 10; **M 5**: Aus: *Grom, Bernhard*: Der biologische Tod und was darüber hinausgeht. In: *Ders./Brieskorn, Norbert/Haeffner, Gerd*: Glück – auf der Suche nach dem „guten Leben“. Frankfurt a. M./Berlin: Ullstein 1987. S. 208f.; **M 6**: © *Müller-Westernhagen, Marius*: 10 Screenshots aus dem Video „Ein Leben“; **M 7**: Ders.: Nimm mich mit, 1987; **M 8**: *Faller, Adolf*: Biologisches vom Sterben und Tod. Aus: Anima, 1956. S. 260; **M 9**: © *Grönemeyer, Herbert*: Mensch, 2002; **M 10**: *Nietzsche, Friedrich*: Unzeitgemäße Betrachtungen, Zweites Stück: Vom Nutzen und Nachtheil der Historie für das Leben. Werke, Bd. 1. Hrsg. v. *K. Schlechta*. München: Hanser 1954. S. 211f.; **M 11**: *Becker, Werner*: Das Dilemma der menschlichen Existenz: die Evolution der Individualität und das Wissen um den Tod. Stuttgart/Berlin/Köln: Kohlhammer 2000. S. 16f; **M 12**: Wandbild (Schülerarbeit) im Rheingymnasium Köln; **M 13**: Charles Dana Gibson: Vor dem Spiegel, um 1908. Quelle unbekannt; **M 15**: *Baur, E. G./Schmidt-Bode, W.*: Und danach? Wie der Tod keine Angst macht. Hamburg: Hoffmann & Campe 2005. S. 160, 136; Foto Peter Kneffel/dpa; **M 16**: Peter Gaymann: Nein danke wir sterben nicht. © cartoon concept Siegfried Liebrecht, Hannover; **M 17**: Aus: *Sartre, Jean Paul*: Die Wand [Le mur, 1937]. In: *Ders.*: Die Kindheit eines Chefs/Die Wörter. Übers. v. *Uli Aumüller*. Reinbek: Rowohlt 1993; **M 19**: Aus: *Epikur*: Brief an Mennoikos. In: *Ders.*: Briefe, Sprüche. Werkfragmente. Übers. v. *H. W. Krautz*. Stuttgart: Reclam 1980. S. 45; **M 20**: Aus: *Pascal, Blaise*: Gedanken über die Religion. Übers. v. *Karl Adolf Blech*. 1840; **M 21**: Foto Katrin Binner, Frankfurt/M.; **M 22**: *Thielicke, Helmut*: Leben mit dem Tod. Tübingen: Mohr-Siebeck 1980. S. 22; **M 24**: *Freud, Sigmund*: Zeitgemäßes über Krieg und Tod [1915]. In: Werke, Bd. 9. Studienausgabe. Frankfurt/M.: Fischer 1974. S. 49; **M 25**: *Ziegler, Jean*: Wie herrlich, Schweizer zu sein. München u.a.: Piper 1993. S. 54f.; Abb.: Im Leichenschauhaus. Spiegel-Titelbild 1. 4. 1968; **M 26:** *Liessmann, Konrad Paul*: Editorial zum 7. Philosophicum in Lech. http://www.philosophicum.com/ 2003/index.html; **M 27**: Aus: *Tworuschka, M.* und *U.* (Hrsg.): Judentum – Islam. Vorlesebuch fremde Religionen, Bd. 1. Düsseldorf: Patmos [2]1993. S. 312f.; **M 29**: *Bauman, Zygmunt*: Tod, Unsterblichkeit und andere Lebensstrategien. Frankfurt/M.: Fischer 1994. S. 261; **M 30**: *Sinatra, Frank*: I did it my way. www.leoslyrics.com; **M 31**: *Williams, Robbie*: Schaut mich an – ich bin ein Ass. http://www.gmx.net/de/themen/un terhaltung/musik/klatsch-tratsch/36083 60-Robbie-Williams-muss-an-seinem-Geburtstag-in-die-Klinik, cc=000 000182500036083601jHoPd.html; Foto Sven Hoogerhuis/Schroewig/picture-alliance; **M 32**: *Armstrong, Lance*: „Verlieren ist wie Sterben.“ Aus: FAZ, 7. 3. 2004. S. 23. Foto Gero

Breloer/picture-alliance/dpa; **M 33**: *Bohlen, Dieter* (mit *Kaja Kessler*): Nichts als die Wahrheit. München: Heyne 2002; Abb. Leiter zum Erfolg. Werbeagentur Frank Joss, CH-Kilchberg. In: Religion entdecken - verstehen - gestalten, 7/8. Hrsg. v. *Gerd-Rüdiger Koretzki* u. *Rudolf Tammeus*. Göttingen: Vandenhoeck & Ruprecht 2001. S. 24; **S. 208**: Achill. Screenshot aus dem Film „Troja" v. Wolfgang Petersen. Warner Home Video, 2004; **M 36**: Unbek. Maler: Der Platzhirsch: http://www.payer.de/arbeitkapital/arbeit10313.gif **M 37**: Aus: *Stinauer, Tim*: Virtueller Kampf. Kölner Stadtanzeiger, 19. 4. 2006, Foto Kitty Kleist-Heinrich TSP/picture-alliance, Tagesspiegel; **M 38**: *Preuschoff, Michael*. http://basisreligion.reliprojekt.de/imponiergehabe.htm **M 39**: Herbert Lanzinger (1880–1950): Hitler als Bannerträger, 1934; Foto akg, Berlin; **M 40**: *Böhme, Herbert*: Der Held. Aus: *Gamm, Hans-Jochen*: Der braune Kult: Das Dritte Reich und seine Ersatzreligion. Hamburg: Rütten & Löning 1962; **M 41**: *Anacker, Heinrich*: Brüder, was bleibt ... Aus: *Loewy, E.* (Hrsg.): Literatur unterm Hakenkreuz. Frankfurt/M.: Fischer 1969. S. 166; **M 42**: *Brecht, Bertolt*: Der Kälbermarsch. Aus: *Ders.*: Schweyk im Zweiten Weltkrieg. In: Ges. Werke, Bd. 5. Frankfurt/M.: Suhrkamp 1967. S. 1976; Abb.: A. Paul Weber: Der Marsch ins Grab. Illustration zu: *Niekisch, Ernst*: Hitler - ein deutsches Verhängnis. Berlin: Widerstandsverlag 1932, Foto akg, Berlin; **M 43**: Aus: *Hitler, Adolf*: Mein Kampf. München [645]1943. S. 493ff.; Abb: Hitler vor der Nietzschebüste im Nietzschearchiv Weimar, 1932. Zeitgeschichtliches Bildarchiv H. R. Hoffmann, München; **M 44**: *Nietzsche, Friedrich*: Zur Genealogie der Moral [1887]. Aus: Werke, Bd. II. Hrsg. v. *K. Schlechta*. München: Hanser 1955. S. 786f.; **M 45**: Aus: *Shakespeare, William*: Macbeth, V,5. Übers. v. *Friedrich Schiller*; **M 46**: Aus: *Schopenhauer, Arthur*: Die Welt als Wille und Vorstellung [1844]. In: Werke, Bd. II. Hrsg. v. *Ludger Lütkehaus*. Zürich: Haffmans 1988. S. 537; M 48: *Busch, Wilhelm*: Humor. 1874; Abb. Katze und Vogel: www.onlinewahn.de/b62.jpg **M 49**: *Lersch, Philipp*: Aufbau der Person. München: Barth [11]1970. S. 344f.; **M 50**: Cartoon v. Roger Schmidt, Brunsbüttel; **M 51**: Fotos R. Sistermann.

Judentum, Christentum, Islam – der Glaube an die Teilhabe an einem Ewigen Leben

S. 216: Himmelsleiter und Höllentreppe, Ausschnitt aus einem Flugblatt zwischen 1606 und 1616. Berlin, Staatsbibliothek Preußischer Kulturbesitz;

S. 217 o: Arnold Böcklin (1827–1901): Toteninsel, 1880. Öl auf Leinwand, 111 x 155 cm. Basel, Kunstmuseum Foto Artothek, Peissenberg; **M**: Umschlag zu: *Matheson, Richard*: Das Ende ist nur der Anfang. München: Goldmann 1998 (© PolyGram Film Entertainment) S. 227–229; **u, M 2:** Szenenfotos aus dem Film „Hinter dem Horizont" von V. Ward (R). Universal 2005; **M 1**: Zusammenfassung nach: *Matheson, Richard*: Das Ende ist nur der Anfang. Übers. v. *Elke Iheukumere* u. *Edda Petri*. München: Goldmann 1998; **M 3, 4**: Aus: Kunst und Geschichte in Ägypten. 5000 Jahre Kultur. Text u. Zeichnungen v. *A. C. Carpiceci*. Florenz: Casa Editrice Bonechi 1996. S. 92ff.; **M 5**: *Nack, Emil*: Götter, Helden und Dämonen. Die Mythologie der Ägypter, Griechen, Römer und Germanen. Wien u. a.: Überreuter 1980. S. 29f.; **S. 223**: Landkarte Auszug aus Ägypten: http://scriptures.lds.org/de/biblemaps/2; **M 7**: nach: *Brauer, Arik*: Die Pessach-Haggada. Bearb. v. *Erika Wichelhaus* u. *Siegfried Birkholz*. Tagungsmaterial; **S. 225**: Foto Shlomo Arad/epd; **S. 226**: Foto Hans-Georg Vorndran, SchalomNet; **M 10**: Sidur Sefar Emet (Jüdisches Gebetsbuch). Basel 1964. S. 40ff.; **M 12**: Petrus-Offenbarung. Aus: Die apokryphen Schriften zum Neuen Testament. Übers. u. erl. v. *Wilhelm Michaelis*. Bremen: Schünemann 1956. S. 476ff.; **M 13**: End of Days - Nacht ohne Morgen. Regisseur: Peter Hyams. Studio: Touchstone DVD. Screenshot; **M 15**: *Platon*: Phaidon. In: Sämtliche Werke, Bd. 3. Übers. v. *Friedrich Schleiermacher*. Reinbek: Rowohlt [16]1973. S. 30ff; **S. 230**: Dominique Marson: Die gefangene Seele. Aus: *Lauster, Peter*: Lassen Sie der Seele Flügel wachsen. Wege aus der Lebensangst. Wien u. a.: Econ 1978. S. 198; **S. 232**: Hans Memling (um 1440–1494): Altar des jüngsten Gerichtes, um 1467–71. Linke Tafel: Der Aufstieg der Seelen zum Paradies, 222 x 80 cm. Danzig, Muzeum Pomorskie; **M 18**: Dominique Marson: Die eingemauerte Seele. Aus: A. a. O. (s. S. 230) S. 56; **M 20**: *Sölle, Dorothee*: Mystik und Widerstand. In: *Egner, Helga* (Hrsg.): Neue Lust auf Werte - Herausforderung durch Globalisierung. Düsseldorf u. a.: Walter 2001. S. 46; **M 24**: Hans Multscher (um 1400–um 1467): Auferstehung Christi, 1447. Teil des Wurzacher Passionsaltars. Berlin, SMPK Gemäldegalerie; **M 25**: *Richter, Hans Peter*: Damals war es Friedrich [1961]. München: dtv 1974; **S. 237**: Jerusalem Goldenes Tor, um 1900. wikipedia. **M 26**: *Ben-Chorin, Schalom*: Bruder Jesus. Der Nazarener in jüdischer Sicht. München: dtv 1977. S. 24; **M 27, M 29**: Der Koran. Übers. v. *M. Henning*, überarb. u. hrsg. v. *Murad W. Hofmann*. Kreuzlingen/München: Hugendubel 2001. **M 28** nach: *Zierer, Otto*: Islam. Salzburg: Kiesel 1985. S. 35ff.; **S. 239**: Mekkaner wollen Mohammed steinigen. Abu Bekr, der spätere erste Kalif, flieht um dessen Leben. Aus einer türkischen Handschrift, 16. Jh. New York, The Public Library; **M 30**: *Al-Kadiafi, Mu'ammar*: Dialog mit den islamischen Gelehrten. In: *Meier, Andreas*: Politische Strömungen im modernen Islam. Wuppertal: Hammer 1995. S. 142f.; **M 31**: *Reuter, Christoph*: Selbstmordattentäter. Warum Menschen zu lebenden Bomben werden. München: Goldmann 2003. S. 111; **M 32**: Katechismus der katholischen Kirche, Kompendium (vatican.va/archive/compendium_ccc/documents/archive_2005_compendium-ccc_ge) **S. 243**: Giovanni Francesco Barbieri (Il Guercino) (1591–1666): Gregor der Große als Fürbitter der Seelen im Fegefeuer, 1647. Öl auf Leinwand, 374 x 229 cm. Bologna, San Paolo; **M 33**: Evangelischer Erwachsenenkatechismus. Im Auftrag der VELKD hrsg. v. *W. Jentsch* u. a. Gütersloh: Mohn 1975. S. 531; **M 34**: *Kirchner, Wolfgang*: Denken heißt zum Teufel beten. Reinbek: Rowohlt 1992. S. 95f.; **M 35**: *Helvétius, Claude Adrien*: Vom Menschen, seinen geistigen Fähigkeiten und seiner Erziehung [1772]. Hrsg., übers. u. m. e. Einl. v. *Günther Mensching*. Frankfurt/M.: Suhrkamp 1972. S. 154f.; **M 36**: Aus: *Berger, Klaus*: Wie kommt das Ende der Welt? Gütersloh: Gütersloher Verlagshaus 2002. S. 227f.; **M 37**: Caspar David Friedrich (1774–1840): Mönch am Meer, 1809. Öl auf Leinwand, 110 x 171,5 cm. Berlin, Schloss Charlottenburg. Foto bpk, Berlin; **M 38**: *Peseschkian, Nossrat*: Der Kaufmann und der Papagei. Frankfurt/M.: Fischer Tb 1979. S. 141f.; **M 39**: Der Frankfurter: Eine deutsche Theologie [1497]. Übertr. u. eingel. v. *Joseph Bernhart*. München: Rinn 1946. S. 203, 245, 254.

Trotz vielfältiger Bemühungen ist es nicht in allen Fällen gelungen, die Inhaber der Rechte an Texten oder Bildern ausfindig zu machen. Der Verlag wird berechtigte Ansprüche im Rahmen der üblichen Vereinbarungen abgelten.